인프라/네트워크 엔지니어를 위한
네트워크 이해 및 설계 가이드

개정판

미야타 히로시 지음 / 정인식 옮김

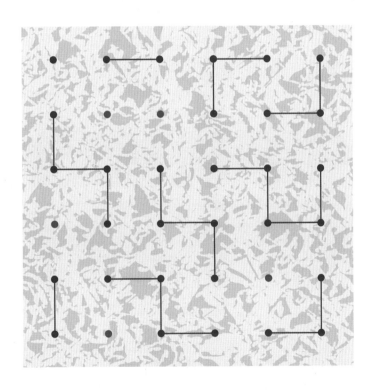

Jpub
제이펍

인프라/네트워크 엔지니어를 위한
네트워크 이해 및 설계 가이드

개정판

인프라/네트워크 엔지니어를 위한
네트워크 이해 및 설계 가이드(개정판)

1쇄 발행 2022년 4월 26일

지은이 미야타 히로시
펴낸이 장성두
펴낸곳 주식회사 제이펍

출판신고 2009년 11월 10일 제406-2009-000087호
주소 경기도 파주시 회동길 159 3층 / **전화** 070-8201-9010 / **팩스** 02-6280-0405
홈페이지 www.jpub.kr / **원고투고** submit@jpub.kr / **독자문의** help@jpub.kr / **교재문의** textbook@jpub.kr

편집부 김정준, 이민숙, 최병찬, 이주원, 송영화
소통기획부 이상복, 송찬수, 배인혜, **소통지원부** 민지환, 김수연, **총무부** 김유미

진행 이상복 / **교정·교열** 김은미 / **내지디자인** 이민숙 / **내지편집** 최병찬 / **표지디자인** 미디어픽스
용지 신승지류유통 / **인쇄** 해외정판사 / **제본** 일진제책사

ISBN 979-11-91600-73-5 (93000)
값 33,000원

제이펍은 독자 여러분의 아이디어와 원고 투고를 기다리고 있습니다. 책으로 펴내고자 하는 아이디어나 원고가 있는
분께서는 책의 간단한 개요와 차례, 구성과 저(역)자 약력 등을 메일(submit@jpub.kr)로 보내 주세요.

제 0 장 │ 이 책의 사용법

███ 0.1 네트워크 구축의 흐름 2

제 1 장 │ 물리 설계

███ 1.1 물리 계층의 기술 12

제 2 장 | 논리 설계

2.1 데이터 링크 계층의 기술 74

2.2 네트워크 계층의 기술 108

제 3 장 | 보안 설계·부하 분산 설계

3.1 트랜스포트 계층의 기술 184

제 4 장 | 고가용성 설계

4.1 중복화 기술   312

4.2 고가용성 설계   372

제 5 장 │ 관리 설계

옮긴이 머리말

우리가 살아가는 현대사회에서 네트워크에 연결되지 않은 전자 장비를 찾아본다는 것은 꽤 어려운 일이다. 비단 전자 장비뿐만 아니라 실생활에 필요한 집이나 자동차 등 거의 모든 물건이 네트워크에 접속하여 서로 상호작용을 하며 진화하고 있다. 그만큼 네트워크를 통해 전달되는 정보가 우리 실생활과 떼려야 뗄 수 없는 필수 요소가 된 것이다.

저자도 서두에서 언급하듯이 이 책은 서버 사이트 네트워크를 구축하는 데에 필요한 기초 기술과 그 설계에 관해서 상세하게 요약한 책이다. 초판이 발행되고 근 10년 정도가 지난 지금, 네트워크 또한 새롭게 진화하였다. 새로운 추세에 발맞춰 나온 제2판을 다시 번역하게 되어 감회가 새롭다. 제2판 역시 전문적으로 네트워크를 다루거나 인프라/서버 엔지니어가 체계적인 이론과 실제 도입을 위한 응용력을 기를 수 있도록 도움을 줄 것이다. 특히 가상화virtualization와 스토리지 네트워킹storage networking 등 네트워크를 기반으로 한 최신 유행 기술도 그림과 함께 잘 설명하므로 더욱 쉽게 이해할 수 있으리라 생각한다.

서버 사이트를 설계하고 네트워크를 운용하는 관리자들에게 이 책이 네트워크의 구조를 올바로 이해하는 데 커다란 보탬이 되길 바란다.

감사의 말

또 한 권의 책을 번역하게 해주신 하나님께 감사드린다.

역자의 경우, 주로 이동통신 분야에서 활동했기에 네트워크에 대해서 크게 거부 반응은 없었으나 네트워크 인프라는 역자의 영역과는 다소 거리가 있어서 깊이 있는 내용으로 들어갈수록 실전 지식의 부족함을 많이 느꼈다. 이 자리를 빌려 더 좋은 서비스를 제공하기 위해 늘 애쓰는 인프라/네트워크 엔지니어들에게 고마움을 전하고 싶다.

이 책의 출간에 관여한 모든 분께 감사함을 전한다. 특히 책의 편집과 교정을 맡은 이상복 님, 김은미 님, 그리고 여러모로 지원해 준 장성두 님께 감사의 말씀을 드린다.

끝으로 사랑하는 우리 가족들에게도 책의 출간에 앞서 기쁨을 같이 공유하고 싶다. 코로나19로 2년 가까이 고국에 가지 못하고 있지만 마음만은 부모님과 형제들이 있는 고국에 늘 있다. 모두가 건강히 잘 지내길 기도하고 또 기도한다!

도쿄에서

정인식

이 책에 대하여

먼저 전통적인 온프레미스on-premise(자사 운용)[1] 영역에 방문한 걸 환영한다. 이 책은 전통적인 온프레미스 서버 사이트의 네트워크를 구축하는 데 필요한 기초 기술과 노하우를 정리한 입문서다. 초판의 흥행(?)에 힘입어 제2판을 출간하게 되어 매우 기쁘다.

초판은 2013년에 발행됐다. 당시에는 클라우드 서비스의 비용 및 운용 관리성 면에서 문제점이 대두돼 "온프레미스 환경은 장점이 있다"라는 탈 클라우드화의 회귀 움직임이 있었다. 5년이 지난 지금(집필 기준) 우리는 다양한 환경을 접했다. 그 결과 온프레미스는 온프레미스에 적합한 서비스가 존재하고 클라우드는 클라우드에 적합한 서비스가 존재한다는 사실을 깨달아 필요에 따라 각 영역을 구축하는 상호 공존의 형태가 계속되고 있다. 지난 5년간 온프레미스 서버 사이트의 네트워크 설계 자체에 큰 변화가 있었던 것은 아니다. 미션 크리티컬한mission critical(핵심 업무 수행) 환경에 설치되는 서버 사이트의 네트워크는 선구자들의 뼈를 깎는 노력을 통해 확립된 고가용성 설계를 채택하는 경우가 많아 새로운 기술이 자리를 잡기 어렵다.

그에 반해 네트워크를 둘러싼 환경은 크게 변화한다. 사물 인터넷internet of things, IoT이나 핀테크financial technology, FinTech 등 네트워크 기반의 기술이 대두해 데이터 트래픽이 계속해서 가속화되고 있다. 그와 더불어 단순히 대역 확장뿐인 고속화 설계가 한계에 다다라 제한된 리소스를 더욱 효율적으로 활용할 최적화 설계가 요구된다. 이 책은 이러한 환경 변화 속에서도 변함없이 특색을 유지하는 고가용성 설계를 알아보면서 새롭게 필요해진 고속화 설계나 최적화 설계, 그리고 그 현실 또한 설명한다.

---

1 온프레미스란 클라우드 기반의 임대 서비스 방식이 아닌 기업 내 구축형의 전통적인 방식을 말한다.

온프레미스-클라우드 공존 환경이 진행되는데 왜 이 책은 일관되게 온프레미스만을 다루는지 궁금할 것이다. '네트워크'라는 세계에 클라우드의 연장선에는 온프레미스가 있다. 온프레미스를 제대로 이해해 두면 클라우드에 적응하는 것은 어렵지 않다. 클라우드는 클라우드 사업자가 제공하는 '서비스'라는 틀 밖의 일은 할 수 없지만 온프레미스는 틀 자체를 자신이 직접 설계하여 자유자재로 조립할 수 있다. 이 자유도야말로 온프레미스의 매력이며 인프라/네트워크 엔지니어의 시야와 가능성을 넓히는 주요 요소가 된다. 결국 클라우드나 온프레미스 모두 네트워크를 통과하는 패킷은 변함이 없다. 또한 어떻게 취급하고, 어떻게 설계할지도 커다란 차이가 없다. 중요한 것은 '온프레미스와 클라우드의 지식을 능숙하게 활용하는 것'이다. "온프레미스일 때는 이랬다면 클라우드에서는 이렇게 해야 한다" 또는 "클라우드에서 이랬다면 온프레미스에서는 이렇게 해보자"라는 시행착오로 엔지니어로서의 역량을 더욱 넓힐 수 있다.

마지막으로 이 책은 네트워크 기술이나 설계를 설명하면서 현재 IT 업계의 모순과 잡학다식한 엔지니어인 필자가 평소에 네트워크 설계를 하던 중 느꼈던 점을 서술했다. 이 책을 읽고 IT 및 인프라 업계의 현재 상황이 어떠한지 체감해 보길 바란다.

대상 독자

이 책은 다음과 같은 독자를 대상으로 한다.

⌁ 서버 사이트를 디자인하려는 네트워크 엔지니어

구축 및 테스트 등을 대략적으로 습득한 엔지니어는 요구 사항 정의 및 기본 설계 영역으로 확장해 갈 것이다. 네트워크 구축은 기본 설계가 생명이다. 기본 설계에서 규칙을 제대로 결정해야 해당 서버 사이트를 확실하게 장악할 수 있다. 이 책은 기본 설계에서 최소한 정해 둘 필요가 있는 항목을 기초로 각 장을 구성했다. 기본 설계 시에 도움이 될 것이다.

⌁ 지식의 폭을 넓히고 싶은 클라우드 엔지니어

클라우드에서는 각 클라우드 사업자가 준비한 서비스 틀에 맞추어 여러 가지 설계를 실시해야 한다. 온프레미스에서는 틀 자체를 직접 설계해 자유롭게 설정할 수 있다. 클라우드보다 자유도가 높은 온프레미스 설계를 이해하여 클라우드 서비스의 틀을 넘어서면 다른 측면에서 클라우드 서비스를 바라볼 수 있게 된다. 새로운 지혜의 문이 열리게 될 것이다.

⌁ 서버 사이트를 운용 및 관리하는 사이트 관리자

오랜 시간 사이트를 운용하면 서버의 서비스나 네트워크 장비가 손상되는 등 여러 문제점과 마주하게 된다. 트러블슈팅troubleshooting의 지름길은 기초 기술을 습득하는 것 외에는 없다. 서버는 많은 기초 기술을 결합하여 만든 하나의 세계다. 이 책은 기초 기술을 하나하나 확실하게 습득할 수 있도록, 그리고 결합할 수 있도록 실제 구성을 예로 들어 설명한다.

감사의 글

이 책은 많은 분들의 협력으로 집필되었다. 집필이 늦어져도 몇 번이나 도와주신 SB크리에이티브의 도모야스 겐타 님에게는 고맙다는 말밖에 할 말이 없다. 검증과 집필을 반복했던 하루하루는 내가 알지 못하는 영역이 있음을 재확인하는 귀중한 시간이었다. 이런 시간을 주어 감사하다. 본업이 바쁠 텐데 여러 도움을 준 마쓰다 님, 애플리케이션 관련해서 도움을 준 나루쇼 님, 시스템 통합 관련으로 도움을 준 yuka 님, 물리 계층 관련해서 도움을 준 다요 님 등 전문 분야에 있는 여러분의 체크는 매우 엄격했다. 덕분에 초판을 넘어선 퀄리티를 달성했다.

마지막으로 우리의 아이에게 간을 제공한 아내에게 전할 말이 있다. 변함없이 옆자리를 지켜 주어 고맙다. 안정되면 염원의 첫 가족 여행을 갑시다! 그리고 큰 수술로 장기간의 입원을 잘 견뎌낸 아이에게도 정말 잘 참았다고 말해 주고 싶다. 진짜 마지막으로, 입원 기간에 도움을 주신 이와테와 가고시마에 계신 부모님께도 고마움을 전한다. 분명 이번에 많은 사랑을 한몸에 받아서 무럭무럭 자라날 것이다. 정말 고맙습니다!

미야타 히로시

제 **0** 장

이 책의 사용법

이 장 의 개 요 ───────────────────

이 장에서는 이 책의 흐름과 사용 방법을 설명한다. 이 책은 서버 사이트의 네트워크를 구축하는 데에 가장 중요한 단계인 기본 설계의 설계 항목을 기초로 하여 각 설계 항목에 관련된 기술과 설계 시 중요 사항을 설명한다. 기본 설계에서 확고한 규칙 결정은 그 후의 확장성과 운용성 등 해당 네트워크의 모든 것에 크게 관여하게 된다. 미래 지향적인 형태로 기본 설계를 할 수 있도록 우선은 이번 장에서 이 책의 사용 방법을 이해하길 바란다.

0.1 네트워크 구축의 흐름

우선 네트워크 구축의 대략적인 흐름을 설명한다. 네트워크 구축의 큰 흐름을 이해한 후 이 책의 핵심인 기본 설계의 설계 항목과 이 책의 내용(기술 항목, 설계 항목)을 매핑mapping해 나간다.

0.1.1 네트워크 구축은 6단계로 구성되어 있다

일반적인 서버 사이트의 네트워크 구축은 **요구 사항 정의 ➡ 기본 설계 ➡ 상세 설계 ➡ 구축 ➡ 시험 ➡ 운용**인 6단계로 구성되었다. 각 단계는 독립적인 것이 아니라 바로 앞 단계가 다음 단계의 입력이 되며 서로 밀접하게 연관되었다.

⟜ 요구 사항 정의

'요구 사항 정의'는 고객의 요구 사항을 확인하고 그것을 하나하나 정해 나가는 단계다. 고객의 요구 사항은 제안 요청서Request For Proposal, RFP의 형태로 제시되는데 이는 어디까지나 요구 사항의 개요다. 제안 요청서의 정보를 바탕으로 고객의 요구 사항을 듣고 명확화 및 구체화한다. 그리고 그 내용을 '요구 사항 정의서'라는 형태로 문서화한다.

⟜ 기본 설계

'기본 설계'는 각 요소의 설정 방침을 결정하는 단계다. '설정 방침의 결정'이라고 하니 어렵게 느낄 수도 있다. 쉽게 말하자면 해당 네트워크의 규칙을 결정하는 것이다. 네트워크 장비가 같은 유형의 기기라면 설정 방법과 설정 항목이 다르기만 할 뿐 할 수 있는 기능은 크게 다르지 않다. 따라서 여기에서의 규칙 결정이 뒤 단계를 모두 결정한다고 해도 과언이 아니다. 네트워크 구축은 이 단계가 생명선이다. 여기에서 정한 규칙을 '기본 설계서'라는 형태로 문서화한다.

↢ 상세 설계

'상세 설계'는 기본 설계 정보를 바탕으로 각 장비의 파라미터parameter(설정 값) 수준까지 명확하게 접근하는 단계다. 당연히 설비 및 기종, OS의 버전 지정 등 각종 요소에 따라 설정해야 할 항목은 다르다. 기기마다 설정 값의 상세화를 도모하여 누가 봐도 기기를 설정할 수 있도록 해 시스템을 구축할 수 있게 한다. 그리고 여기서 결정한 파라미터를 '상세 설계서'라는 형태로 문서화한다.

상세 설계서의 정의는 기업이나 공급업체에 따라 다양하다. 모든 파라미터를 기재한 '기기 설정서'나 '파라미터 시트parameter sheet'를 상세 설계서라고 부르는 곳도 있고, 설정 값의 포인트가 되는 부분을 정리하여 상세 설계서로 취급하는 곳도 있다. 이렇듯 다양한 형식의 상세 설계서가 존재한다. 그러므로 미리 어떠한 수준의 상세 설계서가 필요한지를 고객에게 확인해야 한다.

↢ 구축

'구축'은 상세 설계서의 정보(파라미터, 설정 값)를 토대로 장비를 설정하는 단계다. 상세 설계서는 설정 값까지 명확하게 정의되어 있기 때문에 그 정보를 장비에 설정하여 접속해 나간다. 물론 장비의 설정 방법은 장비와 기종, OS 버전 등에 따라 다르다. 설정자의 기술 수준과 고객의 요청에 따른 '작업 절차서'나 '작업 체크 시트'를 만들어 작업 순서를 상세화하고 설정 오류가 감소하도록 한다.

↢ 시험

'시험'은 구축한 환경에서 단위 시험과 정상 시험, 장애(중복화) 시험 등 각종 시험을 하는 단계다. 시험하기 전에 '시험 사양서'와 '시험 계획서'를 만들고 해당 항목을 기초로 시험을 실시한다. 그 결과를 '시험 결과 보고서'라는 형태로 문서화한다.

단위 시험에서는 "LED가 제대로 켜져 있는지", "OS가 예상한 버전으로 정상 기동하는지", "인터페이스가 링크 업link up하는지" 등 해당 기기가 단위별로 제대로 작동하는지의 여부를 확인한다.

정상 시험에서는 접속한 환경에서 "예상대로 접속 가능한지", "애플리케이션application 통신이 제대로 동작하는지", "중복화 구성을 제대로 구성할 수 있는지", "시스템 로그System log, Syslog 및 간이 망 관리 프로토콜Simple Network Management Protocol, SNMP, 네트워크 시간 프로토콜Network Time Protocol, NTP 등 관리 통신을 할 수 있는지" 등 각 기기가 연계하여 동작하는지를 확인한다.

장애 시험에서는 중복화한 후에 모든 포인트에서 장애를 일으켜 "계속해서 서비스 제공이 가능한지"와 "각 장애를 일으켰을 때 어떠한 로그log가 전달되는지" 등을 확인한다.

⟜ 운용

'운용'은 구축한 시스템을 지속적으로, 그리고 안정적으로 제공하기 위해 운영해 나가는 단계다. 시스템 구축 후 업무가 바로 끝나지 않고 그때부터 시작한다. 어딘가가 망가지거나 서버를 증설할 수 있다. 일반적인 오퍼레이션operation뿐만 아니라 예상치 못한 사태에도 대비할 수 있도록 만전을 기하는 형태로 운용해 나간다. 운용과 관련된 업무는 모두 '운용 절차서'라는 형태로 문서화한다.

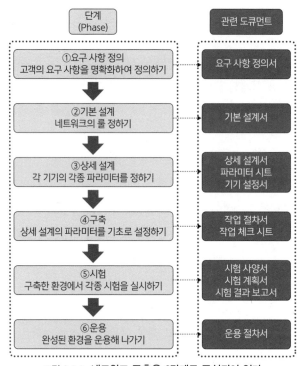

그림 0.1.1 네트워크 구축은 6단계로 구성되어 있다

0.1.2 네트워크 구축은 기본 설계가 포인트

네트워크 구축에서 가장 중요한 단계가 기본 설계다. 기본 설계에서 제대로 된 규칙 결정이 다음 단계의 확장성 및 호환성 등과 같은 네트워크의 모든 것에 크게 관여하게 된다. 기본 설계 수준은 고객에 따라 다양하다. 어느 정도까지의 수준을 요구하는지 먼저 확인하고 그에 따라 기본 설계를 실시해 나간다. 기존에 다른 시스템이 존재한다면 기본 설계서를 확인하고 대략적인 수준을 확인해 두는 것도 좋다.

이 책은 서버 사이트의 네트워크 구축에서 가장 중요한 기본 설계 단계에 중점을 두면서 각 설계 항목에 필요한 기술과 설계 포인트를 설명해 나간다. 일반적인 서버 사이트 네트워크 구축의 기본 설계는 크게 나누어 '물리 설계', '논리 설계', '보안 설계 및 부하 분산 설계', '고가용성 설계', '관리 설계'라는 다섯 개의 설계 항목으로 구성되어 있다. 물론 어디까지나 일반적인 설계 항목의 예다. 설계 항목은 고객의 요구 사항과 서비스의 특성 등 다양한 요구 사항에 따라 달라진다. 이 사이에서 항목을 분리하거나 제거하거나 추가하는 등 필요에 따라 조정한다.

여기에서는 각 설계 항목의 개요와 각 설계 항목과 관련된 이 책 내의 기술 항목, 설계 항목을 정리하여 설명한다. 물리 설계를 하고 싶을 때는 제1장, 논리 설계를 하고 싶을 때는 제2장과 같은 식으로 설계 항목에 따라 참조하길 바란다.

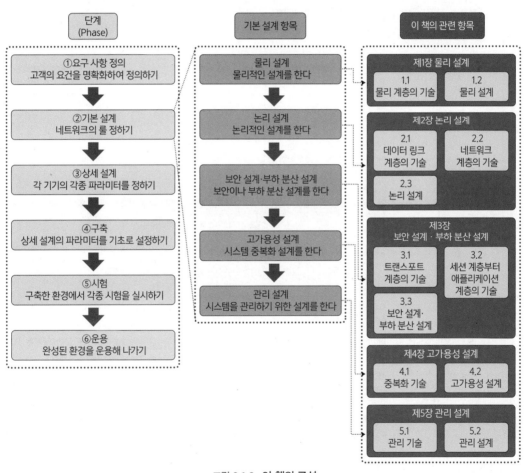

그림 0.1.2 **이 책의 구성**

⟜⟞ 물리 설계

물리 설계에서는 서버 사이트의 물리적인 모든 것의 규칙을 정의한다. '물리적인 것'이라고 한마디로 표현했지만 케이블에서 랙rack, 전원에 이르기까지 다방면에 이른다. 그 모든 것에 대해서 제대로 된 정의를 설계한다.

이 책의 제1장은 '물리 설계'다. 실제 설계에서 필요한 기술 및 설계 포인트를 설명한다. 설계 항목과 그에 관한 이 책 내에서의 기술 항목, 설계 항목의 자세한 내용은 다음 표를 참조하기 바란다.

표 0.1.1 **물리 설계에 관한 이 책 내에서의 기술 항목, 설계 항목**

설계 항목			설계 개요	이 책에서 관련된 기술 항목		이 책에서 관련된 설계 항목	
1	물리 설계		물리적인 설계를 한다.	1.1	물리 계층의 기술	1.2	물리 설계
	1.1	물리 설계 방침	물리 설계의 전체적인 방침을 정의한다.	—	—	—	—
	1.2	물리 구성 설계	각 기기를 어떻게 접속할 것인가?	—	—	1.2.1	구성 패턴은 두 종류
	1.3	하드웨어 구성 설계	어떠한 기기, 어떠한 기종을 사용할 것인가?	—	—	1.2.2	안정된 버전을 선택하기
						1.2.3	가장 커다란 값으로 기종 결정하기
						1.2.4	가상화 장비를 제대로 사용하기
	1.4	소프트웨어 구성 설계	어떠한 버전의 OS를 사용할까?	—	—	1.2.5	안정된 버전 선택하기
	1.5	접속 설계	어디에 어떠한 형태로 접속할까?	—	—	—	—
		1.5.1 케이블 설계	어디에 어떠한 케이블을 사용할까?	1.1.1	물리 계층은 규격이 많다	1.2.6	배치와 목적에 따라 케이블을 선택한다
				1.1.2	트위스트 페어 케이블은 카테고리와 거리 제한이 중요		
				1.1.3	광파이버 케이블은 유리로 되어 있다		
		1.5.2 물리 접속 설계	스피드, 듀플렉스는 어떻게 설정할까?	—	—	—	—
		1.5.3 포트 할당 설계	어떠한 순서로 포트를 사용할까?	—	—	1.2.7	포트의 물리 설계는 의외로 중요하다
	1.6	시설 설계	랙이나 전원은 어떻게 사용할까?	—	—	—	—
		1.6.1 랙 탑재 설계	어떻게 랙에 탑재할까?	—	—	1.2.8	잘 배치하기
		1.6.2 전원 접속 설계	어떻게 전원을 접속할까?	—	—	1.2.9	전원은 2계통부터 취한다

논리 설계

논리 설계에서는 서버 사이트의 논리적인 모든 것의 규칙을 정의한다. 모든 네트워크는 물리적인 것의 위에 있는 논리적인 것으로 이루어져 있다. VLAN~Virtual LAN~을 어떻게 할당할 것인지, IP~Internet Protocol~ 주소를 어떻게 할당할 것인지 규칙을 하나하나 정의한다.

이 책의 제2장은 '논리 설계'를 다룬다. 논리 설계에 필요한 기술 및 설계 포인트를 설명한다. 설계 항목과 그에 관한 이 책 내에서의 기술 항목, 설계 항목의 자세한 내용은 다음 표를 참조하기 바란다.

표 0.1.2 논리 설계에 관한 이 책 내에서의 기술 항목, 설계 항목

설계 항목		설계 개요	이 책에서 관련된 기술 항목		이 책에서 관련된 설계 항목	
2	논리 설계	논리적인 설계를 한다.	2.1	데이터 링크 계층의 기술	2.3	논리 설계
			2.2	네트워크 계층의 기술		
2.1	논리 설계 방침	논리 설계의 전체적인 방침을 정의한다.	—	—	—	
2.2	VLAN 설계	어떻게 VLAN을 할당할까?	2.1.1	데이터 링크 계층은 물리 계층을 도와준다	2.3.1	필요한 VLAN 추출
			2.1.2	데이터 링크 계층은 L2 스위치의 동작이 포인트		
			2.1.3	ARP로 논리와 물리 연결하기		
2.3	IP 주소 설계	어떠한 IP 주소를 할당할까?	2.2.1	네트워크 계층은 네트워크를 서로 연결한다	2.3.2	IP 주소는 증감을 고려해서 할당한다
			2.2.4	DHCP로 IP 주소를 자동으로 설정하기		
2.4	라우팅 설계	어떻게 라우팅을 할까?	2.2.2	라우터와 L3 스위치로 네트워크를 연결하기	2.3.3	라우팅은 단순하게
			2.2.5	트러블슈팅에서 사용하는 ICMP		
2.5	주소 변환 설계	어떻게 주소를 변환할까?	2.2.3	IP 주소를 변환한다	2.3.4	NAT는 인바운드와 아웃바운드로 고려한다

보안 설계 및 부하 분산 설계

보안 설계에서는 방화벽~firewall~ 정책을 정의한다. 정보 보안의 중요성은 굳이 말할 필요가 없다. 보안 설계에서 알기 쉽고 간단한 보안 정책은 정보 보안의 기본이다. 부하 분산 설계에서는 서버 부하 분산의 규칙을 정의한다. 트래픽의 가속적인 증가가 예전부터 주장되었기에 요즈음의 서버 부하 분산 기술의 발전은 눈부신 것이다. 모든 대규모 서버 사이트에서 서버 부하 분산 기술은 숨은 공로자 역할을 한다고 해도 과언이 아니다. 부하 분산 설계에서 효율적인 트래픽 부하 분산이 서버 사이트의 확장성과 유연성을 담당한다.

이 책의 제3장은 '보안 설계 및 부하 분산 설계'다. 보안 설계 및 부하 분산 설계에 필요한 기술 및 설계 포인트를 설명한다. 각각 설계 항목으로 나누어도 좋지만 이 책에서는 트랜스포트 계층에서 애플리케이션 계층까지 기술적으로 같은 맥락의 설계 항목으로 정리하여 설명한다. 필요에 따라 항목을 분할해도 좋다. 설계 항목과 그에 관한 이 책 내에서의 기술 항목, 설계 항목의 자세한 내용은 다음 표를 참조하기 바란다.

표 0.1.3 보안 설계 및 부하 분산 설계에 관한 이 책 내에서의 기술 항목, 설계 항목

설계 항목			설계 개요	이 책에서 관련된 기술 항목		이 책에서 관련된 설계 항목	
3	보안 설계·부하 분산 설계		보안, 부하 분산에 관한 설계를 한다.	3.1	트랜스포트 계층의 기술	3.3	보안 설계·부하 분산 설계
				3.2	세션 계층부터 애플리케이션 계층의 기술		
	3.1	보안 설계 방침	보안 설계의 전체적인 방침을 정의한다.	—	—	—	—
	3.2	보안 설계	어떻게 보안을 확보할 것인가?	—	—	—	—
		3.2.1 통신 요건의 정리	어떠한 통신이 발생하는가?	3.1.1	애플리케이션 데이터를 통신으로 제어하고 식별한다	—	—
				3.2.1	HTTP가 인터넷을 지탱한다	—	—
				3.2.2	SSL로 데이터 보호하기	—	—
				3.2.3	FTP로 파일 전송	—	—
				3.2.4	DNS로 이름 해결	—	—
		3.2.2 객체 설계	어떻게 네트워크 객체, 프로토콜 객체를 정의할까?	3.1.2	방화벽으로 시스템을 보호한다	3.3.1	보안 설계
		3.2.3 보안 영역 설계	어떻게 영역을 할당할 것인가?				
		3.2.4 보안 정책 설계	어떻게 보안 정책을 정의하는가?				
	3.3	부하 분산 설계 방침	부하 분산 설계의 전체적인 방침을 정의한다.	—	—	—	—
	3.4	부하 분산 설계	어떻게 부하 분산할까?	—	—	—	—
		3.4.1 부하 분산 요건의 정리	어떠한 통신을 부하 분산해야 하나?	3.1.3	부하 분산 장치에서 서버의 부하를 분산하기	3.3.2	부하 분산 설계
		3.4.2 헬스 체크	어떠한 헬스 체크를 할 것인가?				
		3.4.3 부하 분산 방식 설계	어떠한 부하 분산 방식을 사용할 것인가?				
		3.4.4 지속성 설계	어떠한 지속성 방식을 사용할 것인가?				
		3.4.5 SSL 가속 설계	SSL 가속을 사용할 것인가?				

🔌 고가용성 설계

고가용성 설계에서는 시스템 중복화에 대한 규칙을 정의한다. 서버 사이트는 핵심 업무를 수행하는 미션 크리티컬한 경우가 대부분이며 시스템이 멈추는 일은 결코 허용되지 않는다. 어디서 어떠한 장애가 일어나도 반드시 대응할 수 있도록 모든 부분에서 중복화를 도모한다.

이 책의 제4장은 '고가용성 설계'다. 고가용성 설계에 필요한 기술 및 설계 포인트를 설명한다. 설계 항목과 그에 관한 이 책 내에서의 기술 항목, 설계 항목의 자세한 내용은 다음 표를 참조하길 바란다.

표 0.1.4 고가용성 설계에 관한 이 책 내에서의 기술 항목, 설계 항목

설계 항목		설계 개요	이 책에서 관련된 기술 항목		이 책에서 관련된 설계 항목	
4 고가용성 설계		고가용성에 관한 설계를 한다.	4.1	중복화 기술	4.2	고가용성 설계
4.1	고가용성 설계 방침	고가용성 설계의 전체적인 방침을 정의한다.	—	—	—	—
4.2	링크 중복화 설계	어떠한 링크 중복화 방식을 사용할까?	4.1.1	물리 계층의 중복화 기술	4.2.1	고가용성 설계
4.3	케이스 중복화 설계	어떠한 케이스 중복화 방식을 사용할까?				
4.4	STP 설계	어떠한 STP 모드를 사용할까? 어떠한 스위치를 루트 브리지로 할까?	4.1.2	데이터 링크 계층의 중복화 설계		
4.5	FHRP 설계	어떠한 FHRP를 사용할까? 어떠한 L3 스위치를 활성화할까?	4.1.3	네트워크 계층의 중복화 기술		
4.6	라우팅 프로토콜 중복화 설계	어떠한 라우팅 프로토콜을 사용하여 중복화할까?				
4.7	방화벽 중복화 설계	어떠한 형태로 방화벽을 중복화할까?	4.1.4	트랜스포트 계층에서 애플리케이션 계층의 중복화 기술		
4.8	부하 분산 장치 중복화 설계	어떠한 형태로 부하 분산 장치를 중복화할까?				
4.9	통신 흐름 설계	어떠한 통신 흐름이 발생하는가?	—	—	4.2.2	통신 흐름 정리하기
	4.9.1 일반적인 경우의 흐름	일반적인 경우 어떠한 루트를 경유하는가?	—	—		
	4.9.2 장애 시의 흐름	장애 시에는 어떠한 루트를 경유하는가?	—	—		

🔌 관리 설계

관리 설계는 서버 사이트의 운용 관리에 대한 모든 규칙을 정의한다. 관리 설계에서 제대로 된 규칙 결정은 다음 운용 단계의 운용성과 확장성에 직결된다.

이 책의 제5장은 '관리 설계'다. 제5장에서는 관리 설계에 필요한 기술 및 설계 포인트를 설명한다.

설계 항목과 그에 관한 이 책 내에서의 기술 항목, 설계 항목의 자세한 내용은 다음 표를 참조하기 바란다.

표 0.1.5 **관리 설계에 관한 이 책 내에서의 기술 항목, 설계 항목**

설계 항목			설계 개요	이 책에서 관련된 기술 항목		이 책에서 관련된 설계 항목	
5	관리 설계		운용 관리에 관한 설계를 한다.	5.1	관리 기술.	5.2	관리 설계
5.1	관리 설계 방침		관리 설계의 전체적인 방침을 정의한다.	—	—	—	—
5.2	호스트명 설계		어떠한 호스트명을 정의할까?	—	—	5.2.1	호스트명 결정하기
5.3	객체명 설계		어떠한 객체명을 정의할까?	—	—	5.2.2	객체명 결정하기
5.4	레이블 설계		어떠한 레이블을 부여할 것인가?	—	—	5.2.3	레이블로 접속 관리하기
	5.3.1	케이블 레이블 설계	케이블에 어떠한 레이블을 부여할까?	—	—		
	5.3.2	본체 레이블 설계	본체에 어떠한 레이블을 부여할까?	—	—		
5.5	패스워드 설계		어떠한 패스워드를 정의할까?	—	—	5.2.4	암호 설계 결정하기
5.6	운용 관리 네트워크 설계		운용 관리 전용의 네트워크를 정의할까?	—	—	5.2.5	운용 관리 네트워크 정의하기
5.7	백업, 복구 설계		어떻게 설정을 백업하고 복구할까?	—	—	5.2.6	설정 정보 관리하기
5.8	시각 동기 설계		어디에 시각을 동기화할까?	5.1.1	NTP로 시각을 맞추기	—	—
5.9	SNMP 설계		어디를 SNMP 매니저로서 정의하고, 어느 버전을 사용할까?	5.1.2	SNMP로 장애 감지하기	—	—
5.10	Syslog 설계		어디를 Syslog 서버로 정의하고, 어느 Facility와 Serverity를 사용할까?	5.1.3	Syslog로 장애 감지하기	—	—
5.11	CDP/LLDP 설계		어디에서 CDP/LLDP를 유효로 할 것인가?	5.1.4	CDP/LLDP로 기기 정보 전달하기	—	—

제 **1** 장

물리 설계

이 장 의 개 요

이 장에서는 서버 사이트에서 사용하는 물리 계층의 기술과 해당 기술을 사용할 때의 설계 포인트, 일반적인 물리 구성 패턴을 설명한다.

서버 사이트에서 눈에 보이는 것이라면 랙이나 케이블cable, 포트port 등 물리적인 것밖에 없다. 그러므로 그 기술과 사양을 제대로 이해하고 요구 사항에 따라 설계해 나가야 한다. 물리 계층의 확고한 설계는 장래의 확장성 및 운용 관리성에 크게 영향을 미친다.

1.1 물리 계층의 기술

모든 네트워크의 근간을 지탱하는 기술이 바로 물리 계층이다. 물리 계층은 네트워크를 물리적인 측면에서 지탱하는 계층이다. 컴퓨터는 모든 데이터를 '0'과 '1'이라는 숫자로 디지털 표현을 한다. 그에 반해 네트워크는 모든 데이터를 빛이나 전류, 전파 등의 파장으로 아날로그 표현을 한다. 물리 계층은 디지털 데이터와 아날로그 데이터를 서로 교환함으로써 컴퓨터와 네트워크, 그리고 컴퓨터와 컴퓨터를 연결하는 역할을 담당한다.

물리 계층은 '변화가 적다'고 하는데 네트워크 관련 부분 중에서 지금도 현재 진행형으로 빠르게 성장하는 분야다. 웹이나 메일뿐만 아니라 스토리지나 음성, 동영상 등 온갖 데이터가 네트워크를 통해 전달된다. '고속화 및 광대역화'는 네트워크의 최우선 과제 중 하나다. 물리 계층은 해당 과제를 선두에서 받아들여 계속해 진화한다.

1.1.1 물리 계층은 규격이 많다

물리 계층은 통신에서 **물리적인 모든 것을 담당하는 계층이다.** '개방형 시스템 간 상호 접속Open System Interconnection, OSI' 참조 모델의 최하층에 있다. 다른 계층보다 견고할 것 같지만 어렵게 생각할 것은 없다. 회사나 학교 등에서 흔히 볼 수 있는 LAN 케이블을 물리 계층이라고 생각해도 좋다. 무선 LAN을 사용하는 경우는 역이나 카페에서 쓰는 와이파이 전파를 물리 계층이라고 생각하면 된다.

컴퓨터 세계는 '0'과 '1'이라는 두 숫자로만 구성된다. 이 '0'과 '1'을 비트bit, 비트가 연속한 것을 비트열 bit string이라고 한다. 물리 계층에서는 '0'과 '1'로 된 데이터(프레임)를 LAN 케이블이나 광케이블에 흐르는 아날로그 신호로 변환하기 위한 규칙을 규정한다. 더불어 케이블의 재질이나 커넥터의 형상, 핀의 할당이나 주파수 등 네트워크에 관한 물리적인 요소 모두를 규정한다.

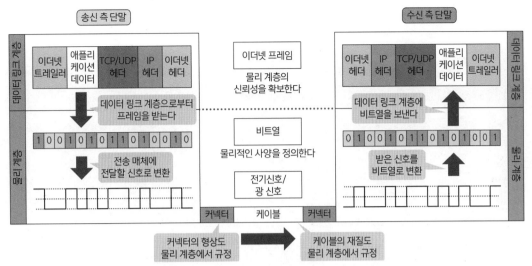

그림 1.1.1 물리 계층에서는 데이터를 LAN 케이블이나 광케이블로 흐르도록 한다

⚡ 규격을 정리하면 물리 계층이 보이기 시작한다

물리 계층의 포인트를 설명하다 보면 수많은 규격 명칭이 등장한다. 우선 규격을 정리하자. 규격을 정리하면 자연스럽게 물리 계층을 정리하게 되어 이해할 수 있다.

물리 계층은 단독으로는 표준화되어 있지 않다. **데이터 링크 계층과 세트로 표준화되어 있다.** 규격을 정리할 때도 세트로 생각하자. 물리 계층과 데이터 링크 계층에 관련한 기술의 표준화를 추진하는 곳은 미국 전기전자기술자학회Institute of Electrical and Electronics Engineers, IEEE에서 설립한 IEEE802 위원회라는 국제 표준화 단체다. 많은 워킹그룹Working Group, WG, 즉 분과위원회로 구성됐다. 분과위원회에는 'IEEE802.1'과 같은 형태로 소수점이 할당되어 전문적인 분야는 각 분과위원회에서 논의한다. 해당 분과위원회에서 규격이 정해지면 'IEEE802.1x'와 같은 형태로 뒤에 알파벳이 붙는다. 많은 분과위원회가 있으나 활동을 중단하거나 해산되어 모든 규격을 이해하는 것은 의미가 없다. 물리 계층을 이해하는 데에 중요한 규격은 이더넷ethernet을 표준화한 'IEEE802.3'와 무선 LAN을 표준화하는 'IEEE802.11'이다. 두 개를 잘 파악하면 대부분 네트워크에 대응할 수 있다. 이 책에서는 서버 사이트에서 사용하는 이더넷만 취급한다.

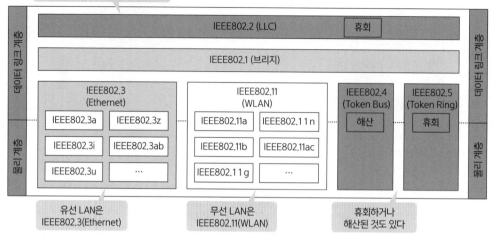

그림 1.1.2 **IEEE802.3과 IEEE802.11을 파악해 두자**

이더넷 규격은 별명으로 부른다

이더넷은 물리 계층 및 데이터 링크 계층을 취급하는 규격의 하나다. 사실상 현대 네트워크의 표준으로 **최근 유선 LAN 환경의 대부분은 이더넷이라고 해도 좋다**. IEEE802 위원회에서는 IEEE802.3으로 표준화되었다.

IEEE802.3에서는 많은 규격이 책정되었으며 각각 IEEE802.3 뒤에 알파벳이 붙은 규격 명칭이 주어졌다. 그러나 실제로 이더넷에서는 표준 명칭을 사용하는 일이 거의 없고 **일반적으로 규격의 개요를 나타낸 별명을 사용한다**. 예를 들어 트위스트 페어 케이블Twist Pair Cable, TPC을 사용하는 기가비트gigabit 이더넷 규격인 IEEE802.3ab는 1000BASE-T라는 별명이 있다. IEEE802.3ab라는 이름으로 부르지 않고 대부분 1000BASE-T라는 이름으로 부른다. 규격 명칭과 별명을 정리하면 표 1.1.1과 같다. 별명을 보면 대략 어떠한 규격인지 알 수 있다.

물리 계층에서는 네트워크의 급속한 확대를 반영하듯 많은 통신 매체 및 규격이 난립한다. 전송 부호화 방식과 신호 변환 방식 등만으로도 책을 한 권 쓸 수 있을 정도로 내용이 많다. 그러나 유선 LAN 네트워크를 설계 및 구축할 때 조심해야 하는 것은 케이블과 커넥터뿐이다. 이 둘을 대응 규격과 관련지으면서 설명해 나가겠다.

물리 계층에서 일반적으로 사용되는 케이블은 구리로 된 트위스트 페어 케이블과 유리로 된 광케이블 두 종류다. 커넥터는 사용하는 케이블에 따라 달라 케이블 설명을 하면서 함께 설명하겠다.

표 1.1.1 **이더넷은 별명으로 부르는 일이 많다**

전송 속도	전송 매체		
	트위스트 페어 케이블	광파이버 케이블 (멀티 모드)	광파이버 케이블 (싱글 모드)
10Mbps	10BASE-T IEEE802.3i	[BASE]의 후반부는 첫 번째 문자가 전송 매체나 레이저의 종류를 나타낸다※ T: 트위스트 페어 케이블 S: 단파장 레이저 L: 장파장 레이저	
100Mbps	100BASE-TX IEEE802.3u		
1Gbps	1000BASE-T IEEE802.3ab	1000BASE-SX IEEE802.3z	1000BASE-LX IEEE802.3z
2.5Gbps	2.5GBASE-T IEEE802.3bz		
5Gbps	5GBASE-T IEEE802.3bz		
10Gbps	10GBASE-T IEEE802.3an	10GBASE-SR IEEE802.3ae	10GBASE-LR IEEE802.3ae
25Gbps		25GBASE-SR IEEE802.3by	25GBASE-LR IEEE802.3cc
40Gbps		40GBASE-SR4 IEEE802.3ba	40GBASE-LR4 IEEE802.3ba
100Gbps		100GBASE-SR10 IEEE802.3ba　　100GBASE-SR4 IEEE802.3bm	100GBASE-LR4 IEEE802.3ba

[BASE]의 앞은 전송 속도를 나타낸다
10 : 10Mbps
100 : 100Mbps
1000 : 1Gbps
2.5G : 2.5Gbps
5G : 5Gbps
10G : 10Gbps
40G : 40Gbps
100G : 100Gbps

40/100Gbps 규격의 마지막 숫자는 비트를 운반하는 전송로의 수를 나타낸다

※ 두 번째 문자는 파생원의 규격 패밀리를 나타낸다. 예를 들어 10GBASE-SR과 10GBASE-LR은 10GBASE-R 패밀리에서 파생한 규격이고 40GBASE-SR4와 40GBASE-LR4는 40GBASE-R 패밀리에서 파생된 규격이다.

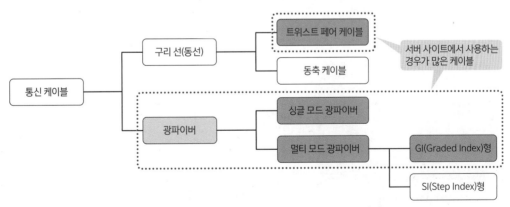

그림 1.1.3 **유선 LAN에서 자주 사용되는 케이블은 두 종류**

표 1.1.2 트위스트 페어 케이블과 광케이블의 비교

비교 항목	트위스트 페어 케이블	광파이버 케이블
전송 매체의 내용	구리	유리
전송 속도	느리다.	빠르다.
신호의 감쇄	크다.	작다.
전자기 노이즈의 영향	크다.	없다.
취급	쉽다.	어렵다.
비용	싸다.	비싸다.

1.1.2 트위스트 페어 케이블은 카테고리와 거리 제한이 중요

우선 트위스트 페어 케이블이다. OOBASE-T나 OOBASE-TX로 된 규격은 트위스트 페어 케이블을 사용하는 규격이다. OOBASE-T의 'T'는 트위스트 페어 케이블의 T다.

트위스트 페어 케이블은 언뜻 보면 하나의 케이블이지만 실제로는 **여덟 개의 구리 선(동선)을 두 개씩(페어) 꼬아서(트위스트) 한 줄에 만든 케이블이다.** 케이블 부분을 알루미늄 포일foil 등으로 차폐 처리한 STPShielded Twist Pair 케이블과 차폐 처리하지 않은 UTPUnshielded Twist Pair 케이블 두 종류로 나눌 수 있다.

⟿ 자주 눈에 띄는 LAN 케이블은 UTP 케이블

UTP 케이블은 흔히 LAN 케이블이라고 한다. 회사나 가정, 가전 판매점 등에서도 자주 볼 수 있어 가장 친숙한 케이블일 것이다. UTP 케이블은 취급하기 쉽고 가격도 저렴하여 폭발적으로 보급되었다. 최근에는 색상과 굵기가 다양해져 세련된 제품도 많다. 그러나 동시에 전자기성의 노이즈에 약하다는 단점도 있어 공장 등 전자기성의 노이즈가 많은 환경에서 사용하기에는 적합하지 않다.

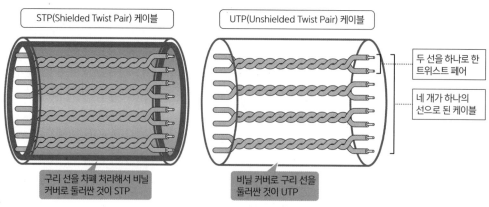

그림 1.1.4 **UTP와 STP의 차이는 차폐 처리의 유무**

전자기성 노이즈에 약하다는 약점을 극복한 케이블이 STP 케이블이다. 케이블을 차폐 처리하여 내부 및 외부의 전자기성 노이즈의 영향을 줄였다. 단 안타깝게도 차폐 처리 때문에 가격이 비싸며 쉽게 둘둘 말거나 하는 식의 취급이 어렵다. 당분간 공장 등 가혹한 환경에서밖에 만날 기회가 없으며 서버 사이트에서 사용하는 일도 없을 것이다.

⌁ 카테고리가 클수록 빠른 규격에 대응할 수 있다

트위스트 페어 케이블에는 **카테고리**라는 개념이 있다. 가전 판매점에서 LAN 케이블의 스펙표를 차근차근 살펴보면 카테고리 6 또는 카테고리 5e 등의 표기가 있다. 카테고리가 전송 속도에 직결한다. **카테고리가 클수록 전송 속도가 빠른 규격에 대응할 수 있다.**

현재의 이더넷 환경에서 사용되는 카테고리는 카테고리 5e 이상이다. 카테고리 1~4까지의 케이블은 현재 주류인 1000BASE-T 규격에 대응하지 않는다. 예전 케이블 환경을 활용하면서 서버나 네트워크 장비를 교체해 고속 이더넷 환경으로 마이그레이션migration하는 경우는 대응하는 규격을 제대로 확인하며 주의해야 한다.

특히 구리 선의 수(심수)가 적을 때는 더욱 주의가 필요하다. 예를 들어 카테고리 3의 케이블은 심수가 네 개밖에 없다. 대조적으로 1000BASE-T는 여덟 개의 구리 선을 최대한 사용하여 처리량throughput의 향상을 도모한다. 만약 카테고리 3의 환경을 활용하면서 1000BASE-T의 환경으로 마이그레이션하고 싶다면 링크 업조차 안 될 것이다. 즉 현장에서 식은땀만을 흘리게 될 뿐이다. 그러한 마이그레이션을 할 때는 케이블 환경까지 포함해서 교체해야 한다. 각 카테고리의 특징과 대응 규격을 정리하면 다음의 표와 같다. 이들을 제대로 확인하면서 트위스트 페어 케이블을 선택하자.

표 1.1.3 **카테고리가 클수록 빠르다**

카테고리	종류	심수	대응 주파수	주요 대응 규격	최대 전송 속도	최대 전송 거리
카테고리 3	UTP/STP	4심 2대	16Mbps	10BASE-T	16Mbps	100m
카테고리 4	UTP/STP	4심 2대	20MHz	Token Ring	20Mbps	100m
카테고리 5	UTP/STP	8심 4대	100MHz	100BASE-TX	100Mbps	100m
카테고리 5e	UTP/STP	8심 4대	100MHz	1000BASE-T 2.5GBASE-T 5GBASE-T	1Gbps 2.5Gbps 5Gbps	100m
카테고리 6	UTP/STP	8심 4대	250MHz	100BASE-T 10GBASE-T	1Gbps 10Gbps	100m 55m(10GBASE-T의 경우)
카테고리 6A	UTP/STP	8심 4대	500MHz	10GBASE-T	10Gbps	100m
카테고리 7	STP	8심 4대	600MHz	10GBASE-T	16Mbps	100m

🔌 스트레이트와 크로스를 분류해서 사용하기

트위스트 페어 케이블은 카테고리와는 별도로 **스트레이트 케이블**straight cable과 **크로스 케이블**cross cable이라는 종류가 있다. 외관은 똑같다고 해도 좋을 만큼 구분하기 어렵다. 다른 점이라면 'RJ-45' 라 불리는 커넥터 부분에서 살짝 보이는 구리 선의 배열 정도이다.

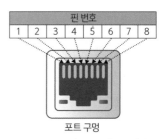

스트레이트 케이블과 크로스 케이블은 'MDI'와 'MDI-X'라는 두 개의 물리적 포트 유형과 밀접하게 관련 있다. 트위스트 페어 케이블이 여덟 개의 구리 선을 두 개씩(페어) 꼬아서(트위스트) 하나의 케이블이 된다는 것은 앞서 언급한 것과 같다. 서버나 PC의 NICNetwork Interface Card나 스위치의 물리 포트에는 여덟 개의 구리 선을 받아들이기 위한 여덟 개의 핀이 장착되었으며 앞에서 봤을 때 왼쪽부터 번호가 붙어 있다. 그리고 각각 역할이 있다.

그림 1.1.5 **물리 포트에는 8개의 핀이 장착되어 있다**

100BASE-TX의 경우 MDI는 핀의 1번과 2번을 보내는 데 사용하고 3번과 6번을 수신에 사용한다. 이외의 핀(4, 5, 7, 8번)은 사용하지 않는다. PC나 서버의 NIC, 라우터router의 물리적 포트는 MDI다. 그에 비하여 MDI-X는 1번과 2번을 수신으로 사용하고 3번과 6번을 송신에 사용한다. L2 스위치와 L3 스위치의 물리 포트는 MDI-X다.

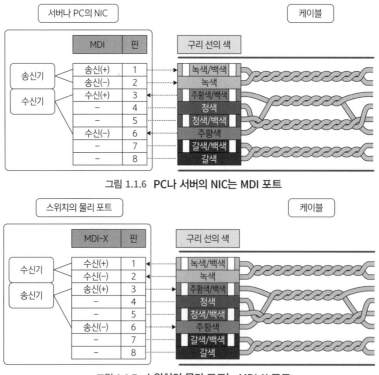

그림 1.1.6 **PC나 서버의 NIC는 MDI 포트**

그림 1.1.7 **스위치의 물리 포트는 MDI-X 포트**

데이터 흐름을 생각하면 한쪽에서 데이터를 송신하면 다른 한쪽에서는 수신하는 것이 필연적이다. 한쪽에서 수신하려고 하고 다른 한쪽에서도 수신하려고 하면 서로 마주치는 상태가 된다. 또한 한쪽에서 송신하고 다른 한쪽에서도 송신하려고 한다면 데이터가 부딪힐 것이다.

따라서 트위스트 페어 케이블 내의 구리 선이 병렬로 구성된 경우 MDI는 MDI-X에 연결해야 한다. MDI에서 송신한 것을 MDI-X에서 수신하고 MDI-X에서 송신한 것을 MDI에서 수신한다. 구리 선이 병렬로 구성된 케이블을 스트레이트 케이블이라고 한다. 예를 들어 PC나 서버를 스위치에 접속할 경우 MDI와 MDI-X의 관계가 성립하므로 스트레이트 케이블을 사용한다.

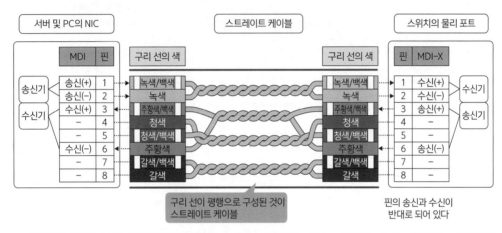

* 스트레이트 케이블의 양 끝단이 위에서부터 '주황색/백색 → 주황색 → 녹색/백색 → 청색 → 청색/백색 → 녹색 → 갈색/백색 → 갈색'인 경우도 있다(이하 동일).

그림 1.1.8 **MDI와 MDI-X는 스트레이트 케이블로 접속한다**

그러나 모든 접속 환경에서 MDI와 MDI-X의 관계가 성립하지는 않는다. PC와 PC를 연결할 수도 있고 스위치와 스위치를 연결할 수도 있다. 이 경우 송수신 관계가 성립되지 않는다. 이런 경우는 링크 업조차 하지 않는다.

자, 그럼 어떻게 할까? 이런 경우에는 케이블의 배선을 바꾸면 된다. 이때 사용하는 것이 크로스 케이블이다. 크로스 케이블은 동일 포트 유형에서도 송수신 관계가 이루어질 수 있도록 구리 선의 배치가 내부적으로 교차한다. 이제 PC와 PC를 연결하더라도 송수신 관계가 성립된다. 또한 스위치와 스위치를 연결하더라도 송수신 관계가 성립된다.

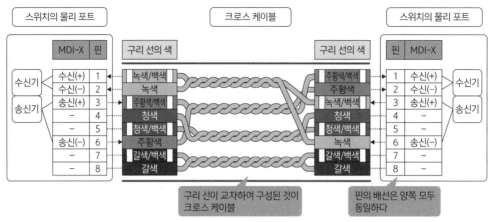

그림 1.1.9 **동일 포트 타입의 경우는 크로스 케이블로 접속한다**

지금까지 스트레이트 케이블과 크로스 케이블에 대해 설명했는데 최근에는 크로스 케이블을 별로 사용하지 않는다. 한때 스트레이트 케이블과 크로스 케이블을 엄밀하게 구분하던 시절이 있었지만 의외로 엄격한 구분이 번거로워 문제의 원인이 되었다. 여기는 크로스로, 여기는 스트레이트라는 식으로 일일이 지정하는 것은 관리가 매우 어려웠다. 실제로 대규모 네트워크 환경을 구축할 때 꽤 힘들었던 경험이 있다. 그래서 포트 유형을 자동으로 판별하는 AutoMDI/MDI-X 기능이 스위치에 구현되었다. **AutoMDI/MDI-X 기능은 상대방의 포트 유형을 판별하고 그 타입에 따라 수신기와 송신기를 교체하는 기능이다.** 이 기능에 따라 동일한 포트 타입이라도 스트레이트 케이블로 접속할 수 있게 되어 크로스 케이블이 필요 없어졌다. 최근 장비는 대부분 AutoMDI/MDI-X 기능이 구현되어 일일이 케이블의 종류를 신경 쓸 필요가 없어졌다.

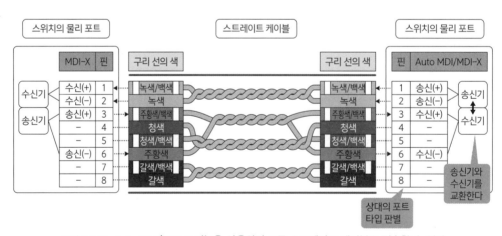

그림 1.1.10 **Auto MDI/MDI-X 기능을 사용하면 모두 스트레이트 케이블로 접속할 수 있다**

🔌 1000BASE-T는 8개의 구리 선을 모두 사용한다

100BASE-TX의 경우 MDI는 핀 1번과 2번을 송신하는 데 사용하고 3번과 6번을 수신하는 데 사용한다. 그 외의 핀(4, 5, 7, 8번)은 사용하지 않는다. 아무리 트위스트 페어 케이블이 8개로 구성되었어도 절반인 네 개밖에 사용하지 않는다. 나머지 4핀도 있는데 사용하지 않는 것은 아까우니 나머지 4핀도 데이터 통신에 사용하여 처리량의 향상을 도모하는 것이 '1000BASE-T'다. 지금은 노트북 PC나 데스크톱 PC에도 대응하는 NIC가 탑재되어 최근 네트워크 환경에서 가장 많이 사용되는 규격이다.

1000BASE-T는 100BASE-TX처럼 송신과 수신을 나누어 통신하지 않는다. 송신도 수신도 동일한 핀으로 한다. 송신기/수신기와 핀 간에 하이브리드 회로hybrid circuit라고 하는 기판을 내장하여 거기서 송신 데이터와 수신 데이터를 분리한 후 각각 송신기와 수신기에 전달한다. 100BASE-TX의 경우 1번과 2번이 송신용 핀이었다. 1000BASE-T는 1번과 2번을 송신 및 수신에 모두 사용할 수 있다. 1번과 2번으로 250Mbps 송수신, 3번과 6번으로 250Mbps 송수신, 4번과 5번으로 250Mbps 송수신, 7번과 8번으로 250Mbps 송수신하는 식으로 네 쌍 모두에서 송수신을 실시하여 1Gbps(=250Mbps×4쌍)라는 고속 통신을 실현한다.

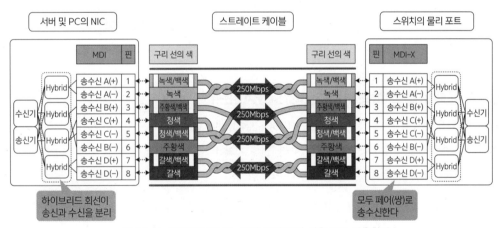

그림 1.1.11 **1000BASE-T는 여덟 개의 구리 선을 모두 사용한다**

🔌 트위스트 페어의 극한, 10GBASE-T

현재 실제 현장에서 사용되는 트위스트 페어 규격 중 가장 빠른 속도의 케이블은 '10GBASE-T'다. '10GBASE-T'는 4쌍의 여덟 개 구리 선을 모두 사용해 통신한다는 점에서 1000BASE-T와 다르지 않다. 그 사용법을 궁리해 짧은 시간에 가능한 많은 데이터를 담아 1페어 2.5Gbps, 합계 10Gbps라는 엄청난 전송 속도를 만들어 낸다.

2006년 9월 10GBASE-T가 표준화된 이후로 최근까지 발열량이나 소비 전력 등의 기술 문제나 비용 문제가 있어 실용화까지는 이르지 못했다. 요즘에는 반도체 프로세스의 미세화로 기술 문제가 해결되어 서버 사이트에서도 드디어 사용한다. 비용 문제만 남았다. 아직 1000BASE-T와 비교해서 포트당 단가가 높아 전부 10GBASE-T 대응 기기로 네트워크를 구축하면 상당한 비용이 든다. 백업 서버나 NAS, 가상화 환경 등 **짧은 시간에 트래픽이 집중하기 쉬운 부분만 10GBASE-T 대응 기기로 구축하여 한정된 예산을 잘 운영해 나가자.**

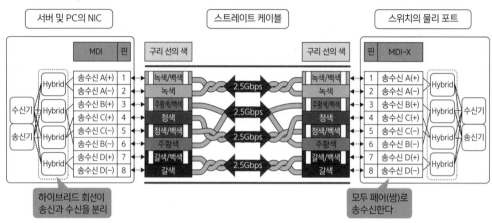

그림 1.1.12 **10GBASE-T는 1페어 2.5Gbps의 전송 속도를 구현한다**

기존 케이블을 활용하는 2.5G/5GBASE-T

1000BASE-T와 10GBASE-T 사이를 메꾸는 트위스트 페어 규격으로 2016년에 책정된 것인 **'2.5GBASE-T'와 '5GBASE-T'**다. 제조사에 따라 '멀티 기가 비트 이더넷mGig'이라고 부르거나 'NBASE-T'라고 부르지만 모두 동일하다.

2.5G/5GBASE-T도 4페어 8심의 구리 선을 모두 사용하여 통신한다는 점에서는 1000BASE-T와 차이가 없다. 10GBASE-T에서 사용되는 기술의 일부를 활용해서 고속화를 도모하고 각각 2.5Gbps와 5Gbps의 처리량을 실현한다.

둘의 규격에서 처리량 이상으로 주목받는 것이 배선 비용이다. 10GBASE-T는 초고속 10Gbps 속도를 내야 해 규격 책정 단계에서 카테고리 5e를 서포트에서 분리했다. 장기간에 걸쳐 네트워크를 지탱한 1000BASE-T에 대응하는 카테고리 5e를 분리한 결과, 10GBASE-T 네트워크를 구축하는 대부분 케이블 배선을 전부 고쳐야 했다. 랙이나 바닥, 천정을 용의 모습처럼 휘감은 LAN 케이블을 다시 까는 작업 비용은 결코 적지 않다. 2.5G/5GBASE-T는 다시 카테고리 5e를 지원하게 되었기 때문에 카테고리 5e의 기존 설비 배선을 활용할 수 있어 서버나 네트워크 기기의 교환만으로 2.5~5배의 전송 속도

향상을 도모할 수 있다. 잘 생각해 보면 모든 네트워크 환경에서 갑자기 10Gbps가 필요한 경우는 의외로 없다. 반면에 네트워크가 존재한다는 기존 상황을 고려하면 1Gbps로는 다소 부족하다. 2.5G/5GBASE-T는 손 닿지 않는 가려운 곳을 긁어 주는 규격이다. 10GBASE-T로의 연결 규격으로 향후 보급되어 갈 것이다.

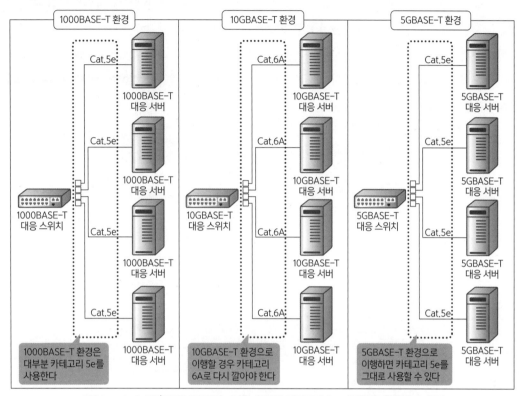

그림 1.1.13 **2.5G/5GBASE-T로는 기존 설비의 카테고리 5e 케이블을 활용할 수 있다**

⟜ 속도와 듀플렉스는 주변과 맞춘다

지금까지 트위스트 페어 케이블 구조를 설명했다. 아주 상세하고 매우 깊이 있는 내용이었다. 그러나 물리 계층 부분은 케이블 및 NIC 등 하드웨어에 의존하는 부분이 많아 실제로 네트워크 장비를 설정할 때는 그다지 설정 항목이 없는 편이다. 트위스트 페어 케이블을 사용할 때 주의해야 하는 설정은 포트의 '속도'와 '듀플렉스duplex'뿐이다. **속도 및 듀플렉스의 설정을 '반드시' 인접 장비와 함께 맞추어야 한다.**

속도는 그 이름대로 전송 속도를 나타낸다. 100Mbps 및 1000Mbps 등 서버의 NIC와 네트워크 장비의 물리 포트에 맞게 설정한다.

듀플렉스는 양방향 통신 방식을 나타낸다. 네트워크 세계는 단방향 통신이 아닌 양방향 통신으로 이루어졌다. 양방향 통신을 어떻게 성립시킬지에 대한 방식을 듀플렉스라고 한다. 하프 듀플렉스half duplex(반이중 통신)와 풀 듀플렉스full duplex(전이중 통신)가 있다. 반이중 통신은 동시에 단방향밖에 통신을 하지 않고 방향을 전환함으로써 양방향 통신을 성립시킨다. 10BASE2 및 10BASE5 등 과거 규격에서 사용되었지만 이제는 일부러 사용해야 할 일이 없다. 10GBASE-T에서는 반이중 통신의 개념 자체가 없어졌다. 반이중 통신이 있으면 대용량 파일을 주고받을 때 오류가 발생하여 처리량이 상승하지 않는다. 이에 반해 전이중 통신은 동시에 송수신을 실시하여 양방향 통신을 성립시킨다. 송신과 수신에 별도의 통신 채널을 설정한다. 지금은 전이중 통신이 절대적이다. **전이중 통신이 될 수 있도록 포트를 설정해야 한다.**

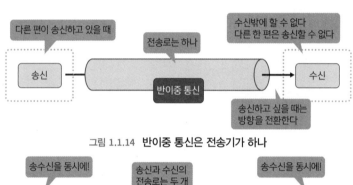

그림 1.1.14 **반이중 통신은 전송기가 하나**

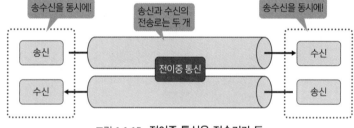

그림 1.1.15 **전이중 통신은 전송기가 둘**

속도 및 듀플렉스 모드mode 설정은 수동으로 설정하는 경우와 자동(자동 협상)으로 설정하는 경우가 있다. 어느 쪽이든 두 기기의 설정을 맞출 필요가 있다.

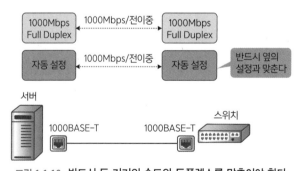

그림 1.1.16 **반드시 두 기기의 속도와 듀플렉스를 맞추어야 한다**

수동으로 설정하는 경우 어느 쪽 포트든 속도 설정이 다르면 링크 업조차 하지 않는다. 또한 듀플렉스 설정이 다른 경우 링크 업은 하지만 대부분 통신할 수 없는 상태가 된다.

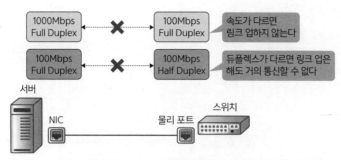

그림 1.1.17 **수동 설정에서 속도나 듀플렉스 설정이 다르면 통신이 되지 않는다**

자동 설정을 위해 오토 네고시에이션auto negotiation 기능을 사용하는 경우에도 주의가 필요하다. 자동 설정은 **FLP**Fast Link Pulse라는 신호를 교환하여 속도와 듀플렉스 모드를 결정한다. FLP로 서로 서포트하는 속도와 듀플렉스 모드를 주고받아 미리 정해진 우선순위에 따라 속도와 듀플렉스 모드를 결정한다.

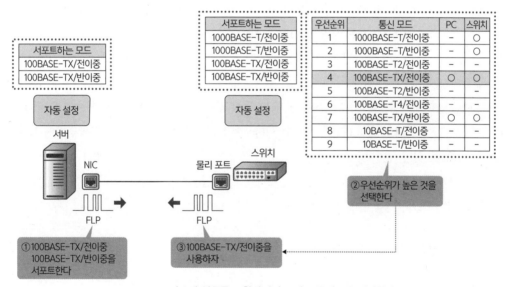

그림 1.1.18 **서로의 신호를 교환하여 속도와 듀플렉스를 결정한다**

모두 자동 설정을 한 경우 결과적으로는 전이중이 선택되기 때문에 문제가 없을 것이다. 그러나 한쪽만 자동 설정인 경우 디폴트default의 듀플렉스 설정인 반이중 방식이 선택된다. 보낸 FLP에 대해 FLP 이외의 신호가 반환되면 반이중으로 선택되게 되어 있다. 이렇게 되면 생각처럼 처리량이 상승하지 않는다. 한쪽이 자동인 경우는 다른 쪽도 자동으로 한다. 이것은 절대적이다.

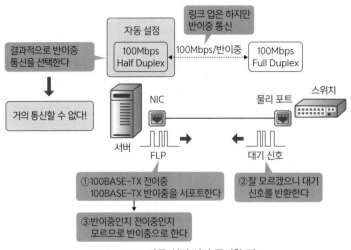

그림 1.1.19 자동 설정 시의 주의할 점

⚡ 트위스트 페어 케이블은 100m까지

트위스트 페어 케이블은 현 시점에서 가장 많이 사용되는 케이블이지만 치명적인 약점이 있다. 거리 제한이다. **트위스트 페어 케이블은 사양상 100m까지만 연장할 수 있다.**[1] 100m 이상으로 연장하면 전기 신호가 감쇠되어 데이터가 손실된다. 100m를 초과할 경우 중간에 스위치 등의 신호 분배기를 설치하여 거리를 연장해야 한다. 이 거리 제한의 고려는 매우 중요하다. "100m나 되는데……"라고 말하는 사람이 있을지도 모르겠으나 덕트나 막다른 골목 등의 사정으로 마구 우회해서 케이블을 부설해야 하는 경우도 많아 의외로 100m도 부족할 수 있다. 케이블의 부설 경로를 확실히 확인하여 100m를 초과하지 않도록 하자. 물론 중계 장비를 사용하여 연장해 사용할 수도 있다. 그러나 운용 관리 대수가 증가할 뿐만 아니라 장애 포인트도 많이 증가해 그다지 실용적이지 않다. 이러한 경우 광케이블을 사용한다. 광케이블은 다음 절에서 설명하겠다.

⚡ 리피터 허브로 패킷을 붙잡기

물리 계층에서 작동하는 기기 중 가장 실용적인 장비는 리피터 허브repeater hub이다. 포트에서 받은 신호를 복사하여 그대로 모든 포트로 보내는 매우 단순한 동작을 한다. 모든 포트에 데이터를 보내 그 리피터 허브에 연결된 기기 모두가 관련 없는 데이터를 받아들여 트래픽 면에서 효율적이지 않다. 최근에는 스위칭 허브switching hub로 대체되어 거의 찾아볼 수 없게 되었다. 데이터 통신을 지탱하는 허브 역할은 끝났다고 생각해도 좋을 것이다.

---

1 예외적으로 10GBASE-T를 카테고리 6으로 사용한 경우는 55m까지만 연장할 수 있다.

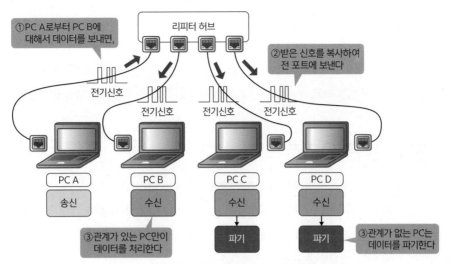

그림 1.1.20 **리피터 허브는 모든 포트에 복사본을 보낸다**

리피터 허브의 진면목은 트러블슈팅이다. 패킷packet을 취득하고 싶은 PC나 서버 사이에서 리피터 허브를 삽입하여 같은 열에 PC를 배치하면 해당 기기에서 교환하는 신호를 수신할 수 있다. 받은 디지털 신호를 와이어샤크Wireshark와 이더피크EtherPeek 등의 전용 소프트웨어로 캡처capture하여 분석한다. 리피터 허브를 사용하면 기존 장비의 설정을 변경하지 않고 패킷을 캡처할 수 있기 때문에 패킷 수준까지 자세히 세분화하여 해석해야 하는 트러블슈팅 시에 그 진가가 발휘된다.

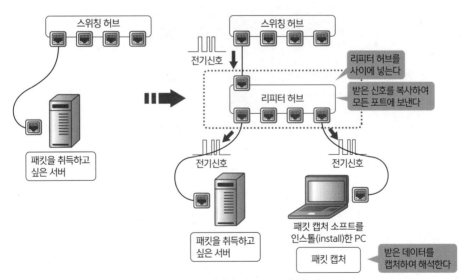

그림 1.1.21 **리피터 허브로 트러블슈팅**

이처럼 기존 기기의 설정을 변경하지 않고 대상 기기의 패킷을 캡처할 수 있는 편리한 리피터 허브이지만 주의할 점으로 **접속 대수**가 있다. 리피터 허브는 받은 신호의 복사본을 모든 포트에 전송한다. 리피터 허브에 접속한 대수가 많으면 많을수록 점점 트래픽 양이 증가해 전체적인 처리 부하가 올라간다. **접속 대수는 가능한 적게 하고 할 수 있다면 패킷 캡처를 할 단말 두 대만 접속하는 편이 좋다.**

1.1.3 광케이블은 유리로 되어 있다

다음으로 광케이블optical cable이다. OOBASE-SX/SR 및 OOBASE-LX/LR로 된 규격은 광케이블을 사용하는 규격이다. ○○BASE-SX/SR의 'S'는 'Short Wavelength(단파장)'의 'S', ○○BASE-LX/LR의 'L'은 'Long Wavelength(장파장)'의 'L'로 각 레이저의 종류를 나타낸다. 사용하는 레이저의 종류가 그대로 전송 거리와 사용하는 케이블에 관련되어 있다.

광케이블(광섬유 케이블, 광파이버 케이블)은 가느다란 유리 섬유로 이루어져 있고,[2] 광 신호를 전송한다. 광케이블은 빛의 굴절률이 높은 '코어core'와 굴절률이 약간 낮은 '클래딩cladding'이라는 2계층으로 구성되었다. 굴절률이 다른 유리를 2계층 구조[3]로 하여 빛을 코어 안에 집어넣어서 손실이 적은 빛의 전송로를 만든다. 이 빛의 전송로를 '모드'라고 한다.

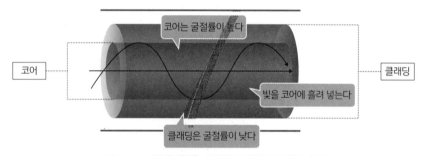

그림 1.1.22 광케이블은 코어와 클래딩으로 되어 있다

실제로 데이터를 보낼 때는 하나의 심을 송신용, 다른 하나의 심을 수신용으로 해서 2심 1대로 사용해 전이중 통신을 성립시킨다.[4] 송수신 관계가 성립되지 않으면 안 되기 때문에 한쪽이 송신인 경우 다른 한쪽은 수신이어야 한다. 모두 송신 또는 수신인 경우는 링크 업조차하지 않는다.

---

2 최근에는 플라스틱 파이버(plastic fiber)나 폴리머 파이버(polymer fiber) 등 유리 외의 것으로 만들어진 광케이블도 있다. 그러나 일반적으로 사용되는 광케이블은 고순도의 석영 유리로 되어 있다.

3 피복된 커버를 합하면 3계층이다.

4 1000BASE-BX는 1심으로 송신용 파장과 수신용 파장을 나누어 송수신할 수 있다.

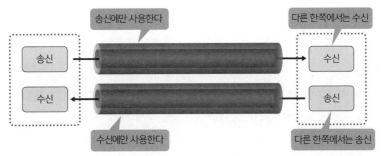

그림 1.1.23 **송신과 수신으로 별개의 광케이블 사용하기**

광케이블은 거리를 길게 해도 신호가 감쇠하기 어렵고 광대역을 유지할 수 있다. 트위스트 페어 케이블보다 훨씬 길게 연장할 수 있다. 그러나 케이블의 구조가 정밀하여 취급하기 어렵다는 단점이 있다.

멀티와 싱글을 나누어 사용하기

광케이블에는 **멀티 모드 광파이버**Multi Mode Optical Fiber, MMF와 **싱글 모드 광파이버**Single Mode Optical Fiber, SMF의 두 종류가 있다. 둘의 차이는 광 신호가 통과하는 코어의 직경이다.

멀티 모드 광파이버

멀티 모드 광파이버는 코어 직경이 50μm 또는 62.5μm의 광케이블이다. 10GBASE-SR 및 40GBASE-SR4 등 단파장을 사용하는 규격에서 사용된다. 코어 직경이 커 빛의 전송로(모드)가 분산되어 여러 개(멀티)다. 전송로가 복수이므로 단일 모드 광파이버와 비교하여 전송 손실이 커 전송 거리도 짧다(~550m). 그러나 단일 모드 광파이버보다 가격도 싸고 처리도 쉬워 LAN 등 비교적 근거리 전송에 사용된다. 멀티 모드 광파이버는 코어의 굴절률에 따라 SIStep Index형과 GIGraded Index형 두 종류가 있다. **현재 사용되는 멀티 모드 광파이버는 GI형이다.** 멀티 모드 광파이버라고 하면 GI형을 생각해도 좋다. GI형은 코어의 굴절률을 완만하게graded 변화시켜 모든 빛의 전송로가 동일 시간에 도달하도록 한다. 이렇게 함으로써 전송 손실을 줄인다.

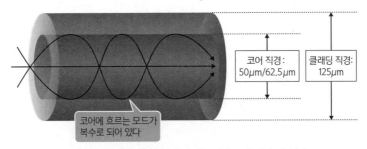

그림 1.1.24 **멀티 모드 광파이버는 전송로가 여러 개 있다**

싱글 모드 광파이버는 코어 직경이 8~10μm인 광파이버 케이블이다. 1000BASE-LX나 10GBASE-LR에서 사용된다. 코어 직경을 작게 한 것뿐만 아니라 코어와 클래딩의 굴절률 차이를 적절하게 제어함으로써 **빛의 전송로(모드)를 하나(싱글)로 한다.** 전송로가 하나가 되도록 엄격하게 설계되어 있어 장거리 전송도 할 수 있고 대용량 데이터도 전송할 수 있다. 집이나 회사 등에서는 좀처럼 볼 수 없지만 데이터 센터와 인터넷 서비스 제공자Internet Service Provider, ISP의 백본backbone 시설을 돌아다니다 보면 자주 볼 수 있다. 개인적으로 싱글 모드 광파이버는 왠지 모르겠지만 노란색 케이블이 많은 것 같다. 전송 손실도 작고 장거리 통신이 가능해서 좋지만 가격이 비싸다는 단점이 있다.

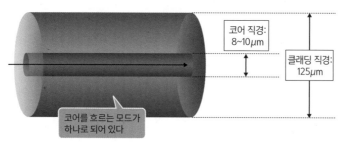

그림 1.1.25 싱글 모드 광파이버는 빛의 전송로가 하나만 있다

두 개의 광파이버 케이블을 비교하면 다음 표와 같다.

표 1.1.4 싱글과 멀티의 비교

비교 항목	멀티 모드 광파이버 (MMF)	싱글 모드 광파이버 (SMF)
코어 직경	50μm 62.5μm	8~10μm
클래딩 직경	125μm	125μm
광전송로(모드)	복수	하나
모드 분산	있다.	없다.
전송 손실	작다.	좀 더 작다.
전송 거리	~550m	~70km
케이블 취급	하기 어렵다.	훨씬 어렵다.
비용	비싸다.	훨씬 비싸다.

⌁ MPO 케이블로 묶기

멀티 모드 광파이버와 싱글 모드 광파이버는 광파이버 케이블의 기본 중 기본이다. 여기서는 두 개를 이용해 파생한 두 종류의 광파이버 케이블을 설명한다.

우선 첫 번째는 '**MPO**Multi-fiber Push On **케이블**'이다. MPO 케이블은 복수의 광파이버 케이블의 심을 하나로 묶은 케이블로 양 끝단에는 MPO 커넥터가 장착되었다. MPO 케이블을 사용하면 필요한 광파이버 케이블의 수를 극적으로 줄일 수 있어 공간 절약을 할 수 있을 뿐만 아니라 번잡해지기 쉬운 케이블의 관리를 간단하게 할 수 있다.

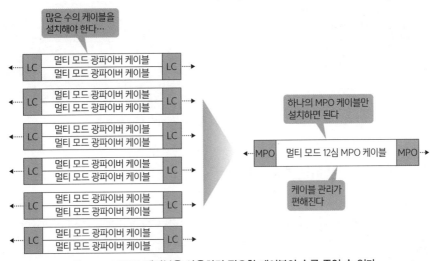

그림 1.1.26 **MPO 케이블을 사용하면 필요한 케이블의 수를 줄일 수 있다**

MPO 케이블은 묶을 광파이버 케이블의 심수에 따라 여러 종류가 있다. 최근 현장에서 자주 사용되는 것은 12심이나 24심 중 하나다. 자세한 것은 '광파이버 케이블을 사용하는 규격'에서 설명하겠지만 12심의 MPO 케이블은 40GBASE-SR4에서 사용한다. 24심의 MPO 케이블은 100GBASE-SR10에서 사용한다.

⌁ 브레이크아웃 케이블로 나누기

두 번째는 '**브레이크아웃 케이블**'이다. 제조사에 따라서 팬아웃fanout 케이블이라고도 한다. 동일한 것으로 생각하면 된다. 브레이크아웃 케이블은 MPO 케이블로 묶은 심수를 도중에 1심이나 2심씩 나누는 케이블이다. 브레이크아웃 케이블을 사용하면 40GBASE-SR4의 QSFP+ 모듈 하나[5]와 10GBASE-

---

5   이 경우 하나의 40Gbps 인터페이스를 네 개의 10Gbps 인터페이스로 취급한다.

SR의 SFP+ 모듈 네 개를 접속하거나 100GBASE-SR10의 QSFP28 모듈 하나[6]와 25GBASE-SR의 SFP28 모듈 네 개를 접속하는 등 물리적인 접속의 다양성이 늘어난다.

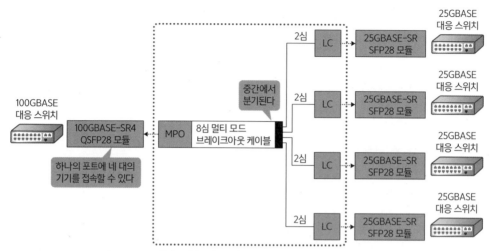

그림 1.1.27 브레이크아웃 케이블을 사용하면 접속의 다양성이 증가한다

⇆ 자주 사용되는 커넥터는 SC, LC, MPO의 3종류

광케이블 커넥터에는 여러 형태가 있다. LAN이나 서버 사이트 등에서 일반적으로 사용되는 커넥터는 'SC 커넥터', 'LC 커넥터', 'MPO 커넥터'이다. 접속할 기기나 트랜시버 모듈에 따라 어느 커넥터를 사용할지 선택한다.

SC 커넥터

SC 커넥터는 플래그를 밀어 넣는 것만으로 잠금 기능lock이 작동되고 잡아당기면 분리되는 푸시 구조의 커넥터다. 적은 비용에 취급하기 쉽다는 점이 특징이다. 단 다소 플래그가 크다는 점이 단점이다. 랙 간을 접속하는 패치 패널이나 전기신호와 광 신호를 양방향으로 변환하는 미디어 컨버터media convertor·ONUOptical Network Unit와 접속할 때 사용한다. 이전에는 광케이블 커넥터라고 하면 SC 커넥터가 일반적이었지만 **최근에는 집약 효과를 고려해 LC 커넥터로 교체되는 추세다.**

그림 1.1.28 SC 커넥터 모습
(사진 제공: 산와 서플라이 주식회사)

---

6   이 경우 하나의 100Gbps 인터페이스를 네 개의 25Gbps 인터페이스로 취급한다.

LC 커넥터

LC 커넥터는 SC 커넥터와 비슷하다. 트위스트 페어 케이블의 커넥터 (RJ-45)와 동일하게 연결하면 잠금 기능이 작동되고 뺄 때는 작은 돌기ratch를 눌러 선을 뺀다. SC 커넥터보다 플래그가 작아 많은 포트를 장착할 수 있다. SFP+ 모듈이나 QSFP+ 모듈[7]과 접속할 때 사용한다.

그림 1.1.29 **LC 커넥터 모습**
(사진 제공: 산와 서플라이 주식회사)

MPO 커넥터

MPO 커넥터는 여러 광파이버 케이블의 심을 하나로 정리하여 접속할 수 있는 커넥터이다. MPO 케이블의 양쪽 끝단 또는 브레이크아웃 케이블의 한쪽 끝에 장착되어 있다. 모양은 편평한 凸형으로 자세히 들여다보면[8] 정리된 심이 듬성듬성 점으로 보인다. MPO 커넥터도 SC 커넥터와 마찬가지로 플래그를 꽂으면 잠금 기능이 작동하고 뽑으면 간단히 빠지는 푸시 형태의 구조이다. 40GBASE-SR4의 QSFP+ 모듈, 100GBASE-SR4/10의 QSFP28 모듈과 접속할 때 사용한다.

그림 1.1.30 **MPO 커넥터 모습**
(사진 제공: 산와 서플라이 주식회사)

MPO 커넥터의 심에는 왼쪽부터 순서대로 번호가 부여되며 사용할 규격에 따라 각 역할이 다르다. 40GBASE-SR4와 100GBASE-SR4는 12심의 MPO 커넥터를 사용하며 왼쪽 4심을 송신으로 이용하고 오른쪽 4심을 수신으로 이용한다. 그에 반해 100GBASE-SR10은 24심의 MPO 커넥터를 사용하며 중앙의 위쪽 10심을 수신으로 이용하고 아래의 10심을 송신으로 사용한다.

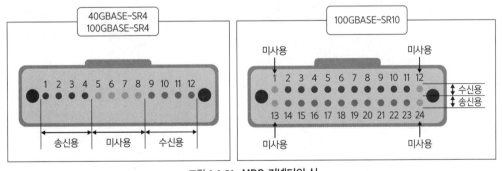

그림 1.1.31 **MPO 커넥터의 심**

---

7   예외적으로 40GBASE-SR4의 QSFP+ 모듈은 MPO 커넥터가 아니면 접속할 수 없다.

8   빛이 나올 때 들여다보면 실명 위험이 있다.

SC 커넥터와 LC 커넥터, 그리고 MPO 커넥터는 어디까지나 커넥터 모습만의 이야기다. 사용할 규격과는 직접적인 관계가 없다. 우선 사용하고 싶은 규격에 맞춰 접속할 기기나 모듈을 고른 후 그것에 맞추어 커넥터와 케이블의 종류를 선택한다. 예를 들어 10GBASE-SR의 SFP+ 모듈이 탑재된 두 개의 스위치를 접속하고 싶은 경우를 고려하자. SFP+ 모듈은 LC 커넥터다. LC-LC의 멀티 모드 광파이버를 선택한다.

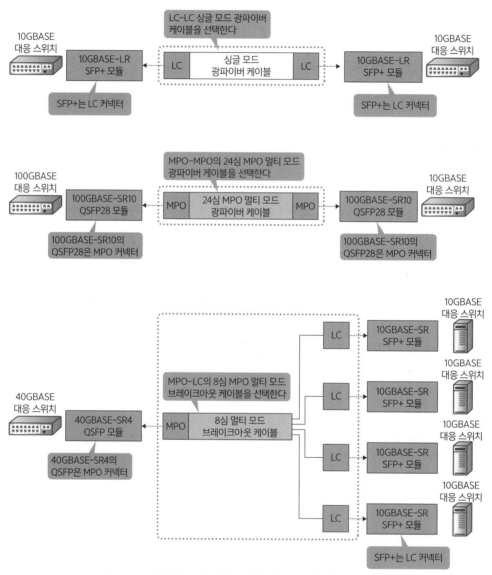

그림 1.1.32 **기기와 모듈을 맞추어 커넥터와 케이블의 종류를 고른다**

⌁ 광파이버 케이블을 사용하는 규격

광파이버 케이블을 사용하는 규격에는 여러 가지가 있어 이해하기 어렵다는 소리를 자주 듣는다. 사용 규격이 케이블 선택에 직결된다. 여기에서 정리해 보자.

규격을 정리할 때 가장 알기 쉬운 것은 ○BASE-□△의 □ 부분이다. 이 부분이 레이저의 종류를 나타내는데 필자는 이 문자로 규격을 정리한다. '1000BASE-SX'를 예로 보자. '1000BASE-SX'의 'S'는 Short Wavelength(단파장)의 'S'다. 'S'가 붙는 규격은 850nm 파장이라는 짧은 파장의 레이저를 사용하며 멀티 모드 광파이버에만 사용할 수 있다. 필자는 "S는 Short이니까 짧은 멀티 모드[9]", "L은 Long이므로 긴 싱글 모드"라는 느낌으로 기억한다. 광파이버 케이블을 사용하는 규격 중에서 서버 사이트에서 하는 일이 많은 것을 몇 가지 설명한다.

10GBASE-R(10GBASE-SR/10GBASE-LR)

광파이버는 광파light wave에 비트를 올려서 데이터를 전송한다. 10GBASE-R은 1파당 10Gbps의 빛을 송신과 수신으로 각각 1심씩 합계 2심의 광파이버로 보낸다. 10GBASE-SR과 10GBASE-LR의 차이는 사용하는 빛의 파장 차이다. 빛의 파장이 길면 길수록 더욱 멀리 전송할 수 있다. 10GBASE-SR은 850nm 파장의 빛을 사용하여 멀티 모드 광파이버로 최대 550m까지 전송할 수 있다. 그에 반해 10GBASE-LR은 1310nm 파장의 빛을 사용해서 싱글 모드 광파이버로 최대 10km까지 전송할 수 있다.

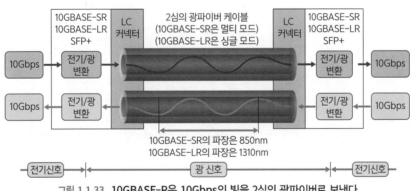

그림 1.1.33 **10GBASE-R은 10Gbps의 빛을 2심의 광파이버로 보낸다**

40GBASE-R(40GBASE-SR4/40GBASE-LR4)

40Gbps의 전송 속도를 낼 수 있는 이더넷 규격의 일반적인 명칭을 40GBASE-R이라고 한다. 40GBASE-R 중에서도 서버 사이트에서 사용되는 일이 많은 규격은 '**40GBASE-SR4**'와 '**40GBASE-LR4**' 두 가지다.

---

9   1000BASE-SX는 예외적으로 멀티 모드뿐만 아니라 싱글 모드도 사용할 수 있다.

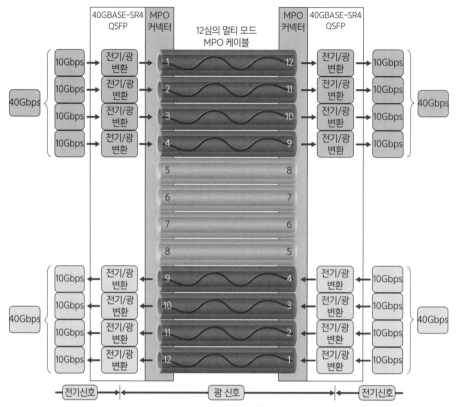

그림 1.1.34 **40GBASE-R은 10Gbps의 빛을 8심의 광파이버로 보낸다**

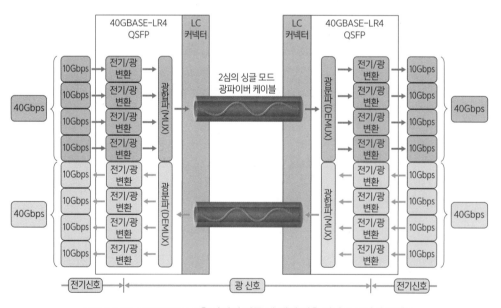

그림 1.1.35 **40GBASE-LR은 파장이 다른 네 개의 빛을 하나로 모아서 보낸다**

40GBASE-SR4는 4개의 10GBASE-SR을 하나로 묶은 버전이다. 1파당 10Gbps의 빛을 송신과 수신으로 각각 4심씩 합계 8심의 광파이버로 보낸다. 40GBASE-SR4는 12심의 MPO 케이블/커넥터를 사용하여 전송로lane를 늘려서 10GBASE-SR의 전송 속도를 네 배로 한다.

40GBASE-LR4은 '광파장분할다중WDM'이라는 기술을 사용하여 미묘하게 파장이 다른 네 개의 빛을 하나로 모아 1심의 싱글 모드 광파이버로 보낸다. 1파당 10Gbps의 빛을 송신에서 1심, 수신에서 1심으로 각각 모아서 보내 40Gbps의 전송 속도를 만들어 낸다.

100GBASE-R(100GBASE-SR10/100GBASE-SR4/100GBASE-LR4)

100Gbps의 전송 속도를 갖는 이더넷 규격의 일반적인 명칭은 100GBASE-R이다. 100GBASE-R 중에서도 서버 사이트에서 사용되는 일이 많은 규격은 '**100GBASE-SR10**'과 '**100GBASE-SR4**', '**100GBASE-LR4**' 세 가지다.

■ 100GBASE-SR10

100GBASE-SR10은 열 개의 10GBASE-SR을 묶은 버전이다. 1파당 10Gbps의 빛을 송신과 수신으로 10심씩 합계 20심의 광파이버로 보낸다. 100GBASE-SR10도 40GBASE-SR4과 마찬가지로 24심의 MPO 케이블/커넥터를 사용해 전송로를 늘려 10GBASE-SR 열 배의 전송 속도를 실현한다.

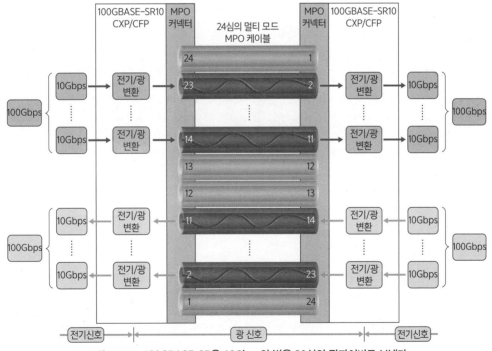

그림 1.1.36 **100GBASE-SR은 10Gbps의 빛을 20심의 광파이버로 보낸다**

■ **100GBASE-SR4**

100GBASE-SR4은 100GBASE-SR10의 후속 버전이다. 1파당 25Gbps의 빛을 송신과 수신으로 4심씩 합계 8심의 광파이버로 보내 100Gbps의 전송 속도를 만들어 낸다. 100GBASE-SR4는 '기어박스'라고 불리는 변속기를 사용하여 10Gbps×10 전송로를 25Gbps×4 전송로로 변속해 12심의 MPO 케이블/커넥터로 보낸다. 100GBASE-SR4는 100GBASE-SR10과 비교하여 최대 전송 거리가 약간 짧지만 (100m) 적은 수의 광파이버 심수로 시설을 마칠 수 있다. 대응하는 QSFP 모듈의 가격도 하락하여 최근 100GBASE-SR 규격은 일반적으로 100GBASE-SR4이다.

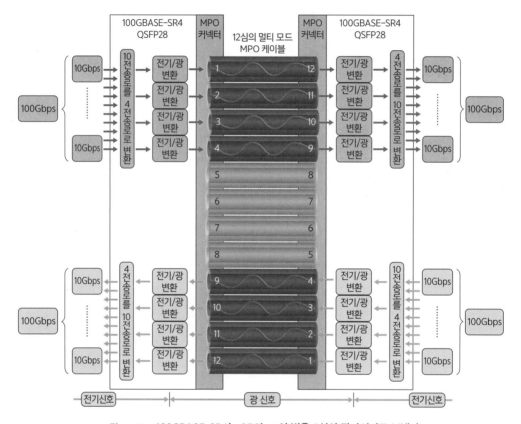

그림 1.1.37 **100GBASE-SR4는 25Gbps의 빛을 8심의 광파이버로 보낸다**

■ **100GBASE-LR4**

100GBASE-LR4는 40GBASE-LR4와 100GBASE-SR4를 합친 모양의 규격이다. 우선 기어박스를 사용해 10Gbps×10 전송로를 25Gbps×4 전송로로 변속한 후 광 신호로 변환한다. 변환하면서 생성된 네 개의 빛을 광파장분할다중으로 하나로 모아 송신으로 1심, 수신으로 1심의 싱글 모드 광파이버 케이블로 보낸다.

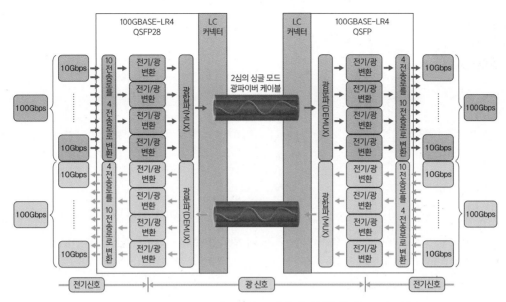

그림 1.1.38 **100GBASE-LR4는 25Gbps의 네 개의 빛을 하나로 모아 보낸다**

광파이버 케이블을 사용하는 대표적인 규격 및 각종 특성, 트랜시버 모듈을 정리하면 다음의 표와
같다.

표 1.1.5 **광파이버 케이블을 사용하는 규격**

전송 속도	규격 패밀리	호칭	IEEE 명칭	대응 케이블	최대 전송 거리	트랜시버 모듈	커넥터 모양
10Gbps	10BASE-R	10GBASE-SR	IEEE802.3ae	MMF	550m	SFP+	LC
		10GBASE-LR	IEEE802.3ae	SMF	10km	SFP+	LC
25Gbps	25BASE-R	25GBASE-SR	IEEE802.3by	MMF	100m	SFP28	LC
		25GBASE-LR	IEEE802.3cc	SMF	10km	SFP28	LC
40Gbps	40BASE-R	40GBASE-SR	IEEE802.3ba	MMF	100m	QSFP+	MPO(12심)
		40GBASE-LR	IEEE802.3ba	SMF	10km	QSFP+	LC
100Gbps	100BASE-R	100GBASE-SR10	IEEE802.3ba	MMF	150m	CXP/CFP	MPO(24심)
		100GBASE-SR4	IEEE802.3bm	MMF	100m	QSFP28	MPO(12심)
		100GBASE-LR4	IEEE802.3ba	SMF	10km	QSFP28	LC

1.2 물리 설계

지금까지 물리 계층의 다양한 기술을 설명했다. 여기에서는 물리 계층 기술을 서버 사이트에서 어떻게 사용하는지, 그리고 사이트를 설계 및 구축할 때 어떠한 부분을 주의하면 좋을지 실용적인 측면을 설명한다.

1.2.1 구성 패턴은 두 종류

어떠한 기기를 어떻게 배치하고 어떻게 접속할지 물리적인 구성을 설계한다. 일단 서비스가 가동하면 나중에 크게 구성을 변경하는 것은 매우 어렵다. 물론 할 수 없는 것은 아니지만 서비스의 일시 정지를 피할 수 없다. 그렇게 되지 않도록 하기 위해서라도 **더 관리하기 쉽고, 더 확장하기 쉬운, 미래 지향적인 물리 구성을 설계할 필요가 있다.**

서버 사이트에서 일반적으로 사용되는 물리적 구성은 **인라인** In-line **구성**과 **원암**One-arm **구성** 두 가지다. 중소 규모의 시스템 환경에서는 인라인 구성, 대규모 시스템 환경에서는 원암 구성을 채용하는 경향이 있다. 두 개의 포인트를 대략적으로 비교하면 표 1.2.1과 같다.

각 기기가 갖는 기술이나 기능, 왜 이런 물리 구성이 되어 있는지 등 상세한 부분은 향후의 장으로 구성 패턴을 기초로 설명한다. 이 절에서는 어떠한 식으로 연결되는지 개요만을 파악하길 바란다. 물리 구성의 디자인은 많은 기술, 많은 기능의 집대성이다. 모든 기기 배치에 의미가 있다. 다양한 기술과 기능을 이해한 후 이 절로 돌아와 보면 더 재미있게 느낄 수 있다. 각 구성 개요를 세분화하여 설명하겠다.

표 1.2.1 인라인 구성과 원암 구성의 비교

비교 항목	인라인 구성	원암 구성
구성 이해의 용이성	○	△
트러블슈팅의 용이성	○	△
구성의 유연성	△	○
확장성	△	○
중복성 및 가용성	○	○
채용의 규모	소규모~중규모	대규모

⟜⟜ 인라인 구성으로 관리하기 쉽게

먼저 인라인 구성이다. 통신 경로상에 기기를 배치하기 때문에 인라인 구성이라고 한다. 현재 서버 사이트에서 가장 많이 채용되는 구성일 것이다. 구성이 간단해서 알기 쉽고 문제 해결도 하기 쉬워 작업 관리자들도 선호한다. 인라인 구성이라는 한마디로 표현했지만 구성의 변화가 다양하여 모든 구성을 다루는 것은 불가능하다. 여기에서는 대표적인 구성 패턴을 소개한다.

인라인 구성 패턴 1

첫 번째 구성 패턴이다. 인라인 구성 중에서도 가장 간단하고 알기 쉬운 구성으로 했다. 네트워크 기기의 배치가 위에서부터 사각 그리고 다시 사각, 계속해서 사각형으로 된 이 **스퀘어 구성은 인라인 구성의 기본 중의 기본이다.**

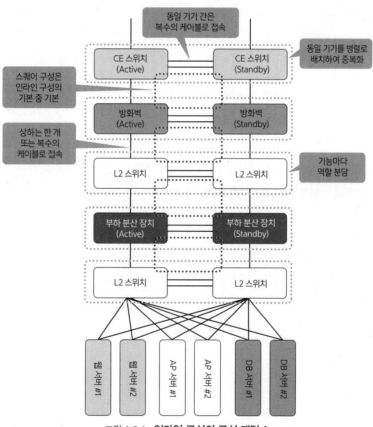

그림 1.2.1 **인라인 구성의 구성 패턴 1**

같은 장비를 병렬로 배치하여 중복화를 도모하고 장비 사이를 여러 케이블로 접속한다. 복수의 케이블은 중복 구성을 하기 위한 관리 패킷을 교환하거나 장애 시 우회 경로가 되기도 한다. 위아래로 한 개의 케이블로 접속한다. 이 부분은 트래픽 양에 따라서 늘릴 수도 있다. 여기에서는 이해를 돕기 위해 한 개로 한다.

이 구성은 각 기기가 기능별로 역할이 분담되어 어딘가 고장이 났을 때 다른 기기에 미치는 영향을 최소화하면서 경로를 전환할 수 있는 매우 단순한 구성이다.

인라인 구성 패턴 2

두 번째 구성 패턴이다. 첫 번째 구성 패턴에 '블레이드 서버blade server', '가상화', '스택와이즈 테크놀로지StackWise technology, VSSVirtual Switching System', '보안 영역의 분할'이라는 네 개의 요소를 추가한다. 보기에는 복잡하지만 잘 보면 확실히 스퀘어square 구성으로 되어 있다. 또한 스택와이즈 테크놀로지를 사용하는 스위치는 전용의 스택stack 케이블로 접속한다.

서버는 '블레이드 서버'와 '가상화'로 집약 효율성과 확장성을 높이고 스위치는 '스택와이즈 테크놀로지, VSS'로 운용 관리의 효율화, 구성의 단순화를 도모한다. 또한 DMZ와 LAN에 보안 영역을 분할하여 보안 등급security level의 향상을 도모한다. 이 구성은 블레이드 서버 특유의 구성을 취하거나 가상화 기능을 사용하기 위해 전용 네트워크를 만드는 식으로 구성 패턴 1보다 조금 고려해야 할 부분이 많다. 각 요소의 자세한 내용은 '블레이드 서버'는 4.2.1절, '가상화'는 2.3.1절, '스택와이즈 테크놀로지, VSS'는 4.1.1절, '보안 영역의 분할'은 3.3.1절에서 설명한다.

이 구성도 구성 패턴 1과 마찬가지로 각 기기가 기능별로 역할을 분담한다. 어딘가 고장 나면 다른 기기로의 영향을 최소화하면서 경로가 전환되도록 구성한다.

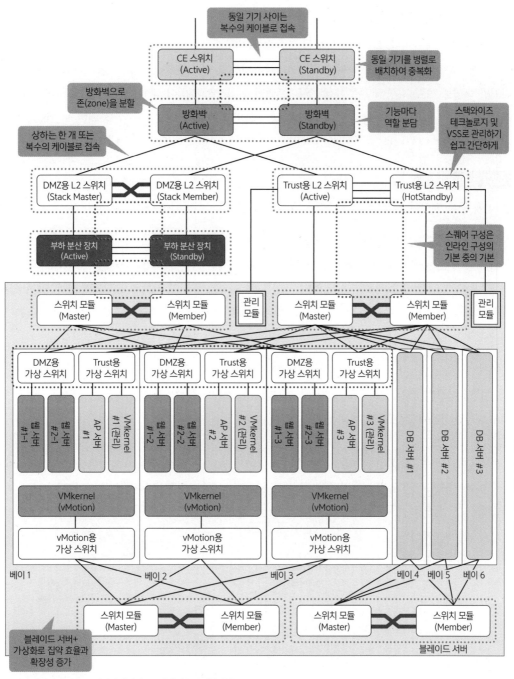

동일 기기 사이는
복수의 케이블로 접속

CE 스위치
(Active)

CE 스위치
(Standby)

동일 기기를 병렬로
배치하여 중복화

방화벽으로
존(zone)을 분할

방화벽
(Active)

방화벽
(Standby)

기능마다
역할 분담

상하는 한 개 또는
복수의 케이블로 접속

스택와이즈
테크놀로지 및
VSS로 관리하기
쉽고 간단하게

DMZ용 L2 스위치
(Stack Master)

DMZ용 L2 스위치
(Stack Member)

Trust용 L2 스위치
(Active)

Trust용 L2 스위치
(HotStandby)

부하 분산 장치
(Active)

부하 분산 장치
(Standby)

스퀘어 구성은
인라인 구성의
기본 중의 기본

스위치 모듈
(Master)

스위치 모듈
(Member)

관리
모듈

스위치 모듈
(Master)

스위치 모듈
(Member)

관리
모듈

DMZ용
가상 스위치

Trust용
가상 스위치

DMZ용
가상 스위치

Trust용
가상 스위치

DMZ용
가상 스위치

Trust용
가상 스위치

웹 서버
#1-1

웹 서버
#2-1

AP 서버
#1

VMkernel
#1 (관리)

웹 서버
#1-2

웹 서버
#2-2

AP 서버
#2

VMkernel
#2 (관리)

웹 서버
#1-3

웹 서버
#2-3

AP 서버
#3

VMkernel
#3 (관리)

DB 서버 #1

DB 서버 #2

DB 서버 #3

VMkernel
(vMotion)

VMkernel
(vMotion)

VMkernel
(vMotion)

vMotion용
가상 스위치

vMotion용
가상 스위치

vMotion용
가상 스위치

베이 1

베이 2

베이 3

베이 4   베이 5   베이 6

스위치 모듈
(Master)

스위치 모듈
(Member)

스위치 모듈
(Master)

스위치 모듈
(Member)

블레이드 서버+
가상화로 집약 효율과
확장성 증가

블레이드 서버

* 지면 관계상 관리 콘솔 이외의 관리계 포트와의 접속은 생략한다.

그림 1.2.2 **인라인 구성의 구성 패턴 2**

⚷ 원암 구성으로 확장하기 쉽게

다음으로 원암 구성이다. **코어 스위치의 팔**arm**처럼 기기를 배치하기 때문에 원암 구성이라고 한다.** 사이트 중심부에 위치한 코어 스위치가 여러 역할을 갖게 되므로 인라인 구성보다 구성을 이해하기 어렵다. 하지만 다양한 요구 사항에 부응할 수 있는 유연성과 확장성이 있어 데이터 센터와 멀티 테넌트multi-tenant 환경 등 비교적 큰 사이트에서 채용한다. 원암 구성 또한 대표적인 구성 패턴을 요점과 함께 소개한다.

원암 구성 패턴 1

첫 번째 구성 패턴이다. 원암 구성 중에서도 가장 간단하고 알기 쉬운 구성으로 했다.

사실 이 구성은 인라인 구성의 구성 패턴 1과 논리적으로 동일하다. 같은 기기를 병렬로 배치하여 중복화를 도모한 부분은 바뀌지 않는다. 종렬의 배치가 다르다. 마치 코어 스위치의 팔 모양처럼 방화벽 및 부하 분산 장치를 배포한다. 인라인 구성은 각 기기가 완전히 역할이 분담되어 매우 알기 쉽게 배치되어 있었다. 원암 구성에서는 그 역할의 일부를 코어 스위치로 통합한다. 시스템 중심에 있는 코어 스위치가 많은 역할을 담당해 거의 모든 트래픽이 코어 스위치를 경유하도록 구성한다.

기기의 배치는 전혀 다르지만 사용하는 중복화 기능은 인라인 구성과 동일하다. 어딘가 장애가 발생하면 즉시 경로가 전환되어 새로운 경로를 확보한다. 코어 스위치가 다양한 역할을 담당해 코어 스위치가 다운되었을 때는 모든 장비에 영향을 준다.

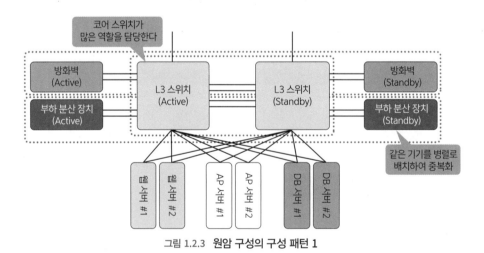

그림 1.2.3 **원암 구성의 구성 패턴 1**

원암 구성 패턴 2

두 번째 구성 패턴이다. 인라인 구성과 동일하게 원암 구성 패턴 1에 '블레이드 서버', '가상화', '스택와이즈 테크놀로지, VSS', '보안 영역의 분할'이라는 네 가지 요소를 추가한다.

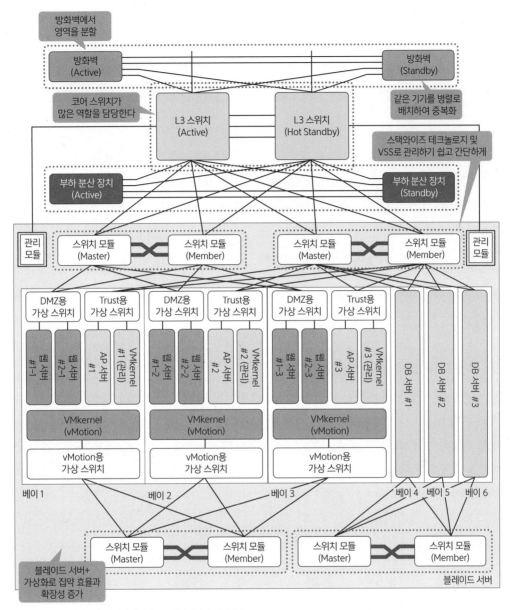

방화벽에서
영역을 분할

방화벽
(Active)

방화벽
(Standby)

코어 스위치가
많은 역할을 담당한다

같은 기기를 병렬로
배치하여 중복화

L3 스위치
(Active)

L3 스위치
(Hot Standby)

스택와이즈 테크놀로지 및
VSS로 관리하기 쉽고 간단하게

부하 분산 장치
(Active)

부하 분산 장치
(Standby)

관리
모듈

스위치 모듈
(Master)

스위치 모듈
(Member)

스위치 모듈
(Master)

스위치 모듈
(Member)

관리
모듈

DMZ용
가상 스위치

Trust용
가상 스위치

DMZ용
가상 스위치

Trust용
가상 스위치

DMZ용
가상 스위치

Trust용
가상 스위치

웹 서버
#1-1

웹 서버
#2-1

AP 서버
#1

VMkernel
#1 (관리)

웹 서버
#1-2

웹 서버
#2-2

AP 서버
#2

VMkernel
#2 (관리)

웹 서버
#1-3

웹 서버
#2-3

AP 서버
#3

VMkernel
#3 (관리)

DB 서버
#1

DB 서버
#2

DB 서버
#3

VMkernel
(vMotion)

VMkernel
(vMotion)

VMkernel
(vMotion)

vMotion용
가상 스위치

vMotion용
가상 스위치

vMotion용
가상 스위치

베이 1

베이 2

베이 3

베이 4

베이 5

베이 6

블레이드 서버+
가상화로 집약 효율과
확장성 증가

스위치 모듈
(Master)

스위치 모듈
(Member)

스위치 모듈
(Master)

스위치 모듈
(Member)

블레이드 서버

＊ 지면 관계상 관리 콘솔 이외의 관리계 포트와의 접속은 생략한다.

그림 1.2.4 원암 구성의 구성 패턴 2

보기에는 복잡하게 보이지만 기본 구성은 구성 패턴 1과 동일하다. 코어 스위치에 대한 접속 형태가
미묘하게 다르지만 두 대의 코어 스위치를 VSS에서 논리적으로 한 대로 구성하기 때문이다. **방화벽
및 부하 분산 장치에서는 마치 하나의 코어 스위치에 접속하는 것처럼 보인다.** 한 대의 코어 스위치의 팔처
럼 방화벽 및 부하 분산 장치를 배치한다.

구성 패턴 1과 동일하게 기기의 배치는 전혀 다르지만 사용하는 중복화 기능은 인라인 구성과 같다. 어딘가에 장애가 발생하면 즉시 경로를 전환하여 새 경로를 확보한다. 코어 스위치는 구성 패턴 1과 동일하게 여러 가지 역할을 담당한다. 단 코어 스위치는 VSS에서 논리적으로 한 대로 구성하기 때문에 예를 들어 코어 스위치가 다운되더라도 패턴 1만큼 주변 기기에 영향을 주지는 않는다.

이상의 네 가지 구성은 뒤에서 기술과 사양을 설명할 때 구성 패턴으로서 사용한다. 아직 어렵게 보일 수 있다. 특히 구성 패턴 2는 여러 가지를 다루기 때문에 현 시점에서는 전혀 이해할 수 없을지도 모른다. 향후의 장에서 기술과 사양을 이해한 후 이 구성 패턴을 본다면 전혀 다르게 보일 것이다.

1.2.2 안정된 기기를 선택하기

물리 구성이 어느 정도 파악되었다면 각각 어떠한 기기를 사용할지 고려한다. 서버 사이트에서 기기 선정의 요점은 '신뢰성', '비용', '운용 관리성'인 세 가지다.

⚡ 무엇보다 신뢰성이 중요하다

절대로 서비스 단절을 허용하지 않는 서버 사이트의 기기 선정은 신뢰성이 가장 중요한 요점이다. 아무리 비싸고 속도가 빨라도 여기저기 망가지면 말이 안 된다. 장기간에 걸쳐서 안정되게 동작하는 기기를 선정하자. 신뢰성의 지표로 사용되는 것이 'MTBFMean Time Between Failures(평균 고장 간격)'다. MTBF는 고장에서 다음 고장까지의 평균적인 간격을 나타낸다. 각 제조사 웹사이트에 공개되어 있으니 참고하자.

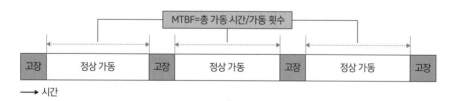

그림 1.2.5 **MTBF**

여기까지는 표면적인 이야기이고 지금부터가 진짜다. **아무리 MTBF가 길어도 고장 날 때는 고장이 나는 법이고 사용하는 기능이나 사용법에 따라서도 크게 변동한다.** MTBF는 이해하기 쉽고 논리적이기도 하지만 절대적인 신뢰성의 지표가 될 수 있을지는 정확하게 무엇이라고 말할 수 없다. 현장에 물어보아도 의문이다. 결국 기기의 신뢰성은 때때로 재물의 수에 비례한다. 따라서 먼저 각 분야에서의 견고한 기기, 견고한 제조사를 선정해 두는 것이 가장 좋은 방책이다.

⌁ 싼 게 비지떡

신뢰성을 추구해서 완벽한 기기만을 선정하면 비용 문제에 봉착한다. 완벽한 기기는 그만큼 비싸다. 물론 돈이 많다면 고품질의 기기를 선정하면 된다. 문제는 예산 사정이 안 좋은 경우다. 고품질의 기기를 포기하고 다른 기기를 찾아야 한다. 그중 고성능 기능의 반값 이하인 기기도 있다. 단 다른 가전제품이나 가구처럼 싼 게 비지떡인 경우가 있다. 그러니 아무리 저렴해도 나중에 손해를 보지 않을 정도의 기기를 선정해야 한다. 참고로 **별도의 기기로 대체하는 것은 중요도가 낮은 기기부터 시작할 것**을 권한다. 예를 들어 사용자에게 서비스를 제공하는 서비스 측의 기기와 감시로 사용하는 운용 관리 측의 기기가 있다면 운용 관리 측의 기기 쪽이 압도적으로 중요도가 낮다. 운용 관리 측의 기기를 고성능 기기로 대체하기를 바란다.

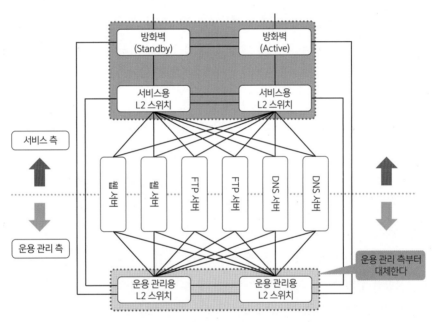

그림 1.2.6 **기기를 대체할 때는 중요도가 낮은 쪽부터 한다**

⌁ 사용하기 편한 것도 중요

운용 관리 단계는 시스템의 생존 주기에서 가장 긴 단계이다. 경우에 따라서는 10년 이상 계속되는 일도 있다. 따라서 설정하기 쉽고 살펴보기 쉬운 기기를 선정하는 것도 중요한 포인트 중 하나이다. 기기 선정에 카탈로그 사양 정보를 통째로 받아들여 운용 관리성이라는 값으로 따질 수 없는 요소를 경시하는 경우도 필자는 여러 번 목격했다. 사용하기 어려운 기기의 운용 관리는 그대로 운용 관리비 등의 간접 비용으로 무겁게 다가온다. 사용하기 쉬운 기기를 선정하자.

여기까지 기기 선정을 다루었다. 네트워크 구축 현장에서는 왜 그 기기를 선택했는지에 대한 근거가 매우 중요하다. 필자도 예전에 고객이 선정한 기기를 그대로 도입해서 납품한 결과 치명적인 버그가 발생해 고생한 경험이 있다. "왜 이런 기기를 넣었어!"라고 혼나는 도중에 "그것을 선택한 것은 당신 옆에 앉아 있는 사람인데요"라고 차마 말할 수 없었다. '손님은 왕'이라는 인식이 심한 IT 시스템 구축 현장에서는 이런 문제는 납품자의 책임일 뿐이다. 안타깝지만 눈물을 흘릴 수밖에 없다. 어처구니없는 일이 일어나지 않도록 어떠한 형태로든 확실한 근거를 남겨 두도록 하자.

1.2.3 가장 커다란 값으로 기종 결정하기

기기의 물리 구성이 결정되면 어느 정도의 성능spec을 갖는 기종을 배치할지 생각해야 한다. 어떠한 요소를 바탕으로 기종을 선정했는가? 바로 이것이 하드웨어 구성 설계다. 경우에 따라서는 물리 설계의 한 항목으로서가 아니라 하드웨어 구성 설계 및 성능 설계로서 따로 항목을 마련하는 경우도 있다. 이 책에서는 물리적인 기기가 갖는 성능의 설계라는 의미를 감안하여 실제 설계 안에 넣었다.

어느 기종을 선택할지는 사용하는 기능이나 비용, 처리량, 커넥션 수, 실적 등 많은 요소를 바탕으로 결정한다. 여기에서는 그중에서도 '처리량'과 '커넥션 수'에 주목하여 설명하겠다. 이 둘은 기종 선정에서 절대적인 지표가 될 수 있다. 기존 기기의 교체라면 SNMP Simple Network Management Protocol를 사용하여 미리 기존 기기에서 이 둘에 관련된 값을 취득하여 그다음 기종 선정에 도움이 될 수 있도록 하는 편이 좋다.

SNMP에 대해서는 5.1.2절에서 설명하겠다. 신규 설치라면 상정하는 사용자 수와 사용할 프로토콜, 애플리케이션, 콘텐츠 크기나 그 비율 등 여러 가지 요소를 바탕으로 예측한다. 평상시의 평균값을 사용하여 기종을 선정한다면 처리량이나 커넥션 수는 그다지 의미가 없다. **장기적 또는 단기적으로 액세스**access **패턴을 분석하여 이 중 가장 큰 값을 사용해서 기종 선정을 한다.**

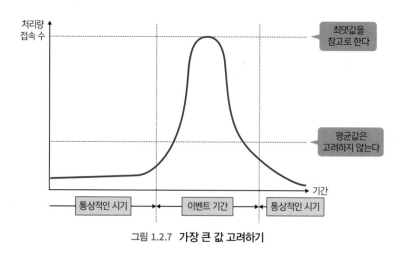

그림 1.2.7 가장 큰 값 고려하기

비용이 허락된다면 추가적으로 검증 기기를 준비하여 성능 시험이나 부하 시험을 실시해 보는 것도 좋다. 더욱 실제 환경에 가까운 값을 얻을 수 있을 뿐만 아니라 설정 방법이나 발생 가능한 버그를 사전에 어느 정도 알 수 있다. 참고로 검증 기기에는 동일한 기기를 사용하는 것이 가장 좋다. 비용 문제로 동일한 기기를 준비할 수 없다면 적어도 동일한 하드웨어 구성을 채용한 기기를 준비하자. 일반적으로 하드웨어 구성이 동일하면 성능 차이는 CPU 클록이나 코어 수, 메모리 용량 정도이다. 실제 운용 기기와의 차이를 최소한으로 억제할 수 있다. 예를 들어 물리 어플라이언스와 가상 어플라이언스의 경우, 하드웨어 처리가 있는지 없는지에 따라 하드웨어 구성이 완전히 다르다. 또한 물리 어플라이언스의 경우도 시리즈 및 릴리스 시기가 다르면 새로운 아키텍처와 구성 요소가 사용되어 하드웨어 구성이 다를 수 있다. 제조사의 웹사이트나 매뉴얼을 확실히 확인해 검증 기기를 선정하길 바란다.

⌁ 애플리케이션에 따라 필요한 처리량은 다르다

처리량이란 애플리케이션이 실제로 데이터를 전송할 때의 실효 속도를 말한다. 처리량에는 애플리케이션에 대한 다양한 처리 지연이 포함되어 있으며 규격상의 이론 값인 전송 속도보다 반드시 작다. 서버 사이트에서 필요한 처리량은 상정하는 최대 동시 사용자 수 및 사용하는 애플리케이션의 트래픽 패턴 등 다양한 요구 사항에 따라 다르다. 각각을 확실히 파악한 후에 필요한 처리량을 산출한다. 네트워크 기기는 각 메이커에서 비트 손실 없이 데이터 전송을 할 수 있는 값, 최대 처리량이 공표되어 있다. 그 값을 비교하면서 어느 정도 여유를 가지고 필요 성능을 확인해 기종을 선정하길 바란다.

기기에 따라서는 사용하는 기능에 따라 최대 처리량이 저하될 수 있다. 이 경우는 사용하는 기능을 고려하여 기기의 최대 처리량을 결정한다. 예를 들어 방화벽 기능만을 유효로 한 경우는 4Gbps나 처리할 수 있는데 침입 방지 시스템Intrusion Prevention System, IPS을 동시에 사용하면 1.3Gbps밖에 처리할 수 없는 기기도 있다. 이 시스템에서 IPS를 사용해야 하는 경우는 1.3Gbps가 최대 처리량이 된다. 그 값을 서로 맞춰 나가야 한다.

⌁ 신규 접속 수와 동시 접속 수를 고려한다

접속 수는 1초에 얼마나 많은 접속을 처리할 수 있는가를 말한다. 값이 클수록 많은 데이터를 처리할 수 있다. 방화벽 및 부하 분산 장치를 선정할 때 이 값에 주의해야 한다. 접속에는 **신규 접속 수와 동시 접속 수**의 두 종류가 있다. 신규 접속 수는 초당 얼마나 많은 접속을 처리할 수 있는지를, 동시 접속 수는 동시에 어느 정도의 접속을 유지할 수 있는지 나타낸다.

이 두 값은 보기에는 비례할 것 같지만 반드시 그렇다고는 할 수 없다. 예를 들어 파일 전송 프로토콜File Transfer Protocol, FTP처럼 적은 수의 연결을 오랫동안 유지하는 프로토콜이 액세스를 시도한 적이 있다면 동시 연결 수는 증가하기 쉽지만 새로운 연결의 경우는 그렇게까지 증가하지 않는다. 반대로 HTTPHyper Text Transfer Protocol/1.0처럼 대량의 커넥션을 짧게 유지하는 프로토콜이 액세스를 시도할 경우 신규 접속 수는 늘어나기 쉽지만 동시 접속 수는 그다지 증가하지 않는다.

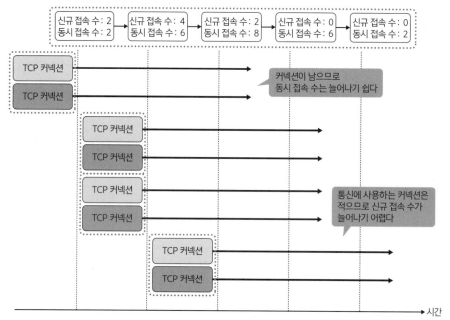

그림 1.2.8 **신규 접속 수와 동시 접속 수는 반드시 비례하지는 않는다**

필요한 접속 수는 예상되는 최대 동시 유저 수 및 사용하는 애플리케이션에 따라 다르다. 각각 확실히 파악한 후에 필요한 신규 접속 수, 동시 접속 수를 계산한다. 최대 접속 수도 제조사가 공개한다.[10] 그 값을 비교하면서 **어느 정도의 여유를 가지고 필요한 성능을 확인해 기종을 선정하길 바란다.** 최대 신규 접속 수, 최대 동시 접속 수, 어느 쪽의 최대 접속 수를 초과하더라도 서비스 지연이 발생한다.

지금까지 하드웨어 구성 설계에 대해 설명했는데, 결국 기기의 성능 이상의 결과는 발생하지 않는다. 여러 가지 계수를 이용하여 아무리 계산해도 한계가 있다. 기업에 따라서는 그 값을 아슬아슬하게 설정하여 기기를 선정해 버릴 수도 있기 때문에 예기치 않은 트래픽에 전혀 대응하지 못하기도 한다. 네트워크 기기는 서버에 비해 오래 사용하는 경우가 많아 스케일 업scale up이나 스케일 아웃scale out 이 어렵다. 충분히 여유를 가지고 성능 설계를 하도록 하자. 어떠한 정보를 가지고 그 기종을 선정했는지 그 근거와 논리는 매우 중요하다.

---

10   제조업체에 따라서는 동시 접속 수만 공표하는 곳도 있다.

1.2.4 가상화 장비를 제대로 사용하기

서버 가상화의 조류에 힘입어 새롭게 태어난 기기가 네트워크 기기를 가상화한 **'가상화 장비'**다. 최근 네트워크 기기의 대부분이 베이스 운영체제로 UNIX 계열의 OS를 사용하고 그 위에 특별히 코딩된 서비스를 동작시키거나 전용의 하드웨어 처리를 호출해 처리의 고속화 및 효율화를 도모한다. 가상화 기기는 베이스 운영체제나 서비스, 하드웨어 처리를 모두 가상화 소프트웨어인 하이퍼바이저에서 실시한다. 가상화 장비는 최근 몇 년간 IT 시스템에 꽤 정착된 상황이다.

표 1.2.2 **대표적인 가상화 장비 제품**

제조사	기기의 종류	가상화 장비
시스코	스위치	Nexus 1000v
	라우터	vIOS
	방화벽	ASAv
주니퍼	라우터	vMX
	방화벽	vSRX
포티넷	방화벽	FortiGate VM
팔로알토	방화벽	VM-Series
임퍼바	방화벽	SecureSphere Virtual Appliances
F5	부하 분산 장치	BIG-IP VE

🔌 가상화 장비의 장점

가상화 장비의 가장 큰 장점은 **'장치를 위한 공간이 필요 없다'**라는 점이다. 지금까지 네트워크 기기라고 하면 일반적으로 랙 형 서버와 마찬가지로 서버 랙에 탑재해 설치 공간을 차지하는 것이었다. 가상화 장비는 가상화 소프트웨어의 하이퍼바이저에서 하나의 가상 머신으로 동작하기 때문에 설치 공간을 차지할 일이 없다.[11] 설치 공간은 그대로 비용으로 연결된다. 가상화 장비를 이용하면 설치 공간을 절약할 수 있고 더불어 비용을 절약할 수 있다.

---

[11] 물론 가상화 소프트웨어를 인스톨하는 물리 서버의 설치 공간은 필요하다.

그림 1.2.9 **가상화 장비를 이용하면 설치 공간을 절약할 수 있다**

가상화 장비의 단점

가상화 장비의 단점은 **'성능이 떨어진다'**라는 점이다. 가상화 장비는 하이퍼바이저를 경유할 뿐만 아니라 물리 장비가 처리 고속화 및 효율화하기 위해 사용하는 하드웨어(FPGA)의 처리를 소프트웨어(CPU)로 치환하기 때문에 성능 열화의 영향이 빈번히 나타난다.

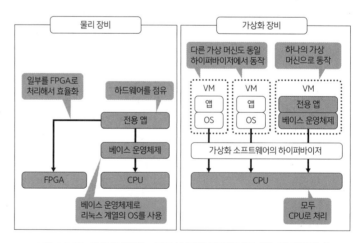

그림 1.2.10 **가상화 장비는 구조상 물리 장비보다도 성능이 떨어진다**

맹목적으로 가상화 장비를 사용하는 것이 아니라 단순한 기능 검증만 실시하는 초기 검증 환경에서는 가상화 장비를, 상세한 기능 검증이나 성능 시험을 실시하는 후기 검증 환경이나 프로덕션 환경에서는 물리 장비를 사용하는 식으로 적절한 하이브리드화를 도모하길 바란다.

참고로 1.2.1절의 인라인 구성 패턴 1에서 방화벽과 부하 분산 장치로 가상화 장비를 사용해 가상화의 에센스를 더하면 다음과 같은 그림이 된다.

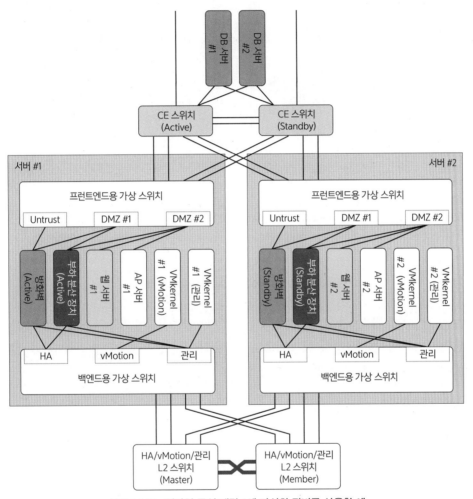

그림 1.2.11 **인라인 구성 패턴 1에 가상화 장비를 사용한 예**

⌁ 성능 열화 방지하기

물론 가상화 장비 측에서도 성능 열화를 수수방관하지는 않는다. 가상화로의 조류라는 커다란 승기를 놓치지 않도록 여러 기술을 추가한다. 그중 하나가 '**SR-IOV**Single Root I/O Virtualization'이다. SR-IOV는 PCI Express 카드(NIC)가 갖는 물리 포트(PF)에서 작성한 여러 가상 포트(VF)를 가상 머신에 직접 할당하는 기술이다. 하이퍼바이저(가상 스위치)의 처리를 통과pass through할 수 있기 때문에 물리 장비와 동일할 정도의 처리량을 낼 수 있다.

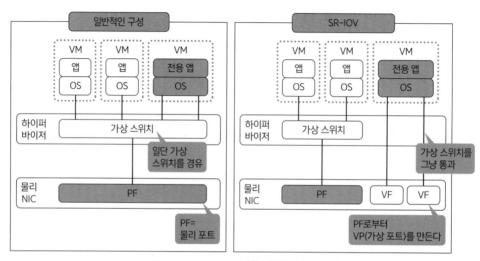

그림 1.2.12 **SR-IOV로 성능 열화를 방지한다**

지금부터는 가상화 장비에서 성능 최적화를 고려한 설계에 대해서 설명한다. 서버의 하드웨어 구성도 크게 영향을 미쳐 복잡하다. 만일 어느 정도의 사양을 추구하는 가상화 환경이 아니라면 무리해서 읽을 필요는 없다. 그냥 넘어가도 좋다.

SR-IOV 설계 포인트

SR-IOV를 설계할 때 주의해야 할 것은 '**대응 환경**'과 '**NUMA**Non-Uniform Memory Access' 두 가지다.

첫 번째로 대응 환경이다. SR-IOV는 NIC나 가상화 소프트웨어, 운영체제, 드라이버, 각 버전 등 꽤 엄격하게 환경을 고른다. 각 제조사의 웹사이트를 제대로 확인해 서버를 선정할 때 함께 지정하길 바란다.

두 번째로 NUMA에 대해서다. NUMA는 하나의 서버에 복수의 CPU와 메모리가 올라간 구성이다. 각 CPU가 동시에 병행으로 액세스(로컬 액세스)할 수 있는 메모리(로컬 메모리)를 탑재하기 때문에 메모리 액세스의 충돌이 발생하기 어려워 성능 향상을 도모할 수 있다. CPU와 로컬 메모리의 쌍을 '**NUMA 노드**'라고 한다.

SR-IOV를 사용할 경우 **가상 머신에 할당할 리소스(가상 CPU, 가상 메모리, NIC)가 NUMA 노드를 걸쳐 지나지 않도록 주의해야 한다.** NUMA 노드를 서로 걸쳐서 설정하면 인터 커넥터를 경유한 리모트 액세스가 돼서 성능이 떨어지게 된다.

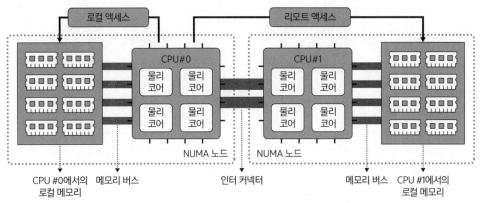

그림 1.2.13 · **NUMA 노드**

■ 가상 CPU

여기서는 가상 머신에 할당하는 리소스별로 설명한다.

먼저 가상 CPU를 보자. 가상 CPU는 가상 머신의 처리만으로 물리 코어를 점유할 수 있도록 특정 물리 코어를 가상 머신에 연결한다. 당연히 가상 머신에 할당할 가상 CPU의 수는 기본적으로 많으면 많을수록 성능이 올라간다. 그러나 하나의 CPU가 갖는 코어 수를 넘으면 '**NUMA 노드 걸침 현상**'이 발생해 성능에 영향을 미친다. 모든 물리 코어를 가상 머신에 할당하면 하이퍼바이저의 처리가 소홀해진다. 그러므로 할당할 가상 CPU의 수는 많아도 '(하나의 CPU가 갖는 코어수) - 1'까지로 억제해야 한다. 1 코어는 하이퍼바이저의 처리를 위해 확보해 둔다. 또한 가상 머신이 어느 코어를 사용할지, 그 코어가 어느 NUMA 노드에 있는지 확실히 확인해 NUMA 노드를 걸치지 않도록 할당할 가상 CPU의 수를 조정해 두길 바란다(그림 1.2.14).

CPU에서 '**하이퍼스레딩**'이 유효일 때는 논리 코어의 배치에 더욱 신경 써야 한다. 하이퍼스레딩은 하나의 물리 코어를 두 개의 논리 코어(스레드)로 분리해 물리 코어를 효율적으로 사용하는 기술이다. 하이퍼스레딩이 유효로 되어 있으면 가상 머신에 할당할 수 있는 코어 수가 배로 증가해 이득을 본 것처럼 느껴진다. 그러나 실제로는 물리 CPU 코어의 빈 시간을 사용해서 처리를 할 뿐 빈 시간이 발생하지 않는 고부하 상태일 때도 효과를 발휘할 수 있을지는 애매하다. 그 상태까지 고려해야 한다면 **가능한 물리 코어를 공유하지 않도록 가상 CPU로 연결할 논리 코어를 고정한다**(그림 1.2.15).

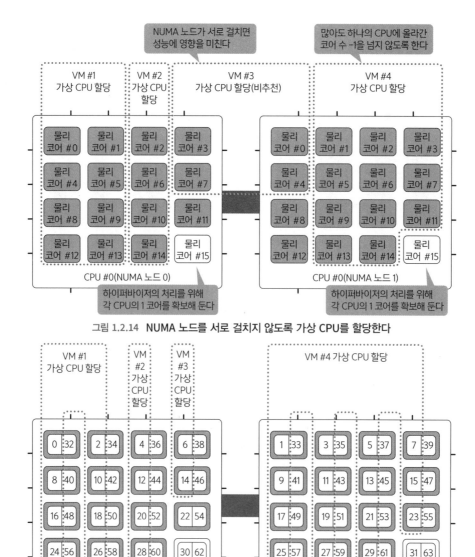

그림 1.2.14 **NUMA 노드를 서로 걸치지 않도록 가상 CPU를 할당한다**

그림 1.2.15 **하이퍼스레딩이 유효할 때는 물리 코어를 공유하지 않도록 논리 코어를 할당한다**

■ 가상 메모리

계속해서 가상 메모리다. 가상 메모리는 대부분 가상 CPU 수와 관련되어 'O기가×가상 CPU 수'와 같은 형태로 정의되어 있다. 제조사의 웹사이트를 확인하길 바란다. 최근의 서버는 가상화 환경을 고려해서 다양한 선택이 가능한 메모리를 탑재하기 때문에 왠만한 상황이 아니라면 NUMA 노드를 서로 걸치는 일은 없을 것이다. **NUMA 노드를 서로 걸칠 것 같다면 사이즈를 잘 조정해서 맞춰 보도록 한다.**

■ NIC

마지막으로 NIC다. SR-IOV에서 사용하는 NIC는 NUMA 노드와 관련이 있다. 예를 들어 두 개의 NUMA 노드, 세 개의 물리 NIC를 갖는 서버의 경우 두 개의 물리 NIC는 하나의 NUMA 노드(NUMA 노드 0)에 연결되고 다른 하나의 NIC는 다른 하나의 NUMA 노드(NUMA 노드 1)에 연결된다. **미리 어느 물리 NIC가 어느 NUMA 노드 밑에 있는지 확인하고 가상 머신에 할당된 가상 CPU(CPU 코어)와 동일 NUMA 노드에 있는 물리 NIC의 VF를 할당한다.**

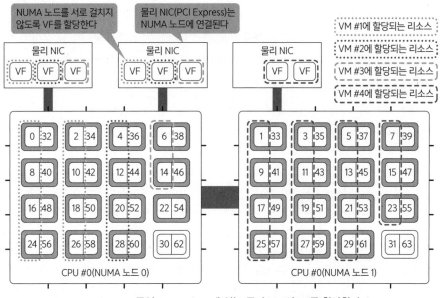

그림 1.2.16 **동일 NUMA 노드에 있는 물리 NIC의 VF를 할당한다**

지금까지 가상화 환경에서의 성능 최적화 설계를 설명했다. 앞으로 CPU에 FPGA가 올라가고 가상화 장비가 사용할 수 있게 되면 물리 장비와의 차이가 없어지고 본격적인 치환이 시작될 것이다. 그때는 여기서 기술한 설계를 떠올려 보길 바란다. 분명 도움이 될 것이다.

1.2.5 안정된 버전을 선택하기

네트워크 기기도 서버와 마찬가지로 OS에서 동작한다. 이상하게도 서버의 OS 버전은 신경을 쓰지만 네트워크 기기의 OS 버전은 신경 쓰지 않는 경우가 많다. 네트워크 기기의 OS 버전도 서버의 OS 버전만큼이나 중요하다. 특히 최근 네트워크 기기는 기반으로서 리눅스Linux OS를 탑재하고 그 위에 올려지는 서비스에서 기능을 제공하는 경우도 있어 더욱더 고려해야 한다. 불안정한 버전을 인스톨하거나 시스템 내에서 OS 버전에 차이가 있는 경우 향후 운용에 차질을 빚지 않도록 제대로 OS의 버전을 결정해야 한다.

일단 물어보는 것이 지름길

네트워크 기기에서 패치patch, 핫픽스hotfix 등 최신 수정 프로그램이나 최신 버전을 적용한 OS가 반드시 안정되어 있다고는 할 수 없다. **납품 실적이나 제조업체 및 대리점에서 추천한 것을 사용하는 것이 좋다.** 제조업체 및 대리점에 따라 권장 버전, 안정 버전을 공개하거나 일부 기업은 기업 내에서 사용하는 버전을 정해 놓기도 한다. 어떠한 버전을 선택할지는 그 내용에 따르는 것이 좋다.

OS에는 버그bug가 있기 마련이다. 시스템을 운용하다 보면 제조업체 및 대리점의 뉴스레터로 많은 버그가 공개된다. 모든 버그에 대응할 필요는 없다. 일일이 대응한다면 끝이 없다. 시스템에서 사용하는 기능에 대한 버그 중 시스템에 미치는 영향이 높은 버그만을 대응하도록 하자. 그리고 서비스 지원 기한도 선택 요소 중 하나가 될 수 있다. 기기에 따라서는 OS 버전마다 서비스 지원 기한이 정해져 있어 이후에는 수정 프로그램이 제공되지 않는다. **동일 버전을 계속 사용한다는 것은 불가능하다.** 사용하는 OS 버전을 정기적으로 재검토하여 버전을 업그레이드하자. 예를 들어 부하 분산 장치의 사실상 표준인 BIG-IP의 소프트웨어 서비스 지원 기간은 표 1.2.3과 같다.

표 1.2.3 **버전에 따라 서비스 지원 기한이 다르다(2019년 5월 시점)**

소프트웨어 버전 (장기 안정화 서포트만 발췌)	릴리스	소프트웨어 개발 종료일	테크니컬 서포트 종료일
14.1.x	2018년 12월 11일	2023년 12월 11일	2024년 12월 11일
13.1.x	2017년 12월 19일	2022년 12월 19일	2023년 12월 19일
12.1.x	2016년 5월 18일	2021년 5월 18일	2022년 5월 18일
11.6.x	2016년 5월 10일	2021년 5월 10일	2022년 5월 10일
11.5.x	2014년 4월 8일	2019년 4월 8일	2020년 4월 8일

* 참고 URL: https://support.f5.com/csp/article/K5903

그래도 불안하면 버그 스크럽

어느 정도 버전이 확정되면 각 제조사가 공개하는 릴리스 노트를 보고 이미 알려진 잠재적 버그를 체크해 두는 것이 좋다. 이러한 알려진 버그를 체크하는 것을 '**버그 스크럽**bug scrub'이라고 한다. 버그 스크럽을 실시하면 버그가 있는 기능을 사용하지 않도록 설계하거나 설정으로 피할 수 있어 버그 때문에 생기는 문제를 방지할 수 있다. 버그 때문에 생기는 문제는 설정이나 설계 실수가 아니므로 가장 알기 어렵고 해결하는 데 상당한 시간이 걸린다. **유비무환이라고 했듯이 버그 스크럽을 실시해 유한한 시간을 쓸데없이 낭비하지 않도록 하자.**

1.2.6 배치와 목적에 따라 케이블을 선택한다

어떠한 케이블을 사용하여 접속할지 접속에 사용할 케이블을 설계한다. 현재 서버 사이트의 물리 계층에서 사용되는 전송 매체는 '트위스트 페어 케이블'나 '광파이버 케이블' 중 하나다. 아무리 무선 LAN이 고속화되어도 서버 사이트에서 무선 LAN을 사용하려는 도전 정신이 넘치는 시스템 관리자는 아직 없다. 어느 쪽의 전송 매체를 사용할지는 **비용과 편리성, 물리적 배치 및 데이터의 용도 등 다양한 요구 사항을 바탕으로 결정해 나가야 한다.** 그중에서도 '물리적인 배치'와 '데이터의 용도'라는 두 가지에 주목하여 설명하겠다.

⌁ 멀리 떨어진 접속에는 광파이버를 사용한다

앞서 언급한 바와 같이 유선 LAN에서 사용하는 케이블은 모두 거리 제한이 있다. 거리가 멀어질수록 신호 강도가 떨어져 데이터 손실률이 커진다. 물론 처리량도 떨어진다. 특히 트위스트 페어 케이블은 100m까지만 연장할 수 있기 때문에 그 현상이 현저하게 나타난다. 몇 층 정도를 걸치거나 여러 빌딩이나 동에 걸쳐서 접속하는 기기와 기기 사이가 100m에 가깝다면 광파이버로 접속하는 편이 무난하다. 거리에 따른 전송 매체를 선택하자. 그중에서도 더 먼 장소와 접속하고 싶다면 싱글 모드 광파이버를 사용하자.

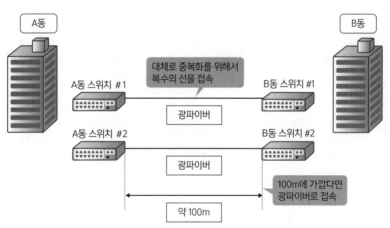

그림 1.2.17 **100m에 근접하다면 광파이버로 접속한다**

스위치가 광파이버에 대응하지 않지만 어떻게든 거리를 연장하고 싶다면 **미디어 컨버터**를 사용하는 선택 사항도 있다. 미디어 컨버터는 트위스트 페어 케이블에 흐르는 전기신호를 광파이버에 흐르는 광 신호로 변환하기 위한 기기다. 광파이버에 대응하지 않는 기기를 트위스트 페어 케이블 경유로 미디어 컨버터에 접속하고, 거기서부터는 SC-SC의 광파이버 케이블로 미디어 컨버터에 접속, 마지막으로 트위스트 페어 케이블로 접속하는 식으로 거리를 연장할 수 있다.

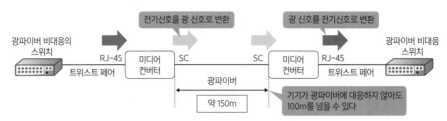

그림 1.2.18 **미디어 컨버터로 거리를 연장하기**

미디어 컨버터를 사용할 때는 '링크 연동 기능'을 주의해야 한다. 링크 연동 기능은 한쪽의 링크가 다운 되면 다른 한쪽의 링크를 다운시키는 기능이다. 이 기능을 사용하지 않으면 구성에 따라서는 상대 기기의 장애를 감지하지 못해 중복화 기술이 제대로 작동하지 않는다. 좀 더 구체적인 예를 들어 보겠다.

그림 1.2.19는 방화벽의 설치 장소와 L2 스위치/서버의 설치 장소가 물리적으로 멀기 때문에 미디어 컨버터를 사용하여 네트워크를 연장한 구성이다. 이 구성은 링크 연동 기능을 유효로 하지 않을 경우 L2 스위치의 업 링크가 다운되었을 때 방화벽이 페일오버하지 않아 통신을 계속적으로 할 수 없게 된 다. 링크 연동 기능을 유효로 하면 L2 스위치의 업 링크가 다운되었을 때 방화벽이 페일오버하므로 계속해서 통신을 할 수 있다.

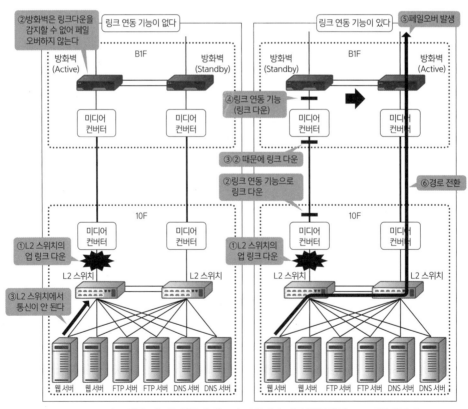

그림 1.2.19 **링크 연동 기능은 한쪽의 링크가 다운되면 다른 한쪽의 링크도 다운시킨다**

참고로 방화벽의 중복화 기술은 제4장에서 자세히 설명한다. 여기서는 우선 '아! 이런 식으로 전환하는구나!' 정도로 대략적으로 이해하면 된다.

⎯⛾ 광대역, 고신뢰성을 추구한다면 광파이버를 사용한다

트위스트 페어 케이블은 높은 주파수의 신호 감쇠가 두드러져서 광대역(고속) 전송에는 아무래도 한계가 있다. 최근에는 통신이 통합화되어 다양한 통신을 네트워크에 싣도록 되었다. 도로가 1차선에서 3차선으로, 즉 넓으면 넓을수록 정체가 되지 않듯이 이제 광대역 전송은 시스템 설계에 필수적인 것이 되었다. iSCSIInternet Small Computer System Interface 및 FCoEFibreChannel over Ethernet 등의 스토리지 통신처럼 항상 광대역을 유지하면서 고신뢰성을 요구하는 통신에서는 광파이버 케이블을 사용하는 것이 좋다. 또한 코어 스위치나 애그리게이션 스위치[12] 등 상위에 배치하는 스위치에 대한 업 링크 up link도 다양한 트래픽이 집중하기 쉬운 경향이 있다. 마찬가지로 광대역, 고신뢰성이 요구된다. **광파이버 케이블을 사용하여 광대역 및 고신뢰성을 확보하자.**

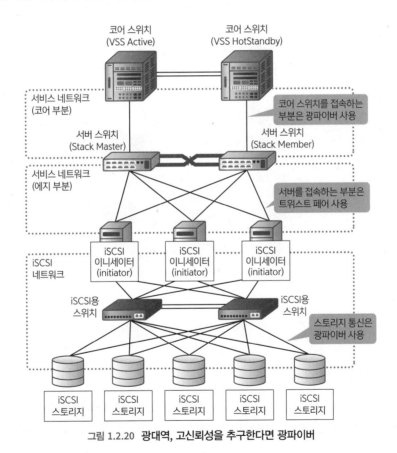

그림 1.2.20 **광대역, 고신뢰성을 추구한다면 광파이버**

---

12 애그리게이션 스위치(aggregation switch)는 액세스 스위치나 서버 스위치를 집약한 스위치다. 배포 스위치(distribution switch)라고도 한다.

⸺ 트위스트 페어 케이블은 카테고리와 종류를 결정한다

트위스트 페어 케이블을 사용하는 경우는 **카테고리에 주의하자.** 광대역의 규격이 되면 될수록 전자기성 노이즈의 영향이 두드러지므로 신중하게 카테고리를 선택해야 한다. 예를 들어 1000BASE-T는 카테고리 5e 이상이 권장되고 10GBASE-T는 카테고리 6A 이상이 권장된다. 나중에 혼란을 일으키지 않도록 설계할 때 어떠한 카테고리를 사용할지 확실히 정해 두자.

아울러 트위스트 페어 케이블을 사용하는 경우 **스트레이트 케이블과 크로스 케이블 중 어느 쪽을 사용할지가 중요하다.** 이것은 AutoMDI/MDI-X 기능을 유효로 한다면 그다지 신경 쓸 필요가 없다. 무효로 하는 경우 종별이 맞지 않으면 접속할 수 없다. 예를 들어 같은 종류의 네트워크 기기를 연결할 때는 크로스 케이블, 서버나 PC를, 다른 종류의 네트워크 기기를 연결할 때는 스트레이트 케이블과 같은 식으로 정해 두자.

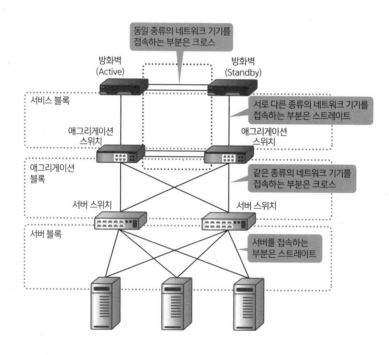

그림 1.2.21 **Auto MDI/MDI-X 기능이 무효일 때는 크로스인지 스트레이트인지를 정한다**

⸺ 케이블 색상을 정해 둔다

의외로 중요한 요소 중 하나가 케이블 색상이다. **어디에 또는 무엇에, 어떠한 색의 케이블을 사용할지 정해 두면 한눈에 용도를 확인할 수 있어 운용 관리가 쉬워진다.** 케이블 종류로 색 분류를 하는 것이 일반적이다. 예를 들어 크로스 케이블은 빨간색, 스트레이트 케이블은 파란색과 같은 식으로 분류하면 케이블 불량이 발생했을 때 어느 케이블을 준비해야 할지 한눈에 판단할 수 있어 신속하게 대응할 수 있다.

필자는 이전에 무지개 색만큼이나 많은 색의 케이블을 사용한 서버 사이트를 본 적이 있다. 9색의 LAN 케이블로 장식된 그 모습은 확실히 선명하고 멋졌다. 무엇보다 다채로운 색상의 LAN 케이블이 있는 것에 놀랐다. 다만 처음에 상당히 많은 예비 케이블을 준비해야 하고, 향후 확장할 때 케이블 준비가 귀찮은 일이 된다. 몇 가지 색을 사용할지 포인트를 정해 두는 편이 좋다.

🔌 케이블 길이를 정해 둔다

케이블 길이는 설계라기보다는 발주와 관련된 매우 중요한 요소이다. 물론 실제 길이에 맞추어서 기술자가 하나하나 케이블을 만들도록 할 수도 있다. 그러나 이는 확장할 때마다 기술자에게 의뢰해서 케이블을 만들어 달라고 해야 해 비용이 늘어난다. 랙 안은 O미터, 랙 간은 O미터라는 식으로 어느 정도 포인트를 정의해 그에 맞춰 조금 많게 예비 케이블을 발주한다.

지금까지 어떠한 케이블을 선택할지 논의했다. 혹시 "그냥 모두 광케이블을 사용하면 되잖아?"라고 말하는 독자가 있을 수 있다. 확실히 그럴지도 모른다. 물 쓰듯 쓸 수 있는 돈이 있다면 그것도 좋다. 하지만 모든 사람이 그렇게 할 수는 없다. 광파이버 케이블과 커넥터는 가격이 비싸다. 게다가 광파이버 커넥터가 없는 기기도 있다. 이 척박한 세상에 필요한 것은 절약이다. 기기와 기기 사이가 멀리 떨어져 있거나 전송 품질을 올리고 싶은 곳에만 광파이버를 사용하여 잘 꾸려 나가자.

1.2.7 포트의 물리 설계는 의외로 중요하다

어디에 무엇을 접속할지 정책을 설계한다. 아주 단순하지만 이는 나중의 운용과 매우 밀접한 관련이 있다. 비어 있는 포트에 아무 서버나 PC를 연결한다면 문제가 생겼을 때 어디에 무엇이 연결되었는지 알지 못한다. 정책을 통일하지 않은 상태에서 기기를 연결하면 구성을 이해하기 어렵다. 설계 단계에서 **어디에 무엇을 접속할지 알기 쉽게 규칙을 제대로 정해 두자.**

🔌 어디에 접속할지 통일성을 갖게 하자

통일성을 갖도록 하는 것이 설계 단계에서 매우 중요하다. 기존 시스템이 있다면 해당 정책을 준수하는 것이 좋다. 기존 정책을 무시하고 시스템을 구축 또는 확장하면 결국 혼란만 야기한다. 새로운 시스템을 구축하는 경우라면 정책을 처음부터 만들 수 있다. 이 경우에는 설계자의 정책이 바로 법이 된다. 알기 쉽고 확장하기 쉬운 정책을 만들기 바란다.

필자는 병렬 네트워크 기기 간 및 상하 네트워크 기기 간 등 비교적 증감하기 어려운 포트는 제일 마지막 포트부터 사용했다. 반대로 서버와 PC를 연결하는 포트 등 비교적 증감하기 쉬운 포트는 앞 번호의 포트부터 사용하는 식으로 기기의 역할에 대한 정책을 정했다.

그림 1.2.22 접속에 통일성을 갖게 하자

☞ 스피드와 듀플렉스, Auto MDI/MDI-X의 설정도 통일성을 갖게 한다

1.1.2절에서 설명한 바와 같이 포트의 속도와 듀플렉스가 접속 기기 사이에서 다르면 통신이 되지 않는다. 이를 다르지 않게 정책을 정해야 한다. 역시 기존의 시스템이 있는 경우 해당 정책을 지키는 것이 좋다. 새로운 시스템을 구축하는 경우는 접속 상대에 따라 스피드 및 듀플렉스 구성을 생각해야한다. 물론 최근에는 이런 접속 기기 간 궁합 문제도 줄어들어 모든 포트를 자동으로 설정하는 경우가 많다. 여기에서는 고정으로 할지 자동으로 할지는 그다지 중요하지 않다. **두 기기 사이에서 문제가 발생하지 않도록 제대로 된 정책을 만드는 것이 중요하다.**

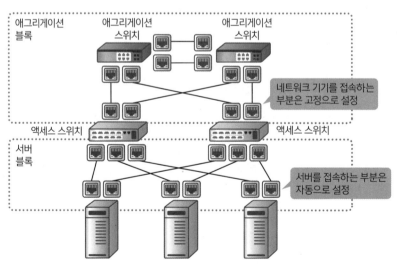

그림 1.2.23 스피드와 듀플렉스는 두 기기 간에 잘 맞추는 것이 중요

⌁ 빈 포트를 어떻게 할지 고려한다

빈 포트, 즉 사용하지 않는 포트의 취급도 중요한 설계 요소 중 하나다. 빈 포트를 셧다운하지 않으면 누군가 마음대로 기기를 접속할 수 있어 보안상 좋지 않다. 최근 서버 사이트는 가상화를 필수로 진행하는 일이 많아 사용하는 포트가 급격하게 증감하는 일이 없다. 확장할 때도 먼저 가상 머신을 늘려 대응하는 일이 대부분이다. 빈 포트를 셧다운해 물리적인 보안의 취약성을 막도록 하자.

1.2.8 잘 배치하기

기기를 어디에 그리고 어떻게 배치할 것인가? 이것도 물리 설계 중 하나다. 물리 구성과 그 확장성을 고려하여 분산 배치하도록 하자. 또한 랙에 어떻게 탑재할지도 중요하다. 장비의 사양을 파악한 후 어디에 어떻게 탑재할지 생각해 보자.

⌁ 중앙에 코어와 애그리게이션을 배치

기기를 어디에 어떻게 배치할 것인가? 네트워크의 물리 구성과 확장성에 크게 관련된 문제다. 대부분 시스템은 역할이나 기능에 따라 계층 구조의 네트워크를 구성한다. 계층에 따른 기기의 배치를 생각하는 편이 효율적이다.

예를 들어 그 시스템이 코어 스위치,[13] 애그리게이션 스위치,[14] 액세스 스위치[15]라는 세 가지 요소로 구성되었다면 액세스 스위치 이외는 증설할 일이 없다. 할당된 위치의 중앙에 배치한다. 그에 반해 액세스 스위치는 접속할 서버의 수에 따라 증설할 가능성이 있다. 증설에 대응할 수 있도록 잘 분산하여 배치해야 한다. 액세스 스위치의 배치 패턴은 **'End of Row'**와 **'Top of Rack'** 두 종류가 있다. 모두 일장일단이 있다. 비용 및 운용을 고려하여 선택하길 바란다.

'End of Row'로 한 번에 접속

'End of Row'는 랙 열마다 액세스 스위치를 배치하는 패턴이다. 비교적 커다란 모듈형 스위치가 많은 서버를 수용한다. 서버가 증가하면 인터페이스 모듈을 증설하여 대응한다. 많은 케이블이 랙을 거치기 때문에 케이블을 끌어서 설치하는 것이 꽤 힘들지만 액세스 스위치의 관리 대수가 줄어든다.

---

13 코어 스위치는 시스템의 중심적인 역할을 하는 스위치다. 애그리게이션(또는 배포) 스위치를 집약한다.
14 앞에서도 언급했지만 애그리게이션 스위치는 액세스 스위치를 집약하는 스위치다. 배포 스위치라고도 한다.
15 액세스 스위치는 서버를 접속하는 스위치다.

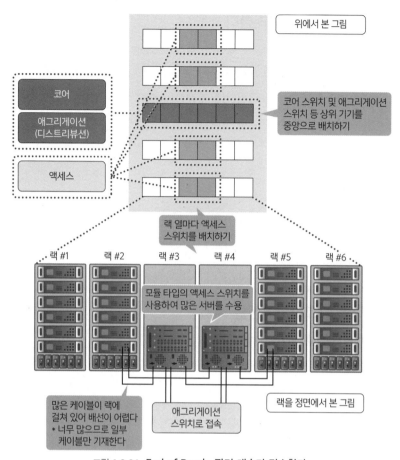

위에서 본 그림

코어

애그리게이션
(디스트리뷰션)

코어 스위치 및 애그리게이션
스위치 등 상위 기기를
중앙으로 배치하기

액세스

랙 열마다 액세스
스위치를 배치하기

랙 #1　　랙 #2　　랙 #3　　랙 #4　　랙 #5　　랙 #6

모듈 타입의 액세스 스위치를
사용하여 많은 서버를 수용

많은 케이블이 랙에
걸쳐 있어 배선이 어렵다
* 너무 많으므로 일부
케이블만 기재한다

애그리게이션
스위치로 접속

랙을 정면에서 본 그림

그림 1.2.24 **End of Row**는 관리 대수가 감소한다

'Top of Rack'으로 랙마다 접속

'Top of Rack'은 랙마다 액세스 스위치를 배치하는 패턴이다. 비교적 작은 고정형 스위치로 랙 내의 서버를 수용하고 랙 내에 있는 서버의 배선을 랙 내에서 완결할 수 있다. 각 랙에 액세스 스위치를 배치하기 때문에 관리 대수가 증가하지만 케이블 관리 면에서 좋아 비용을 절감할 수 있다.

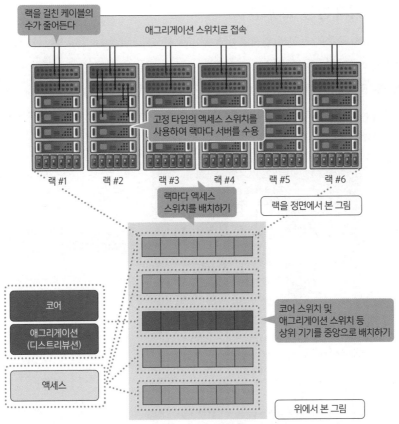

그림 1.2.25 **Top of Rack**은 케이블 관리 및 연결이 편하다

표 1.2.4 **스위치의 배치는 2패턴**

비교 항목	End of Row	Top of Rack
액세스 스위치의 설치 단위	랙 열마다	랙마다
관리 대수	적다.	많다.
한 대의 액세스 스위치당 서버의 접속 수	많다.	적다.
랙에 연결한 케이블	많다.	적다.
케이블 비용	높다.	낮다.
확장성	낮다.	높다.
유연성	낮다.	높다.

☞ 흡기와 배기의 방향 고려하기

장비를 랙의 어디에 그리고 어떻게 탑재할지도 중요한 문제다. 최근 데이터 센터는 통로를 교대로 가열 통로, 냉각 통로로 해 공랭 효율을 높이기 위해 공기의 흐름을 설계한다. 이러한 공조 설계는 **뜨거운 공기와 차가운 공기를 혼합하지 않는 것이 중요하다.** 각 기기가 어느 쪽에서 공기를 흡입하고 어느 쪽으로 내뿜는지 파악하지 않으면 공기가 혼합되는 일을 초래한다. 기기의 사양을 제대로 파악한 후 랙에 탑재하도록 하자.

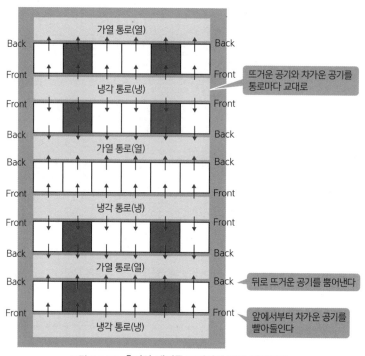

그림 1.2.26 **흡기와 배기를 고려하여 랙에 탑재한다**

☞ 사내에 공기의 흐름 만들기

사내에 서버나 네트워크 기기를 설치할 경우는 공기의 흐름을 만들어 내야 한다. 예를 들어 공조가 잘되지 않을 때는 랙의 옆판을 뜯어내거나 공장용 커다란 선풍기를 놓는 것만으로도 극적으로 공조 효율이 높아진다. 시도해 볼 가치가 있다.

필자는 빌딩 전체의 공조 관리 설정이 틀려서 사무실의 쿨 비즈Cool-Biz와 함께 서버 룸(계단 밑에 있는 작은 방(EPS)이었다)도 똑같이 온도가 설정되는 바람에 서버가 하나둘씩 다운되었던 경험이 있다. 정말 지옥 같았다. 지옥을 경험하지 않도록 미리 여러 대책을 강구해 두자.

1.2.9 전원은 2계통으로 취한다

네트워크 기기는 정밀한 전자 기기다. 아무리 기기의 기능과 물리 구성으로 중복화를 도모했어도 전기가 없으면 움직이지 않는다. 어딘가에 전원이 끊기더라도 서비스를 계속 제공할 수 있도록 설계해야 한다.

⟜ 전원 플러그를 다르게 선택하지 않도록

네트워크 기기 및 서버에서 사용하는 전원의 종류는 다양하다. 사용하는 기기의 전류(A), 전압(V)에 대응하여 랙 안으로 끌어들일 전원을 선택한다. 여기서 주의해야 할 것은 전원 플러그의 형태다. 매우 당연한 일이지만 전원 플러그 및 전원 콘센트 모양이 다른 경우에는 꽂지 못한다. 당연히 전원이 켜지지 않는다. 속수무책으로 랙 앞에서 우는 꼴이 될 수 있으니 주의하자.

일반적으로 사용되는 전원 콘센트의 형태는 네 종류다. 100V 전원의 경우 'NEMA 5-15'나 잠금 기능이 있는 'NEMA L5-30'이다. 200V 전원의 경우는 'NEMA L6-20' 또는 'NEMA L6-30'이다. 'L'은 잠글 수 있는지 여부를 나타내며 뒤의 숫자는 '5'가 100V, '6'이 200V를 나타낸다. 하이픈 뒤의 숫자는 암페어 수를 나타낸다. 기기에 채택된 전압과 랙 전체의 암페어 수를 고려한 후 어떠한 유형의 전원을 사용할지 생각해 보길 바란다. 모듈 타입의 네트워크 기기 및 블레이드 서버는 탑재 모듈 및 블레이드 수와 종류에 따라 암페어 수가 변화한다. 빈 슬롯이 있는데 사용할 수 없는 상황이 발생하지 않도록 여유가 있는 암페어 수를 계산해 확장 가능한 폭을 두자.

표 1.2.5 **전원 콘센트의 형상은 여러 가지**

항목	NEMA 5-15	NEMA L5-30	NEMA L6-20	NEMA L6-30
커넥터 형상				
전압 타입	100V	100V	200V	200V
전류	15A	30A	20A	30A
잠금 장치	×	○	○	○

랙에 전원을 끌어들인 후에는 전원 탭Power Distribution Unit, PDU 및 무정전 전원 공급 장치Uninterruptible Power System, UPS로 분기한다. 100V의 경우 가정용 콘센트(200V)와 다른 형태이므로 그대로 사용할 수 없다. 200V의 PDU와 UPS의 경우는 가정용 콘센트와 비슷하거나 모양이 조금 달라 다소 주의가 필요하다. 'IEC320 C13' 또는 'IEC320 C19'라는 형태이기 때문에 모양에 맞게 전원 케이블을 준비해야 한다.

표 1.2.6 **200V PDU, UPS의 경우에는 콘센트 형태에 주의한다**

대상	IEC320 C13	IEC320 C19
콘센트 형태		
용도	200V의 PDU와 접속	200V의 UPS와 접속

용도에 따라 전원 계통 분리

전원 중복화를 도모하는 경우 먼저 전제로 한 랙에 2계통의 전원이 부설되어야 한다. 이것은 절대적이다. 1계통밖에 부설되지 않았다면 랙 내에서 아무리 전원의 중복화를 열심히 해도 의미가 없다. A 계통, B 계통이라는 2계통의 전원이 부설된 것을 전제로 설명한다. 경우에 따라서는 2계통에 UPS를 설치하고 한쪽 계통에만 UPS를 설치하는 식으로 운용하는 일이 있을 수 있다.

전원 공급 장치를 중복화하는 기기의 경우는 너무 깊게 생각할 필요가 없다. A 계통과 B 계통 각각에서 전원을 공급받으면 좋다. 전원 장애가 발생해도 서비스에 미치는 영향은 전무하다. 전원 공급 장치를 중복화하지 않은 기기의 경우 **기기의 중복 상태(활성/대기, 스택 마스터/멤버 등) 및 경로에 대응하여 취득 계통을 나눈다.** 활성화 상태의 기기도 대기 상태의 기기도 동일 계통에서 전원을 얻는다면 그 계통에 결함이 발생했을 때 어떻게 할 수 없다. 예를 들어 활성화된 기기는 A 계통, 대기 상태의 기기는 B 계통과 같은 식으로 계통을 분리하여 전원을 얻도록 하자.

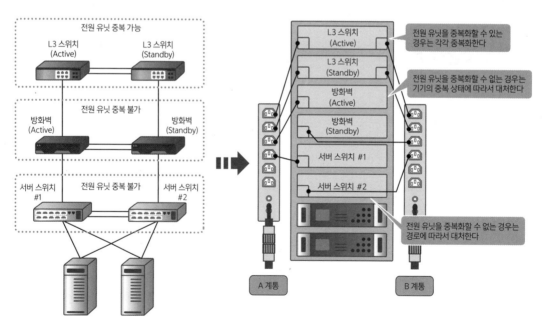

그림 1.2.27 **계통을 나누어서 전원을 얻는다**

⟜ 하중을 초과하지 않도록 하기

대부분 데이터 센터와 서버 룸은 이중 바닥으로 되어 있어 아래에서 차가운 공기를 보내거나 랙 사이의 케이블을 밑으로 깐다. 따라서 랙이 아래로 떨어지지 않도록 내하중(견딜 수 있는 하중)의 값이 정해져 있다. 내하중에는 랙의 내하중과 바닥의 내하중이 있으며 각 랙에 실리는 무게, 바닥에 실리는 단위(㎡)당 중량이 정해져 있다. 이를 잘 모르고 아무렇지도 않게 빈 공간에 서버 및 네트워크 기기를 탑재하면 당연히 쿵하고 아래로 떨어진다. 각 장비의 최대 중량을 확실히 파악한 후 기기의 배치를 생각한다. 모듈 타입의 네트워크 기기 및 블레이드 서버는 탑재 모듈 및 블레이드의 수에 따라 중량이 변화한다. **최대로 탑재했을 때의 무게를 계산해 확장성에 여유를 갖게 하자.**

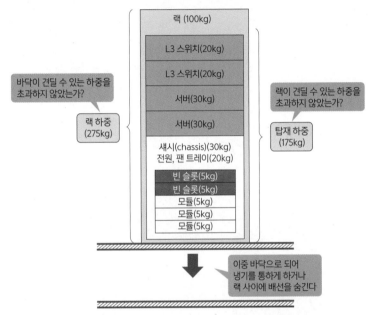

그림 1.2.28 **내하중을 초과하지 않도록 한다**(실제로는 이렇게 가볍지 않다)

제 **2** 장

논리 설계

이 장 의 개 요 ─────────────────

이 장에서는 서버 사이트에서 사용하는 데이터 링크 계층, 네트워크 계층의 기술 및 이를 사용하기 위한 설계를 설명한다.

지난 몇 년 동안 네트워크와 관련된 근본 기술은 크게 변하지 않았다. 오히려 세련되고 단순해졌다. 하지만 블레이드 서버 및 가상화 기술 등 서버와 클라이언트에서 사용하는 기술은 날마다 진화하고 요구되는 네트워크 형태도 변한다. 그 변화에 유연하게 대응할 수 있도록 기술과 사양을 제대로 이해하여 가장 적절한 논리적 구성을 설계하도록 하자.

데이터 링크 계층의 기술

데이터 링크 계층은 물리 계층 위에서 비트열을 정확하고 안정적으로 전송하는 방법을 제공한다. 물리 계층은 비트열을 신호로 변환하여 케이블로 전송하는 것이 주된 일이다. 그 이상 하는 일은 없다. 누구에게 보내는지도 모르고 어디선가 비트가 없어져도 상관하지 않는다. 데이터 링크 계층은 그런 물리 계층의 부족한 부분을 보완하는 계층이다. 인접하는 기기와 논리적인 전송로(데이터 링크)를 만들고 그 속에서 오류를 발견하거나 정정하여 물리 계층의 신뢰성을 확보한다.

2.1.1 데이터 링크 계층은 물리 계층을 도와준다

데이터 링크 계층은 물리 계층의 신뢰성을 확보하기 위해 존재하는 계층이다. 데이터 링크 계층의 '데이터 링크'는 인접한 기기(노드) 사이에서 만들어지는 논리적인 전송로를 나타낸다.

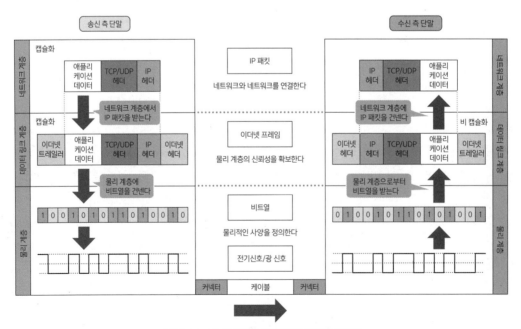

그림 2.1.1 데이터 링크 계층에서 프레임화하기

데이터 링크 계층에서는 "데이터 링크를 어느 노드에 대해 만들까?" 그리고 완성된 데이터 링크 중에서 "비트가 손실되지는 않았는지"를 판단하기 위해 캡슐화 처리를 실시하여 물리 계층의 신뢰성을 보장한다. 데이터 링크 계층에서 수행하는 이 캡슐화 처리를 '**프레임화**', 프레임화로 만들어진 데이터를 '**프레임**'이라고 한다. 데이터 링크 계층에서는 프레임화에 관한 각종 방식을 정의한다.

데이터 링크 계층은 네트워크 계층과 물리 계층 사이에 있는 아래에서 두 번째 계층이다. 송신할 때는 네트워크 계층에서 데이터(패킷)를 수령하여 프레임화를 하고 물리 계층으로 전달한다. 수신할 때는 물리 계층에서 비트열을 받아 프레임으로 인식하고 프레임화와는 반대로 처리하여 네트워크 계층으로 전달한다.

⟿ 이더넷에서 프레임화하기

데이터 링크 계층의 핵심을 담당하는 캡슐화 처리 '프레임화'에 대해 자세히 살펴보겠다.

데이터 링크 계층은 물리 계층과 생사를 함께하는 레이어layer다. 프레임화에 대한 규격도 물리 계층과 레이어를 정리한 형태로 정의되었다. 이전에는 토큰 링token ring이나 프레임 릴레이, **PPP**Point-to-Point Protocol 등 많은 규격이 난립했지만 지금은 '**이더넷(IEEE802.3)**'만 파악하면 된다. 이 책에서는 이더넷(IEEE802.3)으로 어떠한 프레임화가 이루어지는지 설명한다.

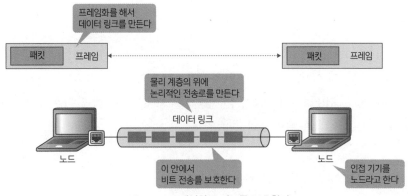

그림 2.1.2 **프레임화로 비트를 보호한다**

이더넷으로 프레임화된 프레임을 '**이더넷 프레임**'이라고 부른다. 이더넷의 프로토콜은 크게 'Ethernet Ⅱ (DIX) 규격'과 'IEEE802.3 규격' 두 종류로 나눌 수 있다. DEC, Intel, Xerox의 3사가 독자적으로 만든 Ethernet Ⅱ을 진화시켜 IEEE에서 표준화한 것이 IEEE802.3이었지만 실제 데이터 통신에 사용되는 표준의 대부분은 Ethernet Ⅱ다. Ethernet Ⅱ의 프레임 포맷은 1982년에 발표된 이래로 지금에 이르기까지 전혀 변경되지 않았다. 간단하고 알기 쉬운 형식이 30년 이상 지속되었다.

Ethernet II의 이더넷 프레임은 '프리앰블preamble', '목적지/발신지 MAC 주소', '타입', '이더넷 페이로드', '프레임 검사 순서Frame Check Sequence, FCS'라는 다섯 가지 필드로 구성되어 있다. 이 중 '목적지/발신지 MAC 주소'와 '타입'을 합쳐 '이더넷 헤더'라고 부른다.

프리앰블은 프레임을 보내는 신호

프리앰블은 "지금부터 프레임을 보내요"라는 신호의 8바이트(64비트)의 비트 배열이다. '10101010 …(중략) … 10101011'로 반드시 동일한 비트 배열로 되어 있다. 이 특별한 비트 배열을 보고 상대는 "이제 프레임이 도착하겠구나"라고 판단한다.

이더넷 헤더에서 어디로 보낼지 결정한다

헤더는 '목적지 MAC 주소', '발신지 MAC 주소', '타입'이라는 세 개의 필드로 구성되어 있다.

■ 목적지 MAC 주소 / 발신지 MAC 주소

MAC 주소media access control address는 이더넷 네트워크에 접속하는 노드를 식별하는 ID다. 이더넷 네트워크에서 주소와 같은 것이라고 생각해도 좋다. 송신 측의 노드는 이더넷 프레임을 보내고 싶은 노드의 MAC 주소를 '목적지 MAC 주소'에, 자신의 MAC 주소를 '발신지 MAC 주소'로 넣어서 이더넷 프레임을 보낸다. 수신 측 노드는 목적지 MAC 주소를 보고 자신과 관계된 MAC 주소라면 받아들이고 관계없는 MAC 주소라면 파기한다. 발신지 MAC 주소를 보고 어느 노드가 보낸 이더넷 프레임인지 판단한다.

■ 타입

타입은 네트워크 계층에서 어떠한 프로토콜을 사용하는지 나타내는 식별 ID다. IPv4Internet Protocol version 4라면 [0x0800], ARP라면 [0x0806] 등 사용하는 프로토콜에 따라 값은 정해졌다. 대표적인 프로토콜의 타입 코드는 다음의 표와 같다.

표 2.1.1 **대표적인 프로토콜의 타입 코드**

타입 코드(16진수)	프로토콜
0x0800	IPv4(Internet Protocol Version 4)
0x0806	ARP(Address Resolution Protocol)
0x86DD	IPv6(Internet Protocol Version 6)
0x8100	IEEE802.1Q(Tagged VLAN)

이더넷 페이로드는 네트워크 계층에서 받는 데이터 그 자체다. 예를 들어 네트워크 계층에서 IP를 사용한다면 '이더넷 페이로드=IP 패킷', ARP라면 '이더넷 페이로드=ARP 프레임'이다. 이더넷 페이로드에 들어가는 데이터 크기는 디폴트로 46~1500바이트로 정해져 있으며 범위 내에 들어가야 한다.[1] 46바이트에 미치지 못할 경우 '패딩'이라고 불리는 더미 데이터를 부가해 강제적으로 46바이트로 만든다. 반대로 1500바이트 이상인 경우 상위층에서 분리해 1500바이트로 만든다. 이더넷 페이로드의 최대 크기(최댓값)를 '최대 전송 단위Maximum Transmission Unit, MTU'라고 한다. MTU는 3.1.1절에서 자세히 설명한다.

FCS로 오류 체크하기

FCS는 데이터가 망가지지 않았는지 여부를 확인하기 위한 필드다. 송신 시에 이더넷 헤더와 이더넷 페이로드에 대해 일정한 계산, 즉 체크섬checksum이나 순환 중복 검사Cyclic Redundancy Check, CRC를 실시하여 그 결과를 FCS로 추가한다. 수신할 때도 동일한 계산을 수행하여 그 값이 추가된 FCS와 같다면 프레임이 올바른 것으로 판단한다. 다르다면 데이터가 전송 도중에 손상되었다고 판단하여 삭제한다. FCS가 이더넷의 오류 제어 역할을 담당한다.

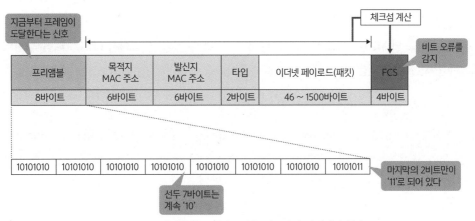

그림 2.1.3 **이더넷의 프레임 포맷은 깔끔하여 이해하기 쉽다**

---

1 1500바이트보다 큰 값으로 설정할 수 있다. 1500바이트보다 큰 값으로 설정한 프레임 수를 '점보 프레임(jumbo frame)'이라고 한다.

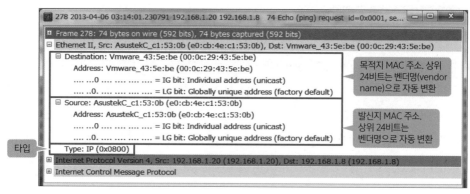

* 프리앰블과 FCS는 와이어샤크가 받기 전에 빼버렸으므로 표시되지 않고, 그 외 정보(헤더와 데이터)만 표시된다.

그림 2.1.4 이더넷 프레임을 와이어샤크로 해석한 화면

상위 24비트로 NIC 벤더를 알 수 있다

MAC 주소는 48비트로 구성된 고유 식별 정보이며 이더넷에서 데이터 링크의 시작점과 끝점이 된다. 'E0-CB-4E-C1-53-CB' 및 '00:0c:29:43:5e:be'처럼 8비트씩 하이픈(-) 및 콜론(:)으로 구분하여 16진수로 표기한다.

MAC 주소는 상위 24비트와 하위 24비트에서 다른 의미를 갖는다. 상위 24비트는 IEEE로 고유하게 관리되는 벤더 코드다. '조직 고유 식별자Organizationally Unique Identifier, OUI'라고 한다. 이 부분을 보면 통신하는 노드의 NIC가 어느 벤더에 의한 것인지 알 수 있다. 덧붙여서 OUI는 다음의 사이트에 공개되어 있다. 트러블슈팅 시 참고해 보는 것도 좋다.

URL http://standards-oui.ieee.org/oui/oui.txt (2021년 9월 기준)

또한 와이어샤크는 'Capture Options' - 'Name Resolution'의 'Enable MAC name resolution'에 체크를 넣어 두면 MAC 주소의 벤더 코드를 공급업체명으로 자동 변환해 준다. 의외로 편리한 기능이기 때문에 필자는 체크를 넣어 활용한다.

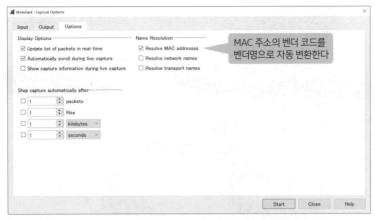

그림 2.1.5 **와이어샤크는 벤더 코드를 벤더명으로 자동 변환해 준다**

하위 24비트는 공급업체 내에서 고유하게 관리되는 코드다. IEEE에 의해 고유하게 관리되는 상위 24비트와 각 공급업체가 고유하게 관리하는 하위 24비트, 두 요소에 따라 MAC 주소는 세계적으로 고유하다.

그림 2.1.6 **MAC 주소는 24비트마다 나타내는 의미가 다르다**

특별한 MAC 주소

이더넷의 모든 통신이 일대일로 이루어지는 것은 아니다. 이더넷은 하나의 케이블(전송 매체)을 공유하면서 동시에 많은 논리적인 전송로(데이터 링크)를 만들어 많은 상대와 통신한다. 이더넷은 통신 패턴에 의해 '**유니캐스트**unicast', '**브로드캐스트**broadcast', '**멀티캐스트**multicast'의 세 가지 프레임 타입으로 분류한다. 이 중에서 자주 사용하는 것은 유니캐스트 및 브로드캐스트다.

■ 유니캐스트

유니캐스트는 일대일 통신이다. 이것은 이해하기 쉬울 것이다. MAC 주소는 기본적으로 고유한 것이므로 데이터 링크는 노드에 대해 일대일로 할 수 있다. 발신지 MAC 주소도 목적지 MAC 주소도 각노드의 MAC 주소다. 현대 이더넷 환경에서는 대부분 유니캐스트가 점유한다. 예를 들어 메일이나인터넷 통신은 유니캐스트 통신으로 이루어져 있다.

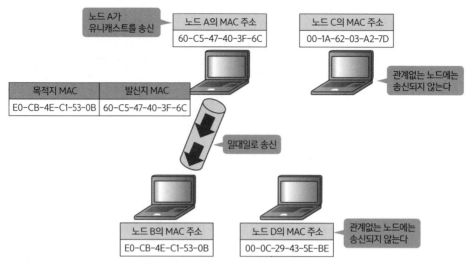

그림 2.1.7 **유니캐스트는 일대일로 통신한다**

■ 브로드캐스트

브로드캐스트는 1:n의 통신이다. 여기서 말하는 'n'은 동일한 네트워크에 있는 모든 노드를 나타낸다. 어떠한 노드가 브로드캐스트 전송하면 모든 노드가 수신한다. 브로드캐스트가 도달한 범위를 '**브로드캐스트 도메인**broadcast domain'이라고 한다.

브로드캐스트의 경우 발신지 MAC 주소는 그대로 노드의 MAC 주소가 된다. 목적지 MAC 주소가 특별하고 조금 다르다. 목적지 MAC 주소는 'FF–FF–FF–FF–FF–FF'다. 비트로 나타내면 전부 '1'이다.

브로드캐스트를 사용하는 통신으로 대표적인 '주소 결정 프로토콜Address Resolution Protocol, ARP'을 예로 들어 보자. 움직임을 대략적으로 설명하겠다. 노드 A가 노드 B에 대해 유니캐스트 통신을 하고 싶어도 노드 A 자체는 노드 B의 MAC 주소를 알 수 없다. 노드 A는 노드 B의 MAC 주소를 가르쳐 달라고 하기 위하여 브로드캐스트를 사용한다. 브로드캐스트로 모두에게 "가르쳐 주세요!"라고 부탁한 후 노드 B와 유니캐스트로 통신한다. ARP는 2.1.3절에서 자세히 설명하겠다.

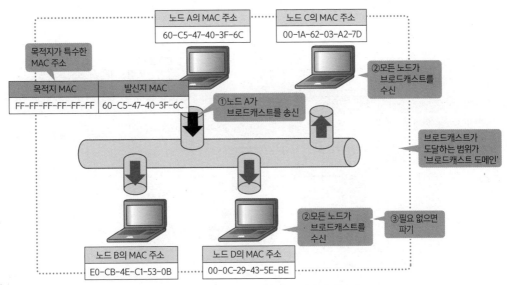

그림 2.1.8 **브로드캐스트로 모두에게 송신하기**

■ 멀티캐스트

멀티캐스트는 1:n 통신이다. 브로드캐스트와 비슷한 방식이지만 여기서 말하는 'n'은 특정 그룹(멀티캐스트 그룹)에 포함된 노드를 나타낸다. 노드가 멀티캐스트를 송신하면 그룹 내 속한 노드만이 수신한다.

멀티캐스트 주소도 발신지 MAC 주소는 그대로 노드의 MAC 주소다. 목적지 MAC 주소가 특별해서 조금 다를 뿐이다. 멀티캐스트 MAC 주소는 상위 여덟 번째 비트인 'I/GIndividual/Group 비트'가 '1'로 된 MAC 주소다. 브로드캐스트에서 사용하는 MAC 주소(FF-FF-FF-FF-FF-FF)도 멀티캐스트 MAC 주소의 일부로 취급된다. 멀티캐스트 IPv4 주소에 해당하는 경우는 상위 25비트가 '0000 0001 0000 0000 0101 1110 0'다. 16진수로 하면 '01-00-5E'와 그에 뒤따르는 1비트가 '0'이다. 참고로 '01-00-5E'는 인터넷상의 글로벌 IP 주소를 관리하는 국제인터넷주소관리기구Internet Corporation for Assigned Names and Numbers, ICANN가 소유하는 벤더 코드다. 하위 23비트는 멀티캐스트 IP 주소(224.0.0.0~239.255.255.255) 중 23비트를 복사하여 사용한다.

멀티캐스트는 동영상 전송이나 증권 거래 시스템의 애플리케이션에서 사용한다. 브로드캐스트는 모두가 강제로 수신하는 반면 멀티캐스트는 애플리케이션을 기동한 노드만이 수신할 수 있어 트래픽 효율이 좋다.

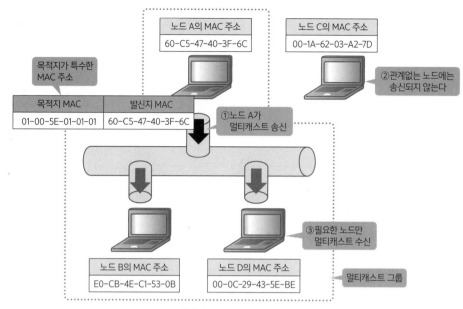

그림 2.1.9 멀티캐스트는 특정 그룹에게 송신한다

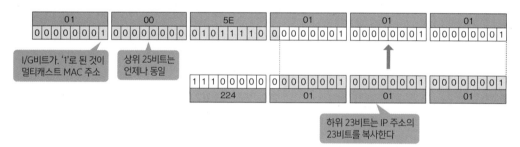

그림 2.1.10 IPv4 멀티캐스트의 MAC 주소는 IP 주소를 기반으로 만들어진다

2.1.2 데이터 링크 계층은 L2 스위치의 동작이 포인트

데이터 링크 계층(이더넷)에서 동작하는 기기라면 'L2 스위치'다. 익숙하지 않은 사람은 가전 양판점이나 회사 책상 위에서 볼 수 있는 LAN 포트를 가득 탑재한 네트워크 기기를 떠올리면 된다. 그것이 바로 L2 스위치다. 유선 LAN을 사용하는 거의 모든 노드가 LAN 케이블을 경유하여 L2 스위치에 연결되어 있다. 서버 사이트에서 자주 사용되는 L2 스위치의 대표 제품은 시스코의 Catalyst 스위치(Catalyst 2960 시리즈, 9200 시리즈)다. '우선은 이 기기부터'라고 불릴 만큼 정평이 났다.

참고로 '스위치'라는 단어는 네트워크 기기 세계에서 자주 사용되는 단어로 OO 스위치의 OO 부분이 OSI의 계층을 나타낸다. 각각 어떠한 계층의 정보를 바탕으로 전송할 곳을 전환할 것인지 나타낸다.

이렇듯 전송 대상의 전환을 '**스위칭**'이라고 한다. L2 스위치는 데이터 링크 계층(L2)의 정보, 즉 MAC 주소 정보를 토대로 프레임을 L2 스위칭한다.

표 2.1.2 여러 가지 스위칭이 있다

	레이어	스위치	무엇을 토대로 스위칭할 것인가?
L5~L7	세션 계층~애플리케이션 계층	L7 스위치(부하 분산 장치)	애플리케이션
L4	트랜스포트 계층	L4 스위치(부하 분산 장치)	포트 번호
L3	네트워크 계층	L3 스위치	IP 주소
L2	데이터 링크 계층	L2 스위치	MAC 주소

MAC 주소를 스위칭

L2 스위치가 어떻게 L2 스위칭을 하는지 살펴보자.

L2 스위치는 메모리상에 'MAC 주소 테이블'이라는 테이블을 토대로 프레임을 스위칭한다. MAC 주소 테이블은 '포트'와 '발신지 MAC 주소'로 구성되어 어느 포트에 어떠한 노드가 연결되었는지 관리한다. L2 스위치의 주요 동작은 '**건네받은 프레임의 포트와 발신지 MAC 주소 등록**', '**모르는 MAC 주소는 플러딩 flooding**', '**사용하지 않게 되면 삭제**' 세 가지다.

MAC 주소 테이블을 사용하여 스위칭

노드 A와 노드 B가 양방향으로 통신한다고 가정하고[2] MAC 주소 테이블의 사용 방법을 살펴보자.

1 노드 A가 노드 B에 대한 프레임을 만들고 케이블에 전송한다. 이는 유니캐스트의 동작이다. 발신지 MAC 주소는 노드 A의 MAC 주소, 목적지 MAC 주소는 노드 B의 MAC 주소다.

---

2   여기에서는 노드 A는 노드 B의 MAC 주소를 안다고 전제한다. 실제 통신의 경우 노드 A는 노드 B의 MAC 주소를 몰라 노드 A가 ARP를 브로드캐스트하는 부분부터 시작한다.

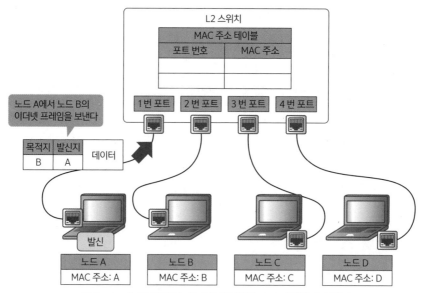

그림 2.1.11 **노드 A에서 노드 B의 유니캐스트 프레임을 송신한다**

2 스위치는 그 이더넷 프레임을 수신하고 노드 A의 포트 번호와 발신지 MAC 주소를 MAC 주소 테이블에 항목으로 등록한다. 처음에는 MAC 주소 테이블이 비어 있다. 텅 빈 상태에서 이더넷 프레임을 보고 학습해서 만들어 간다.

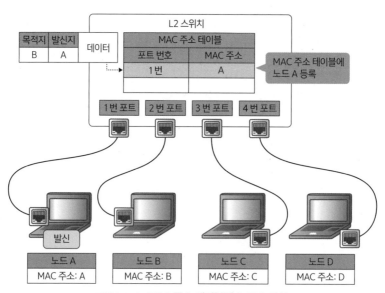

그림 2.1.12 **MAC 주소 테이블에 노드 A 등록**

3 스위치는 노드 B의 MAC 주소를 알지 못하기 때문에 노드 A를 접속하는 포트를 제외한 모든 포트에 프레임의 복사본을 송신한다. 이러한 이더넷 프레임의 일제 송신을 '**플러딩**'이라고 한다. "이

MAC 주소는 누군지 모르니 일단 모두에게 보내자"와 같은 동작인 셈이다. 참고로 브로드캐스트의 MAC 주소 'FF-FF-FF-FF-FF-FF'는 발신지 MAC 주소가 될 수 없어 MAC 주소 테이블에 등록될 일은 없다. 따라서 브로드캐스트는 항상 플러딩된다.

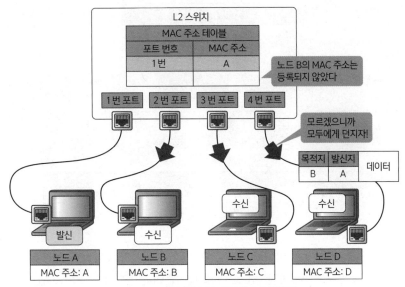

그림 2.1.13 **플러딩으로 모두에게 송신하기**

4 이더넷 프레임을 받은 노드 B는 자신에게 온 이더넷 프레임이라고 판단한다. 이에 응답하기 위해 노드 A의 이더넷 프레임을 만들어 케이블로 보낸다. 발신지 MAC 주소는 노드 B의 MAC 주소, 목적지 MAC 주소는 노드 A의 MAC 주소다. 노드 B 외의 노드 C와 노드 D는 관계없는 이더넷 프레임이라고 판단하여 파기한다.

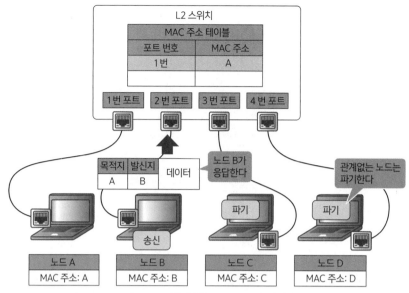

그림 2.1.14 **관계 있는 노드 B가 응답하기**

5 스위치는 그 이더넷 프레임을 수령하여 노드 B의 포트 번호와 MAC 주소를 MAC 주소 테이블에 등록한다. 노드 A와 노드 B에 대한 MAC 주소 테이블이 완성되었다. 노드 A에 대한 이더넷 프레임은 MAC 주소 테이블을 보고 곧바로 1번 포트에 전송한다. MAC 주소 테이블이 완성된 후의 노드 A와 노드 B의 이더넷 프레임 전송은 다른 노드에 대해 아무런 영향 없이 효율적으로 이루어진다.

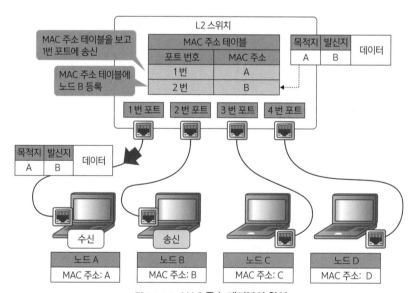

그림 2.1.15 **MAC 주소 테이블의 완성**

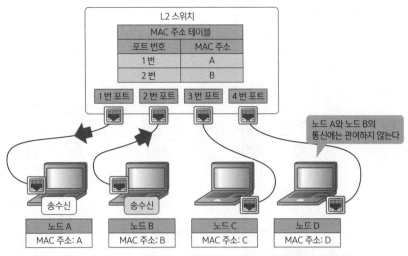

그림 2.1.16 **노드 A와 노드 B의 통신에 그 외 노드는 관여하지 않는다**

6 완성된 MAC 주소 테이블의 항목은 계속 유지되지는 않는다. 계속 유지한다면 아무리 메모리가 있어도 충분하지 않으며 노드가 다른 장소에 이동했을 때 대응할 수 없다. 포트에 연결된 케이블을 분리했을 때 삭제되거나 일정 시간 동안 사용되지 않으면 삭제된다. 삭제할 때까지의 시간을 '**에이징 타임**ageing time'이라고 한다. 시스코 카탈리스트Cisco Catalyst 스위치의 에이징 타임은 디폴트로 300초(5분)이다. 물론 변경할 수도 있다.

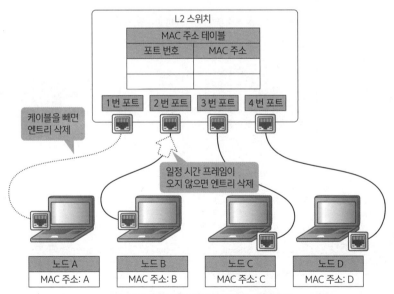

그림 2.1.17 **필요 없어지면 항목을 삭제한다**

다음 그림과 같이 접속된 L2 스위치, Switch1의 MAC 주소 테이블을 실제로 살펴보자.

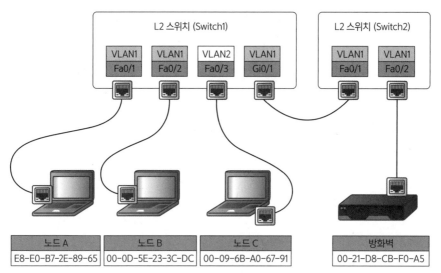

그림 2.1.18 **MAC 주소 테이블을 확인하기 위한 접속 예**

여기에서는 시스코의 카탈리스트 스위치를 사용하여 확인한다. 카탈리스트 스위치는 'show mac address-table'이라는 명령어로 MAC 주소 테이블을 확인할 수 있다.

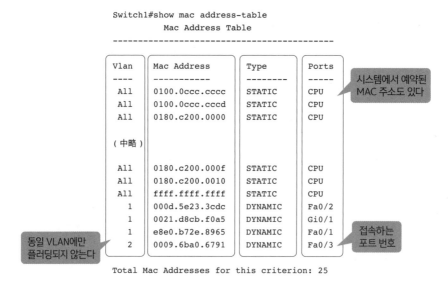

그림 2.1.19 **카탈리스트 스위치에서의 MAC 주소 테이블 표시 예**

위 그림의 'Mac Address'가 노드의 MAC 주소, 'Ports'가 접속하는 포트 번호다. 'Vlan'은 다음 섹션에서 자세히 설명하겠다. 브로드캐스트나 플러딩은 동일한 VLAN에서만 송신된다. 'Type'은 MAC 주소의 타입이다. 프레임에서 동적으로 학습된 것이라면 'DYNAMIC'이다. 에이징 타임이 지나면 삭제된다. 'STATIC'은 자신이 직접 정적으로 설정하거나 시스템에서 예약된 MAC 주소다. 자동으로 삭제되는 일은 없다.

⚓ VLAN으로 브로드캐스팅 도메인 나누기

브로드캐스트가 영향을 미치는 범위를 '브로드캐스트 도메인'이라고 한다. 유니캐스트의 상대를 찾는 ARP는 브로드캐스트로 송신되기 때문에 브로드캐스트 도메인은 직접적으로 프레임을 교환할 수 있는 범위로 생각해도 좋다. 브로드캐스트는 모두에게 일제히 동일한 정보를 보낼 수 있어 편리하다. 그러나 필요 없는 노드에도 프레임이 전달되어 트래픽 면에서 효율적이지 않다. 그래서 스위치에는 도메인을 분할하는 기능인 'VLAN'이 있다. VLAN은 브로드캐스트를 분할하여 트래픽의 효율화를 도모한다.

VLAN은 '세그먼트segment'나 '네트워크', '랜local area network, LAN'이라고도 불린다. 사람에 따라 호칭이 다양하다. 전체적인 의미는 같아 신경 쓰지 않아도 된다.

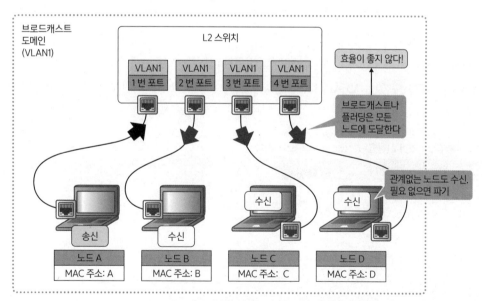

그림 2.1.20 **VLAN이 동일하면 브로드캐스트가 모두에게 전달된다**

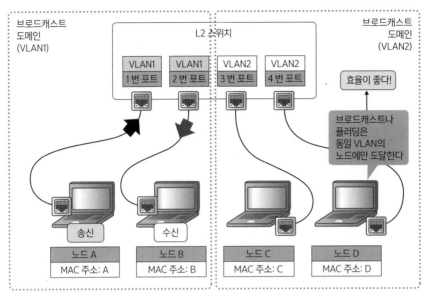

그림 2.1.21 **VLAN으로 브로드캐스트 도메인을 나누면 통신 효율이 좋아진다**

VLAN은 숫자로 되어 있다

VLAN은 브로드캐스트 도메인을 분리한다. 이렇게 들으면 어렵게 느껴진다. VLAN의 본질은 'VLAN ID'라는 단순한 숫자다. 각 포트에 VLAN ID를 할당하여 포트를 식별할 뿐이다. 카탈리스트 스위치의 경우 최대 4096개의 VLAN ID를 지원하고 그중 일부는 특수한 용도에 따라 예약되었다. 실제로 사용할 수 있는 VLAN ID의 범위 및 개수는 모델과 OS 버전에 따라 다양하다. 제대로 확인해 두자.

표 2.1.3 **예약되어 있어 사용할 수 없는 VLAN ID도 있다**

VLAN ID	용도
0	시스템에서 예약된 VLAN
1	디폴트 VLAN
2~1001	이더넷용 VLAN
1002~1005	FDDI, 토큰 링의 디폴트 VLAN
1006~1024	시스템에서 예약된 VLAN
1024~4094	이더넷용 VLAN
4095	시스템에서 예약된 VLAN

VLAN을 어떻게 설정할까? 그렇게 어렵지 않다. VLAN의 설정 방법은 '**포트 VLAN**'이나 '**태그**tag **VLAN**' 중 하나밖에 없다. 각각 세분화하여 설명하겠다.

포트 VLAN은 그 이름대로 포트에 VLAN을 할당하는 설정 방법이다. 정적으로 설정하는 **스태틱** static **VLAN**'과 정책에 따라 동적으로 설정하는 '**다이내믹**dynamic **VLAN**' 두 가지가 있다. 대부분 스태틱 VLAN을 사용한다. 다이내믹 VLAN은 CCNA 및 CCNP 등 시스코 시험에서만 볼 수 있다. 이 책에서는 스태틱 VLAN만 다룬다.

스태틱 VLAN은 포트에 VLAN ID를 할당한다. 각 포트에 VLAN ID를 할당하여 하나의 스위치를 논리적으로 분할하고 브로드캐스트 도메인을 분할한다. 예를 들어 VLAN 1과 VLAN 2를 포트에 할당한 경우 VLAN 1에 속한 단말과 VLAN 2에 속한 단말은 브로드캐스트 도메인이 다르다. VLAN 1의 브로드캐스트는 VLAN 2에는 도달하지 않는다. ARP도 도달하지 않아 직접적으로는 통신할 수 없다. VLAN 1과 VLAN 2를 서로 통신하게 하고 싶은 경우는 L3 스위치나 라우터 등 L3 수준의 기기로 중계해 줄 필요가 있다. 스위치를 가로질러 포트 VLAN을 구성할 수도 있다. 이 경우 스위치 사이를 접속하는 포트와 케이블을 VLAN의 수만큼 준비해야 한다.

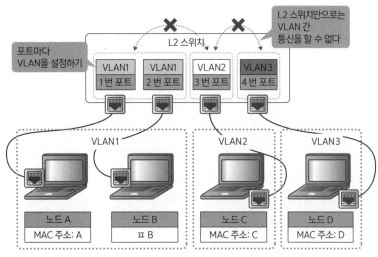

그림 2.1.22 **포트마다 VLAN을 설정하기**

태그 VLAN은 이름대로 VLAN에 태그를 설정하는 방법이다. 태그를 붙인다? 말만 들으면 머릿속에 이미지가 떠오르지 않을 수 있다. 실제로 **프레임에 VLAN 정보를 태그로 부여한다.** 태그를 부여하는 방법에는 이더넷 프레임 외를 전송하는 'ISLInter-Switch Link'과 이더넷 프레임만을 전송하는 'IEEE802.1Q'라는 두 가지 방법이 있다. **현재 네트워크 환경은 이더넷이 거의 대부분이므로 사용하는 태그 VLAN의 방식도 IEEE802.1Q가 대부분이다.** ISL은 CCNA와 CCNP 등 시스코 시험에서만 볼 수 있다.

이 책에서는 IEEE802.1Q만 다룬다. IEEE802.1Q는 IEEE 위원회에서 책정된 태그 VLAN의 표준 사양이다.

그림 2.1.23 **IEEE802.1Q는 VLAN 태그를 부여한다**

포트 VLAN은 1포트 1VLAN이 절대적이다. 스위치를 가로지르는 동일 VLAN 내의 노드가 통신할 수 있도록 설정할 경우 VLAN 수만큼 포트와 케이블을 준비해야 했다. 그러나 이는 확장성의 문제가 있다. 예를 들어 1000개의 VLAN이 있는 경우 1000개의 케이블과 포트가 필요하다. 배선도 설정도 힘들다. 포트가 아무리 많아도 결국 부족해진다.

그럴 때 태그 VLAN을 사용한다. 스위치의 포트로부터 프레임을 전달할 때 'VLAN 태그'라는 VLAN 정보(VLAN ID)를 추가하고 받을 때 태그를 제거하여 필요한 노드에 전달한다. 태그 VLAN 으로 어느 VLAN 프레임인가를 식별할 수 있어 케이블도 포트도 하나로 마칠 수 있다. 배선 또한 단순해진다. 태그 VLAN을 사용할 때는 접속하는 두 기기에서 동일한 정보를 식별할 필요가 있어 **양쪽에서 설정하는 VLAN ID는 반드시 맞춰야 한다.**

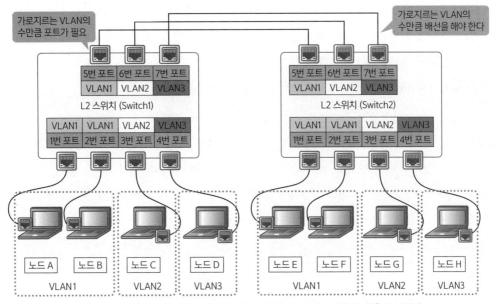

그림 2.1.24 **포트 VLAN이라면 VLAN이 스위치를 가로지를 경우에 대응이 어렵다**

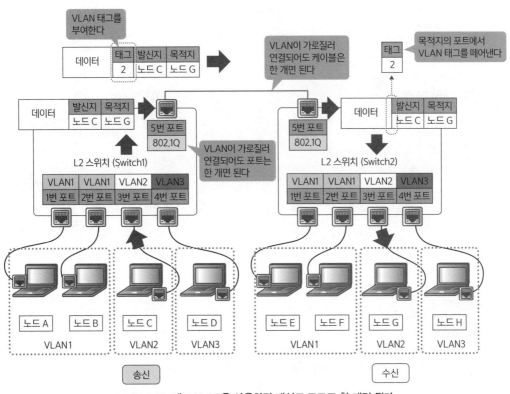

그림 2.1.25 **태그 VLAN을 사용하면 배선도 포트도 한 개면 된다**

태그 VLAN은 최근에 스위치 간 연결뿐만 아니라 가상화 환경(VMware 환경)에서도 사용하는 일이 많아졌다. 가상화 환경에서는 다양한 VLAN에 속한 가상 머신이 하나의 물리적 서버에 공존하여 가상 스위치를 통해 네트워크에 접속해 나간다. L2 스위치에 연결할 때 연결하는 포트에 대해 가상 머신이 속해 있는 VLAN을 설정해야 한다. 거기에 바로 IEEE802.1Q를 사용한다.

가상화 환경에서 가상 머신은 '포트 그룹'이라는 가상 스위치 포트의 설정 모음에 소속되어 vSwitch(가상 스위치)를 통해 네트워크에 연결한다. 예를 들어 가상 머신이 각각 VLAN 10과 VLAN 20의 포트 그룹에 속해 있는 경우 vSwitch에 매핑된 vmnic(물리적 NIC)은 VLAN 10과 VLAN 20에 소속된다. vSwitch에서 VLAN 10과 VLAN 20에 태그를 부여하고 vmnic과 연결한 스위치 포트는 태그 VLAN으로 설정한다. vSwitch에서 태그 처리를 하는 것을 '**VST**Virtual Switch Tagging'라고 한다.

카탈리스트 스위치에서는 태그 VLAN을 '트렁크trunk'라고 한다. 다른 업체의 기기의 경우 '트렁크'는 링크 애그리게이션 기능이나 그 기능에 의해 가능한 논리 포트를 나타낸다. 오해하기 쉬우니 주의하자. 링크 애그리게이션은 4.1.1절에서 설명한다.

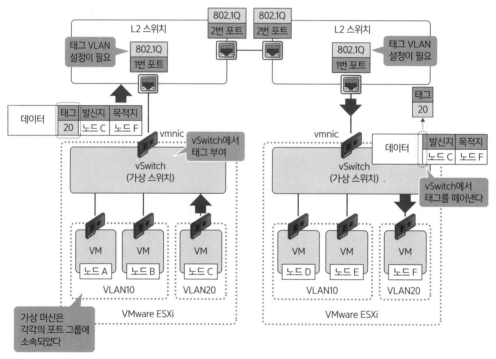

* 실제는 L2 스위치에서도 VLAN 태그의 처리를 한다. 그림에서는 생략한다.

그림 2.1.26 **가상화 환경에서도 자주 태그 VLAN을 사용한다**

태그 VLAN을 설정할 때 주의해야 할 것은 '**네이티브**native **VLAN**'의 존재다. IEEE802.1Q를 설정한 포트가 모든 VLAN 프레임에 태그를 부여하는 것은 아니다. 태그를 부여하지 않은 VLAN이 하나 존재한다. 그것이 바로 네이티브 VLAN이다.

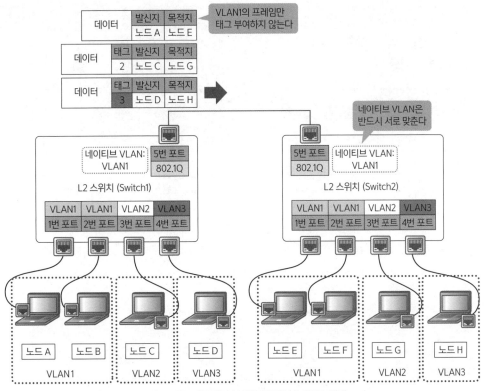

그림 2.1.27 **태그를 부여하지 않은 VLAN도 있다**

여기에서 가장 중요한 것은 **네이티브 VLAN은 접속 기기 사이에서 서로 맞춰야 한다**는 것이다. 태그하지 않은 VLAN이라면 걱정하지 않아도 된다고 생각할 수도 있다. 그렇지 않다. 한쪽의 네이티브 VLAN이 VLAN 1이고, 다른 한쪽의 네이티브 VLAN이 VLAN 3이라면 서로 다른 브로드캐스트 도메인이 매핑되어 통신을 할 수 없게 된다. 서로가 사용할 VLAN ID를 맞추기만 하는 것이 아니라 네이티브 VLAN도 반드시 맞추길 바란다.

카탈리스트 스위치의 경우 디폴트인 네이티브 VLAN이 VLAN 1이다. 물론 변경도 가능하다. 또한 CDPCisco Discovery Protocol를 사용하는 경우에 한해 두 네이티브 VLAN 차이를 자동으로 감지하여 '%CDP-4-NATIVE_VLAN_MISMATCH'라는 경고 메시지를 출력한다. CDP에 대해서는 5.1.4절에서 설명한다.

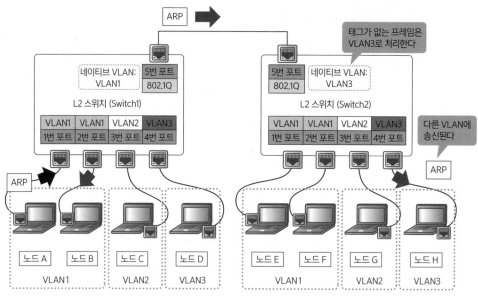

그림 2.1.28 **네이티브 VLAN이 서로 맞지 않으면 올바르게 통신할 수 없다**(ARP 사례)

또한 가상화 환경에서도 네이티브 VLAN의 개념은 동일하다. 포트 그룹의 VLAN ID로 '없음(0)'을 선택하면 해당 포트 그룹에 속한 가상 머신의 프레임은 태그를 부여하지 않고 처리된다. 태그가 없는, 즉 네이티브 VLAN이다. 거기에 VLAN ID을 설정하면 vSwitch에서 그 VLAN ID가 태그된다.

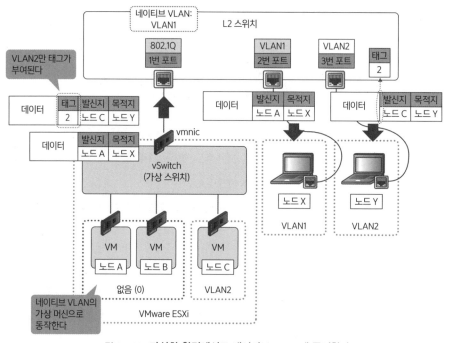

그림 2.1.29 **가상화 환경에서도 네이티브 VLAN에 주의한다**

2.1.3 ARP로 논리와 물리 연결하기

네트워크 세계에서 주소를 나타내는 것은 둘뿐이다. 하나는 지금까지 설명한 'MAC 주소', 또 하나는 'IP 주소'다. MAC 주소는 하드웨어 자체에 박혀 있는 물리적 주소다. 데이터 링크 계층(L2)에서 동작한다. IP 주소는 OS에서 설정하는 논리적 주소다. 네트워크 계층(L3)에서 동작한다. 두 주소는 따로따로 동작한다면 정합성이 없어진다. 반드시 협조해서 동작할 필요가 있다. 이 두 주소를 협조적으로 동작시키기 위해 물리, 논리의 가교적인 역할을 하는 것이 ARPAddress Resolution Protocol다.

그림 2.1.30 **ARP는 물리와 논리의 가교**

🔌 ARP는 IP 주소에서 MAC 주소를 구한다

'물리 및 논리의 가교'라고 들으면 어려울 것 같지만 실제로 하는 것은 **IP 주소와 MAC 주소를 서로 연관짓는 것뿐**이다. 그렇게까지 어려운 것을 하지는 않는다.

노드는 네트워크 계층에서 받은 IP 패킷을 프레임화하여 케이블로 전달할 필요가 있다. 그러나 갑자기 IP 패킷을 수신해도 어떻게 프레임화해야 할지 모른다. 발신지 MAC 주소는 자신의 MAC 주소이므로 안다고 해도 목적지 MAC 주소를 알 수 없다. 그래서 ARP를 사용한다. **IP 패킷의 목적지 IP 주소를 보고 같은 네트워크의 노드라면 해당 IP 주소의 MAC 주소를 ARP에 문의한다. 다른 네트워크 노드라면 기본 게이트웨이**default gateway**의 MAC 주소를 ARP에 문의한다.** 기본 게이트웨이는 자신 외의 네트워크로 갈 수 있는 출구와도 같다. 자신이 모르는 네트워크의 목적지 IP 주소 패킷이라면 일단 기본 게이트웨이로 보내려고 한다. 여기서 말하는 '네트워크'는 동일 IP 주소가 속한 범위를 나타낸다. 2.2.1절에서 자세히 설명하겠다. 지금은 일단 브로드캐스트 도메인이나 VLAN과 같은 의미라고 생각하면 된다.

여기에서는 ARP가 IP 주소에서 MAC 주소를 구한다고만 파악한다.

그림 2.1.31 **두 주소를 관련짓는다**

ARP 동작은 단순해서 매우 알기 쉽다. 모두에게 "○○ 씨는 어떠한 분입니까?"라고 큰 소리(브로드캐스트)로 물어서 ○○ 씨가 "○○는 저입니다!"라고 응답하는 모습을 상상해 보길 바란다.

"○○ 씨는 어떠한 분입니까?"를 '**ARP 리퀘스트**request'라고 한다. ○○에는 네트워크 계층에서 받은 패킷의 목적지 IP 주소가 들어간다. ARP 리퀘스트는 브로드캐스트되므로 동일한 VLAN에 있는 모든 노드에 전달된다.

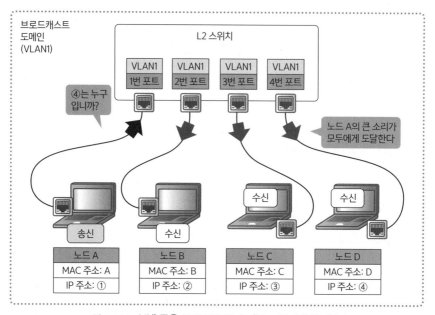

그림 2.1.32 **보낼 곳을 모르므로 큰 소리로 모두에게 물어본다**

ARP 리퀘스트에 대한 응답, "○○는 저입니다!"를 '**ARP 리플라이**reply'라고 한다. 동일한 VLAN(브로드캐스트 도메인)에 있는 노드 중 대상의 IP 주소를 가지는 노드 하나만 응답한다. 그 외의 노드는 관계가 없기 때문에 파기한다. ARP 리플라이는 브로드캐스트일 필요가 없다. ARP 리퀘스트를 보낸 노드에 대해 유니캐스트로 이루어진다.

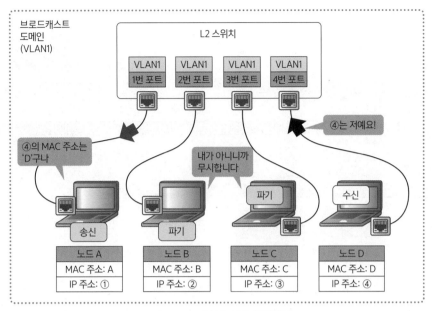

그림 2.1.33 **대상 노드만 응답한다**

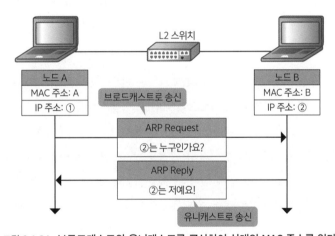

그림 2.1.34 **브로드캐스트와 유니캐스트를 구사하여 상대의 MAC 주소를 안다**

ARP 페이로드에 여러 가지 주소 정보를 담는다

ARP는 이더넷에서 캡슐화한 ARP 페이로드에 주소 정보를 담고 MAC 주소와 IP 주소를 연결 짓는
다. '동작(오퍼레이션)'과 '주소' 외는 고정이다.

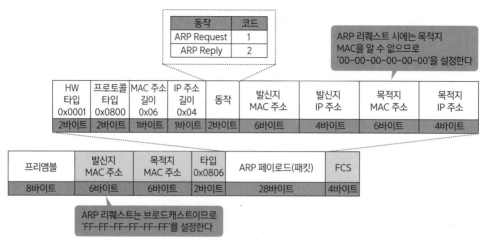

그림 2.1.35 **ARP는 APR 페이로드에 정보를 담는다**

ARP 리퀘스트는 동작 코드가 '1'이다. 발신지 MAC 주소, 발신지 IP 주소는 그대로 자신의 주소를 넣는다. 목적지 MAC 주소는 ARP 리퀘스트 시점에서는 모르기 때문에 '00-00-00-00-00-00'을 설정한다. 목적지 IP 주소에는 MAC 주소를 알고 싶은 노드의 IP 주소가 들어간다. ARP 리퀘스트는 브로드캐스트다. 브로드캐스트를 받은 모든 노드는 목적지 IP 주소 부분을 보며 해당 IP 주소를 가진 노드는 응답하기 위한 ARP 리플라이를 만든다. 그 외의 IP 주소를 갖는 노드는 파기한다.

ARP 리플라이는 동작 코드가 '2'다. 발신지 MAC 주소, 발신지 IP 주소는 그대로 자신의 주소를 세트한다. 목적지 MAC 주소, 목적지 IP 주소에는 ARP 리퀘스트를 보낸 노드의 정보를 설정한다. ARP 리플라이는 유니캐스트다. ARP 리퀘스트를 보낸 노드에 대해서 송신한다. 해당 ARP 리플라이를 받은 노드는 발신지 MAC 주소와 발신지 IP 주소 부분을 보고 상대의 MAC 주소를 안다. MAC 주소를 알고 처음으로 통신을 할 수 있게 된다. MAC 주소와 IP 주소를 관련지은 테이블 표를 'ARP 테이블'이라고 한다. 참고로 ARP 테이블은 윈도우 OS의 경우 명령 프롬프트에서 'arp –a'라고 입력하면 확인할 수 있다. 리눅스 OS는 터미널에서 'arp'라고 입력하면 확인할 수 있다.

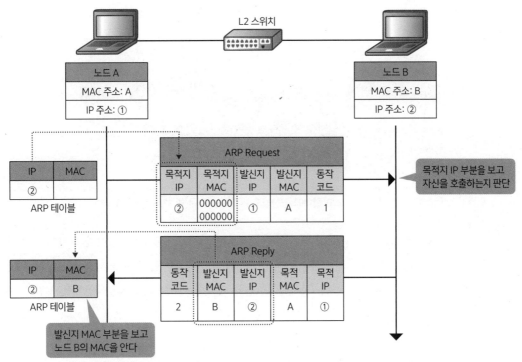

그림 2.1.36 **문의(ARP 리퀘스트)와 응답(ARP 리플라이)으로 MAC 주소와 IP 주소를 관련짓는다**

이제 ARP가 통신에서 꽤 중요한 역할을 한다는 사실을 알게 되었다. **모든 통신의 시작 중 시작은 ARP 다.** ARP를 통해 패킷을 송신할 MAC 주소를 알고 나서야 비로소 통신할 수 있게 된다.

ARP에도 치명적인 약점이 있다. '브로드캐스트를 전제로 한다'는 점이다. 상대의 MAC 주소를 모르기 때문에 브로드캐스트를 사용하는 것은 필연적인 일이다. 하지만 브로드캐스트는 동일한 네트워크에 있는 모든 노드에 데이터을 보내는 비효율적인 통신이다. 1000대의 노드가 있는 VLAN이 있다고 가정하면 1000대 모두에 트래픽이 전달된다. 매번 통신할 때마다 ARP를 송신한다면 VLAN은 ARP 트래픽만으로 가득 찬다. 본래 MAC 주소와 IP 주소는 자주 바뀌지 않는다. 그래서 ARP는 일정 시간 동안 항목을 유지하는 '**캐시 기능**'을 제공한다.

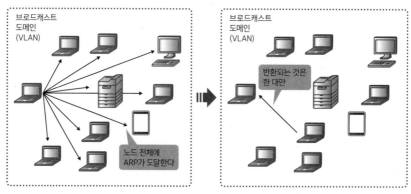

그림 2.1.37 **ARP를 노드 전체에 송신해도 반환하는 것은 한 대로 비효율적이다**

ARP에서 MAC 주소를 알게 되면 ARP 테이블 항목으로 추가하고 유지한다. 항목을 보유하는 동안은 ARP를 전송하지 않는다. 그리고 일정 시간(타임아웃 시간)이 경과하면 항목을 삭제하고 다시 ARP 리퀘스트를 송신한다. 타임아웃 시간은 OS에 의존한다. 예를 들어 윈도우 10의 타임아웃 시간은 10분, 시스코 장비는 네 시간이다. 물론 모두 변경할 수 있다.

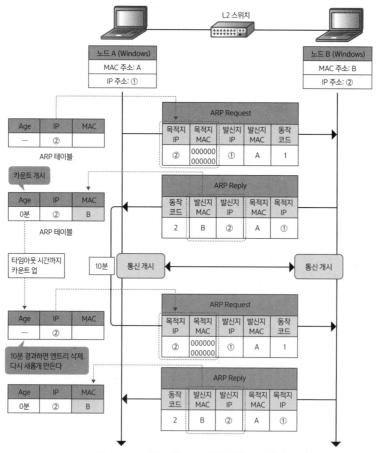

그림 2.1.38 **캐시 기능으로 효율화를 도모한다**

ARP 트래픽 감소에 큰 효과를 발휘하는 캐시 기능이지만 반드시 좋은 부분만 있는 것은 아니다. **캐시 기능이 있으면 실시간성이 결여된다.** 이것은 캐시 기능을 제공하는 프로토콜 모두가 공통적으로 갖고 있는 치명적인 약점이다. ARP 테이블은 IP 주소와 MAC 주소가 변경되더라도 기존 정보의 상태 항목을 계속 유지한다. 따라서 대상 항목이 타임아웃하여 다시 학습할 때까지 통신할 수 없다.

노드의 MAC 주소나 IP 주소는 자주 바뀌지 않는다. 대부분 MAC 주소와 IP 주소도 같은 것을 계속해서 사용한다. 신경 쓰지 않아도 된다. 주의해야 할 것은 장비를 교체할 때다. 예를 들어 네트워크 프린터가 갑자기 고장 나서 교체할 수밖에 없었다고 하자. 이 경우 IP 주소는 동일하게 인계되지만 MAC 주소는 교체 전후가 달라져 있다. 그러나 주위의 노드는 MAC 주소가 바뀐 사실을 인식하지 못한다. ARP 테이블을 보고 없어진 MAC 주소와 통신을 시도하고 해당 항목이 타임아웃될 때까지 통신할 수 없게 된다. 이를 해결하는 것이 GARPGratuitous ARP이다.

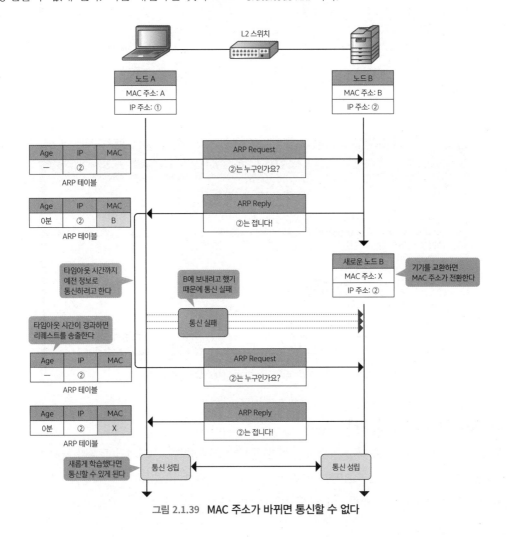

그림 2.1.39 **MAC 주소가 바뀌면 통신할 수 없다**

ARP를 캡처한 것이 다음의 그림이다. ARP 리퀘스트는 브로드캐스트이므로 목적지 MAC 주소가 'FF-FF-FF-FF-FF-FF'다. 또한 APR 페이로드에 주소 정보를 담는다. ARP 리플라이는 유니캐스트이므로 목적지 MAC 주소는 ARP 리퀘스트를 보낸 노드의 MAC 주소다. 마찬가지로 ARP 페이로드에 주소 정보를 담는다.

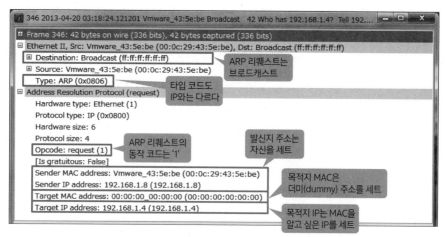

그림 2.1.40　ARP 리퀘스트는 브로드캐스트로 실시한다

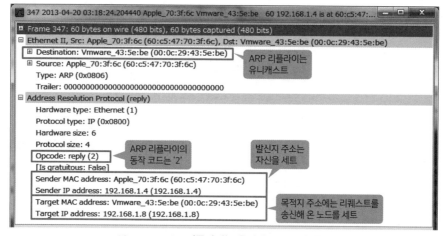

그림 2.1.41　ARP 리플라이는 유니캐스트로 실시한다

특수한 ARP가 몇 가지 있다

ARP는 TCP/IP 통신의 앞부분을 지탱하는 매우 중요한 프레임이다. 여기에서 문제가 생긴다면 통신이 성립하지 않게 된다. 그래서 ARP에는 주위 정보(MAC 주소 테이블과 ARP 테이블 등)를 즉시 업데이트하기 위한 특별한 ARP가 준비되어 있다. 바로 'GARP'다. 이에 대해 자세히 설명하겠다.

GARP에서 MAC 주소가 바뀐 것을 모두에게 전달

GARP는 ARP 페이로드의 목적지 IP 주소에 자신의 IP 주소를 설정하는 특수한 ARP 리퀘스트다. GARP는 '충돌 IP 주소 감지'와 '인접 기기의 테이블 갱신'이라는 두 가지 역할을 담당한다.

■ 충돌 IP 주소 감지

회사나 학교의 네트워크 환경에서 다른 사람과 같은 IP 주소를 잘못해서 설정한 일이 없는가? 이러한 때에 OS는 "IP 주소 충돌이 감지되었습니다"라는 오류 메시지를 표시하고 IP 주소 변경을 재촉한다. 이 메시지는 GARP의 정보를 기초로 표시한다. OS는 IP 주소가 설정될 때 즉시 설정을 반영하려고 하지 않는다. 일단 ARP 리퀘스트를 전송하여 네트워크에 동일한 IP 주소를 가진 노드가 있는지 확인한다. 그 후 ARP 리플라이가 반환되면 동일한 IP 주소의 노드가 있다고 판단하여 오류 메시지를 표시한다. ARP 리플라이가 반환되지 않았을 때 비로소 IP 주소 설정을 반영한다.

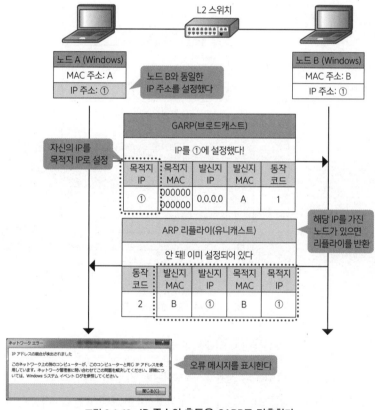

그림 2.1.42 **IP 주소의 충돌을 GARP로 검출한다**

■ 인접 기기의 테이블 갱신

여기서 말하는 '테이블'은 ARP 테이블 및 MAC 주소 테이블을 나타낸다. 모두 동일하게 GARP로 갱신하지만 미묘하게 이용 패턴이 다르다.

먼저 ARP 테이블을 갱신하는 GARP의 이용 패턴을 고려한다. 기기 고장이나 EoSEnd of Support 등 무언가의 계기로 기기를 교체하면 MAC 주소는 교체 전후에 바뀐다. 주변의 노드는 교환한 기기의 ARP 항목을 갖고 있어도 자동으로 갱신하려고 하지 않는다. 예전 정보를 유지한 상태로는 통신할 수 없다. 그래서 GARP를 사용한다. 교환한 기기는 링크 업 및 기동 타이밍에 GARP를 송출하여[3] 자신의 MAC 주소가 바뀐 것을 일제히 통지한다. 그리고 GARP를 받은 노드는 대상이 되는 ARP 항목을 갱신한다.

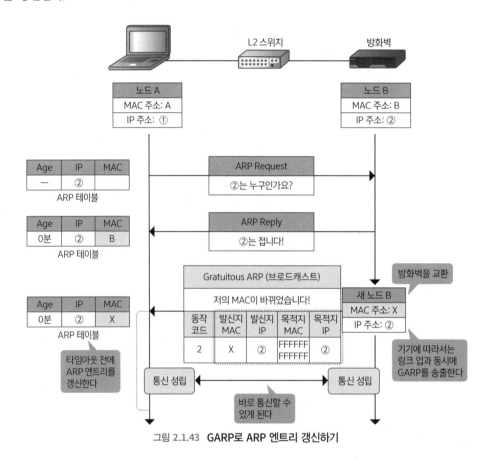

그림 2.1.43 **GARP로 ARP 엔트리 갱신하기**

다음으로 MAC 주소 테이블을 갱신하는 GARP의 이용 패턴을 고려한다.

여기에서는 가상화 환경에서의 GARP의 사용을 예로 든다. 가상화 소프트웨어는 가상 머신을 정지하지 않고 물리적 서버를 마이그레이션하는 '라이브 마이그레이션'을 제공한다. Xen이라면 'XenMotion', VMware라면 'vMotion'이라는 이름이다. 라이브 마이그레이션을 실행하는 경우 가상 머신이 물리 서버를 이동해도 L2 스위치는 가상 머신이 이동한 것을 인식하지 못한다. 그래서 가상

---

3   GARP를 송출하지 않는 기기도 있다. 그런 경우는 주변 노드의 ARP 테이블을 삭제해야 한다.

머신은 물리 서버를 이동한 후 GARP를 송출한다.[4] GARP를 수신한 L2 스위치는 GARP의 발신지 MAC 주소를 보고 MAC 주소 테이블을 갱신하고 마이그레이션 후의 물리 서버에 트래픽을 보낸다.

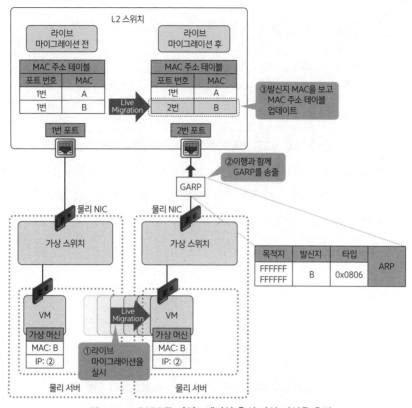

그림 2.1.44 **GARP로 마이그레이션 후의 가상 머신을 추적**

---

4   VMware의 vMotion에서는 RARP(Reverse Address Resolution Protocol)를 사용한다. 프로토콜은 다르지만 원칙은 동일하다. RARP로 MAC 주소 테이블을 갱신한다.

2.2 네트워크 계층의 기술

네트워크 계층은 이더넷으로 만든 네트워크를 연결하여 서로 다른 네트워크에 있는 노드와의 통신을 보장하기 위한 레이어다. 데이터 링크 계층의 역할은 동일한 네트워크에 존재하는 노드들을 접속하는 부분까지다. 그 이상 하는 일은 없다. 예를 들어 해외 웹 서버에 연결하려고 하면 네트워크가 전혀 달라 데이터 링크 계층 수준에서는 연결할 수 없다. 네트워크 계층은 데이터 링크 계층에서 할 수 있는 작은 네트워크를 조합하여 커다란 네트워크를 만드는 계층이다. 일상 생활에서 없어서는 안 되는 것이 된 '인터넷'. 이것은 네트워크를 상호inter 연결한다는 의미에서 만들어진 네트워크 계층 수준의 단어다(이제는 보통명사가 되었다). 수많은 네트워크가 서로 연결하여 인터넷이 된 것이다.

2.2.1 네트워크 계층은 네트워크를 서로 연결한다

네트워크 계층은 서로 다른 네트워크에 있는 노드와의 접속성을 보장하기 위해 존재하는 레이어다. 데이터 링크 계층은 동일 네트워크에 있는 인접 노드와의 접속성을 확보하는 것이었다. 네트워크 계층에서는 데이터 링크 계층에서 만들어진 네트워크를 조합하여 다른 네트워크에 존재하는 비인접 노드와 연결할 수 있도록 IP 헤더를 부가하는 처리를 실시한다. 네트워크 계층에서 실시하는 헤더 처리를 '패킷화', 그리고 패킷화로 만들어진 데이터를 '패킷'이라고 한다. 네트워크 계층에서는 패킷화에 관한 다양한 방식을 정의한다.

네트워크 계층은 OSI 참조 모델의 아래에서 세 번째 계층이다. 송신할 때는 트랜스포트 계층에서 세그먼트/데이터그램을 받아 패킷화하고 데이터 링크 계층에 전달한다. 수신할 때는 데이터 링크 계층에서 프레임을 수신하여 패킷화와는 반대의 처리를 한 후에 트랜스포트 계층에 전달한다.

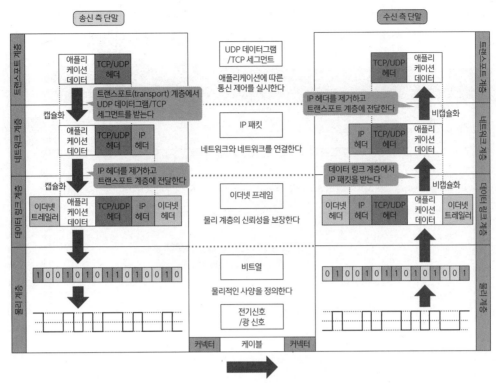

그림 2.2.1 네트워크 계층에서 IP 헤더를 부가한다

🔌 IP 헤더로 패킷화하기

서버 사이트의 구축에서 네트워크 계층을 지탱하는 프로토콜은 단연 'IP'이다. 그 외의 프로토콜은 IP를 공부한 후 알아도 된다. 이 책에서는 IP에서 어떠한 패킷화가 이루어지는지 설명한다.

IP로 패킷화된 패킷을 '**IP 패킷**'이라고 한다. IP 패킷은 IP의 제어 정보를 나타내는 '**IP 헤더**'와 데이터 그 자체를 나타내는 '**IP 페이로드**'로 구성되었다. 이 중에서 IP의 키를 쥐는 필드가 IP 헤더다. 평소 여러 해외의 웹사이트를 볼 수 있는 것도 안쪽에 IP 패킷이 바다를 건너 산을 넘고 계곡을 내려오는 등 세계의 여러 장소를 돌아다니기 때문이다. IP 헤더는 전 세계의 온갖 네트워크를 경유하여 그 차이를 흡수해 더 안정적으로 통신할 수 있도록 많은 정보로 구성된다.

그림 2.2.2 IP 헤더는 많은 정보를 담는다(IPv4, 옵션 없음)

앞서 언급했지만 IP 헤더에서는 많은 정보를 부가한다. 모두 이해할 필요는 없다. 이 책에서는 이 중에서도 서버 사이트를 설계하면서 자주 보거나 확인해야 하는 필드만을 골라 설명할 것이다.

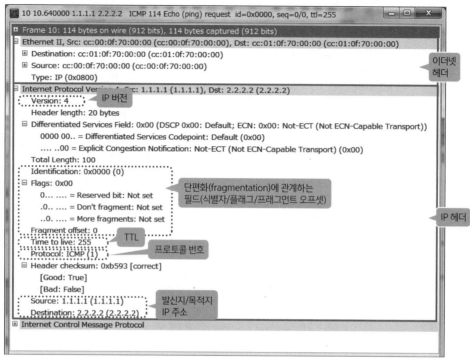

그림 2.2.3 **IP 헤더를 와이어샤크로 해석한 화면**

버전은 IPv4나 IPv6

우선 '버전'이다. IP의 버전을 나타낸다. IPv4라면 '4'(2진수로 '0100'), IPv6라면 '6'(2진수로 '0110')이다. 버전 부분에 따라 다음의 IP 헤더 정보가 변경된다. 그림 2.2.2 및 그림 2.2.3은 IPv4의 IP 헤더를 나타낸다. 이것이 IPv6가 되면 그림 2.2.4와 그림 2.2.5처럼 변화한다. IPv4보다도 다소 간단해졌다.

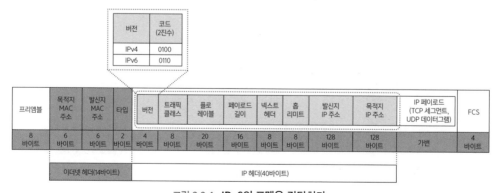

그림 2.2.4 **IPv6의 포맷은 간단하다**

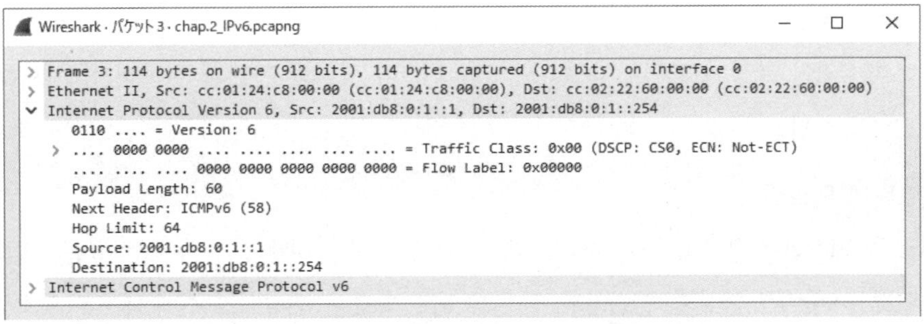

```
Wireshark · パケット 3 · chap.2_IPv6.pcapng                          —  □  ×
> Frame 3: 114 bytes on wire (912 bits), 114 bytes captured (912 bits) on interface 0
> Ethernet II, Src: cc:01:24:c8:00:00 (cc:01:24:c8:00:00), Dst: cc:02:22:60:00:00 (cc:02:22:60:00:00)
∨ Internet Protocol Version 6, Src: 2001:db8:0:1::1, Dst: 2001:db8:0:1::254
     0110 .... = Version: 6
  > .... 0000 0000 .... .... .... .... .... = Traffic Class: 0x00 (DSCP: CS0, ECN: Not-ECT)
     .... .... .... 0000 0000 0000 0000 0000 = Flow Label: 0x00000
     Payload Length: 60
     Next Header: ICMPv6 (58)
     Hop Limit: 64
     Source: 2001:db8:0:1::1
     Destination: 2001:db8:0:1::254
> Internet Control Message Protocol v6
```

그림 2.2.5 **IPv6 헤더를 와이어샤크로 해석한 화면**

IPv6는 IPv4 주소가 고갈되면서 네트워크계에 요란하게 등장하였다. 인터넷에 접속하는 IPv4 주소 (글로벌 IP 주소)를 관리하는 ICANN이 할당할 수 있는 IPv4 주소가 바닥날 무렵 "IPv6 대책, 미룰 수 없다!"며 많은 잡지나 콘퍼런스에서 특집을 다루었다. 그러나 지금은 못 기다리는 것이 아니라 꽤 여유가 있다. 실제로는 ISP가 어딘가에 남았던 IPv4 주소를 사들이거나 통신업자가 IPv6 주소를 IPv4 주소로 상호 교환하는 등 뒤에서 다양한 방법으로 대응해 주었다. 사용자가 걱정할 필요는 없다. 물론 언젠가 매매된 IPv4 주소가 다 떨어져 IPv6의 시대가 올 것이다. 다만 그 시기는 아직 먼 훗날의 이야기다. 어느 날 갑자기 IPv4를 못 쓰게 되는 일도 없을 것이다. 과도기적으로 IPv4와 IPv6가 공존하게 될 것이다. 서버 사이트를 구축하는 측에서도 요구 사항에 없다면 굳이 IPv6에 대응하지 않아도 된다. 요구 사항에 있더라도 IPv4 설계를 기초로 하면 IPv6 주소가 굉장히 이해하기 어렵다는 점 외에는 큰 차이가 없다. 적어도 요즘의 네트워크 기기나 OS는 이미 IPv6 대응이 끝난 상태다. 이 책에서는 이 이상 IPv6에 대해서는 다루지 않겠다.

식별자, 플래그, 프레그먼트 오프셋은 단편화에서 사용한다

'식별자identifier', '플래그flag', '프래그먼트 오프셋'이라는 세 개의 필드는 모두 패킷의 단편화 fragmentation와 관련 있다. 단편화란 MTU에 담을 수 없는 크기의 IP 페이로드를 MTU에 담을 수 있도록 분할하는 네트워크 기능이다.

■ 식별자

'식별자'는 패킷을 만들 때 무작위로 할당되는 패킷의 ID다. 16비트로 구성되었다. IP 패킷의 크기가 MTU를 초과해 도중에 패킷을 단편화할 때 목적지 호스트host는 이 ID를 보고 패킷을 재합성한다.

■ 플래그

'플래그'는 3비트로 구성되었으며 상위 1비트는 사용하지 않는다. 두 번째 비트는 단편화해야 할지 여부를 나타낸다. '**DF 비트**Don't Fragment bit'라고 한다. '0'이라면 단편화 허가, '1'이라면 단편화를 허용하지 않는다. 세 번째 비트는 단편화된 패킷이 뒤따르는지 여부를 나타낸다. 이를 '**MF 비트**More Fragment bit'라고 한다. '0'이라면 패킷이 뒤따르지 않는 것을 나타내고 '1'이라면 뒤에 패킷이 따르는 것을 나타낸다. '이더넷을 통한 PPPPoint to Point Protocol over Ethernet, PPPoE' 환경에서 MTU 값을 잘못 설정하면 패킷이 손실되어 특정 웹사이트가 보이지 않는다. 이 필드와 관련된 현상이다. 자세한 내용은 3.1.1절에서 설명한다.

■ 프래그먼트 오프셋

마지막으로 '프래그먼트 오프셋'은 단편화할 때 그 패킷이 원래 패킷의 선두에서 어디쯤 위치해 있는지를 나타낸다. 8바이트 단위다. 단편화된 첫 번째 패킷의 값은 '0'이며 그 후의 패킷은 위치를 나타낸 값이 들어간다. 패킷을 받는 호스트는 이 값을 보고 패킷의 순서를 맞춘다.

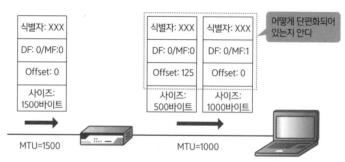

그림 2.2.6 **단편화되어도 헤더의 정보를 보면 원래대로 되돌릴 수 있다**

⟜ TTL은 패킷의 수명을 나타낸다

TTLTime To Live**은 패킷의 수명을 나타낸다.** IP 세계에서는 패킷의 수명을 경유하는 라우터의 숫자로 나타낸다. 경유하는 라우터 수[5]를 '**홉 수**'라고 한다. TTL 수는 라우터를 경유할 때마다, 즉 네트워크를 경유할 때마다 하나씩 감소되고 값이 '0'이 되면 삭제된다. 패킷을 파기한 라우터는 'Time-To-Live exceeded(타입 11/코드 0)'라는 인터넷 제어 메시지 프로토콜Internet Control Message Protocol, ICMP 패킷을 반환하여 패킷을 폐기했음을 발신지 호스트로 전달한다. ICMP 내용은 2.2.5절에서 자세히 설명하겠다.

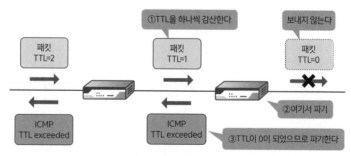

그림 2.2.7 **TTL은 라우터를 경유할 때마다 줄어든다**

---

5   실제로 네트워크 계층 이상에서 동작하는 모든 기기에서 모두 감산된다. 예를 들어 L3 스위치 및 부하 분산 장치를 경유해도 TTL은 줄어든다.

TTL의 기본값은 OS나 그 버전에 따라 다르다. 패킷에 포함된 TTL의 값을 살펴보면서 패킷을 송수신한 노드가 윈도우 계열인지 유닉스 계열인지 대략적인 판별이 가능하다.

표 2.2.1 **TTL의 기본값은 OS마다 다르다**

제조사	OS/버전	TTL의 기본값
마이크로소프트	Windows 10	128
애플	macOS 10.12.x	64
애플	iOS 10.3	64
오픈소스 소프트웨어	Linux Ubuntu 16.04	64
구글	Android	64
시스코	Cisco IOS	255

TTL은 라우팅 루프routing loop를 방지하기 위해 사용된다. 라우팅 루프는 라우팅의 설정 실수로 IP 패킷이 같은 곳을 빙빙 도는 현상이다. IP 패킷은 동일한 네트워크를 맴돈다고 해도 TTL이 계산되어 결국 어딘가에서 삭제된다. 빙빙 맴도는 패킷이 대역을 계속해서 압박하는 일은 없다.

🔌 프로토콜 번호는 어떠한 프로토콜인지 나타낸다

'프로토콜 번호'는 IP 페이로드가 어떠한 프로토콜로 구성되었는지 나타낸다. 많은 프로토콜이 정의되어 있는데 필자가 현장에서 실제로 자주 접한 프로토콜은 다음과 같다.

표 2.2.2 **현장에서 자주 볼 수 있는 프로토콜 번호**

번호	용도
1	ICMP(Internet Control Message Protocol)
2	IGMP(Internet Group Management Protocol)
6	TCP(Transmission Control Protocol)
17	UDP(User Datagram Protocol)
47	GRE(Generic Routing Encapsulation)
50	ESP(Encapsulating Security Payload)
88	EIGRP(Enhanced Interior Gateway Routing Protocol)
89	OSPF(Open Shortest Path First)
112	VRRP(Virtual Router Redundancy Protocol)

⟿ 발신지/목적지 IP 주소는 네트워크상의 주소를 나타낸다

'IP 주소'는 네트워크상의 주소를 나타낸다. IP 주소는 32비트로 구성되었으며 일반적으로 'xxx.xxx. xxx.xxx'의 10진수로 나타낸다.

발신지 IP 주소는 자기 자신의 네트워크상 주소를 나타낸다. 네트워크 세계는 양방향으로 이루어졌다. "이런 데이터를 갖고 싶다"라는 요청에 "자, 여기요!", "고맙습니다"와 같은 식으로 구성되었다. 상대방은 이 필드를 보고 정보를 보낸다. 그에 반해 목적지 IP 주소는 상대방의 주소다. 자신이 정보를 보낼 때 사용한다.

네트워크 계층은 IP 주소가 있어서 존재하는 계층이다. 다음 절에서 자세하게 설명하겠다.

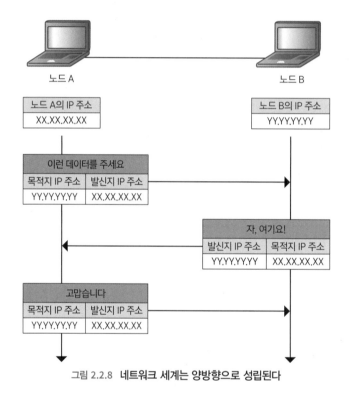

그림 2.2.8 네트워크 세계는 양방향으로 성립된다

마지막으로 IP 헤더의 모든 필드를 표로 정리하였다. 확인하고 싶을 때 활용하기 바란다.

표 2.2.3 **IP 헤더에 여러 가지 정보를 담는다**

필드	사이즈	용도
버전	4비트	IP 프로토콜의 버전을 나타낸다. 　IPv4: 0100(2진수) 　IPv6: 0110(2진수)
헤더 길이	4비트	IP 헤더 사이즈를 4바이트 단위로 나타낸다.
ToS(Type of Service)	8비트	패킷의 우선순위를 나타낸다. QoS 시 사용한다.
패킷 길이	16비트	패킷 전체 사이즈를 바이트 단위로 나타낸다.
식별자	16비트	패킷의 식별에 사용한다. 단편화했을 때 이 필드를 바탕으로 어떠한 패킷의 조각인지를 식별한다. 발신지 호스트가 임의로 할당한다.
플래그	3비트	패킷의 단편화를 허용할지의 여부를 나타낸다. –첫 번째 비트: 미사용 –두 번째 비트: 단편화해도 좋은지의 여부를 나타낸다. 　0: 단편화 OK 　1: 단편화 NG –세 번째 비트: 단편화된 패킷이 뒤에 오는지 여부를 나타낸다. 　0: 이것이 마지막 조각 　1: 아직도 남아 있음
프래그먼트 오프셋	13비트	단편화된 패킷이 원본 패킷의 어디에 위치해 있는지 나타낸다.
TTL	8비트	패킷의 수명을 나타낸다. 구체적으로는 몇 대의 라우터를 경유할 수 있는지를 나타낸다. 기본값은 64다. 라우터를 통과할 때마다 하나씩 줄어든다. TTL=1의 패킷을 받은 라우터는 패킷을 파기하고 ICMP 패킷을 반환한다.
프로토콜 번호	8비트	상위 프로토콜을 나타낸다. 　ICMP: 1 　TCP: 6 　UDP: 17
헤더 체크섬	16비트	IP 헤더의 필드에 오류가 없는지 확인하는 필드다. 라우터를 통과할 때마다 TTL의 값이 변하기 때문에 라우터마다 헤더 체크섬 값은 바뀐다.
발신지 IP 주소	32비트	네트워크상의 자기 자신의 주소다. 이 필드가 없으면 상대방이 데이터를 다시 돌려보낼 수 없다.
목적지 IP 주소	32비트	네트워크의 상대방 주소다. 이 필드에 대해 IP 패킷을 보낸다.
IP 페이로드	가변장	IP 수준의 데이터를 나타낸다. 예를 들어 TCP라면 'TCP 세그먼트', UDP라면 'UDP 데이터그램'이다.

⚡ IP 주소는 32비트로 되어 있다

IP 주소는 32비트로 구성되어 있는 고유한 식별 정보로 네트워크 안에서뿐만 아니라 네트워크를 넘어서도 유효한 주소다. '192.168.1.1'과 같이 32비트를 8비트씩 네 개의 그룹으로 나누어 10진수로 변환한 후 점으로 구분한다. 이러한 그룹을 '옥텟octet'이라고 부르며 앞에서부터 '첫 번째 옥텟', '두 번째 옥텟'이라는 형태로 표현한다.

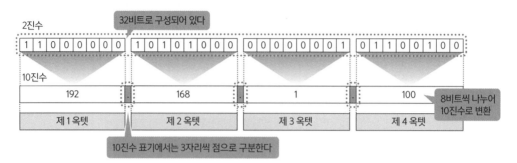

그림 2.2.9 **IPv4 주소는 점으로 네 개를 구분하여 표현한다**

서브넷 마스크는 네트워크와 호스트의 표식

이러한 IP 주소는 단독으로는 동작할 수 없다. '서브넷 마스크subnet mask'와 세트로 동작한다.

IP 주소는 '네트워크 부'와 '호스트 부'로 구성되어 있다. 네트워크 부는 네트워크 그 자체를 나타낸다. 즉 브로드캐스트 도메인이고, VLAN이기도 하며, 세그먼트이기도 하다. 또한 호스트 부는 네트워크에 연결된 노드 자체를 나타낸다. **서브넷 마스크는 둘을 구분하는 표식과 같다.** 서브넷 마스크의 '1'이 네트워크 주소, '0'이 호스트 주소다. 서브넷 마스크를 설정할 때는 IP 주소와 같이 3자리씩(2진수 8자리씩), 점으로 네 개로 구분하여 10진수화한다. 예를 들어 '172.16.1.1'라는 IP 주소에 '255.255.0.0'이라는 서브넷 마스크가 설정되어 있으면 '172.16'이라는 네트워크이고 '1.1'이라는 호스트임을 알 수 있다.

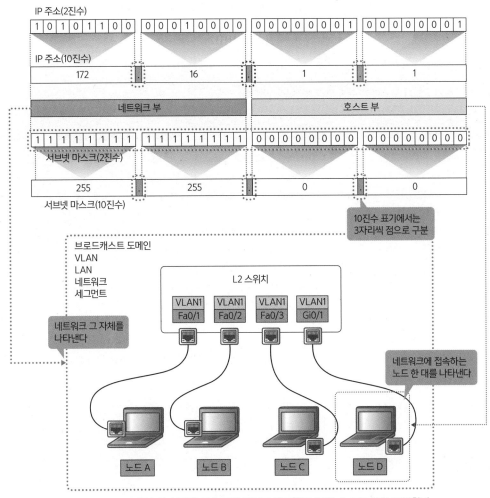

그림 2.2.10 **IP 주소와 서브넷 마스크의 세트로 네트워크 부와 호스트 부를 구분한다**

⛵ 특수한 IP 주소는 예약되어 있어서 설정할 수 없다

IP 주소는 '0.0.0.0'부터 '255.255.255.255'까지 2^{32}(약 43억)개가 있다. 마음대로 쓸 수는 없다. IP 주소는 민간 비영리 단체인 ICANN과 그 하위 조직에서 어디부터 어디까지 어떻게 사용할지 정한다. 이 책에서는 그 규칙을 '사용 용도', '사용 장소', '예외 주소'라는 세 가지 분류 방법으로 설명한다.

사용 용도에 따른 분류

IP 주소는 사용 용도에 따라 클래스 A부터 E까지 다섯 가지의 주소 클래스로 분류할 수 있다. 이 중에서 일반적으로 사용하는 것은 클래스 A에서 C까지다. 노드에 설정하여 유니캐스트, 즉 일대일 통신에서 사용한다. 세 가지 주소 클래스의 차이는 네트워크의 규모다. 클래스 A→클래스 B→클래스

C의 순서로 규모가 작아진다. 클래스 D와 클래스 E는 특수한 용도로 사용하며 일반적으로는 사용하지 않는다. 클래스 D는 특정 그룹의 단말에 트래픽을 전달하는 IP 멀티캐스트에 사용하고 클래스 E는 나중을 위해서 예약된 IP 주소다.

표 2.2.4 **조직의 규모나 필요한 IP수에 따라 클래스가 변한다**

주소 클래스	용도	선두 비트	시작 IP 주소	종료 IP 주소	네트워크 부	호스트 부	최대 할당 IP 주소 수
클래스 A	유니캐스트(대규모)	0	0.0.0.0	127.255.255.255	8비트	24비트	16,777,214 (=2^{24}-2)
클래스 B	유니캐스트(중규모)	10	128.0.0.0	191.255.255.255	16비트	16비트	65,534 (=2^{16}-2)
클래스 C	유니캐스트(소규모)	110	192.0.0.0	223.255.255.255	24비트	8비트	254 (=2^8-2)
클래스 D	멀티캐스트	1110	224.0.0.0	239.255.255.255	-	-	-
클래스 E	연구, 예약용	1111	240.0.0.0	255.255.255.255	-	-	-

주소 클래스의 분류는 IP 주소의 선두 1~4비트만으로 실시한다. 선두의 비트에 따라 사용할 수 있는 IP 주소의 범위도 저절로 정해진다. 예를 들어 클래스 A의 경우 선두 1비트는 '0'이고 남은 31비트에는 '모두 0'부터 '모두 1'까지의 패턴을 취할 수 있어 IP 주소는 '0.0.0.0'부터 '127.255.255.255'까지가 된다.

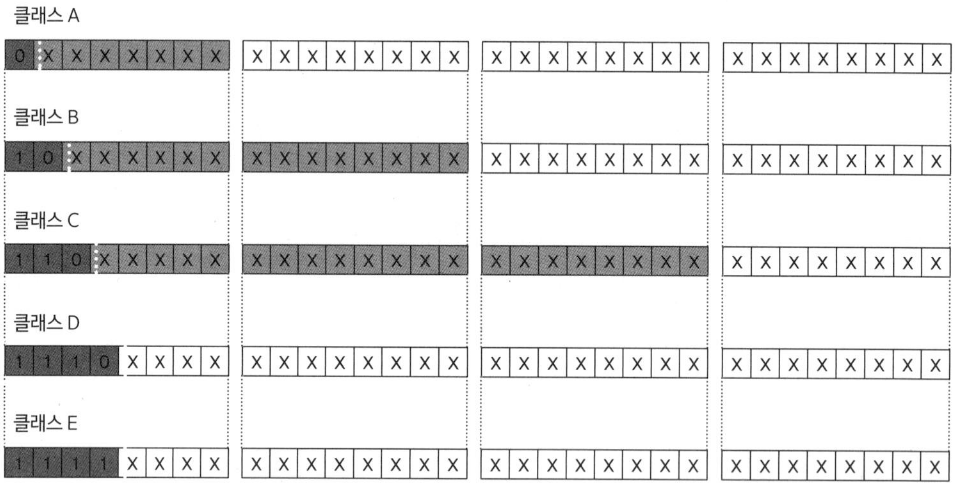

그림 2.2.11 **상위 1~4비트가 주소 클래스를 정한다**

■ **클래스풀 어드레스로 알기 쉽게**

주소 클래스에 기초하여 IP 주소를 할당하는 방법을 '**클래스풀 어드레스**Classful Address'라고 한다. 클래스풀 어드레스는 8비트(1옥텟) 단위로 서브넷 마스크를 고려하여 매우 알기 쉽고 취급하기 쉽다는 장점이 있다. 반면 너무 대략적이라 낭비가 많다는 단점도 있다. 클래스 A를 예로 들어 설명하겠다. 클래스 A에 할당될 수 있는 IP 주소는 1600만 개 이상 있다. 하나의 기업이나 단체에서 1600만 개 IP 주소가 필요한 곳이 얼마나 있을까? 거의 없다. 필요한 IP 주소를 일단 할당하면 남은 것은 방치한다. 얼마나 낭비인가? 그래서 유한한 IP 주소를 유효 활용할 수 있도록 새롭게 만들어 낸 개념이 '클래스리스 어드레스'다.

■ 클래스리스 어드레스로 효율적으로

8비트라는 숫자에 사로잡히지 않고 IP 주소를 할당할 수 있는 방법을 **'클래스리스 어드레스**Classless Address'라고 한다. 클래스리스 어드레스는 클래스풀 어드레서를 더 작은 단위, 서브넷으로 분할한다. '서브네팅subnetting'이나 'CIDRClassless Inter-Domain Routing'이라고도 불린다. 클래스리스 어드레스에서는 네트워크 부와 호스트 부 외에 '서브넷 부'라는 새로운 개념을 추가하여 새로운 네트워크 부를 만들었다. 서브넷 부는 원래 호스트 부로 사용되는 부분이었는데 여기를 잘 활용하여 더 작은 단위로 분할한다. '192.168.1.0'을 서브넷화해 보자. '192.168.1.0'은 클래스 C의 IP 주소이므로 네트워크 부는 24비트, 호스트 부는 8비트다. 이 호스트 부에서 서브넷 부를 할당한다. 서브넷 부에 어떠한 비트를 할당할지는 필요한 IP 주소 수나 필요한 네트워크 수에 따라 고려한다. 이번에는 16개로 서브넷화해 보자. 16(2^4)으로 분할하려면 4비트가 필요하다. 4비트를 서브넷 부로 사용하여 새로운 네트워크 부를 만든다. 그러면 '192.168.1.0/28'에서 '192.168.1.240/28'까지 16개의 서브넷화된 네트워크가 만들어진다. 또한 각 서브넷에 14(2^4-2)개의 IP 주소를 할당할 수 있다.

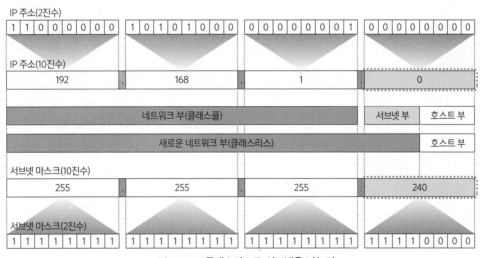

그림 2.2.12 **클래스리스로 서브넷을 나눈다**

클래스리스 어드레스는 유한한 IP 주소를 유효하게 활용할 수 있어 현재 할당 방식의 주류가 되었다. ICANN의 할당 방식도 클래스리스 어드레스다. 그러나 비트 수 계산이 까다로운 나머지 실수하기 쉽고, 잊어버리기 쉽상이다. 특히 실제로 네트워크를 설계할 경우 동일 서브넷 마스크만이 아니라 복수의 서브넷 마스크를 혼합해 사용하기 때문에 더 복잡해진다. 그래서 필자는 설계할 때 표로 정리한다. 다음의 표는 '192.168.1.0/24'를 16개로 서브넷 분할한 경우의 예다.

표 2.2.5 서브넷은 표로 정리하면 이해하기 쉽다

10진수 표기	255.255.255.0	255.255.255.128	255.255.255.192	255.255.255.224	255.255.255.240
슬래시 표기	/24	/25	/26	/27	/28
최대 IP수	254(=256-2)	126(=128-2)	62(=64-2)	30 (=32-2)	14(=16-2)
할당 네트워크	192.168.1.0	192.168.1.0	192.168.1.0	192.168.1.0	192.168.1.0
					192.168.1.16
				192.168.1.32	192.168.1.32
					192.168.1.48
			192.168.1.64	192.168.1.64	192.168.1.64
					192.168.1.80
				192.168.1.96	192.168.1.96
					192.168.1.112
		192.168.1.128	192.168.1.128	192.168.1.128	192.168.1.128
					192.168.1.144
				192.168.1.160	192.168.1.160
					192.168.1.176
			192.168.1.192	192.168.1.192	192.168.1.192
					192.168.1.208
				192.168.1.224	192.168.1.224
					192.168.1.240

사용 장소에 따른 분류

사용 장소에 따른 분류를 보자. '사용 장소'라고는 했지만 '옥외에서는 이 IP 주소, 옥내에서는 이 IP 주소'라는 식으로 물리적인 장소를 나타내는 것이 아니다. 네트워크에서의 논리적인 장소를 나타낸다. IP 주소는 사용 장소에 따라 **글로벌 IP 주소**와 **프라이빗 IP 주소**로 분류할 수도 있다. 글로벌 IP 주소는 인터넷에서의 고유한(다른 동일한 것이 없다. 개별) IP 주소이며 프라이빗 IP 주소는 기업이나 자택의 네트워크 등 제한된 조직 내에서 고유한 IP 주소다. 전화를 예를 들면 글로벌 IP 주소는 외선, 프라이빗 IP 주소는 내선이라고 할 수 있다.

■ 글로벌 IP 주소

글로벌 IP 주소는 ICANN과 그 하부 조직(RIR, NIR, LIR)[6]에 의해 세계적으로 관리되어 자유롭게 할당할 수 없는 IP 주소다. 예를 들어 한국의 글로벌 IP는 KRNICKoRea Network Information Center(한국인터넷 정보센터)가 관리한다. 글로벌 IP 주소는 지금 고갈되는 IP 주소이다.[7]

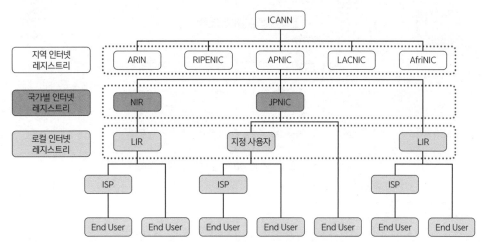

그림 2.2.13 **ICANN과 그 하부 조직이 IP 주소를 관리한다**

■ 프라이빗 IP 주소

프라이빗 IP 주소는 조직 내라면 자유롭게 할당해도 괜찮은 IP 주소다. 표 2.2.6처럼 주소 클래스별로 정해져 있다.[8] 집에서 VDSL 라우터를 사용하는 사람은 192.168.x.x의 IP 주소가 설정된 경우가많을 것이다. 192.168.x.x는 클래스 C의 프라이빗 IP 주소다. 프라이빗 IP 주소는 조직 내에서만 유효하다. 인터넷에 직접 접속할 수 없다. 인터넷에 접속할 때는 프라이빗 IP 주소를 글로벌 IP 주소로 변환해야 한다. IP 주소를 변환하는 기능을 '**NAT**Network Address Translation'라고 부른다. 집에서 VDSL라우터를 사용하는 사람은 VDSL 라우터가 발신지 IP 주소를 프라이빗 IP 주소로부터 글로벌 IP 주소로 변환한다. 참고로 NAT에 대해서는 2.2.3절에서 자세히 설명한다.

표 2.2.6 **프라이빗 IP 주소는 클래스마다 준비되어 있다**

클래스	시작 IP 주소	종료 IP 주소	서브넷 마스크	최대 할당 노드 수
클래스 A	10.0.0.0	10.255.255.255	255.0.0.0	16,777,214(=2^{24}-2)
클래스 B	172.16.0.0	172.31.255.255	255.240.0.0	1,048,574(=2^{20}-2)
클래스 C	192.168.0.0	192.168.255.255	255.255.0.0	65,534(=2^{16}-2)

---

6 RIR: 지역 인터넷 레지스트리(Regional Internet Registry) / NIR: 국가별 인터넷 레지스트리(National Internet Registry) / LIR: 로컬 인터넷레지스트리(Local Internet Registry)

7 더 자세하게 말하면 '글로벌 IPv4주소'이다.

8 2012년 4월에 RFC6589에서 '100.64.0.0/10'도 새롭게 프라이빗 IP 주소로 정의하였다. 100.64.0.0/10은 통신 사업자가 실시하는 대규모NAT(Career-Grade NAT, CGNAT)로 가입자에게 할당하는 전용 프라이빗 IP 주소다.

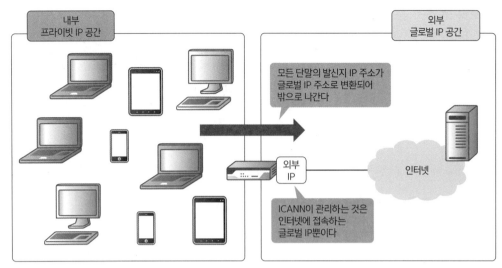

그림 2.2.14 내부에는 프라이빗 IP 주소를 할당한다

클래스 A부터 클래스 C 중에는 특별한 용도로 사용되어 노드에 설정할 수 없는 몇 가지 주소가 있다. 그중에서도 실제 현장에서 자주 보는 IP 주소는 '**네트워크 주소**', '**브로드캐스트 주소**', '**루프백 주소** loop-back address' 세 가지다.

■ 네트워크 주소

네트워크 주소는 호스트 부의 IP 주소 비트가 모두 '0'인 IP 주소다. 네트워크 그 자체를 나타낸다. 예를 들어 '192.168.1.1'라는 IP 주소에 '255.255.255.0'이라는 서브넷 마스크가 설정되어 있으면 '192.168.1.0'이 네트워크 주소다.

			호스트 부가 전부 '0'
IP 주소(2진수)			
1 1 0 0 0 0 0 0	1 0 1 0 1 0 0 0	0 1 1 0 0 1 0 0	0 0 0 0 0 0 0 0
IP 주소(10진수)			
192	168	100	0
네트워크 부			호스트 부
서브넷 마스크(10진수)			
255	255	255	0
서브넷 마스크(2진수)			
1 1 1 1 1 1 1 1	1 1 1 1 1 1 1 1	1 1 1 1 1 1 1 1	0 0 0 0 0 0 0 0

그림 2.2.15 네트워크 주소는 호스트 부가 전부 '0'

참고로 네트워크 주소를 최대한 밀어붙여 IP 주소와 서브넷 마스크도 '0'으로 구성하면 **'디폴트 루트 주소'**가 된다. 디폴트 루트 주소는 '모든 네트워크'를 나타낸다.

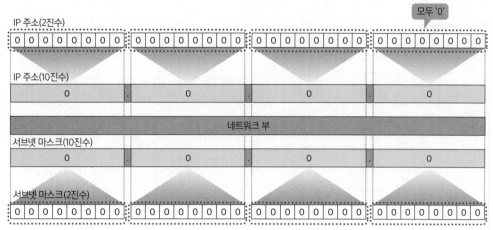

그림 2.2.16 **디폴트 루트 주소는 전부 '0'**

■ 브로드캐스트 주소

브로드캐스트 주소는 호스트 부의 IP 주소 비트가 모두 '1'인 IP 주소다. 동일한 네트워크에 있는 모든 노드를 나타낸다. 예를 들어 '192.168.1.1'이라는 IP 주소에 '255.255.255.0'이라는 서브넷 마스크가 설정되어 있으면 '192.168.1.255'가 브로드캐스트 주소다.

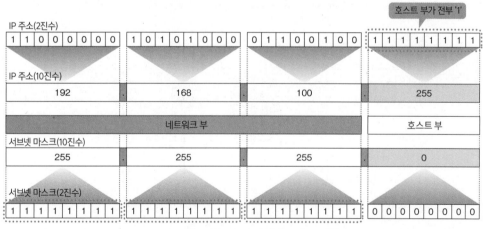

그림 2.2.17 **브로드캐스트 주소는 호스트 부가 전부 '1'**

브로드캐스트 주소는 **'로컬**local **브로드캐스트 주소'**, **'다이렉트**direct **브로드캐스트 주소'**, **'리미티드**limited **브로드캐스트 주소'**로 세분화할 수 있다.

로컬 브로드캐스트 주소는 자신이 속한 네트워크의 브로드캐스트 주소다. '192.168.1.1/24'의 노드는 '192.168.1.0/24'의 네트워크에 소속되어 있기 때문에 '192.168.1.255'가 로컬 브로드캐스트 주소다. '192.168.1.255'에 대해서 통신을 시도할 경우 동일한 네트워크에 있는 모든 노드에 패킷이 전송된다.

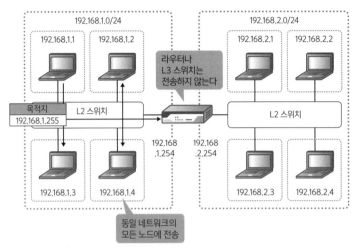

그림 2.2.18 **로컬 브로드캐스트 주소는 동일 네트워크의 모든 노드를 나타낸다**

다이렉트 브로드캐스트 주소는 자신이 소속되지 않은 네트워크의 브로드캐스트 주소다. '192.168.1.1/24'의 노드는 '192.168.1.0/24'의 네트워크에 소속되어 있기 때문에 예를 들어 '192.168.2.255'나 '192.168.3.255' 등 '192.168.1.255' 외의 브로드캐스트 주소가 다이렉트 브로드캐스트 주소다. 원격으로 WoLWake-on-LAN[9]을 실행할 때는 다이렉트 브로드캐스트를 사용한다.

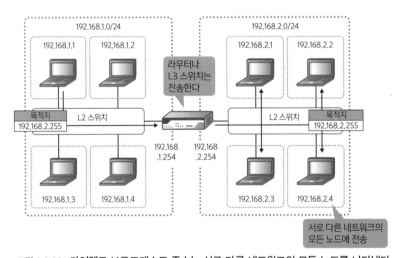

그림 2.2.19 **다이렉트 브로드캐스트 주소는 서로 다른 네트워크의 모든 노드를 나타낸다**

---

9   WoL은 네트워크를 경유하여 PC나 서버를 기동하는 기술이다. 매직 패킷이라는 특정 비트열로 구성된 특수한 패킷을 전송하여 PC나 서버
    를 기동한다. 기동 대기 상태에서는 IP 주소를 모르기 때문에 다이렉트 브로드캐스트를 사용한다.

마지막으로 리미티드 브로드캐스트 주소다. **IP 주소는 '255.255.255.255'뿐이다.** '255.255.255.255'에 대해서 통신을 시도할 경우 로컬 브로드캐스트 주소에 대한 통신과 동일하게 동일 네트워크에 있는 모든 노드에 패킷이 전송된다. 리미티드 브로드캐스트 주소는 자신의 IP 주소 및 네트워크를 모를 경우에 사용한다. 또한 동적 호스트 구성 프로토콜Dynamic Host Configuration Protocol, DHCP의 패킷으로도 사용한다. DHCP에 대해서는 2.2.4절에서 자세히 설명하겠다.

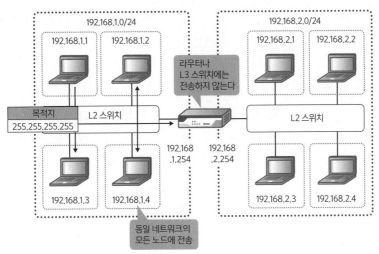

그림 2.2.20 리미티드 브로드캐스트 주소는 동일 네트워크의 모든 노드를 나타낸다

■ 루프백 주소

루프백 주소는 자기 자신을 나타내는 IP 주소다. 루프백 주소는 첫 번째 옥텟이 '127'인 IP 주소다. 첫 번째 옥텟이 '127'로 되어 있으면 어느 것을 사용해도 무방하지만 '127.0.0.1/8'을 사용하는 것이 일반적이다. 윈도우도 맥도 자신이 직접 설정하는 IP 주소와는 별도로 자동으로 '127.0.0.1/8'이 설정되어 있다.

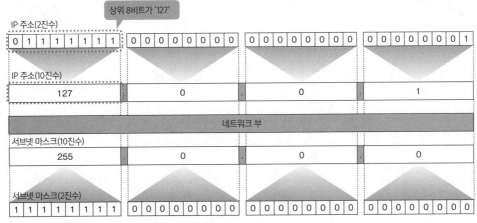

그림 2.2.21 루프백 주소는 자기 자신을 나타낸다

2.2.2 라우터와 L3 스위치로 네트워크를 연결하기

IP로 동작하는 기기는 '**라우터**'와 '**레이어3 스위치**(이후 L3 스위치로 표기)'가 있다. 엄밀히 말해 비슷하면 서도 다르다. 서로 다른 이더넷 네트워크를 연결하여 IP 패킷을 전송하는 역할을 담당한다는 점은 동 일하다. 일단 L3 스위치는 여러 L2 스위치와 라우터를 한 대로 통합한 것으로 생각하면 된다. IP 패 킷은 많은 라우터와 L3 스위치로 세상의 모든 사이트를 여행한다. 서버 사이트에서 자주 사용되는 L3 스위치의 대표 기종은 시스코의 카탈리스트 스위치(Catalyst 3850 시리즈, 9300 시리즈)다. 라우터의 대표 기종은 시스코의 ISR 시리즈, 야마하의 RTX 시리즈다.

-⸬- IP 주소를 사용하여 패킷을 라우팅

라우터나 L3 스위치는 목적지 IP 주소의 참조 네트워크인 '**목적지 네트워크**'와 해당 IP 패킷를 전송해 야 할 인접 기기(인접 노드)의 IP 주소인 '**넥스트 홉**next hop'을 관리하면서 IP 패킷의 전송지를 전환하여 통신의 효율화를 도모한다. 이런 IP 패킷의 전송지를 전환하는 기능을 '**라우팅**', 목적지 네트워크와 넥스트 홉을 관리하는 테이블(표)을 '**라우팅 테이블**'이라고 한다. 라우팅은 라우팅 테이블을 기반으로 동작한다.

라우팅 테이블을 사용한 라우팅

라우터가 어떻게 IP 패킷을 라우팅하는지 살펴보자. 여기서는 노드 A(192.168.1.1/24)가 두 대의 라우터 를 경유하여 노드 B(192.168.2.1/24)와 IP 패킷을 주고받는 것을 가정해서 설명한다. 순수하게 라우팅 동작을 이해하기 위해 모든 기기가 인접 기기의 MAC 주소를 학습한다는 전제로 한다.

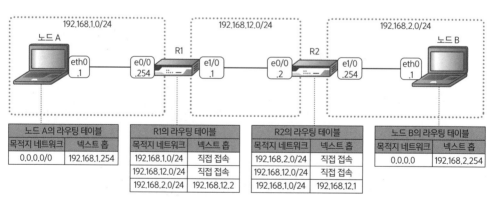

노드 A의 라우팅 테이블	
목적지 네트워크	넥스트 홉
0.0.0.0/0	192.168.1.254

R1의 라우팅 테이블	
목적지 네트워크	넥스트 홉
192.168.1.0/24	직접 접속
192.168.12.0/24	직접 접속
192.168.2.0/24	192.168.12.2

R2의 라우팅 테이블	
목적지 네트워크	넥스트 홉
192.168.2.0/24	직접 접속
192.168.12.0/24	직접 접속
192.168.1.0/24	192.168.12.1

노드 B의 라우팅 테이블	
목적지 네트워크	넥스트 홉
0.0.0.0	192.168.2.254

그림 2.2.22 **라우팅을 설명하기 위한 네트워크 구성**

1 노드 A가 노드 B에 대한 IP 패킷을 만들어 프레임화하고 케이블에 전달한다. 이는 유니캐스트의 움직임이다. 발신지 IP 주소는 노드 A의 IP 주소(192.168.1.1), 목적지 IP 주소는 노드 B의 IP 주소 (192.168.2.1)다. 여기서 노드 A는 서로 다른 네트워크에 있는 노드 B와는 직접적으로 통신을 할 수

없다. 그래서 자기 자신이 갖는 라우팅 테이블을 검색한다. '192.168.2.1'은 모든 네트워크를 나타내는 디폴트 루트 주소(0.0.0.0/0)에 매치한다. 따라서 디폴트 루트 주소의 넥스트 홉인 '192.168.1.254'로 전송한다. 디폴트 루트 주소의 넥스트 홉을 '기본 게이트웨이'라고 한다. 노드는 세상에 존재하는 불특정 다수의 사이트에 액세스할 때 우선 기본 게이트웨이로 IP 패킷을 송신하고 그 후의 처리는 기본 게이트웨이의 기기에 라우팅을 맡긴다.

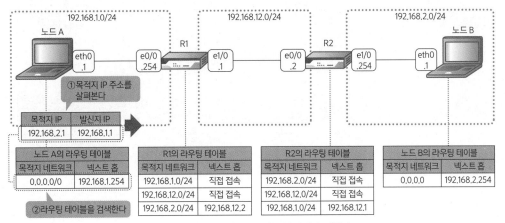

그림 2.2.23 **일단 기본 게이트웨이에 송신한다**

2 R1은 받은 패킷의 목적지 IP 주소를 보고 라우팅 테이블을 검색한다. 받은 패킷의 목적지 IP 주소는 '192.168.2.1'이다. 라우팅 테이블을 보면 '192.168.2.0/24'이 있고 넥스트 홉은 '192.168.12.2(R2의 e0/0)'이다. 그래서 R2의 e0/0으로 패킷을 보낸다. 해당하는 목적지 네트워크가 없는 경우는 패킷을 폐기한다.

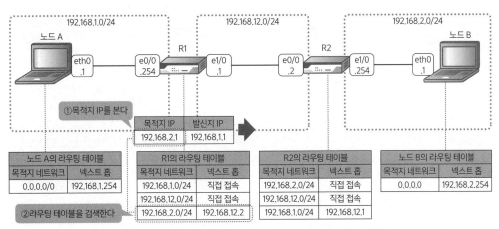

그림 2.2.24 **R1은 라우팅 테이블을 보고 어디로 송신할지 고려한다**

3 R2는 받은 패킷의 목적지 IP 주소를 보고 라우팅 테이블을 검색한다. 받은 패킷의 목적지 IP 주소는 '192.168.2.1'이다. 라우팅 테이블을 보면 '192.168.2.0/24'에 직접 접속된 네트워크, 즉 자기 자신이 갖는 네트워크라는 것을 알 수 있다. 노드 B의 패킷을 송신한다.

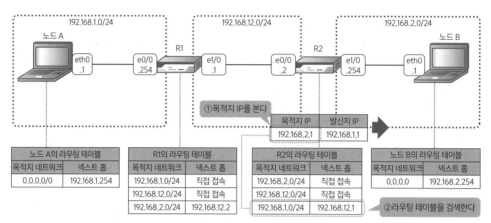

그림 2.2.25 **R2는 라우팅 테이블을 보고 어디로 송신할지 고려한다**

4 패킷을 받은 노드 B는 자신에게 온 패킷이라고 판단한다. 그리고 이에 응답하기 위해 노드 A에 대한 패킷을 만들고 프레임화하여 케이블로 보낸다. 발신지 IP 주소는 노드 B의 IP 주소 (192.168.2.1), 목적지 IP 주소는 노드 A의 IP 주소(192.168.1.1)이다. 노드 B에서 봤을 때 노드 A는 서로 다른 네트워크에 있는 노드이기 때문에 기본 게이트웨이로 설정된 R2의 e1/0으로 패킷을 보낸다.

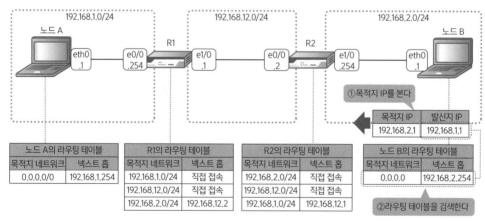

그림 2.2.26 **노드 B는 라우팅 테이블을 보고 어디로 송신할지 고려한다**

5 반환 패킷도 마찬가지로 목적지 IP 주소를 보고 라우팅 테이블을 검색한 후 넥스트 홉으로 전송하는 동작을 반복한다. 마지막으로 노드 A에 대해 패킷이 도착하고 양방향 통신을 완료한다.

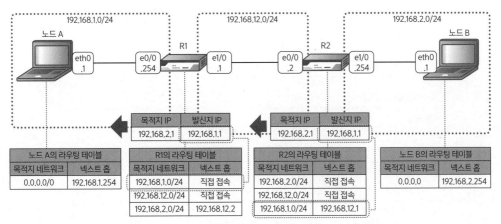

노드 A의 라우팅 테이블		R1의 라우팅 테이블		R2의 라우팅 테이블		노드 B의 라우팅 테이블	
목적지 네트워크	넥스트 홉	목적지 네트워크	넥스트 홉	목적지 네트워크	넥스트 홉	목적지 네트워크	넥스트 홉
0.0.0.0/0	192.168.1.254	192.168.1.0/24	직접 접속	192.168.2.0/24	직접 접속	0.0.0.0	192.168.2.254
		192.168.12.0/24	직접 접속	192.168.12.0/24	직접 접속		
		192.168.2.0/24	192.168.12.2	192.168.1.0/24	192.168.12.1		

그림 2.2.27 **반환 패킷도 동일하게 라우팅 테이블을 사용한다**

라우팅 테이블 살펴보기

다음과 같이 접속된 노드 A(윈도우 OS)와 R1(시스코 라우터)의 라우팅 테이블을 실제로 살펴보자.

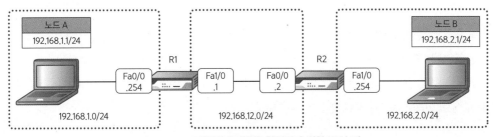

그림 2.2.28 **라우팅 테이블을 확인하기 위한 구성 예**

여기에서는 노드의 라우팅 테이블을 살펴보자. 윈도우 OS는 명령 프롬프트의 'route print'라는 명령어로 라우팅 테이블을 확인할 수 있다(그림 2.2.29). 각 네트워크가 목적지 네트워크, '게이트웨이'가 넥스트 홉이다. route print로는 브로드캐스트 주소나 루프백 주소 등 시스템적으로 예약된 IP 주소나 목적지 네트워크도 확인할 수 있다.

다음으로 R1의 라우팅 테이블을 확인한다. 시스코 라우터는 'show ip route'라는 명령어로 라우팅 테이블을 확인할 수 있다(그림 2.2.30). 표시되는 각 네트워크가 목적지 네트워크를 나타낸다. 'via' 이후의 IP 주소가 넥스트 홉이다.

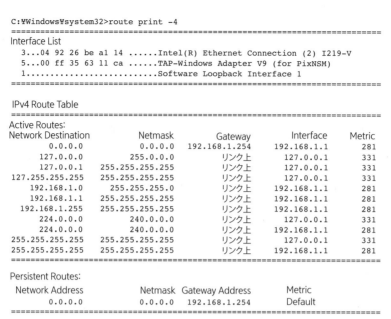

```
C:\Windows\system32>route print -4
===========================================================================
Interface List
  3...04 92 26 be a1 14 ......Intel(R) Ethernet Connection (2) I219-V
  5...00 ff 35 63 11 ca ......TAP-Windows Adapter V9 (for PixNSM)
  1...........................Software Loopback Interface 1
===========================================================================

IPv4 Route Table
===========================================================================
Active Routes:
Network Destination        Netmask          Gateway       Interface  Metric
          0.0.0.0          0.0.0.0    192.168.1.254    192.168.1.1    281
        127.0.0.0        255.0.0.0         リンク上        127.0.0.1    331
        127.0.0.1  255.255.255.255         リンク上        127.0.0.1    331
  127.255.255.255  255.255.255.255         リンク上        127.0.0.1    331
      192.168.1.0    255.255.255.0         リンク上      192.168.1.1    281
      192.168.1.1  255.255.255.255         リンク上      192.168.1.1    281
    192.168.1.255  255.255.255.255         リンク上      192.168.1.1    281
        224.0.0.0        240.0.0.0         リンク上        127.0.0.1    331
        224.0.0.0        240.0.0.0         リンク上      192.168.1.1    281
  255.255.255.255  255.255.255.255         リンク上        127.0.0.1    331
  255.255.255.255  255.255.255.255         リンク上      192.168.1.1    281
===========================================================================

Persistent Routes:
  Network Address          Netmask  Gateway Address    Metric
          0.0.0.0          0.0.0.0    192.168.1.254    Default
===========================================================================
```

그림 2.2.29 노드의 라우팅 테이블

다른 요소도 설명해 두겠다. 첫 번째 문자에서부터 두 번째 문자가 경로 학습 방법을 나타낸다. 'C'는 직접 접속, 'O'는 동적 라우팅인 'OSPF'로 학습한 것을 나타낸다. 또한 '110/2'는 각각 'AD$_{Administrative}$ $_{Distance}$ 값'과 '통계'를 나타낸다. 이러한 내용은 다음 섹션에서 설명한다. 마지막 인터페이스 ID는 다음 홉이 어느 인터페이스의 끝에 있는지 나타낸다.

```
R1#show ip route
Codes: C - connected, S - static, R - RIP, M - mobile, B - BGP
       D - EIGRP, EX - EIGRP external, O - OSPF, IA - OSPF inter area
       N1 - OSPF NSSA external type 1, N2 - OSPF NSSA external type 2
       E1 - OSPF external type 1, E2 - OSPF external type 2
       i - IS-IS, su - IS-IS summary, L1 - IS-IS level-1, L2 - IS-IS level-2
       ia - IS-IS inter area, * - candidate default, U - per-user static route
       o - ODR, P - periodic downloaded static route

Gateway of last resort is not set

C    192.168.12.0/24 is directly connected, Ethernet1/0
C    192.168.1.0/24 is directly connected, Ethernet0/0
O    192.168.2.0/24 [110/20] via 192.168.12.2, 00:01:28, Ethernet1/0
```

| 라우트의 학습 방법 | 목적지 네트워크 | AD 값/ 메트릭 | 넥스트 홉 | 인터페이스 ID |

그림 2.2.30 라우팅 테이블 살펴보기

MAC 주소와 IP 주소는 협조적으로 동작한다

MAC 주소와 IP 주소는 ARP를 통해 협조적으로 동작한다. MAC 주소는 동일 네트워크에서만 유효한 물리 주소다. 따라서 네트워크를 넘어갈 때마다, 즉 라우터를 거칠 때마다 바뀐다. 바뀐 목적지

MAC 주소를 ARP에서 해결한다. 그에 반하여 IP 주소는 네트워크를 넘어도 유효한 논리 주소다. 발신지 노드에서부터 목적지 노드까지 기본적으로 계속 동일하다.

MAC 주소와 IP 주소가 어떻게 하여 협조적으로 동작하는지 목적지/발신지 MAC 주소까지 더하여 그림으로 풀어 나가면 다음과 같다.

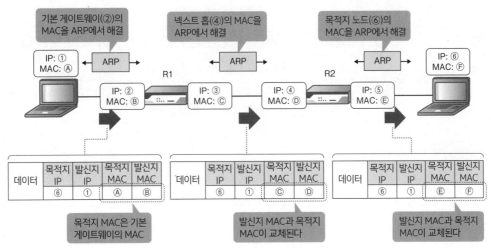

그림 2.2.31 **MAC 주소는 네트워크를 넘어설 때마다 변한다**

라우팅 테이블 만들기

라우팅을 담당하는 것은 라우팅 테이블이다. 이 라우팅 테이블을 어떻게 만드는가? 이 부분이 네트워크 계층의 포인트다. 이 책에서는 이 부분에 대한 설명을 잠시 다루겠다.

라우팅 테이블을 만드는 방법은 두 가지다. 하나는 **'정적 라우팅'**, 또 하나는 **'동적 라우팅'**이다. 다음에서 각각 설명하겠다.

정적 라우팅

정적 라우팅은 수동으로 라우팅 테이블을 만드는 방법이다. 일일이 목적지 네트워크와 넥스트 홉을 설정한다. 알기 쉽고, 관리도 쉽기 때문에 소규모 네트워크 환경의 라우팅에 적합하다. 그러나 모든 라우터에 대해 목적지 네트워크를 하나하나 설정해야 하기 때문에 큰 네트워크 환경에는 적합하지 않다.

예를 들어 다음 그림과 같은 구성의 경우 R1에 '192.168.2.0/24'의 경로, R2에 '192.168.1.0/24'의 경로를 정적으로 설정해야 한다. 시스코 라우터의 경우 'ip route 〈network〉 〈subnetmask〉 〈next hop〉'의 명령어로 정적 경로를 구성할 수 있다.

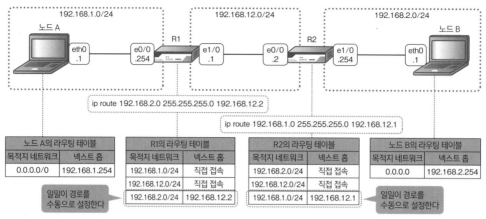

그림 2.2.32 일일이 경로를 수동으로 설정한다

동적 라우팅

동적 라우팅은 인접한 라우터끼리 자신이 가지는 경로 정보를 교환하여 자동으로 라우팅 테이블을 만드는 방법이다. 경로 정보를 교환하는 프로토콜을 '**라우팅 프로토콜**'이라고 한다. 큰 네트워크 환경이거나 구성이 변하기 쉬운 환경이면 동적 라우팅을 사용하는 것이 좋다. 설사 네트워크가 증가했다고 해도 모든 라우터에 설정이 필요한 것도 아니고 관리에 시간이나 절차가 별도로 필요하지 않다. 또한 목적지까지의 어딘가에서 장애가 발생해도 자동적으로 우회 경로를 찾아 주므로 복원력이 향상된다.

하지만 동적 라우팅이 만능인가 하면 그렇지도 않다. 미숙한 관리자가 아무것도 생각하지 않고 막 설정해서 실수라도 하면 큰일이 난다. 그 영향이 파급적으로 네트워크 전체에 전파된다. 그렇게 되지 않기 위해서도 **제대로 설계한 후 설정해야 한다.**

이전과 동일한 구성을 동적 라우팅으로 생각해 보자. R1 및 R2는 서로의 경로 정보를 교환하여 교환된 정보를 라우팅 테이블에 추가한다.

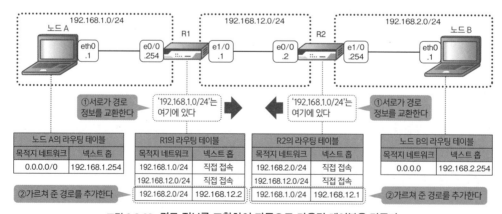

그림 2.2.33 경로 정보를 교환하여 자동으로 라우팅 테이블을 만든다

예를 들어 이 환경에 새로운 네트워크를 추가하는 경우를 생각해 보자. 새로운 라우터를 추가하면 마찬가지로 새로운 라우터와 경로 정보를 교환하여 전체적으로 라우팅 테이블을 자동 업데이트한다. 동적 라우팅을 사용하면 라우터에 하나하나 경로를 설정하지 않아도 된다. 모두 라우팅 프로토콜이 실시해 준다. 네트워크상의 라우터가 경로를 인식한 상태를 '수렴 상태'라고 하며 그때까지 걸리는 시간을 '수렴 시간'이라고 한다.

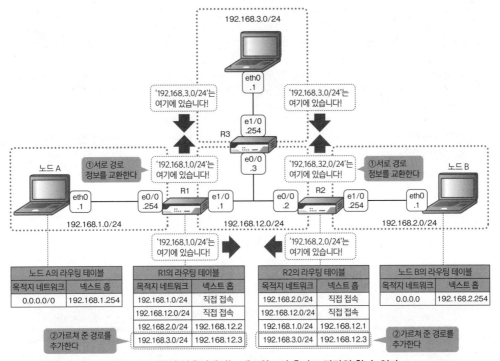

그림 2.2.34 동적 라우팅에서는 네트워크의 추가도 간단히 할 수 있다

참고로 **라우팅 프로토콜은 장애를 견뎌 내는 또 다른 하나의 측면도 있다.** 예를 들어 목적지에 대해 여러 경로가 있어 그 어딘가에서 오류가 발생했다고 하자. 동적 라우팅을 사용하면 자동으로 라우팅 테이블을 업데이트하거나 변경을 서로 통지하여 새로운 경로를 확보한다. 일부러 우회 경로를 설정할 필요가 없다.

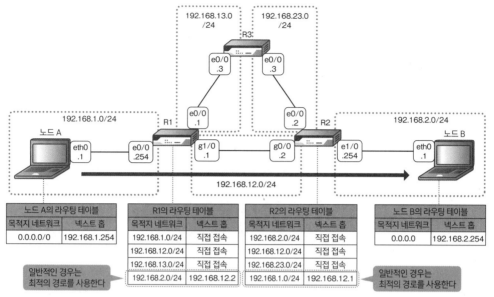

그림 2.2.35 **정상 시는 최적의 경로를 사용한다**

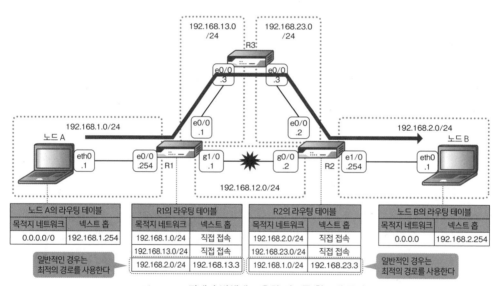

그림 2.2.36 **장애가 발생해도 우회 경로를 확보해 준다**

라우팅 프로토콜은 두 종류

라우팅 프로토콜은 그 제어 범위에 따라 '**내부 게이트웨이 프로토콜**Interior Gateway Protocol, IGP'과 '**외부 게이트웨이 프로토콜**Exterior Gateway Protocol, EGP'로 나눌 수 있다.

이 둘을 분리하는 개념이 '**자율 시스템**Autonomous System, AS'이다. AS는 하나의 정책에 따라 관리되는 네트워크 그룹이다. 조금 어려운 내용인 것 같지만 여기에서는 깊게 생각하지 말고 'AS=조직(ISP, 기업, 연구 기관, 거점'과 같은 식으로 대략적으로 생각하자. AS 내를 제어하는 라우팅 프로토콜이 IGP, AS와 AS의 사이를 제어하는 라우팅 프로토콜이 EGP다. 일반적으로 IGP는 'RIPv2Routing Information Protocol version2', 'OSPFOpen Shortest Path Fast', 'EIGRPEnhanced Interior Gateway Routing Protocol'를 사용하고 EGP는 'BGPBorder Gateway Protocol'를 사용한다.

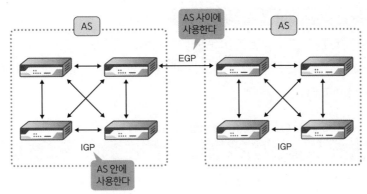

그림 2.2.37 **라우팅 프로토콜은 제어 범위에 따라 두 종류로 나뉜다**

IGP의 포인트는 '라우팅 알고리즘'과 '메트릭'의 두 가지

IGP는 AS 내에서 사용하는 라우팅 프로토콜이다. 여러 가지 IGP가 있지만 현재 네트워크 환경에서 사용되는 프로토콜은 'RIPv2', 'OSPF', 'EIGRP' 중 하나라고 생각해도 좋다. 중요한 포인트는 '**라우팅 알고리즘**routing algorithm'과 '**메트릭**metric' 두 가지다.

■ 라우팅 알고리즘

라우팅 알고리즘은 "**어떻게 라우팅 테이블을 만들지에 대해 나타낸 것**"이다. 라우팅 알고리즘의 차이가 수렴 시간과 적용 규모에 직결한다. IGP의 라우팅 알고리즘은 '**디스턴스 벡터**distance vector**형**'과 '**링크 스테이트**link state**형**' 중 하나다. 디스턴스 벡터형은 거리distance와 방향vector에 따라 경로를 계산하는 라우팅 프로토콜이다.

여기서 말하는 거리는 목적지로 갈 때까지 경유하는 라우터의 수(홉 수)를 나타내며 방향은 출력 인터페이스를 나타낸다. 목적지까지 얼마나 많은 라우터를 경유하는지가 최적 경로를 판단하는 기준이 된다. 서로 라우팅 테이블을 교환하면서 라우팅 테이블을 만들게 된다.

링크 스테이트형은 링크 상태(스테이트)를 기반으로 최적 경로를 계산하는 라우팅 프로토콜이다. 각 라우터는 자신의 링크(인터페이스) 상태나 대역, IP 주소 등 다양한 정보를 서로 교환하여 데이터베이스를 만들고 그 정보를 바탕으로 라우팅 테이블을 만든다.

■ 메트릭

메트릭은 목적지 네트워크까지의 거리를 나타낸다. 여기서 말하는 거리란 실제 거리가 아닌 논리적인 거리다. 예를 들어 지구 반대편과 통신을 한다고 해서 반드시 메트릭이 큰가 하면 그렇지 않다. 라우팅 프로토콜에 따라 논리적인 거리의 산출 방법이 다르다.

IGP는 'RIPv2', 'OSPF', 'EIGRP'를 파악해 두면 된다

현재 네트워크 환경에서 사용되는 라우팅 프로토콜은 'RIPv2', 'OSPF', 'EIGRP' 중 하나다. 이후 새로운 라우팅 프로토콜은 듣지 못했기 때문에 IGP는 세 개로 망라할 수 있다. **'라우팅 알고리즘'**과 **'메트릭'**에 주목하면서 설명하겠다.

표 2.2.7 **IGP는 'RIPv2', 'OSPF', 'EIGRP' 세 가지를 파악해 두면 된다**

항목	RIPv2	OSPF	EIGRP
라우팅 알고리즘	디스턴트 벡터형	링크 스테이트형	디스턴트 벡터형 (하이브리드형)
메트릭	홉 수	비용	대역폭+지연
업데이트 간격	정기적	업데이트가 있을 때	업데이트가 있을 때
업데이트에 사용할 멀티캐스트 주소	224.0.0.9	224.0.0.5(All OSPF라우터) 224.0.0.6(All DR라우터)	224.0.0.10
적용 규모	소규모	중규모~대규모	중규모~대규모

■ RIPv2

RIPv2는 디스턴스 벡터형의 라우팅 프로토콜이다. 최근에는 별로 보지 못했지만 기존 환경에 가끔 남아 있어 OSPF와 EIGRP로 전환하는 일이 자주 있다. 앞으로 만들 네트워크에서 일부러 RIPv2를 사용하는 일은 없을 것이다. RIPv2는 라우팅 테이블 자체를 정기적으로 교환하면서 라우팅 테이블을 만든다. 동작은 매우 알기 쉽다. 그러나 라우팅 테이블이 커지면 커질수록 불필요한 대역을 소비해 수렴에도 때때로 시간이 소요되어 대규모 환경에는 적합하지 않다.

메트릭에는 '홉 수'를 사용한다. 홉 수는 목적지로 가기까지 경유하는 라우터의 수를 나타낸다. 라우터를 경유하면 할수록 멀어진다. 이것 또한 간단하고 알기 쉽다. 하지만 중간 경로의 대역이 작아도 홉 수가 작은 경로를 최적의 경로로 삼기 때문에 문제점이 가득한 라우팅 프로토콜이라고 할 수 있다. RIP에는 물론 RIPv1도 있다. 단 v1은 클래스풀 어드레스만 처리할 수 있어 현재는 찾아볼 수조차 없다.

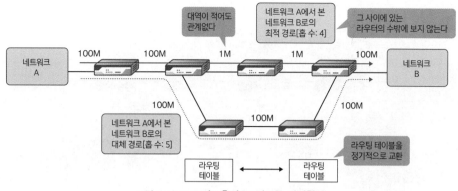

네트워크 A

대역이 적어도
관계없다

네트워크 A에서 본
네트워크 B로의
최적 경로[홉 수: 4]

그 사이에 있는
라우터의 수밖에 보지 않는다

네트워크 B

네트워크 A에서 본
네트워크 B로의
대체 경로[홉 수: 5]

라우팅 테이블을
정기적으로 교환

라우팅
테이블

라우팅
테이블

그림 2.2.38 RIP는 홉 수로 경로를 결정한다

■ OSPF

OSPF는 링크 스테이트형의 라우팅 프로토콜이다. 표준화된 라우팅 프로토콜이기도 해서 멀티 벤더multi vendor의 네트워크 환경에서는 대부분 OSPF를 사용한다. OSPF는 각 라우터가 링크의 상태나 대역폭, IP 주소, 네트워크 등 다양한 정보를 서로 교환하여 링크 스테이트 데이터베이스Link State DataBase, LSDB를 만든다. 그리고 거기에서 최적의 경로 정보를 계산하여 라우팅 테이블을 만든다. RIPv2는 정기적으로 라우팅 테이블을 서로 보내지만 OSPF는 업데이트가 있었을 때만 테이블을 업데이트한다. 또한 보통 때는 Hello 패킷이라는 작은 패킷을 전송하여 상대방이 제대로 작동하는지의 여부만 확인하기 때문에 필요 이상으로 대역을 압박하는 일이 없다. OSPF에서의 중요한 개념은 '지역area'이다. 여러 가지 정보를 모아 만든 LSDB가 너무 커지지 않도록 네트워크를 지역으로 나누고 같은 지역의 라우터만으로 LSDB를 공유한다.

메트릭은 '비용'을 사용한다. 비용은 기본적으로 '100/대역폭Mbps[10]'라는 공식을 적용해 정수 값으로 산출한다. 대역폭이 크면 클수록 비용이 작아지게 되어 있으며 라우터를 거칠 때마다 출력 인터페이스에서 가산된다. 따라서 경로의 대역폭이 크면 클수록 최적 경로가 되기 쉽다. 참고로 학습한 경로의 비용이 똑같을 경우는 비용이 동일한 경로 모두를 사용하여 패킷을 전송하고 경로의 부하를 분산한다. 이러한 동작을 '동일 비용 다중 경로Equal Cost Multi Path, ECMP'라고 한다. ECMP는 내장애성의 향상뿐만아니라 대역 확장도 겸할 수 있어 많은 네트워크 환경에서 사용된다.

---

[10] 비용은 정숫값으로 산출되기 때문에 100Mbps 이상의 인터페이스에서 동일한 값이 된다. 최근에는 분자인 '100'을 크게 하는 것이 일반적이다.

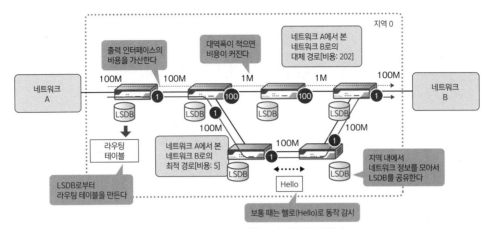

지역 0

출력 인터페이스의
비용을 가산한다

대역폭이 적으면
비용이 커진다

네트워크 A에서 본
네트워크 B로의
대체 경로[비용: 202]

네트워크
A

100M · 100M · 1M · 1M · 100M

네트워크
B

LSDB · LSDB · LSDB · LSDB

라우팅
테이블

네트워크 A에서 본
네트워크 B로의
최적 경로[비용: 5]

100M · 100M

100M

LSDB로부터
라우팅 테이블을 만든다

LSDB · Hello · LSDB

지역 내에서
네트워크 정보를 모아서
LSDB를 공유한다

보통 때는 헬로(Hello)로 동작 감시

그림 2.2.39 **OSPF는 비용으로 경로를 정한다**

■ EIGRP

EIGRP는 디스턴스 벡터형 프로토콜을 확장한 것이다. 시스코가 독자적으로 만든 라우팅 프로토콜이므로 시스코 라우터와 카탈리스트 스위치로 구성된 네트워크 환경에서만 사용할 수 있으며 상당한 파워를 발휘할 수 있다. EIGRP는 RIPv2 및 OSPF의 좋은 점을 취한 라우팅 프로토콜이다. 먼저 자신이 가진 경로 정보를 교환하여 각자 토폴로지topology 테이블을 만들고 최적의 경로 정보만을 추출하여 라우팅 테이블을 만든다. 이 부분은 RIPv2와 조금 비슷하다. EIGRP는 변화가 있었을 때만 업데이트한다. 보통 때는 Hello 패킷이라는 작은 패킷을 전송하여 상대방이 제대로 동작하는지 확인한다. 이 부분은 OSPF와 비슷하다.

메트릭은 디폴트로 '대역폭bandwidth'**과 '지연**delay'**을 사용한다.** 대역폭은 '10000/최소 대역폭'의 공식에 적용하여 산출한다. 목적지 네트워크까지의 경로 중 가장 작은 값을 채용하여 계산한다. 지연은 '마이크로초µs/10'의 공식에 적용해 산출한다. 라우터를 거칠 때마다 출력 인터페이스만큼을 더한다. 둘을 더해 256을 곱한 값이 EIGRP의 메트릭이다. EIGRP도 디폴트 동작은 동일 비용 다중 경로다. 메트릭이 똑같다면 그 경로 모두를 사용하여 패킷을 전달해 부하 분산한다.

EGP는 'BGP'만 파악하면 된다

EGP는 AS와 AS를 연결할 때 사용하는 라우팅 프로토콜이다.[11] IGP는 'RIP', 'EIGRP', 'OSPF' 세 종류가 있었지만 EGP는 'BGPBorder Gateway Protocol'만 파악해 두면 된다. 현재 사용되는 BGP가 버전 4이다. BGP4나 BGPv4라고도 불리는데 의미는 거의 동일하다.

BGP에서 포인트는 '**AS 번호**', '**라우팅 알고리즘**', '**최적 경로 선택 알고리즘**' 세 가지다.

---

11   BGP는 AS 안에서도 사용할 수 있다. AS 안에서 사용하는 BGP를 'iBGP', AS 사이에서 사용하는 BGP를 'eBGP'라고 부른다.

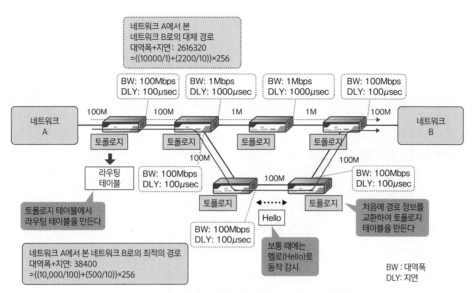

네트워크 A에서 본
네트워크 B로의 대체 경로
대역폭+지연: 2616320
={(10000/1)+(2200/10)}×256

BW: 100Mbps
DLY: 100μsec

BW: 1Mbps
DLY: 1000μsec

BW: 1Mbps
DLY: 1000μsec

BW: 100Mbps
DLY: 100μsec

네트워크
A

100M   100M   1M   1M   100M

네트워크
B

토폴로지   토폴로지   토폴로지   토폴로지

라우팅
테이블

100M

토폴로지 테이블에서
라우팅 테이블을 만든다

BW: 100Mbps
DLY: 100μsec

100M

100M

BW: 100Mbps
DLY: 100μsec

토폴로지   토폴로지

처음에 경로 정보를
교환하여 토폴로지
테이블을 만든다

네트워크 A에서 본 네트워크 B로의 최적의 경로
대역폭+지연: 38400
={(10,000/100)+(500/10)}×256

BW: 100Mbps
DLY: 100μsec

Hello

보통 때에는
헬로(Hello)로
동작 감시

BW: 대역폭
DLY: 지연

그림 2.2.40 **EIGRP는 대역폭과 지연으로 경로를 결정한다**

■ AS 번호

인터넷은 세상에서 존재하는 AS를 BGP 피어로 연결하면서 성립한다. 인터넷으로 여행을 떠난 패킷은 인터넷상에 있는 라우터가 주고받는 BGP로 만들어진 전 세계의 경로 항목 '**풀 루트**'를 사용하여 패킷 릴레이로 목적지 IP 주소를 갖는 노드에 전송된다.

AS를 식별하는 번호를 '**AS 번호**'라고 부른다. AS 번호는 0~65535까지 설정할 수 있다. '0'과 '65535'는 예약되어 있어 사용할 수 없다. 1~65534까지를 용도에 따라 사용한다.

표 2.2.8 **AS 번호**

AS 번호	용도
0	예약
1~64511	글로벌 AS 번호
64512~65534	프라이빗 AS 번호
65535	예약

글로벌 AS 번호는 인터넷에서 고유한 AS 번호다. 글로벌 IP 주소와 마찬가지로 ICANN과 그 하부 조직(RIR, NIR, LIR)에서 관리하며 ISP나 데이터 센터 사업자, 통신사업자 등에 할당되었다. 참고로 한국의 AS 번호는 KRNIC가 관리하며 다음의 사이트에 공개되어 있다.

URL https://한국인터넷정보센터.한국/jsp/business/management/asList.jsp (2022년 2월 17일 기준)

프라이빗 AS 번호는 조직 내라면 자유롭게 사용할 수 있는 AS 번호다. 서버 사이트를 구축할 때는 이 AS 번호들을 사용한다. 서버 사이트는 ISP로부터 ISP 안에서 고유한 프라이빗 AS 번호가 할당되어 CE 스위치와 PE 라우터에서 BGP 피어를 구축한다. 서버 사이트에서의 BGP 설명은 2.3.3절에서 설명한다.

■ 라우팅 알고리즘

BGP는 경로 벡터형 프로토콜이다. 경로pass와 방향vector에 따라 경로를 계산한다. 여기서 말하는 경로는 목적지까지 경유하는 AS를 나타내며 방향은 BGP 피어peer를 나타낸다. 목적지까지 얼마나 AS를 경유하는가가 최적 경로best pass의 판단 기준 중 하나다. BGP 피어는 경로 정보를 교환하는 상대를 뜻한다. BGP는 상대(피어)를 지정하여 일대일의 TCP 접속을 만들고 그 안에서 경로 정보를 교환한다. BGP 피어와 경로 정보를 교환하여 BGP 테이블을 만들고 거기에서 일정한 규칙(최적 경로 선택 알고리즘)에 따라 최적 경로를 선택한다. 그리고 최적 경로를 라우팅 테이블에 추가하고, BGP 피어에 전달한다. BGP도 OSPF나 EIGRP와 마찬가지로 변경이 있을 때만 업데이트가 발생한다. 업데이트할 때는 UPDATE 메시지를 사용한다. 또한 보통 때는 KEEPALIVE 메시지로 상대가 제대로 동작하는지 판별한다.

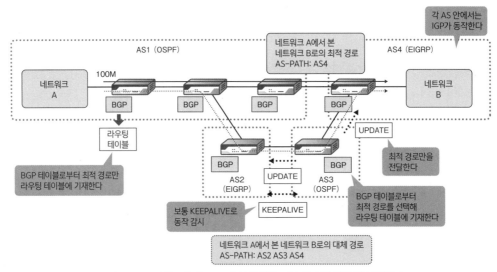

그림 2.2.41 디폴트에서는 BGP를 경유하는 AS의 수로 경로를 결정한다

■ 최적 경로 선택 알고리즘

최적 경로 선택 알고리즘은 어떠한 경로를 최적 경로로 판단할지 그 규칙을 나타낸다. 인터넷은 지구 전체의 AS를 BGP로 넷상에 서로 연결한 것이다. 지구 전체를 연결하게 되면 국가와 정치, 돈 또한 관련된다. BGP에는 그런 다양한 상황에 유연하게 대응할 수 있도록 많은 경로 제어 기능이 포함되어 있다.

BGP의 경로 제어에는 애트리뷰트attribute(속성)를 사용한다. BGP는 UPDATE 메시지 안에 'NEXT_HOP' 및 'LOCAL_PREF' 등 다양한 애트리뷰트를 집어넣어 BGP 테이블에 기재한다. 그중에서 그림 2.2.42와 같은 알고리즘을 바탕으로 최적 경로를 선택한다. 위에서부터 차례대로 비교하여 우선순위가 결정되면 이후에는 비교하지 않는다. 그리고 골라낸 최적 경로를 라우팅 테이블에 추가하고 그와 동시에 BGP 피어에 전달한다.

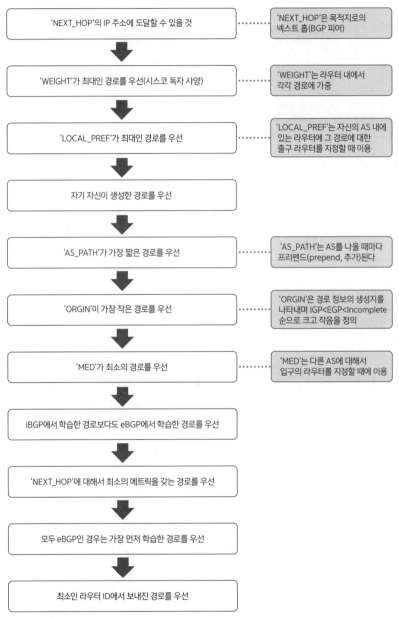

'NEXT_HOP'의 IP 주소에 도달할 수 있을 것	....	'NEXT_HOP'은 목적지로의 넥스트 홉(BGP 피어)
'WEIGHT'가 최대인 경로를 우선(시스코 독자 사양)	....	'WEIGHT'는 라우터 내에서 각각 경로에 가중
'LOCAL_PREF'가 최대인 경로를 우선	....	'LOCAL_PREF'는 자신의 AS 내에 있는 라우터에 그 경로에 대한 출구 라우터를 지정할 때 이용
자기 자신이 생성한 경로를 우선		
'AS_PATH'가 가장 짧은 경로를 우선	....	'AS_PATH'는 AS를 나올 때마다 프리펜드(prepend, 추가)된다
'ORGIN'이 가장 작은 경로를 우선	....	'ORGIN'은 경로 정보의 생성지를 나타내며 IGP<EGP<Incomplete 순으로 크고 작음을 정의
'MED'가 최소의 경로를 우선	....	'MED'는 다른 AS에 대해서 입구의 라우터를 지정할 때에 이용
iBGP에서 학습한 경로보다도 eBGP에서 학습한 경로를 우선		
'NEXT_HOP'에 대해서 최소의 메트릭을 갖는 경로를 우선		
모두 eBGP인 경우는 가장 먼저 학습한 경로를 우선		
최소인 라우터 ID에서 보내진 경로를 우선		

그림 2.2.42 **최적 경로 알고리즘에 기초하여 차례대로 비교해 나간다**

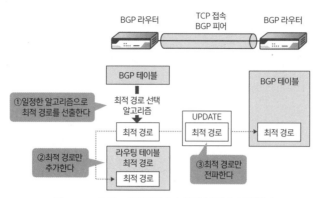

그림 2.2.43 **BGP 테이블로부터 최적 경로를 선택한다**

'RIPv2', 'OSPF', 'EIGRP', 'BGP'와 네 개의 라우팅 프로토콜을 각각 설명했다. **각각 다른 라우팅 알고리즘과 메트릭을 사용하고 프로세스도 달라서 호환성은 없다.** 따라서 하나의 라우팅 프로토콜로 통일한 네트워크를 구축하는 것이 알기 쉽고 이상적일 것이다. 하지만 현실은 그렇게 만만하지 않다. 회사가 합병하거나 이탈하거나 원래 장비가 지원되지 않는 등 여러 가지 상황이 겹쳐서 여러 라우팅 프로토콜을 사용해야 하는 경우가 대부분이다. 이런 경우 각각을 잘 변환하여 협조적으로 동작시킬 필요가 있다. 이 변환을 '**재배송**'이라고 한다. '**재배포**'라고도 하며 '**리디스트리뷰션**redistribution'이라는 말도 있지만 모두 같은 뜻이다.

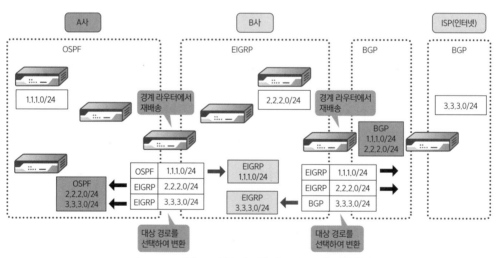

그림 2.2.38 **재배포로 복수의 라우팅 프로토콜을 사용한다**

재배송은 라우팅 프로토콜과 라우팅 프로토콜을 잇는 경계의 라우터에서 설정한다. 경계 라우터는 라우팅 테이블 중에서 원본의 라우팅 프로토콜에서 학습한 경로 항목을 골라서 변환하여 전달한다.

⚡ 라우팅 테이블 정리하기

여기까지는 라우팅 테이블을 어떻게 만들지에 중점을 두고 설명했다. 지금부터는 완성된 라우팅 테이블을 어떻게 사용하는지 설명하겠다. 완성된 라우팅 테이블의 포인트는 '**롱기스트 매치**longest match', '**경로 집약**', '**AD 값**' 세 가지다.

더 좋은 경로가 우선(롱기스트 매치)

롱기스트 매치는 목적지 IP 주소의 조건에 맞는 경로가 일부 있을 때 **서브넷 마스크가 가장 긴 경로를 사용한다**는 라우팅 테이블의 규칙이다. 라우터는 IP 패킷을 받으면 그 목적지 IP 주소를 경로 항목의 서브넷 마스크의 비트까지 확인한다. 이때 가장 부합하는 경로, 즉 서브넷 마스크가 가장 긴 경로를 채택하고 그 넥스트 홉에 패킷을 전송한다.

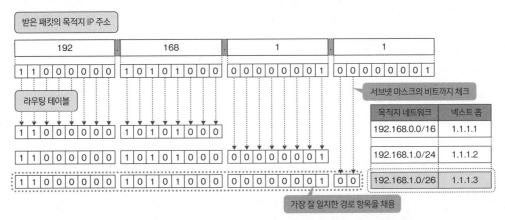

그림 2.2.45 **서브넷 마스크의 비트까지 체크하여 가장 잘 일치한 경로를 채용**

실제 네트워크 환경을 예로 생각해 보자. 예를 들어 '192.168.0.0/16', '192.168.1.0/24', '192.168.1.0/26'이라는 경로를 가진 라우터에, 목적지 IP 주소 '192.168.1.1'의 IP 패킷이 날아왔다고 치자. 이 경우 어떠한 경로도 '192.168.1.1'에 일치한다. 이럴 때 롱기스트 매치가 적용된다. 라우터는 서브넷 마스크가 가장 긴 경로인 '192.168.1.0/26'을 채용하고 '1.1.1.3'에 전송한다.

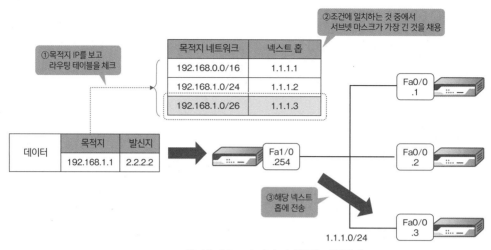

①목적지 IP를 보고
라우팅 테이블을 체크

②조건에 일치하는 것 중에서
서브넷 마스크가 가장 긴 것을 채용

목적지 네트워크	넥스트 홉
192.168.0.0/16	1.1.1.1
192.168.1.0/24	1.1.1.2
192.168.1.0/26	1.1.1.3

데이터	목적지	발신지
	192.168.1.1	2.2.2.2

Fa1/0
.254

③해당 넥스트
홉에 전송

Fa0/0
.1

Fa0/0
.2

Fa0/0
.3

1.1.1.0/24

그림 2.2.46 **서브넷 마스크가 가장 긴 항목을 채용한다**

경로 집약으로 경로 정리하기

여러 경로를 정리하는 것을 '경로 집약'이라고 한다. 라우터는 IP 패킷을 수신하면 라우팅 테이블에 있는 항목을 하나하나 확인한다. 이 메커니즘은 항목이 많을수록 부하가 계속 쌓인다는 심각한 약점이 있다. 현대의 네트워크는 효율화를 도모하기 위해 클래스리스로 서브넷 분할하여 구성되어 있다. 서브넷 분할을 한다는 것은 경로가 증가하고 부하도 증가한다는 것을 의미한다. 따라서 동일한 넥스트 홉으로 된 여러 경로를 정리하여 경로의 수를 줄이고 라우터의 부하를 줄인다.

경로 집약 방법은 의외로 간단해서 동일한 넥스트 홉으로 된 경로의 네트워크 주소를 비트로 변환하여 공통 비트까지 서브넷 마스크를 이동하기만 하면 된다. 예를 들어 표 2.2.9와 같은 경로를 가진 라우터가 있다고 하자. 이 상태(경로 집약 전)에서 IP 패킷이 날아오면 적어도 네 번의 체크가 필요하다.

표 2.2.9 **경로 집약 전의 경로**

목적지 네트워크	넥스트 홉
192.168.0.0/24	1.1.1.1
192.168.1.0/24	1.1.1.1
192.168.2.0/24	1.1.1.1
192.168.3.0/24	1.1.1.1

이것을 경로 집약해 보자. 표 2.2.9의 목적지 네트워크는 비트 변환하면 그림 2.2.47과 같이 22비트까지 비트 배열이 동일하다. 따라서 '192.168.0.0/22'로 경로 집약할 수 있다. 여기에 IP 패킷이 날아오면 1회 확인만으로 끝난다. 여기에서는 네 번이 한 번으로 줄었을 뿐이므로 별것 아니라고 생각할 수도

있다. 그러나 티끌도 쌓이면 태산이 된다. 실제로 수십만 경로를 하나의 경로로 집약하기도 하므로 극적인 변화를 만들어 내기도 한다.

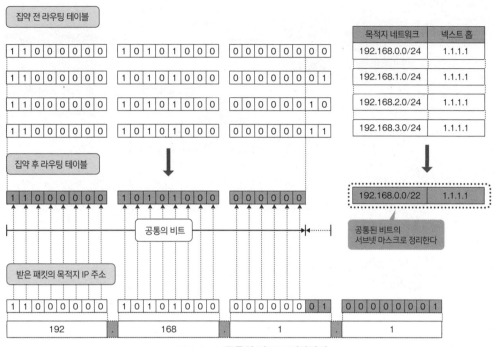

그림 2.2.47 **공통된 비트로 집약하기**

경로 집약의 극치는 '**기본 경로**default route'다. 기본 경로는 모든 경로를 하나로 통합한 것이다. 목적지 IP 주소와 일치하는 항목이 없는 경우 기본 경로의 넥스트 홉인 '기본 게이트웨이'에 패킷을 송신한다. 기본 경로의 루트 항목은 디폴트 루트 주소 '0.0.0.0/0'로 특별하다.

PC에 IP 주소를 설정할 때 '기본 게이트웨이'도 함께 설정할 것이다. PC는 자신이 속한 네트워크 이외의 네트워크로 액세스할 때 자기 자신이 갖는 라우팅 테이블을 보고 목적지 IP 주소가 어떠한 항목에도 히트하지 않기 때문에 기본 게이트웨이로 패킷을 보내려고 한다.

목적지 네트워크가 똑같다면 AD 값으로 승부!

AD 값은 라우팅 프로토콜마다 결정되어 있는 우선순위와 같다. 값이 작을수록 우선순위가 높다. 동일한 경로를 여러 라우팅 프로토콜 또는 정적 라우팅으로 학습한 경우 롱기스트 매치를 적용할 수 없다. 그래서 AD 값을 사용한다. 라우팅 프로토콜의 AD 값을 비교하여 AD 값이 작은, 즉 우선순위가 높은 경로만 라우팅 테이블에 싣고 그 경로를 우선적으로 사용하도록 한다.

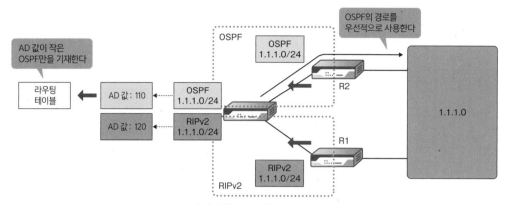

그림 2.2.48 **AD 값이 작은 경로만을 라우팅 테이블에 기재한다**

AD 값은 기기마다 정해졌다. 시스코 라우터나 L3 스위치에서는 다음 표와 같다. 직접 접속 외는 변경할 수 있다. 재배송 시 라우팅 루프 방지 및 플로팅 정적 경로floating static route[12]에서 사용한다.

표 2.2.10 **AD 값은 작은 만큼 우선**

경로의 학습원 라우팅 프로토콜	AD 값(디폴트)	우선도
직접 접속	0	
정적 경로	1	높다
eBGP	20	↑
내부 EIGRP	90	
OSPF	110	
RIPv2	120	
외부 EIGRP	170	낮다
iBGP	200	

2.2.3 IP 주소 변환하기

패킷의 IP 주소를 변환하는 기술을 '**네트워크 주소 변환**NetworkAddress Translation, NAT'이라고 한다. NAT를 사용하면 IP 주소를 절약할 수 있고, 동일한 네트워크 주소를 가진 시스템 사이에서 통신을 할 수 있게 되고 IP 환경에 잠재하는 문제의 일부를 해결할 수 있다.

---

12 라우팅 프로토콜에서 경로 정보를 학습할 수 없게 되었을 때만 정적 경로를 사용하는 경로 백업(backup) 수법 중의 하나이다. 정적인 경로의 AD 값을 높게 설정하는 것으로 구현한다.

🔌 IP 주소 변환하기

NAT에는 넓은 의미의 NAT와 좁은 의미의 NAT가 존재한다. 넓은 의미의 NAT는 IP 주소를 변환하는 기술 전체를 나타낸다. 그러나 이것으로는 의미의 폭이 넓어서 이해하기 힘들다. 여기에서는 서버 사이트에서 일반적으로 사용하는 **'정적 NAT'**, **'네트워크 주소 포트 변환**Network Address Port Translation, NAPT', **'Twice NAT'** 세 종류로 NAT를 설명하겠다.

그림 2.2.49 **넓은 의미의 NAT와 좁은 의미의 NAT**

정적 NAT로 일대일 관련짓기

정적 NAT는 내부 및 외부 IP 주소를 일대일로 연관 지어 변환한다. '일대일 NAT'라고도 한다. 좁은 의미의 NAT는 이 정적 NAT를 나타낸다.

정적 NAT는 내부에서 외부로 액세스할 때 발신지 IP 주소를 변환한다. 이때 발신지 IP 주소에 대응해서 변환할 IP 주소를 전환한다. 반대로 외부에서 내부로 액세스할 때는 목적지 IP 주소를 변환한다. 이 경우는 목적지 IP 주소에 대응해서 변환할 IP 주소를 전환한다. 서버 사이트에서는 "이 서버는 어떻게 해서든 이 IP 주소로 인터넷에 내보고 싶다"라는 경우가 있을 수 있다. 그럴 때 이 정적 NAT를 사용한다.

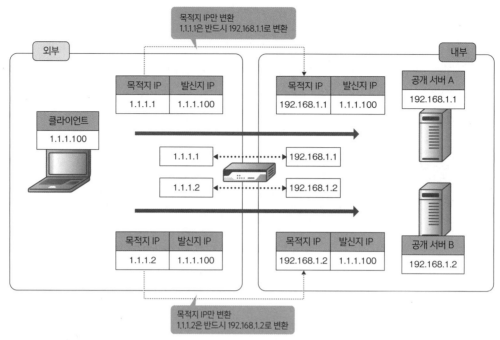

그림 2.2.50 일대일로 연관되어 있다

NAPT로 IP 주소를 유효 활용하기

NAPT는 내부 및 외부의 IP 주소를 n:1로 매칭하여 변환한다. 'IP 마스커레이드'나 '**포트 주소 변환**Port Address Translation, PAT' 등 여러 호칭이 있지만 모두 동일하다.

NAPT는 내부에서 외부로 액세스할 때 발신지 IP 주소뿐만 아니라 발신지 포트 번호까지 변환한다. 어떠한 클라이언트가 어떠한 포트 번호를 사용하는지 보고 패킷을 분배하므로 n:1로 변환할 수 있다.

가정에서도 일반적으로 사용되는 브로드밴드 라우터는 이 NAPT를 사용하여 클라이언트를 인터넷에 연결한다. 최근에는 PC뿐만 아니라 스마트폰과 태블릿, 가전 제품 등 많은 기기가 IP 주소를 갖게 되었다. 전 세계에서 하나하나 고유의 글로벌 IP 주소를 할당하게 된다면 주소가 금방 없어진다. 그래서 NAPT를 사용하여 글로벌 IP 주소를 절약한다.

서버 사이트는 시각 동기나 바이러스 대책 소프트웨어의 정의 파일 업데이트 등 서버(내부)에서 인터넷(외부)에 대한 아웃바운드 통신에 NAPT를 적용할 일이 많을 것이다.

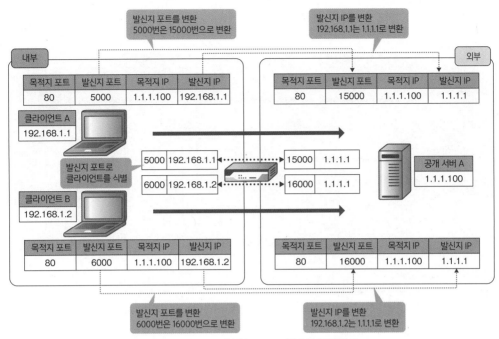

그림 2.2.51 n:1의 접속으로 IP 주소를 절약한다

정적 NAT 및 NAPT는 발신지나 목적지의 어느 한쪽만 변환했다. **Twice NAT는 발신지와 목적지 모두를 단번에 변환한다.** 회사가 합병했을 때나 다른 회사의 시스템에 연결할 때처럼 주소 공간이 중복된 구성을 접속해야 할 경우에 이 Twice NAT를 사용한다.

이 부분은 그림을 보고 순서에 따라 설명하는 편이 알기 쉽다. 시스템 A에 임의의 서버 A가, 중복된 주소 공간을 갖는 시스템 B에 임의의 서버 C가 있다고 하자. 이런 상황에서 임의의 서버 C에 대해 액세스하려는 경우를 생각해 볼 수 있을 것이다(그림 2.2.52).

1 서버 A(192.168.1.1)는 시스템 A에 있는 라우터에 설정된 NAT용 IP 주소(192.168.1.3)에 액세스한다.

2 시스템 A의 라우터는 발신지 IP 주소를 1.1.1.1, 목적지 IP 주소를 1.1.1.3으로 변환하고 시스템 B의 라우터에 보낸다.

3 시스템 B의 라우터는 발신지 IP 주소를 192.168.1.1, 목적지 IP 주소를 192.168.1.3로 변환하여 서버 C에 보낸다.

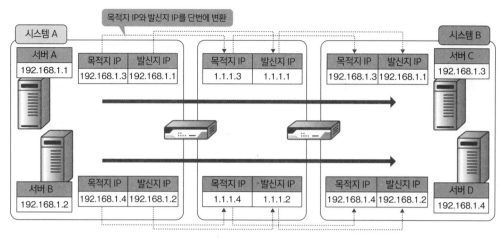

그림 2.2.52 **Twice NAT로 중복 네트워크 간 통신을 가능하게 한다**

NAT를 지탱하는 것은 NAT 테이블과 프록시 ARP

지금까지 여러 가지 유형의 NAT를 설명했다. 이 NAT를 지탱하는 것은 '**NAT 테이블**'과 '**프록시 ARP**' 두 가지다. 각각에 대해 설명하겠다.

먼저 NAT 테이블이다. **NAT 테이블은 변환 전과 변환 후의 IP 주소, 또는 포트 번호를 기록하는 표다.** 라우터는 변환 대상의 패킷이 날아오면 변환 후의 IP 주소로 변환하는 매우 단순한 동작을 한다. NAPT의 경우는 포트 번호도 포함하여 NAT 테이블에 기록한다. NAPT는 NAT 테이블에 기록된 정보가 동적으로 변하기 때문에 영속적으로 사용되지는 못하고 일정 시간이 지나면 삭제된다.

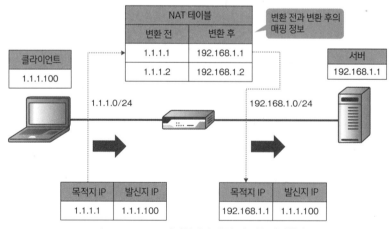

그림 2.2.53 **NAT 테이블에서 매핑 정보를 제어한다**

다음으로 프록시 ARP다. 프록시는 대리라는 의미다. NAT에서 사용하는 IP 주소는 라우터의 인터페이스가 갖는 IP 주소와는 다른 것이다. 따라서 **라우터는 NAT에서 사용하는 IP 주소의 ARP 리퀘스트에**

도 대리로 응답해야 한다. 대리로 응답하여 NAT에서 사용하는 IP 주소의 IP 패킷을 받는다. 그리고 NAT 테이블의 정보를 토대로 변환한다.

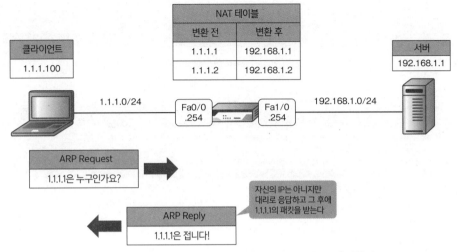

그림 2.2.54 **NAT에서 사용하는 IP 주소의 ARP에 대리로 응답한다**

2.2.4 DHCP로 IP 주소를 자동으로 설정하기

여기서부터는 네트워크 계층에 대한 프로토콜을 몇 가지 소개하겠다. 먼저 **DHCP**다. DHCP는 IP 주소와 기본 게이트웨이 등의 네트워크 설정을 노드에 배포하기 위한 프로토콜이다. 원래는 애플리케이션 계층에서 동작하는 프로토콜이다. IP 주소를 설정하는 프로토콜이라는 점에서 이 책에서는 네트워크 계층 기술로 다루었다. DHCP를 사용하면 IP 주소 관리가 편해질 뿐만 아니라 부족하기 쉬운 IP 주소를 효율적으로 사용할 수 있다.

⇝ DHCP 메시지 부에 다양한 정보를 넣는다

DHCP는 **UDP**User Datagram Protocol로 캡슐링capsuling한 DHCP 메시지 부에 설정 정보를 담는다. DHCP 메시지 부는 조금 복잡한데 이 중에서 중요한 것이 '**할당 클라이언트 IP**', '**DHCP 서버 IP**', '**옵션**' 세 가지다.

'할당 클라이언트 IP'에는 실제로 서버에서 단말로 배포되어 설정된 IP 주소가 들어간다. 'DHCP 서버 IP'에는 DHCP 서버의 IP 주소가 들어간다.[13] '옵션'에는 메시지 타입(Discover/Offer/Request/Ack)과 서브넷 마스크, 기본 게이트웨이, DNS 서버의 IP 주소 등 네트워크 설정에 대한 다양한 정보가 들어간다.

---

13 DHCP 릴레이 에이전트 기능을 사용하는 경우 DHCP 서버의 IP 주소는 '0.0.0.0'이 된다. 대신 'RelayAgent IP Address' 부분에 DHCP 릴레이 에이전트의 IP 주소가 들어간다. DHCP 릴레이 에이전트에 대해서는 곧이어 설명하겠다.

이더넷 헤더	IP 헤더	UDP 헤더	DHCP 메시지
14바이트	20바이트	8바이트	가변 길이

Op Code	HW 주소 타입	HW 주소 길이	홉 수	트랜젝션 ID	경과 시간	플래그	현재 클라이언트 IP	할당 클라이언트 IP	DHCP IP	릴레이 에이전트 IP	클라이언트의 MAC	서버명	기동 파일명	옵션
8비트	8비트	8비트	8비트	32비트	16비트	16비트	32비트	32비트	32비트	32비트	128비트	512비트	1024비트	가변 길이

그림 2.2.55 DHCP의 패킷 포맷

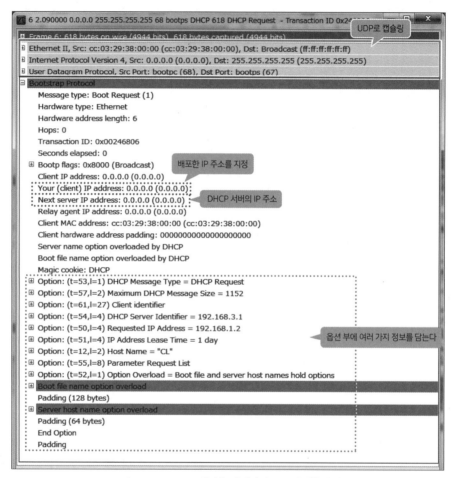

그림 2.2.56 DHCP 패킷을 와이어샤크로 해석한 화면

⸜⸝ DHCP의 움직임은 단순

DHCP의 움직임은 단순해서 매우 알기 쉽다. "IP 주소 주세요"라고 큰 소리(브로드캐스트)로 문의하면 DHCP 서버가 "여기요"라고 반환하는 이미지를 상상하면 된다. DHCP는 IP 주소가 설정되지 않은 상태에서 통신하기 때문에 **브로드캐스트를 이용하여 정보를 교환한다.**

1 클라이언트가 DHCP 서버를 찾는 'DHCP Discover'를 브로드캐스트로 보낸다.

2 DHCP Discover를 받은 DHCP 서버는 'DHCP Offer'를 브로드캐스트로 반환한다. 이 DHCP Offer로 배포할 IP 주소를 제안한다. 최근의 DHCP 서버는 그 IP 주소가 다른 데서 사용되지 않았는지 확인하기 위해 Offer 전에 ICMP를 송신하거나 한다. 이 부분은 DHCP 서버의 사양에 따라 다르다.

3 DHCP Offer를 받은 DHCP 클라이언트는 'DHCP Request'를 반환하여 "그 IP 주소로 부탁합니다"라고 전달한다. 여러 DHCP 서버로부터 복수의 Offer를 받은 경우 가장 먼저 수신한 Offer에 대해 Request를 반환한다.

4 DHCP Request를 받은 DHCP 서버는 'DHCP Ack'을 반환하고 해당 IP 주소를 건넨다.

5 DHCP Ack를 받은 DHCP 클라이언트는 DHCP Offer로 건네받은 IP 주소를 자신의 IP 주소로 설정하고 해당 IP 주소로 통신을 시작한다. 받은 IP 주소에는 임대 시간이 설정되어 있다. 임대 시간이 경과하면 'DHCP Release'를 송신하여 해당 IP 주소를 해제하고 DHCP 서버로 반환한다.

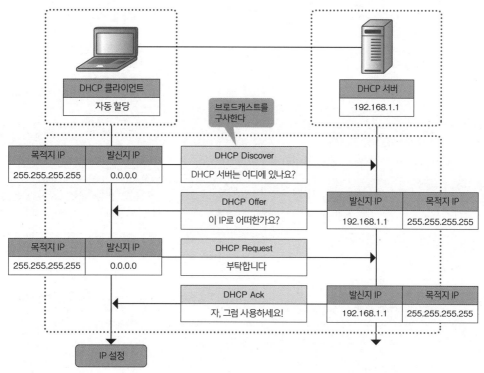

그림 2.2.57 **DHCP는 브로드캐스트로 메시지를 주고받는다**

⛯ DHCP 패킷 릴레이하기

DHCP는 브로드캐스트를 사용하여 상호 간 메시지를 교환한다. 따라서 클라이언트와 서버는 기본적으로 동일한 VLAN에 존재해야 한다. 그러나 많은 VLAN이 있는 네트워크 환경에서 VLAN마다 DHCP 서버를 준비하는 것은 무리가 있다. 그럴 때 사용하는 것이 'DHCP 릴레이 에이전트'라는 기능이다. **DHCP 릴레이 에이전트는 브로드캐스트로 수신한 DHCP 패킷을 유니캐스트로 변환해 준다.** 유니캐스트로 변환되기 때문에 비록 서로 다른 VLAN에 DHCP 서버가 있다고 해도 IP 주소를 전송할 수 있다. 또한 VLAN이 많이 있어도 하나의 DHCP 서버에서 IP 주소를 배포할 수 있다.

DHCP 릴레이 에이전트는 DHCP 클라이언트가 있는 첫 번째 홉, 기본 게이트웨이가 되는 라우터 또는 L3 스위치에서 사용한다. DHCP 패킷을 받은 라우터(L3 스위치)는 해당 발신지 IP 주소를 자신의 IP 주소로, 목적지 IP 주소를 DHCP 서버로 변환하여 라우팅한다.

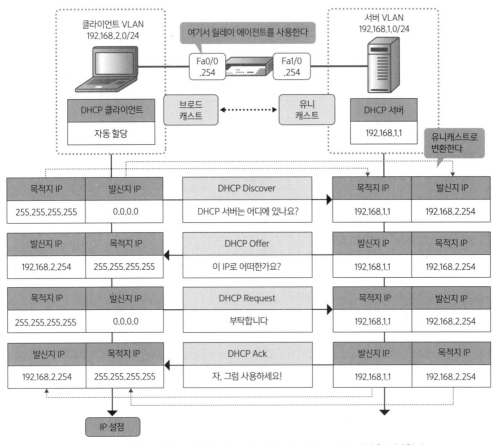

그림 2.2.58 **DHCP 릴레이 에이전트로 서로 다른 VLAN에 DHCP 패킷을 전달한다**

2.2.5 트러블슈팅에서 사용하는 ICMP

ICMP는 네트워크 계층의 통신 확인에 사용하는 프로토콜이다. IP 레벨에서 장애가 발생하거나 패킷을 전달할 수 없을 때 발신자에게 전달하는 메커니즘을 제공한다. 인프라에 종사하는 사람이라면 한 번 정도는 'ping(핑)'이라는 말을 들어 본 적이 있을 것이다. PINGPacket Internet Grouper은 ICMP 패킷을 송신하기 위해 사용하는 네트워크 진단 프로그램이다.

⚓ ICMP의 포인트는 '타입'과 '코드'

ICMP는 TCP도 UDP도 아닌 ICMP로 존재한다. IP 헤더에 ICMP 데이터를 그대로 붙인 IP 패킷이다. 포맷으로서는 그렇게까지 복잡하지 않다. 이 중에서도 중요한 것은 '**타입**'과 '**코드**'다. 타입은 ICMP 패킷의 타입을 나타낸다. ping을 보낼 때(Request), 반환할 때(Reply), 각각 서로 다른 패킷 타입이다. 코드는 몇 가지의 타입으로 좀 더 자세한 정보를 발신자에게 제공하기 위해 사용된다. 예를 들어 'Destination Unreachable(타입 3)'을 반환할 때 코드로 목적지 IP 주소에 도달할 수 없는 원인을 발신자에게 제공한다.

그림 2.2.59 **ICMP의 패킷 포맷**

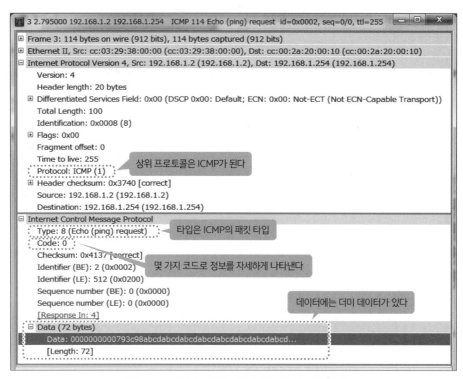

그림 2.2.60 **ICMP 패킷을 와이어샤크로 해석한 화면**

⚡️ 자주 나타나는 타입과 코드의 조합은 네 종류

ICMP 제어를 담당하는 것은 타입 및 코드다. 이 조합으로 IP 레벨에서 어떠한 일이 일어나는지 대략적인 개요를 알 수 있다. 많은 조합이 존재하지만 그것을 전부 설명하는 것은 별로 의미가 없다. 이 책에서는 그중에서도 대표적인 조합을 여러 통신 패턴을 기반으로 설명한다.

통신이 성공하면 'Reply from 목적지 IP 주소'

IP 레벨의 통신이 성공했을 때 통신 패턴을 생각해 보자. 먼저 발신지 노드가 목적지 노드에 대해 ICMP를 보낸다. 이때 ICMP 타입은 'Echo Request'로 옵션 8/코드 0이다. 언제나 첫 송신은 'Echo Request'다. 통신이 성공한 경우 목적지 노드에서 타입 0/코드 0의 'Echo Reply'가 되돌아온다. Echo Reply가 돌아오면 발신지 노드에 'Reply from(목적지 IP 주소)'라고 표시된다.

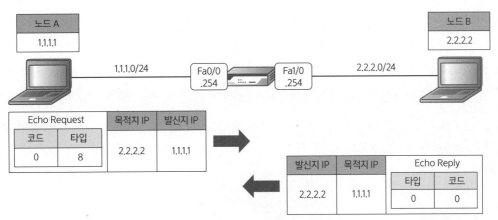

그림 2.2.61 **Echo Reply라면 통신 성공**

계속해서 통신이 실패할 때의 통신 패턴을 생각해 보자. 먼저 발신지 노드가 목적지 노드에 대해서 Echo Request를 보낸다. 이 Echo Request가 목적지까지 도달하지 못했다면 어떻게 될까? Echo Reply를 보낼 도리가 없다. 아무것도 반환되지 않는다. 이 경우 발신지 노드는 타임아웃까지 기다린 후 단말에 'Request Timeout'이라고 표시한다. 타임아웃 시간은 OS마다 정해져 있으며 윈도우의 경우 4초다. 리눅스의 경우 제한 시간 자체가 설정되지 않았다.

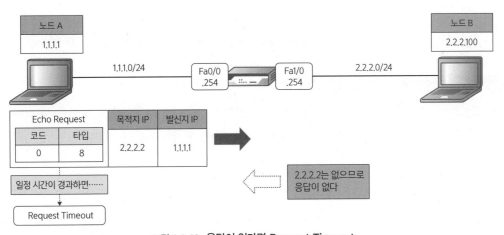

그림 2.2.62 **응답이 없다면 Request Timeout**

'Destination Unreachable'은 타입 3의 ICMP 패킷이다. 코드에는 패킷이 도달하지 못한 이유를 나타낸 값이 들어간다.

Destination Unreachable도 통신이 실패했을 때의 통신 패턴으로 사용한다. 먼저 발신지 노드가 목적지 노드에 대해 Echo Request를 보낸다. Echo Request를 받은 중간의 라우터가 목적지 노드에 대한 경로를 갖지 않는 경우 패킷을 삭제한다. 그때 목적지 IP 주소의 경로를 갖지 않는다는 것을 나타내는 Destination Unreachable(타입 3)/Host Unreachable(코드 1)의 ICMP 패킷을 보낸다.

타입 3의 코드 부분에는 여러 가지 값이 들어간다. 발신지 노드는 이 부분을 보고 패킷이 도착하지 않았던 원인의 개요를 알게 된다.

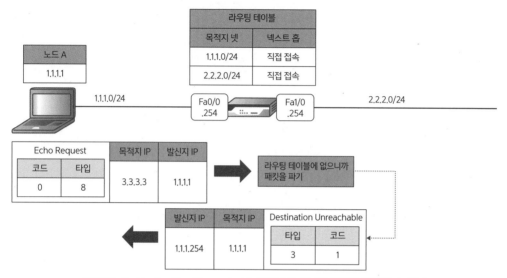

그림 2.2.63 **Destination Unreachable(타입 3)로 경로가 없음을 전달할 수 있다**

Redirect로 별도의 게이트웨이를 가르친다

'Redirect'는 타입 5의 ICMP 패킷이다. 동일한 VLAN 내에 기본 게이트웨이가 아닌 다른 게이트웨이(출구)가 있는 네트워크 구성의 경우 해당 IP 주소를 노드에게 알려주기 위해 사용한다.

노드는 다른 VLAN에 있는 노드에 대해 통신할 때 우선 기본 게이트웨이에 패킷을 전송한다. 패킷을 받은 기본 게이트웨이의 라우터는 라우팅 테이블에 따라 라우팅한다. 그때 동일한 VLAN 내에 더 적합한 경로를 가진 라우터가 있다면 Redirect(타입 5)/Redirect Datagram for the Network(코드 0)의 ICMP 패킷으로 노드에 알려 준다. Redirect를 받은 노드는 해당 IP 주소에 대해 패킷을 전송하여 최적의 경로를 취한다.

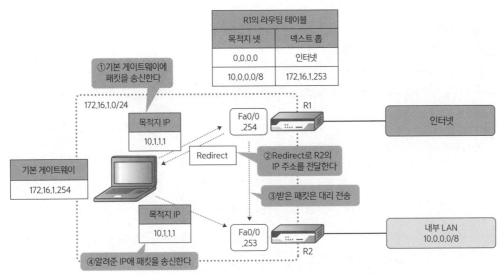

그림 2.2.64 Redirect(타입 5)를 사용하여 최적의 게이트웨이를 전달한다

동일한 VLAN 내의 경로 정보를 일원적으로 관리할 수 있어 아주 편리한 Redirect이지만 모든 기기가 Redirect를 반환한다고는 할 수 없다. **방화벽 중에는 설계상 Redirect를 반환하지 않는 기기도 있다.** 라우팅 설계 시 장비 사양을 고려한 후 설계해 나가야 한다.

-⟨⟩ 트러블슈팅은 우선 ping부터 시작

트러블슈팅에는 여러 가지 방법이 있지만 정말로 긴급을 요할 때는 우선 ping부터 시작한다. ping으로 네트워크 계층 레벨의 소통을 확인하고 제대로 동작하면 트랜스포트 계층→세션 계층~애플리케이션 계층으로 상위를 향하여 트러블슈팅해 나간다. 반대로 잘 안 될 경우는 네트워크 계층→데이터 링크 계층→물리 계층으로 하위 계층을 향하여 트러블슈팅을 해 나간다.

L5 ~ L7	세션 계층~ 애플리케이션 계층	애플리케이션을 사용한 소통 확인
L4	트랜스포트 계층	telnet에 의한 소통 확인 커넥션 테이블의 확인 시퀀스 번호의 확인
L3	네트워크 계층	라우팅 테이블의 확인 라우팅 프로토콜의 상태 확인 NAT 테이블의 확인
L2	데이터 링크 계층	ARP 테이블의 확인 MAC 주소 테이블의 확인
L1	물리 계층	인터페이스의 상태 확인 인터페이스의 에러 카운터 확인 케이블의 상태 확인

상위를 향해서 트러블슈팅

하위를 향해서 트러블슈팅

그림 2.2.65 트러블슈팅은 ping부터 시작하는 경우가 많다

2.3 논리 설계

지금까지 데이터 링크 계층, 네트워크 계층의 다양한 기술과 사양(프로토콜)에 대해 설명했다. 지금부터는 이러한 기술을 서버 사이트에서 어떻게 사용하는지, 그리고 사이트를 설계 및 구축할 때 어떠한 부분을 조심해야 하는지 등 실용적인 측면에 대해 설명하겠다.

2.3.1 필요한 VLAN 추출

우선 'VLAN 설계'다. **어디에 어떻게 VLAN을 배치할지 그 논리적인 구성을 설계한다.** 깔끔하고 효율적인 VLAN의 할당 및 배치는 이후의 관리성과 확장성에 크게 영향을 미친다. 미래를 위한 VLAN 설계를 해야 한다.

⚡ 필요한 VLAN은 여러 가지 요소에 따라 변한다

VLAN 설계는 **필요한 VLAN을 추출해 내는 것부터 시작한다.** 필요한 VLAN은 사용하는 기기나 그 기능, 보안, 운용 관리 등 여러 가지 요소에 따라 달라진다. 그 요소를 다각적으로 판별하여 구성에 필요한 VLAN을 파악해 나간다.

기기나 기능으로부터 추출

기기 및 기능면에서 VLAN 할당을 고려한다. 가장 간단한 설정을 바탕으로 상위(ISP 측)부터 살펴보겠다(그림 2.3.1).

■ ISP와 L3 스위치(CE 스위치)

인터넷에 연결하는 L3 스위치 및 라우터는 ISP의 지정에 따라 VLAN을 할당한다. ISP와 고객의 경계에 설치한다는 뜻에서 'CECustomer Edge 스위치'나 'CE 라우터'라고 부르기도 한다. 최근에는 ISP로부터 임대하는 일도 있다. 임대의 경우 이 부분의 VLAN 할당은 ISP에 달려 있다. 사용자 측에서 결정할 수 없다.

할당은 여러 가지 방법이 있지만 대부분 L3 스위치의 바깥쪽에 하나씩, L3 스위치 간에 하나, 안쪽에 하나, VLAN이 할당되어 있다(그림 2.3.1 참조). 이 중에서 서버 사이트를 설계 및 구축하는 엔지니어가 신경 쓸 필요가 있는 것은 내부 VLAN뿐이다. L3 스위치의 내부 VLAN은 서버 사이트가 ISP에 접속하기 위한 VLAN이다.[14]

■ L3 스위치(CE 스위치)와 방화벽

방화벽의 외부 VLAN과 L3 스위치를 접속한다. 방화벽에서는 외부와 내부에서 VLAN을 나누는 것이 일반적이다. 물론 설계에 따라 동일 VLAN으로 할 수 없는 것은 아니며 필자도 그러한 구성을 몇 번 본 적이 있다. 하지만 제일 좋은 방법은 '내부와 외부로 VLAN을 나누는 것'이다. 또한 ISP에서 할당되는 글로벌 IP 주소(할당된 IP 주소)의 VLAN도 별도로 필요하다. 할당 IP 주소는 방화벽 내부에서 갖는 형태로 구성하며 부하 분산 장치 내부에 있는 프라이빗 IP 주소의 VLAN에 NAT한다. 서버 사이트에서 NAT는 조금 이해하기 어렵기 때문에 2.3.4절에서 자세히 설명하겠다. 중복 구성의 경우는 방화벽 사이에서 VLAN이 필요한 경우도 있다. 이 VLAN을 사용하여 기기의 설정 정보, 상태 정보를 동기화한다. 이곳의 VLAN 구성은 기기에 따라 다르다. 예를 들어 시스코의 ASA 시리즈나 F5 네트웍스의 BIG-IP AFM 경우 별도 VLAN이 필요하다. 포티넷의 Fortigate 시리즈나 주니퍼Juniper의 SSG 시리즈인 경우 양쪽 기기를 접속하는 포트를 HA 포트로 설정하거나 HA존으로 설정하기 때문에 VLAN을 배치할 필요가 없다. 설계 시 기기의 사양을 확인하자.

■ 방화벽과 부하 분산 장치

방화벽 안쪽의 VLAN 구성은 다양하다. 여기에서는 부하 분산 장치를 접속하는 구성으로 생각해 보자. 부하 분산 장치도 방화벽과 동일한 VLAN 구성으로 생각해도 좋다. 바깥쪽과 안쪽에서 VLAN을 나누는 것이 가장 좋다. 또한 할당 IP 주소를 프라이빗 IP 주소로 NAT하는 VLAN도 필요하다. 이 VLAN은 부하 분산 장치 안쪽에 있는 형태가 되며 이 안에 부하 분산으로 사용하는 가상 서버를 만든다. 가상 서버의 IP 주소를 VIPVirtual IP 주소라고 한다. 중복 구성의 경우는 부하 분산 장치 간에 VLAN이 필요할 수 있다. 이 VLAN을 사용하여 장비의 설정 정보, 상태 정보를 동기화한다. 필요에 따라 추가하길 바란다.

■ 부하 분산 장치

마지막으로 부하 분산 장치의 안쪽이다. 서버에 할당하는 VLAN이다. 서버의 VLAN을 분할하고 싶은 경우는 L3 스위치를 접속하여 부하 분산 장치와 접속하는 VLAN과 서버 VLAN을 분할한다. 분할하지 않아도 괜찮은 경우에는 L2 스위치를 접속한다.

---

14 여기에서는 일반적인 VLAN 할당 예를 나타냈다. 대부분 서비스 제공과 동시에 ISP로부터 구성 예제 및 설정 예제가 제시된다. 그에 준하는 설정을 하길 바란다.

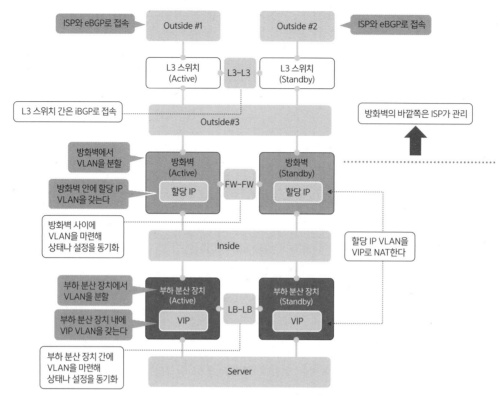

그림 2.3.1 **기기와 기능에서 필요한 VLAN을 추출한다**

보안security 측면에서 VLAN 할당을 고려해 보자. 가장 일반적인 구성이라면 'Untrust', 'DMZ DeMilitarized Zone', 'Trust' 세 가지 영역zone으로 나눈 구성이다. **영역은 동일한 보안 등급을 가진 VLAN 모음이다.** 방화벽을 사용하여 보안 등급을 분할한다(그림 2.3.2).

DMZ는 Trust보다도 조금 보안 등급을 낮춘 영역이다. 인터넷에 공개하는 서버는 이 DMZ에 배치하여 서버가 해킹되었을 때의 피해를 최소화한다. 보안 등급으로 보자면 'Untrust〈DMZ〈Trust'와 같다. 왠지 모르겠지만 'DMZ는 하나'라는 고정관념을 지닌 사람이 많다. 하지만 무리하게 하나로 할 필요는 없다. 보안 등급을 미묘하게 바꾸어 여러 DMZ를 만드는 것도 좋다. 필요한 영역을 파악한 후 이 중에서 VLAN을 할당해 나간다.

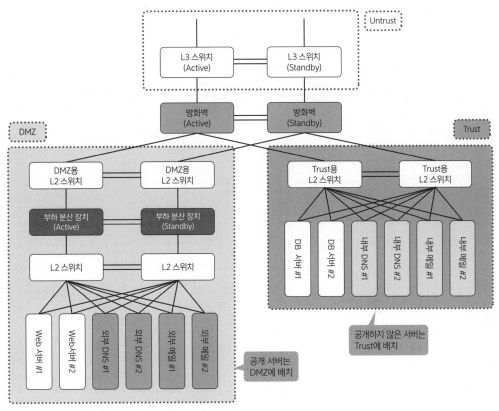

그림 2.3.2 **보안 영역을 나눈다**

가상화 환경에서는 많은 NIC와 VLAN이 필요

지금까지 할 수 있는 한 알기 쉽게 베어메탈 서버(가상화하지 않은 서버)의 VLAN 설계를 설명하였다. 여기서부터는 한 발짝 더 나아가 가상화 기술의 개념을 VLAN 설계에 도입해 보겠다. VMware의 vSphere나 마이크로소프트의 Hyper-V, 오픈소스 소프트웨어의 KVM 등 현재의 온프레미스 서버 사이트 구축에서 가상화를 고려하지 않는 케이스는 없다. 그만큼 가상화 기술은 서버 사이트에 자리를 잡게 되어 없어서는 안 되는 기술이 되었다. 가상화 특유의 기능 중 몇 가지는 네트워크가 반드시 있어야 하므로 VLAN을 설계할 때도 그 기능을 고려하면서 설계해야 한다. 그중 가장 중요한 기능이 '라이브 마이그레이션'이다. 라이브 마이그레이션은 가동 중인 가상 머신을 정지하지 않고 별도의 물리 서버로 이동하는 기능이다. 라이브 마이그레이션은 네트워크를 사용하여 가상 머신의 메모리 정보를 단번에 다른 물리 서버로 전송하여 그 기능을 실현한다. 여기서 메모리 전송에 사용하는 NIC와 VLAN은 서비스를 제공하는 NIC나 VLAN과는 별도로 마련하여 라이브 마이그레이션 트래픽이 서비스에 미치는 영향을 최소화하는 것이 바람직하다.

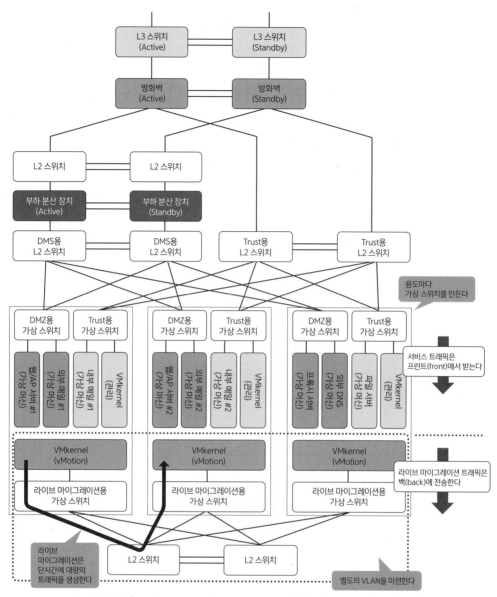

그림 2.3.3 라이브 마이그레이션 트래픽은 백엔드(back-end)의 VLAN에 전송한다

또한 가상화 환경에서는 하나의 물리 서버에 LAN이나 DMZ 등 서로 다른 VLAN에 소속된 가상 머신이 탑재되어 있다. 그러므로 트래픽 패턴이나 관리성을 고려하면서 가상 스위치와 가상 머신의 배치를 고려한다. 물론 하나의 가상 스위치에 모든 VLAN의 가상 컴퓨터를 연결할 수 있지만 그렇게 한다면 하나의 VLAN의 버스트 트래픽burst traffic이 모든 VLAN의 트래픽에 영향을 미친다. 게다가 도대체 어느 것이 어떠한 역할의 가상 스위치이고 어떠한 NIC에 매핑되어 있는지도 알기 어렵게 된다. 그러므로 역할별로 가상 스위치를 만들어 운용 관리성을 향상시키는 것이 좋다.

가상화 환경은 간편하게 서버를 증설할 수 있어 다양한 VLAN의 가상 머신이 탑재되는 경향이 있다. 장래를 생각해서 확장성을 잘 확보할 수 있도록 **NIC와 VLAN을 조금 넉넉하게 추정해 두는 편이 좋다.**

백업 VLAN을 별도로 마련하기

최근에는 취득한 백업 데이터를 네트워크 경유로 전송하는 일이 많아졌다. 대부분 야간 패치를 사용하여 야간에 전송하는 일이 많아 보통 시간대의 서비스에 미치는 영향이 적다. 그러나 짧은 시간에 단번에 트래픽을 전송하는 것에는 변함이 없다. 별도의 VLAN과 NIC로 설계하여 다른 쪽으로의 영향을 최소화하는 것이 현명하다.

앞서 다룬 라이브 마이그레이션도 백업도 짧은 시간에 단번에 트래픽을 생성하고 전송한다는 점에서 동일하다. **버스트 트래픽은 별도의 VLAN과 NIC로 구성하여 서비스에 미치는 영향을 최소화하도록 설계하자.**

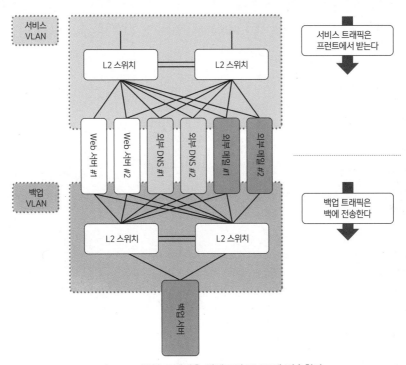

그림 2.3.4 **백업 트래픽은 백엔드의 VLAN에 전송한다**

운용 관리로부터 추출하기

대규모 네트워크일수록 운용 관리를 위한 VLAN을 별도로 마련하는 경향이 있다. 서비스와 운용 관리를 완전히 분리하여 관리를 단순화하고 운용 트래픽이 서비스 트래픽에 미치는 영향을 최소화한다. Syslog나 SNMP, NTP 등 기기의 장애나 상태를 모니터링하기 위한 트래픽은 VLAN을 경유하여 전송한다. Syslog는 5.1.3절, SNMP는 5.1.2절, NTP는 5.1.1절에서 각각 설명하겠다.

최근 기기는 통상적인 서비스 포트와는 별도로 관리 포트를 탑재하고 있어 해당 포트를 운용 관리 VLAN으로 설정한다. 관리 포트가 없는 경우는 서비스 포트 중 하나의 포트를 운용 관리 VLAN으로 설정하여 관리 포트로 사용한다.

VLAN의 수는 크게 추정해 둔다

부서가 통합되거나 서버가 증설되는 등 사용자나 서버에 할당하는 VLAN 수는 변동하는 법이다. 지금 현재 다섯 개의 VLAN이 필요하다고 계속 다섯 개밖에 필요 없는 것은 아니다. **미래의 확장성을 고려하여 설계 단계에서 여유를 가지고 추정해 두자.**

또한 VLAN의 비트 수에 따라 여유분을 취하는 방법을 바꾸어 두면 집계하기 쉬워진다. 예를 들어 27비트의 VLAN이 다섯 개 필요한 경우 "우선 한 개 정도 많게 추정하면 되나?"라고 안이하게 생각할 수도 있다. 하지만 이렇게 해서는 안 된다. 네트워크는 논리 그 자체. 확실하게 논리성을 유지하자. 이 경우 세 개의 여유를 갖게 되면 결국 24비트로 집약되어 간략화할 수 있다.

표 2.3.1 **여유분을 갖고 VLAN 수를 고려하기**

10진수 표기	255.255.255.0	255.255.255.128	255.255.255.192	255.255.255.224	
슬래시 표기	/24	/25	/26	/27	용도
최대 IP수	254(=256-2)	126(=128-2)	62(=64-2)	30(=32-2)	
할당 네트워크	192.168.1.0	192.168.1.0	192.168.1.0	192.168.1.0	유저 VLAN ①
				192.168.1.32	유저 VLAN ②
			192.168.1.64	192.168.1.64	유저 VLAN ③
				192.168.1.96	유저 VLAN ④
		192.168.1.128	192.168.1.128	192.168.1.128	유저 VLAN ⑤
				192.168.1.160	장래 확장 예정
			192.168.1.192	192.168.1.192	장래 확장 예정
				192.168.1.224	장래 확장 예정

⟜ VLAN ID 결정하기

VLAN을 식별하는 것은 VLAN ID라는 숫자다. 스위치 내부에서 설정된 VLAN ID를 포트에 할당하여 VLAN을 나눈다. VLAN은 태그 VLAN을 사용하지 않는 한 하나의 스위치에만 유효하다. 동일한 VLAN이지만 각 스위치에서 서로 다른 VLAN ID을 설정해도 통신이 가능하다. 예를 들어 "저쪽 스위치가 VLAN 2이니 여기의 스위치는 VLAN 1을 사용하자"라는 것도 가능하다. 그러나 이것은 운용 관리하는 입장에서는 정리하기가 어렵다. 일부러 머릿속에서 매핑하는 시간도 아깝다. **VLAN ID는 전체로 통일해야 한다.** 설계 단계에서 VLAN ID 정책을 제대로 결정해 두자.

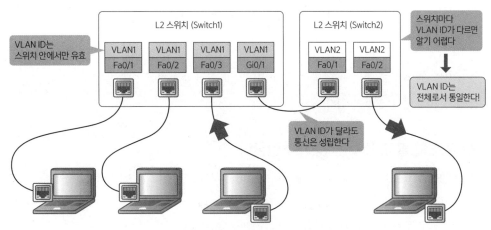

그림 2.3.5 **VLAN ID를 맞춰 두지 않으면 알기 어렵다**

태그 VLAN을 사용하는 경우 VLAN ID는 절대적으로 맞춰야 한다. 네이티브 VLAN도 맞춰야 한다. 디폴트의 네이티브 VLAN은 VLAN 1이므로 그대로 사용하는 것도 있을 수 있다. 그러나 기본값을 사용하는 것은 보안 위험으로 이어진다. VLAN 태그의 사양을 이용한 'VLAN 호핑hopping'[15]이라는 공격의 대상이 될 수 있다. 디폴트의 VLAN 1을 사용하지 않고 변경해 두면 더 안전해질 것이다.

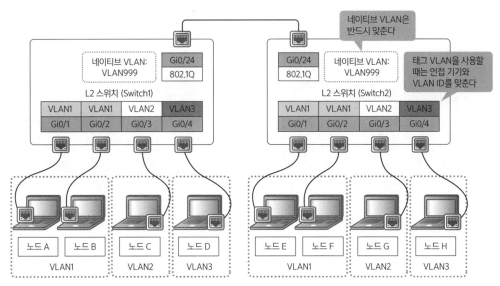

그림 2.3.6 **태그 VLAN을 사용할 때는 네이티브 VLAN을 맞춘다**

VLAN에는 이름을 지정할 수 있다. 누가 봐도 알 수 있는 이름을 설정하는 것도 운용 관리에 크게 도움이 되기도 한다. 예를 들어 관리자가 한곳에 장기간 계속해서 남아 있는 경우는 드물다. 다른 사람이 배속되어도 금방 이해할 수 있도록 더 쉽게 정책을 결정하는 것이 좋다.

---

15 VLAN 태그를 부가한 패킷을 보내서 액세스 제어를 넘어 DoS 공격을 실행하는 공격을 말한다.

2.3.2 IP 주소는 증감을 고려해서 할당한다

이어서 'IP 주소 설계'다. 배치한 VLAN에 어떠한 네트워크 주소를 할당할지에 대해 설계한다. 깔끔하고 효율적인 IP 주소의 할당 배치는 이후의 관리성과 확장성에 크게 영향을 미친다. 미래지향적인 IP 주소를 설계해 나갈 필요가 있다.

✧ IP 주소의 필요 개수는 많이 추정한다

IP 주소 설계는 **필요한 IP 주소의 개수를 밝혀내는 것에서 시작한다**. 필요한 IP 주소는 사용하는 기기나 기능, 서버 대수, 클라이언트 대수 등 다양한 요소에 따라 달라진다. 그 요소를 다각적으로 파악하여 구성에 필요한 IP 주소를 파악해 나간다.

여유분을 갖고 추정한다

방화벽 사이 또는 부하 분산 장치 사이 등 IP 주소가 절대적으로 증감하지 않는 VLAN은 그대로 IP 주소 수를 세어 두면 문제없을 것이다.

하지만 사용자와 서버에 할당된 IP 주소의 필요 개수는 반드시 크게 예측해 두길 바란다. 예를 들어 '10개의 IP 주소가 필요하기 때문에 28비트로 할당한다'고 쉽게 판단하면 나중에 IP 주소가 필요할 때 VLAN을 새로 할당해야 해서 귀찮아진다. VLAN을 새로 증설한다는 것은 경로를 새롭게 설정하는 것과 동일하다. 즉 여러 가지로 큰일이다. **미래의 IP 주소 수 증가를 판별하여 가능한 한 크게 추정해 두자.**

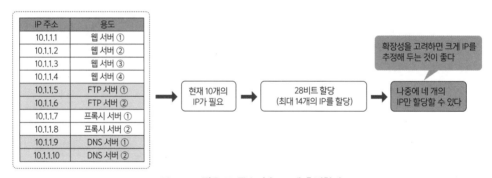

그림 2.3.7 **필요 IP 주소 수는 크게 추정한다**

특수 용도용 IP 주소의 추정을 잊지 말자

서버 및 네트워크 기기를 중복화할 경우 대체로 물리 IP 주소와는 별도로 공유 IP 주소가 필요하다. 액티브 기기의 IP 주소, 스탠바이 기기의 IP 주소, 공유 IP 주소 등이 있다.[16] 이들 IP 주소를 잃어버리지 않도록 하자.

---

16   공유 IP 주소를 가지지 않고 액티브 기기의 물리 IP 주소를 그대로 사용하는 기기도 있다. 이는 선정한 기기의 사양에 따라 다르다. 설계 시에 확인하기 바란다.

또한 네트워크 기기의 관리 IP 주소와 서버의 원격 관리 어댑터(HP 서버의 iLO, Dell 서버의 iDRAC, IBM 서버의 IMM) 등 기기의 운용 관리에 사용하는 IP 주소도 잊어버리기 쉽다. 어느 정도 설계가 끝난 후에 "실은 이 IP 주소도 필요한데요…"라고 요청이 오면 매우 번거로우니 확실히 고려해 두자.

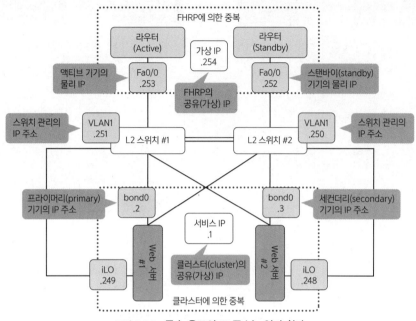

그림 2.3.8 **특수 용도의 IP 주소는 잊기 쉽다**

크게 취할까? 아니면 작게 취할까?

네트워크를 크게 취할까? 아니면 작게 취할까? 이것은 운용 관리에 크게 관여되는 문제다.

이전에는 IP 주소의 필요 개수에 따라 네트워크를 작게 잡는 것을 권장했다. 하지만 지금은 반드시 그렇지는 않다. 실제로 LAN 내에 배치한 사용자 VLAN을 21비트로 구분하여 수천 개의 단말을 1 VLAN으로 운용하는 곳도 있었다. 물론 그런 경우 동일한 VLAN에 있는 터미널 모두가 불필요한 브로드캐스트를 수신하게 된다. 그러나 최근 OS는 그렇게까지 브로드캐스트를 많이 사용하지 않으며 인터페이스 속도도 빨라 네트워크를 크게 해도 의외로 운용이 가능하다. 네트워크를 크게 하면 크게 할수록 VLAN이 적게 되고 설정도 운용 관리도 편해진다.

네트워크를 크게 취했을 때의 우려는 브리징 루프bridging loop**다.** 네트워크가 커질수록 루프의 영향 범위가 커진다. 브리징 루프가 발생하면 해당 VLAN에 속한 노드 모두가 통신할 수 없게 된다. 그뿐만 아니라 라우팅 포인트에 따라서는 모든 노드가 통신할 수 없게 된다. **스패닝 트리 프로토콜**Spanning Tree Protocol, STP**을 사용하여 루프를 방지하는 설계도 동시에 실시해야 한다.** 브리징 루프와 STP에 대해서는 4.1.2절에서 자세히 설명하겠다.

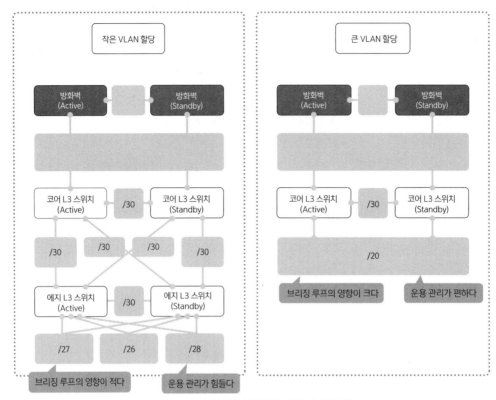

그림 2.3.9 **VLAN을 크게 취할까? 작게 취할까?**

네트워크를 취하는 방법으로 또 다른 방법이 있다. **IP 주소의 필요 수량에 관계없이 '/24'로 통일하는 설계 방법이다.** 24비트는 알기 쉽고 관리하기 쉽다. 어떠한 크기로 할 것인가는 요구 사항에 달려 있다. 제대로 요구 사항을 파악하여 네트워크를 취할 방법을 생각하길 바란다.

⚡ 네트워크를 순서대로 정렬하여 집약하기 쉽게 하기

효율적인 서브네팅은 경로의 집약으로 이어져 경로 간소화에도 도움이 된다. 네트워크를 순서대로 잘 정렬하여 더 집약하기 쉽고 더 단순하게 되도록 설계하자. **"어디에 몇 비트로 집약한다"라고 먼저 정의해 두면 나중에 확장성도 높아진다.**

필자는 네트워크를 표 2.3.2와 같은 표로 정리한다. 표에 정리하면 집약도 쉽고 관리도 쉬워진다. 표 2.3.2의 경우 서버에 할당하는 네트워크가 결국 24비트로 집약할 수 있도록 네트워크를 할당한다. 이런 IP 주소 설계는 테트리스를 하는 것 같아서 즐겁다.

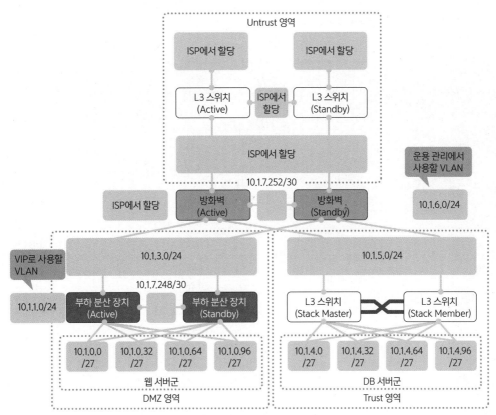

그림 2.3.10 **네트워크를 순서대로 잘 정렬하기**

표 2.3.2 **네트워크를 표로 정리해 두기**

10진수 표기	255.255. 255.0	255.255. 255.128	255.255. 255.192	255.255. 255.224	255.255. 255.240	255.255. 255.248	255.255. 255.252	용도
슬래시 표기	/24	/25	/26	/27	/28	/29	/30	
최대 IP 수	254 (=256-2)	126 (=128-2)	62 (=64-2)	30 (=32-2)	14 (=16-2)	6 (=8-2)	2 (=4-2)	
할당 네트워크	10.1.0.0	10.1.0.0	10.1.0.0	10.1.0.0	10.1.0.0			웹 ①
					10.1.0.32			웹 ②
			10.1.0.64		10.1.0.64			웹 ③
					10.1.0.96			웹 ④
		10.1.0.128	10.1.0.128		10.1.0.128			장래 확장 예정
					10.1.0.160			장래 확장 예정
			10.1.0.192		10.1.0.192			장래 확장 예정
					10.1.0.224			장래 확장 예정

표 2.3.2 **네트워크를 표로 정리해 두기(계속)**

10진수 표기	255.255.255.0	255.255.255.128	255.255.255.192	255.255.255.224	255.255.255.240	255.255.255.248	255.255.255.250	용도
슬래시 표기	/24	/25	/26	/27	/28	/29	/30	
최대 IP 수	254 (=256-2)	126 (=128-2)	62 (=64-2)	30 (=32-2)	14 (=16-2)	6 (=8-2)	2 (=4-2)	
할당 네트워크				10.1.1.0				VIP
				10.1.2.0				VIP 장래 확장 예정
				10.1.3.0				FW-LB 간
	10.1.4.0	10.1.4.0	10.1.4.0	10.1.4.0				DB ①
				10.1.4.32				DB ②
			10.1.4.64	10.1.4.64				DB ③
				10.1.4.96				DB ④
		10.1.4.128	10.1.4.128	10.1.4.128				장래 확장 예정
				10.1.4.160				장래 확장 예정
			10.1.4.192	10.1.4.192				장래 확장 예정
				10.1.4.224				장래 확장 예정
				10.1.5.0				FW-L3 간
				10.1.6.0				운용 관리
	10.1.7.0	10.1.7.0	10.1.7.0	10.1.7.0				비었음
		10.1.7.128	10.1.7.128	10.1.7.128				비었음
			10.1.7.192	10.1.7.192				비었음
				10.1.7.224	10.1.7.224			비었음
					10.1.7.240	10.1.7.240		비었음
						10.1.7.248	10.1.7.248	LB-LB 간
							10.1.7.252	FW-FW 간

어디서부터 IP 주소를 할당할지 통일성을 갖게 한다

할당된 네트워크의 어디서부터 어떻게 IP 주소를 사용해 나가면 될까? 이것도 통일성을 갖게 하면 쉽게 이해할 수 있다. 예를 들어 "개수가 변동하기 쉬운 서버나 사용자 단말은 앞에서부터 사용하고 네트워크 기기는 뒤에서부터 사용하는 형태"로 IP 주소의 할당에 통일성을 갖게 하면 나중에 관리도 쉬워진다. 또한 비슷한 구성을 설계하는 경우에도 붕어빵처럼 동일한 정책을 적용할 수 있어 편하게 작업할 수 있다. 필자는 기존의 정책이 없는 한 정책은 완전히 같게 하여 작업 효율성과 작업 오류 감소를 도모한다.

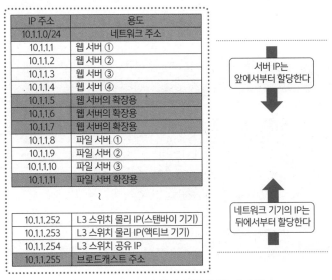

IP 주소	용도
10.1.1.0/24	네트워크 주소
10.1.1.1	웹 서버 ①
10.1.1.2	웹 서버 ②
10.1.1.3	웹 서버 ③
10.1.1.4	웹 서버 ④
10.1.1.5	웹 서버의 확장용
10.1.1.6	웹 서버의 확장용
10.1.1.7	웹 서버의 확장용
10.1.1.8	파일 서버 ①
10.1.1.9	파일 서버 ②
10.1.1.10	파일 서버 ③
10.1.1.11	파일 서버 확장용
≀	
10.1.1.252	L3 스위치 물리 IP(스탠바이 기기)
10.1.1.253	L3 스위치 물리 IP(액티브 기기)
10.1.1.254	L3 스위치 공유 IP
10.1.1.255	브로드캐스트 주소

서버 IP는 앞에서부터 할당한다

네트워크 기기의 IP는 뒤에서부터 할당한다

그림 2.3.11 **IP 주소의 할당에 통일성을 갖게 한다**

2.3.3 라우팅은 단순하게

'라우팅 설계'를 살펴보자. 할당된 네트워크 주소를 어디를 어떻게 라우팅할지 설계한다. 어디를 어떻게 라우팅할지는 향후의 관리성과 확장성에 크게 관여한다. 미래지향적인 라우팅 설계를 해야 한다.

라우팅의 대상 프로토콜 고려하기

라우팅의 대상 프로토콜을 정의한다. 이전에는 **Apple Talk**나 **SNA**Systems Network Architecture, **FNA**Fujitsu Network Architecture, **IPX**Internetwork Packet Exchange 등 많은 프로토콜이 혼재했고 각각 라우팅해야 했다. 지금은 IP 전용 환경이 대부분이다. 옛날에 비해 상당히 이해하기 쉬워졌다. IP 패킷만을 라우팅 대상으로 정의하는 경우가 많다.

라우팅의 방법 고려하기

라우팅의 방법은 정적 라우팅 및 동적 라우팅밖에 없다. **어떠한 라우팅 방식을 사용할지 정의한다.**

인터넷 전용의 통신은 디폴트

통신 상대가 인터넷에 있는 경우 해당 IP 주소는 불특정하다. 따라서 방화벽이나 부하 분산 장치 등 **해당 네트워크 안에서 인터넷에 대해 출구가 되는 기기의 IP 주소를 기본 게이트웨이로 설정한다.** 중복화 구성의 경우는 해당 공유 IP 주소가 기본 게이트웨이가 된다.

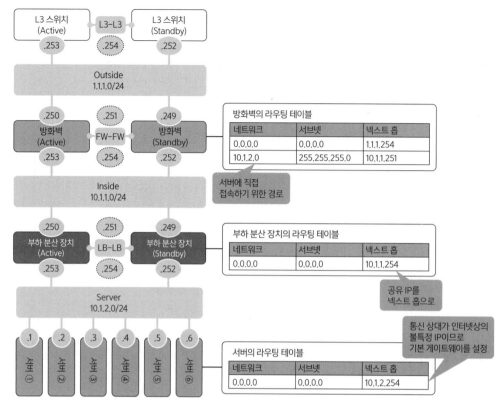

방화벽의 라우팅 테이블		
네트워크	서브넷	넥스트 홉
0.0.0.0	0.0.0.0	1.1.1.254
10.1.2.0	255.255.255.0	10.1.1.251

서버에 직접
접속하기 위한 경로

부하 분산 장치의 라우팅 테이블		
네트워크	서브넷	넥스트 홉
0.0.0.0	0.0.0.0	10.1.1.254

공유 IP를
넥스트 홉으로

통신 상대가 인터넷상의
불특정 IP이므로
기본 게이트웨이를 설정

서버의 라우팅 테이블		
네트워크	서브넷	넥스트 홉
0.0.0.0	0.0.0.0	10.1.2.254

* 실제로는 직접 접속(connected)의 네트워크도 라우팅 테이블에 기재된다. 여기에서는 알기 쉽게 하기 위해 설정할 경로 정보만을 그렸다.

그림 2.3.12 **기본 게이트웨이 설정하기**

공개 서버의 백엔드에 DB 서버와 AP 서버를 배치할 VLAN이 있는 경우는 공개 서버에 해당 VLAN에 대한 정적 경로를 설정한다. 아주 가끔 백엔드에 대해서도 기본 게이트웨이를 설정해서 여러 개의 기본 게이트웨이를 갖는 서버를 볼 수도 있지만 이것은 잘못된 설정이다. **서버의 기본 게이트웨이는 반드시 하나다.** 특정 VLAN으로의 경로가 별도의 넥스트 홉을 가질 경우는 해당 VLAN으로의 정적 경로를 별도로 설정하길 바란다. 그림 2.3.13을 예로 들어 설명하면 이 구성에서는 웹 서버가 프런트엔드와 백엔드라는 두 개의 VLAN에 속해 있다. 따라서 프런트엔드에 속한 NIC에 프런트엔드의 IP 주소/서브넷 마스크와 기본 게이트웨이를 설정하고 백엔드에 속한 NIC에 백엔드의 IP 주소/서브넷 마스크만 설정한다. 또한 DB 서버(10.1.3.0/24)용 정적 경로를 설정한다. 참고로 윈도우 및 리눅스 모두 'route add' 명령으로 정적 경로를 설정할 수 있다.

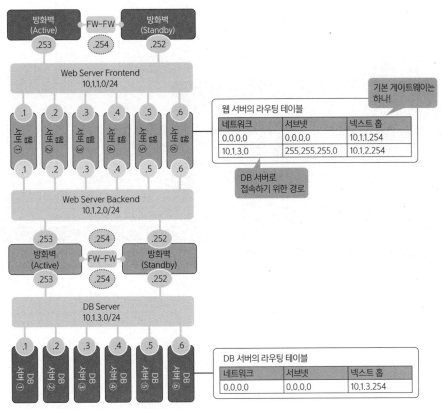

그림 2.3.13 **기본 게이트웨이는 하나**

ISP와의 접속점에서는 BGP가 동작한다

ISP 안에서는 BGP가 동작하며 커다란 AS가 구성되어 있다. 인터넷에 공개되는 서버 사이트는 해당 AS에 매달린 프라이빗 AS로 구성된다.

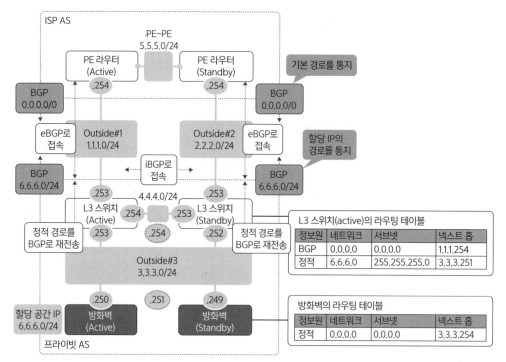

L3 스위치(active)의 라우팅 테이블

정보원	네트워크	서브넷	넥스트 홉
BGP	0.0.0.0	0.0.0.0	1.1.1.254
정적	6.6.6.0	255.255.255.0	3.3.3.251

방화벽의 라우팅 테이블

정보원	네트워크	서브넷	넥스트 홉
정적	0.0.0.0	0.0.0.0	3.3.3.254

* FW-FW 간의 VLAN은 ISP 접속과 관계가 없기 때문에 그림에서 생략했다.

그림 2.3.14 **ISP와는 BGP로 접속한다**

시스템의 최상위에 있는 L3 스위치(CE 스위치)는 ISP의 PE~Provider Edge~ 라우터와 eBGP 페어, 병렬로 배치된 다른 하나의 L3 스위치와 iBGP 페어를 연결해 인터넷에서 서버 사이트로 할당된 글로벌 IP 주소에 대한 경로를 확보한다. 더불어서 BGP 애튜리뷰트를 컨트롤하여 사용할 회선을 제어하거나 중복성을 확보한다.[17]

이번에는 PE 라우터 관점에서 좀 더 구체적으로 설명하겠다. PE 라우터는 L3 스위치(CE 스위치)에 대해 기본 경로(0.0.0.0/0)를 BGP로 건넨다.[18] [19] 이때 애트리뷰트에 차이를 부여(예를 들어 대기 PE 라우터에서 송출되는 경로에 더미 AS_PATH를 추가)하여 한쪽의 PE 라우터에만 아웃바운드 패킷이 흘러가도록 제어한다. 또한 PE 라우터는 L3 스위치로부터 할당된 글로벌 IP 주소(네트워크 주소)를 BGP로 받는다. 마찬가지로 애트리뷰트에 차이를 부여(예를 들어 대기 CE 스위치에서 받은 경로에 더미 AS_PATH를 추가)하여 한쪽의 PE 라우터에만 인바운드 패킷이 흘러가도록 제어한다.

---

17 상위 BGP의 구성은 ISP와 그 서비스에 따라 다르다. 이 책에서는 단일 ISP에 두 회선으로 접속하여 회선의 중복화를 도모하는 구성을 상정한다.

18 실제로 정적 경로나 IGP를 BGP에 재전송하거나 특정 경로만을 BGP에 기재하여 경로를 확보한다.

19 L3 스위치가 받는 경로는 기본 경로뿐이다. 따라서 인터넷 풀 경로(2019년 기준 약 75만 경로)를 스트레스 없이 처리할 수 있는 고가의 L3 스위치를 준비할 필요는 없다.

라우팅 프로토콜 통일하기

LAN 안에서 라우팅 프로토콜을 동작시키는 경우는 하나의 라우팅 프로토콜로 통일을 도모하는 편이 좋다. 물론 재전송을 구사하여 여러 라우팅 프로토콜을 작동시키는 것도 가능하며 그럴 수밖에 없는 상황도 있다. 그러나 가능하다면 **하나의 라우팅 프로토콜로 운용해 나가도록 전환해 나가는 편이 이후 운용에 도움이 된다.**

라우팅 방식은 코어 라우팅이나 에지 라우팅 중의 하나를 선택

LAN 안에서 라우팅을 설계할 경우 라우팅 방식도 중요한 설계 포인트가 된다. 라우팅 방식은 라우팅 포인트(패킷을 라우팅시키는 포인트)를 네트워크 구성의 어느 수준에 반영할 것이냐에 따라 '**코어**core **라우팅**'과 '**에지**edge **라우팅**' 두 종류로 크게 나눌 수 있다.

코어 라우팅은 네트워크 중심에 있는 코어 스위치에서 모든 라우팅 패킷을 라우팅하는 방식이다. 코어 스위치로 L3 스위치, 에지 스위치로 L2 스위치를 배치한다. 라우팅 포인트가 코어 스위치 하나로 되어 있어 운용하기 쉽고 문제 해결도 하기 쉬운 방식이다. 그러나 하나의 VLAN에서 브리징 루프가 발생할 경우 그 영향이 모든 VLAN에 파급된다. 그 때문에 루프 대책을 위한 STP 설계도 제대로 해야 한다. 또한 모든 라우팅 패킷이 코어 스위치를 경유하기 때문에 코어 스위치의 처리 부하에도 주의를 기울여야 한다.

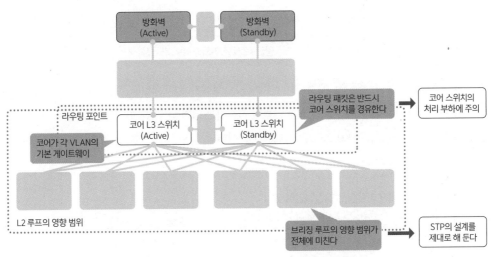

그림 2.3.15 **코어 라우팅은 코어 스위치만으로 라우팅**

에지 라우팅은 네트워크의 가장자리edge에 있는 에지 스위치에서 라우팅하는 방식이다. 코어 스위치, 에지 스위치 모두에 L3 스위치를 배치한다. 코어 스위치와 에지 스위치 사이는 라우팅 프로토콜로 LAN 내의 경로를 동기화해 에지 스위치에서도 라우팅한다. 동일한 에지 스위치 아래에 있는 VLAN 간 라우티드 패킷이 에지 스위치의 처리로 완결되기 때문에 부하가 분산된다. 또한 브리징 루프의 영향도 일부로 한정된다. 그러나 라우팅을 할 포인트가 많아 구성이 조금 복잡하기 때문에 운용 관리가 어려워진다는 단점도 있다.

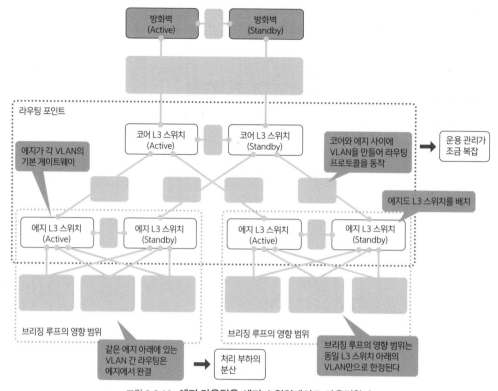

그림 2.3.16 **에지 라우팅은 에지 스위치에서도 라우팅한다**

이전에는 "VLAN을 작게 만들어 에지 라우팅"이라는 형태가 선호되었다. 최근에는 운용 관리 면의 장점을 최대한 살릴 수 있는 "**VLAN을 크게 만들어 사용하는 코어 라우팅**" 형태가 주류를 이룬다. 두 라우팅 방식은 각기 일장일단이 있으므로 어느 쪽을 선택할지는 요구 사항에 따라 다르다. 요구 사항을 제대로 파악하여 설계하자.

표 2.3.3 **코어 라우팅과 에지 라우팅은 일장일단이 있다**

라우팅 방식	코어 라우팅	에지 라우팅
라우팅 포인트	코어 스위치	코어 스위치~에지 스위치
각 VLAN의 기본 게이트웨이	코어 스위치	에지 스위치
논리 구성	단순	조금 복잡
운용 관리	단순	조금 복잡
라우티드 패킷(routed packet)의 처리 부하	코어 스위치에 집중	에지 스위치에도 분산
L2 루프의 범위	크다	작다

라우팅 프로토콜의 처리는 라우터, L3 스위치에 맡긴다

방화벽 및 부하 분산 장치, 서버에서도 라우팅 프로토콜을 동작시킬 수 있다. 그러나 사용하는 것을 권장하지는 않는다. 아주 가끔이지만 어디선가 설명서의 문구를 인용하여 "기능이 있다면 사용하고 싶다"라고 말하는 관리자도 있는데 틀렸다. 동작하면 당연한 것이고 트러블이 생기면 대형 사고인 네트워크 세계에서는 "기능을 갖는 것"과 "기능을 사용하는 것"은 다른 문제. 특히 라우팅 프로토콜에 관해서는 전문 기기에 맡겨야 한다. 지금 잘 동작하는 것 같아도 향후에도 안정적으로 계속 동작한다는 보장은 없다. **라우팅 프로토콜은 L3 스위치 또는 라우터를 준비하여 사용하자.**

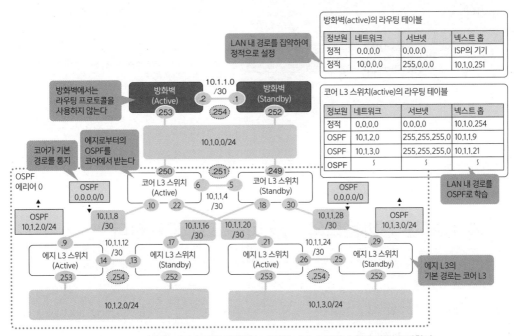

그림 2.3.17 **라우팅 프로토콜을 사용하는 경우는 L3 스위치나 라우터를 준비한다**

경로 집약으로 경로 수 줄이기

어디에서 얼마나 집약할까? 확실히 정해 두는 편이 좋다. 모든 경로를 그저 흘려보내고만 있으면 경로 수가 맹목적으로 늘어나 알기 어렵다. 결과적으로 설정 실수로 이어질 수 있다. 네트워크 주소를 질서 있게 할당하여 효율적으로 경로 집약을 도모하자.

그림 2.3.18에서는 각 영역의 경로를 방화벽에서 /27를 /24로 집약하여 경로의 단순화를 도모한다.

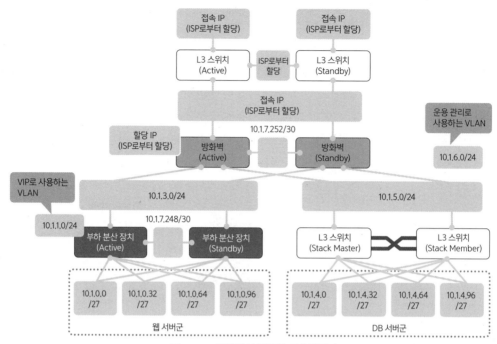

그림 2.3.18 **집약하여 경로를 단순화하기**

2.3.4 NAT는 인바운드와 아웃바운드로 고려한다

NAT는 익숙해지지 않으면 어렵게 느껴져 결국 멀리하기 쉽다. 그러나 주소를 변환하는 장소를 제대로 정의한 후 어디에서 어디로 어떻게 NAT할지 생각하면 그렇게까지 어렵지 않다. 이 책에서는 **인바운드**inbound(**인터넷에서 서버 사이트에 들어오는 통신**) 및 **아웃바운드**outbound(**서버 사이트에서 인터넷으로 나가는 통신**)로 나누어 생각해 보겠다.[20]

〜 NAT는 시스템의 경계에서

NAT도 라우팅과 동일하게 가능한 단순하게 설계한다. 한 시스템의 여러 곳에서 주소를 변환하면 결국 잘 모르게 된다. 가능한 여러 횟수에 걸친 NAT는 피하고 알기 쉽게 설계하는 것이 좋다.

NAT는 시스템의 경계에서 이루어지도록 한다. 서버 사이트의 경우 인터넷과의 경계인 방화벽에서 NAT를 하는 것이 대부분일 것이다. 방화벽에서 글로벌 IP 주소와 프라이빗 IP 주소를 상호 교환한다.

---

20 부하 분산 기술도 주소 변환을 이용한 기술의 하나인데 모두 정리해 설명하면 이해하기 어렵다. 제3장에서 자세히 설명하겠다.

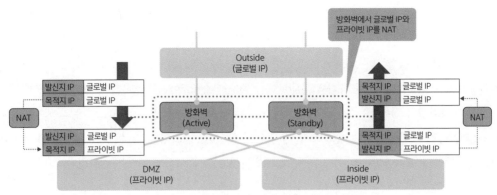

그림 2.3.19 NAT는 방화벽에서 동작하는 경우가 많다

🔌 인바운드 통신에서의 주소 변환

인바운드(들어오는) 통신은 인터넷 사용자로부터 공개 서버에 대한 통신이다. 목적지 IP 주소를 변환한다. 우선은 **인터넷에 공개할 서버를 파악하여 해당 IP 주소를 주소 변환 대상으로 한다.**

서버 사이트의 NAT는 조금 특수해서 혼란에 빠지기 쉽다. 일단 정리해 보겠다.

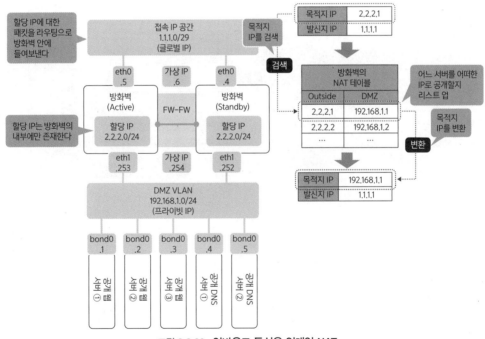

그림 2.3.20 인바운드 통신은 일대일 NAT

ISP와 글로벌 IP 주소를 계약하면 '접속 IP 주소 공간'과 '할당 IP 주소 공간'이라는 두 가지 글로벌 IP 주소 공간이 제시된다.[21] 접속 IP 주소 공간은 ISP에 접속하는 데 사용하는 복수의 VLAN이다. 방화벽의 Untrust 영역에 설정한다. 대조적으로 할당 IP 주소 공간은 공개 서버 및 아웃바운드인 NAPT의 IP 주소에 사용할 VLAN이다. 방화벽의 내부에만 존재한다. ISP에서는 할당 IP 주소 공간에 대한 넥스트 홉을 방화벽의 접속 IP 주소로 설정한다.[22] 이렇게 하여 할당 IP 주소 공간으로의 패킷은 프록시 ARP가 아니라 라우팅으로 방화벽 안에 들어가게 된다. 방화벽은 그 패킷의 목적지 IP 주소를 NAT 테이블에서 조회하여 프라이빗 IP 주소로 변환하고 공개 서버에 패킷을 전달한다.

⌁ 아웃바운드 통신에서의 주소 변환

아웃바운드(나가는) 통신은 서버나 사용자로부터 인터넷에 대한 통신이다. 발신지 IP 주소를 변환한다. 인터넷에 대한 통신은 NAPT를 사용하여 여러 프라이빗 IP 주소를 하나의 글로벌 IP 주소로 변환하는 경우가 많다. **어느 VLAN에서 인터넷으로 내보내야 하는지 파악하여 해당 네트워크 주소를 발신지 IP 주소의 변환 대상으로 한다.**

참고로 일대일 NAT를 정의하는 공개 서버의 아웃바운드 통신은 대부분 인바운드의 정의를 반대로 사용한다.

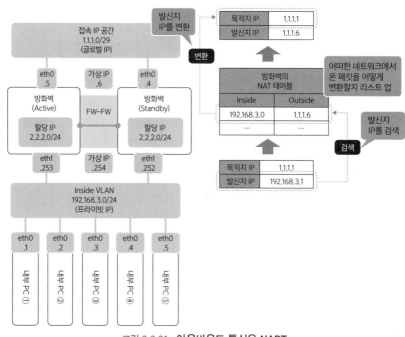

그림 2.3.21 **아웃바운드 통신은 NAPT**

---

21 접속 IP 주소 공간을 '구간 IP 주소 공간', 할당 IP 주소 공간을 '공간 IP 주소'라고도 한다. 이는 ISP에 따라 호칭이 다르다.
22 중복화하는 경우는 넥스트 홉을 공유 IP 주소로 설정한다.

제 **3** 장

보안 설계 · 부하 분산 설계

이 장 의 개 요

이 장에서는 서버 사이트에서 사용하는 트랜스포트transport 계층부터 애플리케이션 계층까지의 기술과 사용할 때의 설계 포인트에 대해서 설명하겠다.

현재 사용되거나 개발되는 애플리케이션의 대부분 네트워크를 이용하도록 만들어져 있어 트래픽은 현재도 매우 빠른 속도로 증가한다. 급증하는 트래픽을 어디까지 서포트해야 할 것인가? 그리고 어디까지 처리해야 할 것인가? 서버 사이트에서 중요한 포인트가 될 수 있다. 넘쳐 나는 트래픽, 복잡해지는 애플리케이션의 요구에 유연하게 대응할 수 있도록 기술과 사양을 제대로 이해하여 최적의 보안 환경, 최적의 부하 분산 환경을 설계해 나가자.

트랜스포트 계층은 애플리케이션 데이터를 효율적으로 전송하는 방법을 제공한다. 네트워크 계층의 역할은 애플리케이션에서 전달된 데이터를 해당 노드에 전해 주는 부분까지이며 그 이상은 해 주지 않는다. 어떠한 애플리케이션 데이터를 보내는지도 모르며 해당 애플리케이션이 어떠한 통신 제어를 요청할지도 신경 쓰지 않는다. 트랜스포트 계층은 그런 네트워크 계층의 부족함을 애플리케이션의 측면에서 커버하는 레이어다. 네트워크 및 애플리케이션의 가교가 되어 통신의 유연성을 확보한다.

3.1.1 애플리케이션 데이터를 통신으로 제어하고 식별한다

트랜스포트 계층은 애플리케이션 데이터의 통신 제어를 하기 위해 존재하는 레이어다. 2.2절에서 설명한 것처럼 네트워크 계층은 이더넷 네트워크를 연결해 서로 다른 이더넷 네트워크에 존재하는 비인접 노드와의 접속성을 확보하기 위한 레이어다. 트랜스포트 계층은 네트워크 계층에서 확보한 접속성 위에서 애플리케이션의 요구에 따른 통신 제어를 실시하여 해당 데이터가 어느 애플리케이션의 데이터인지를 식별하기 위한 '**트랜스포트 헤더**'라는 제어 정보를 추가한다. 트랜스포트 계층에서 사용하는 프로토콜에는 '**UDP**'와 '**TCP**Transmission Control Protocol' 두 종류가 있다. UDP의 트랜스포트 헤더를 'UDP 헤더', 헤더 처리에 따라 만들어지는 데이터를 '**UDP 데이터그램**'이라고 부른다. 또한 TCP의 트랜스포트 헤더를 'TCP 헤더', 헤더 처리에 따라 만들어지는 데이터를 '**TCP 세그먼트**'라고 한다. 트랜스포트 계층에는 이 두 가지에 관한 여러 방식이 정의되어 있다.

트랜스포트 계층은 OSI 참조 모델의 아래에서 네 번째 계층이다. 송신할 때는 세션 계층에서 받은 애플리케이션 데이터에 UDP/TCP 헤더를 부가하고 UDP 데이터그램/TCP 세그먼트화를 한 후 네트워크 계층에 전달한다. 수신할 때는 네트워크 계층에서 받은 IP 패킷에 대해 송신할 때와는 반대 처리를 한 후 세션 계층에 전달한다. 각각의 처리를 세분화해서 설명하겠다.

먼저 송신할 때다. 세션 계층에서 받는 애플리케이션 데이터에는 사용자의 입력 정보와 입출력 화면의 정보 등 애플리케이션에 대한 정보만 포함되었다. 이것만으로는 해당 애플리케이션이 어떠한 통신 제어가 필요한지, 어떠한 서비스를 사용한 애플리케이션인지 전혀 알 수 없다. 따라서 트랜스포트 계층에서는 어떠한 통신 제어가 필요한지 'UDP'나 'TCP'의 프로토콜로 나타내고 UDP 헤더 또는 TCP 헤더를 부가하여 네트워크 계층으로 보낸다. 어떠한 서비스를 사용한 애플리케이션인가는 헤더 내에 포함된 '**포트 번호**'라는 숫자로 표시한다.

다음으로 수신할 때다. 네트워크 계층에서 받은 IP 패킷의 IP 헤더에는 IP 페이로드를 구성하는 프로토콜을 나타내는 '프로토콜 번호'의 필드가 있다. 트랜스포트 계층에서는 프로토콜 번호를 보고 해당 데이터가 UDP 데이터그램인지 TCP 세그먼트인지 판단한다. 그리고 UDP 헤더/TCP 헤더를 제거하고 애플리케이션 데이터로 변경하여 세션 계층에 전달한다. 송신할 때와는 반대의 처리다.

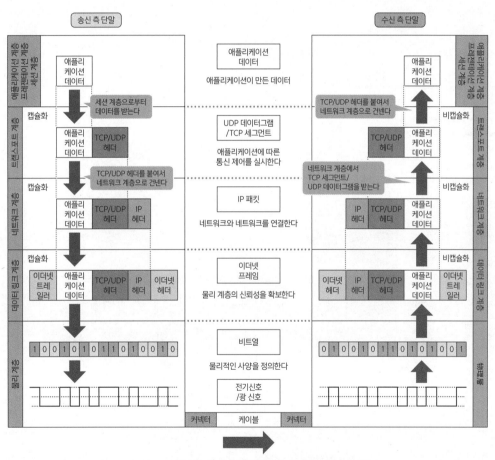

그림 3.1.1 **트랜스포트 계층에서 트랜스포트 헤더를 부가한다**

⟿ 트랜스포트 계층에서 사용하는 프로토콜은 TCP와 UDP

트랜스포트 계층은 네트워크 및 애플리케이션의 가교가 되는 역할을 담당한다. 애플리케이션이라는 한마디로 표현했지만 네트워크에 요구하는 것은 다양하다. 트랜스포트 계층은 요청을 '즉시성realtime' 과 '신뢰성'으로 분류하여 각각 서로 다른 프로토콜을 사용한다. **즉시성을 요구하는 애플리케이션에는 UDP를 사용한다. 신뢰성을 요구하는 애플리케이션에는 TCP를 사용한다.** 어느 프로토콜을 사용하는지는 IP 헤더 안에 있는 프로토콜 번호 필드에 정의되어 있다. 각각 자세히 설명하겠다.

표 3.1.1 **UDP와 TCP는 신뢰성으로 사용 방식을 나눈다**

항목	UDP	TCP
프로토콜 번호	17	6
신뢰성	낮다.	높다.
처리 부하	작다.	크다.
즉시성(리얼타임성)	빠르다.	늦다.

UDP로 빨리 보낸다

UDP는 음성 통화Voiceover IP, VoIP 및 시간 동기, 도메인 이름 해결, DHCP와 같은 즉시성을 요구하는 애플리케이션에서 사용한다. 별다른 체크 없이 보내기만 하여 신뢰성은 없지만 불필요한 단계를 생략하므로 즉시성이 높다.

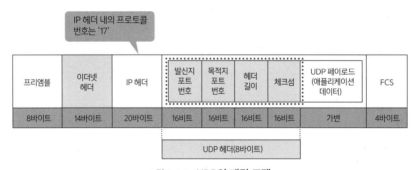

그림 3.1.2 **UDP의 패킷 포맷**

UDP는 즉시성을 추구하기 때문에 패킷 포맷도 간단하게 구성되었다. TCP 헤더의 크기는 20바이트인 반면 UDP 헤더의 크기는 8바이트(64비트)밖에 되지 않는다. 클라이언트는 UDP로 UDP 데이터그램을 만들어 보내기만 할 뿐이다. 서버는 신경 쓰지 않는다. 데이터를 받은 서버는 UDP 헤더에 포함된 헤더 길이와 체크섬을 사용하여 데이터가 손상되지 않았는지 확인한다. 체크에 성공하면 데이터를 받아들인다.

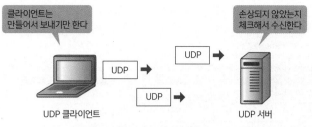

클라이언트는 만들어서 보내기만 한다

손상되지 않았는지 체크해서 수신한다

UDP 클라이언트

UDP 서버

그림 3.1.3 **UDP는 보내기만 한다**

TCP로 확실히 보낸다

TCP는 메일이나 파일 전송, 웹 브라우저 등 신뢰성을 요구하는 애플리케이션에서 사용한다. 데이터를 보내기 전 가상적인 통신로를 만들고 그 안에서 데이터를 교환한다. 이 통신 경로를 '**TCP 커넥션**'이라고 한다. TCP로 데이터를 교환하는 방법은 조금 복잡하다. 곧 설명하겠다. 여기서 개략적으로 설명하자면 데이터를 보낼 때마다 "보내요~", "받았어요~"라고 확인하면서 양방향으로 서로 주고받는 식이다. 그때마다 확인하면서 서로 주고받기 때문에 신뢰성이 높다. 구글이 개발한 QUICQuick UDP Internet Connnections가 대두됨에 따라 향후 어떻게 될지는 알 수 없지만 적어도 2019년 기준으로도 인터넷에 전송되는 트래픽의 90% 이상이 TCP로 구성되어 있다.

IP 헤더 내의 프로토콜 번호는 '6'

프리 엠블	이더넷 헤더	IP 헤더	발신지 포트 번호	목적지 포트 번호	시퀀스 번호	ACK 번호	데이터 옵셋	예약 영역	컨트롤 비트	윈도 사이즈	체크섬	긴급 포인터	옵션 + 패딩	TCP 페이로드 (애플리케이션 데이터)	FCS
8바이트	14바이트	20바이트	16비트	16비트	32비트	32비트	4비트	6비트	6비트	16비트	16비트	16비트	32비트	가변	4바이트

TCP 헤더(20바이트)

그림 3.1.4 **TCP의 패킷 포맷**

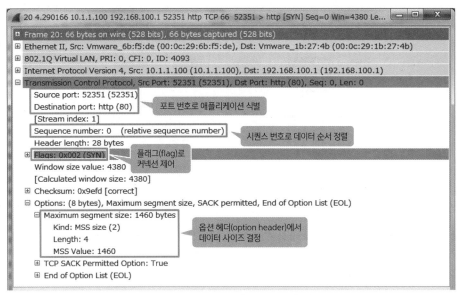

그림 3.1.5 **TCP 헤더에는 많은 정보가 포함되어 있다**

TCP는 신뢰성이 필요하여 패킷 포맷도 다소 복잡하다. 20바이트(160비트)나 사용한다. 많은 헤더를 사용하여 어떠한 "보내요~"에 대해 "받았어요~"를 제대로 하는지 확인하면서 효율적으로 데이터를 송수신한다.

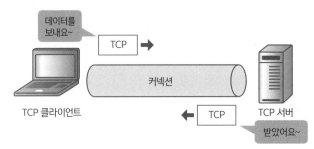

그림 3.1.6 **TCP는 확실히 보낸다**

포트 번호로 애플리케이션 식별하기

트랜스포트 계층에는 또 다른 중요한 역할이 있다. **'애플리케이션(서비스)의 식별'[1]**이다. 앞서 언급했듯이 네트워크 계층만 있으면 데이터는 대상 노드에 도착한다. 그러나 데이터를 수신한 노드는 데이터를 어떻게 처리해야 할지 모른다. 그래서 트랜스포트 계층을 사용한다. 트랜스포트 계층은 해당 데이터가 어떠한 애플리케이션의 것인지 '포트 번호'라는 형태로 식별할 수 있다. 포트 번호는 애플리케이션

---

1   실제로 애플리케이션 자체의 식별보다는 애플리케이션을 사용하는 서비스 프로세스의 식별이다. 이 장에서는 알기 쉽게 '애플리케이션=서비스 프로세스'로 정의한다.

과 연관되어 목적지 포트 번호를 보면 어떠한 애플리케이션 데이터인지 알 수 있다. 그 정보를 보고 어떠한 애플리케이션에 전달되었는지 확인한다.

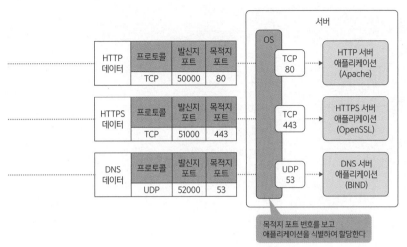

그림 3.1.7 **목적지 포트 번호를 보고 할당하기**

포트 번호는 '0~65535(16비트)'까지의 숫자다. 할당 범위와 사용 용도에 따라 '**System Port**', '**User Ports**', '**Dynamic and/or Private Ports**' 세 종류로 분류한다. 세분화해서 설명하겠다.

표 3.1.2 **포트 번호는 세 종류로 분류된다**

포트 번호의 범위	종류	설명
0~1023	System Ports(Well-known Ports)	일반적인 애플리케이션에서 사용
1024~49151	User Ports	제조업체의 자체 애플리케이션에서 사용
49152~65535	Dynamic and/or Private Ports	클라이언트 측에서 임의로 할당하여 사용

■ System Ports

'0~1023'은 System Ports다. 일반적으로는 'Well-known Ports'로 알려졌다. System Ports는 ICANN 의 산하기관인 인터넷 할당 번호 관리 기관Internet Assigned Numbers Authority, IANA에 의해 관리되며, 일반적인 서버 애플리케이션에 고윳값이 할당되어 있다. 예를 들어 UDP의 123번이라면 ntpd나 xngpd 등 시간 동기화에 사용하는 'NTP'의 서버 애플리케이션과 관련되어 있다. 또한 TCP/80이라면 아파치나 IISInternet Information Server, nginx 등 웹 서버에서 사용하는 HTTP와 관련 있다. 대표적인 System Ports는 표 3.1.3과 같다.

표 3.1.3 **System Ports는 일반적인 서버 애플리케이션에서 사용한다**

포트 번호	TCP	UDP
20	FTP(데이터)	–
21	FTP(제어)	–
22	SSH	–
23	Telnet	–
25	SMTP	–
53	DNS(Zone 전송)	DNS(이름 해결)
67	–	DHCP(서버)
68	–	DHCP(클라이언트)
69	–	TFTP
80	HTTP	–
110	POP3	–
123	–	NTP
137	NetBIOS 이름 서비스	NetBIOS 이름 서비스
138	–	NetBIOS 데이터그램 서비스
139	NetBIOS 세션 서비스	–
161	–	SNMP Polling
162	–	SNMP Trap
443	HTTPS	HTTPS(QUIC)
445	다이렉트 호스팅	–
514	Syslog	Syslog
587	서브미션 포트	–

■ User Ports

'1024~49151'는 User Ports다. System Ports처럼 IANA에 의해 관리되며 기업이 개발한 독자적인 서버 애플리케이션에 고웃값으로 연관되어 있다. 예를 들어 TCP/3389라면 마이크로소프트 윈도우의 원격 데스크톱에서 사용한다. TCP/3306이라면 MySQL의 데이터베이스 접속에 사용한다. 대표적인 User Ports는 표 3.1.4와 같다.

표 3.1.4 **User Ports는 독자적인 애플리케이션에서 사용한다**

포트 번호	TCP	UDP
1433	Microsoft SQL Server	–
1521	Oracle SQL Net Listener	
1985	–	Cisco HSRP
3306	MySQL Database System	–
3389	Microsoft Remote Desktop Protocol	–
8080	Apache Tomcat	–
10050	Zabbix-Agent	Zabbix-Agent
10051	Zabbix-Trapper	Zabbix-Trapper

■ Dynamic and/or Private Ports

'49152~65535'는 Dynamic and/or Private Ports다. IANA에 의해 관리되지 않으며 클라이언트가 세그먼트를 만들 때 발신지 포트 번호로 임의 할당한다. 발신지 포트에 이 범위의 포트 번호를 무작위로 할당함으로써 어떠한 애플리케이션 프로세스에 반환하면 좋은지 알 수 있다. 무작위로 할당하는 포트의 범위는 OS에 따라 다르다. 예를 들어 윈도우 운영체제라면 '49152~65535'다. 리눅스라면 디폴트로 '32768~61000'이다. 리눅스가 사용하는 임의 포트의 범위는 IANA가 지정하는 Dynamic and/or Private Ports의 범위에서 미묘하게 벗어나 있다.

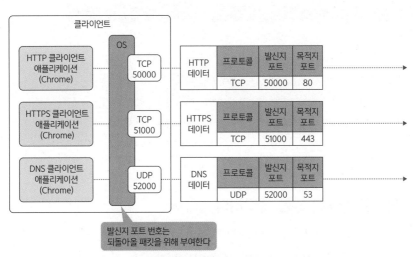

그림 3.1.8 **발신지 포트는 클라이언트가 임의로 할당한다**

수신 및 송신 시 포트 번호의 관계를 정리하여 도식화하면 그림 3.1.9와 같이 된다.

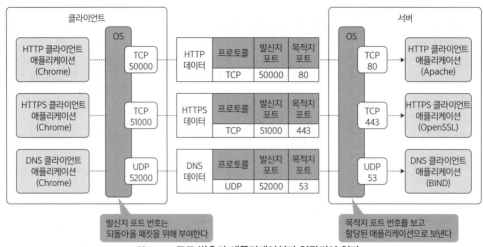

그림 3.1.9 **포트 번호가 애플리케이션과 연관되어 있다**

TCP는 해당 커넥션이 어떠한 상태에 있는지 '컨트롤 비트'로 제어한다. 컨트롤 비트는 6비트의 플래그로 구성되어 있으며 각각 1비트씩 표 3.1.5와 같은 의미다.

이 6비트를 어떻게 사용하는지에 대해서는 다음 절에서 자세히 설명하겠다.

표 3.1.5 **컨트롤 비트는 6비트의 그래프로 구성되어 있다**

비트	플래그명	단축명	의미
1비트째	URGENT	URG	긴급을 나타내는 플래그
2비트째	ACKNOWLEDGE	ACK	확인 응답을 나타내는 플래그
3비트째	PUSH	PSH	애플리케이션에 데이터를 건네는 플래그
4비트째	RESET	RST	커넥션을 강제 절단하는 플래그
5비트째	SYNCHRONIZE	SYN	커넥션의 연결 요청 플래그
6비트째	FINISH	FIN	커넥션을 종료하는 플래그

TCP 동작은 정교한 만큼 복잡하다

TCP는 커넥션의 신뢰성을 확보하기 위해 약간 복잡한 처리를 한다. 이 책에서는 그 처리를 '접속을 시작할 때', '접속 시', '접속 종료 시'의 3단계로 나누어 설명하겠다.

우선 커넥션을 개시할 때다. TCP 커넥션은 반드시 **스리웨이 핸드셰이크**3-way handshake'로 시작한다.

스리웨이 핸드셰이크란 TCP 커넥션을 확립하기 전의 인사를 나타내는 처리 절차라고 생각하면 된다. 클라이언트와 서버는 스리웨이 핸드셰이크 중 서로가 서포트하는 기능을 각자 소개하면서 '오픈_{open}'이라 불리는 준비를 실시한다. 오픈 처리에서 TCP 커넥션을 만들려는 측(클라이언트)의 처리를 **'액티브 오픈'**, TCP 커넥션을 받아들이는 측(서버)의 처리를 **'패시브 오픈'**이라고 부른다. TCP 커넥션 오픈에서 포인트는 '플래그', '시퀀스 번호', '옵션 헤더' 세 가지다. 각각 설명하겠다.

■ 플래그

스리웨이 핸드셰이크 플래그는 반드시 SYN → SYN/ACK → ACK 순서다. 이러한 상호 교환 후 ESTABLISHED 상태가 되어 'TCP 커넥션'이라는 가상 통신로가 완성된다. 앞서 말한 스리웨이 핸드셰이크는 TCP에서는 단지 인사와 같은 것이다. 실제 애플리케이션 데이터는 상호 교환하지 않는다.

■ 시퀀스 번호

시퀀스 번호는 그 이름처럼 데이터의 '순서'를 나타내는 번호다. 각 노드는 이 번호를 보고 데이터를 질서 있게 정렬한다.

스리웨이 핸드셰이크에서는 애플리케이션 데이터 전송에 사용되는 초기 시퀀스 번호를 결정한다. 커넥션을 시작하는 노드는 시퀀스 번호(x)를 임의로 선택하여 SYN을 보낸다. SYN을 받은 상대 노드는 동일한 방식으로 시퀀스 번호(y)를 임의로 선택하여 SYN/ACK를 보낸다. 마지막으로 시퀀스 번호에 x+1, ACK 번호에 y+1을 넣어서 ACK를 보낸다. x+1과 y+1이 각 노드의 초기 시퀀스 번호가 된다.

스리웨이 핸드셰이크의 시퀀스 번호와 ACK 번호는 어디까지나 시퀀스 번호의 초깃값을 결정하기 위한 것이다. 애플리케이션 데이터를 교환하는 데에 사용되는 시퀀스 번호 및 ACK 번호와는 미묘하게 관계가 다르다.

■ 옵션 헤더

옵션 헤더는 TCP에 관련된 각종 확장 기능을 서로 통지하기 위해 사용된다. 몇 가지 옵션을 '옵션 리스트'로 나열하는 형태로 구성되어 있다. 대표적인 옵션에 대해서는 다음의 표와 같다.

표 3.1.6 **TCP의 대표적인 옵션**

종별	옵션	RFC	의미
0	End Of Option List	RFC793	옵션 리스트의 마지막임을 나타낸다.
1	No-Operation(NOP)	RFC793	아무것도 하지 않는다. 옵션의 구분 문자로 사용한다.
2	Maximum Segment Size(MSS)	RFC793	애플리케이션 데이터의 최대 사이즈를 통지한다.
3	Window Scale	RFC1323	윈도 사이즈의 최대 사이즈(65535바이트)를 확장한다.
4	Selective ACK(SACK) Permitted	RFC2018	Selective ACK(선택적 확인 응답)에 대응한다.
5	Selective ACK(SACK)	RFC2018	Selective ACK에 대응할 때 이미 수신한 시퀀스 번호를 통지한다.
8	Timestamps	RFC1323	패킷의 왕복 지연 시간(RTT)를 계측하는 타임스탬프에 대응한다.

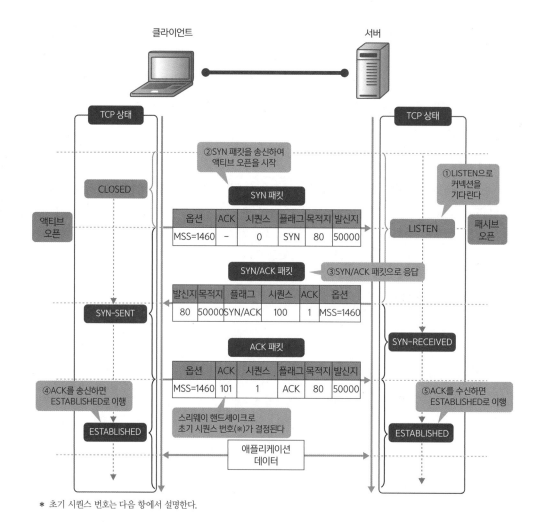

그림 3.1.10 스리웨이 핸드셰이크는 MSS를 옵션 헤더에 넣어서 상호 교환한다

이 중에서 중요한 옵션이 'MSSMaximum Segment Size'다. 애플리케이션 데이터는 커다란 크기 그대로 전송하지는 않는다. 일정한 크기로 분할하여 보낸다. 조각의 최대 크기가 'MSS'다. 스리웨이 핸드셰이크에서는 MSS를 옵션 헤더 안에 넣어서 상호 교환한다. 서로의 값이 다르면 작은 쪽을 MSS로 적용한다.

신뢰성과 속도를 모두 챙기기

스리웨이 핸드셰이크로 커넥션이 되면 그 위에서 애플리케이션 데이터를 보낸다. TCP는 데이터의 신뢰성과 속도를 챙기기 위해 많은 전송 제어를 실시한다. 이 책에서는 핵심을 담당하는 **'확인 응답', '재전송 제어', '흐름 제어'** 세 가지를 소개하겠다.

■ 확인 응답

TCP는 '시퀀스 번호'와 'ACK 번호'가 협조적으로 동작하여 신뢰성을 유지한다. 이 협조적인 동작의 기능을 '확인 응답'이라고 한다.

시퀀스 번호는 이름 그대로 TCP 세그먼트를 올바른 순서로 나열하기 위한 번호다. 송신 측 노드는 애플리케이션에서 받은 데이터의 각 바이트에 대해 초기 시퀀스 번호Initial Sequence Number, ISN로부터 순서대로 순번을 부여한다. 수신 측 노드는 받은 TCP 세그먼트의 시퀀스 번호를 확인하고 순서대로 나열한 후에 애플리케이션에 건넨다.

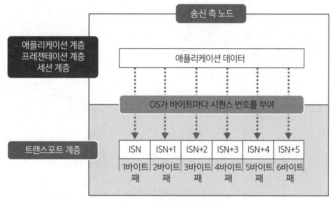

그림 3.1.11 송신 측 노드가 순번(시퀀스 번호)을 부여한다

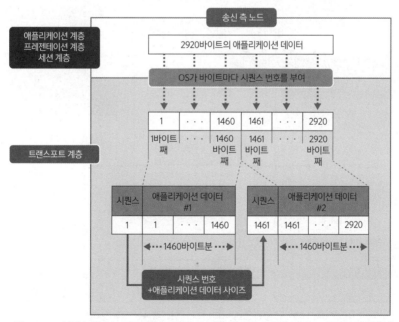

그림 3.1.12 시퀀스 번호는 TCP 세그먼트를 송신할 때마다 송신한 바이트 수만큼 가산된다

시퀀스 번호는 TCP 커넥션을 스리웨이 핸드셰이크로 오픈할 때 임의의 값이 초기 시퀀스 번호로 설정되어 TCP 세그먼트를 송신할 때마다 송신한 바이트 수만큼 가산된다. 그리고 32비트(2^{32}바이트=4기가바이트)를 다 사용하면 다시 0으로 돌아간다.

ACK 번호는 '다음은 여기서부터 데이터를 주세요'라고 상대편에 전달하기 위해 사용되는 필드다. ACK 비트가 '1'이 되었을 때만 유효가 되는 필드로, 구체적으로는 '받은 데이터의 시퀀스 번호(마지막 바이트의 시퀀스 번호)+1', 즉 '시퀀스 번호+애플리케이션 데이터의 길이(바이트 수)'가 설정되어 있다. 너무 깊게 생각하지 말고 클라이언트가 서버에 대해 '다음은 이 시퀀스 번호 이후의 데이터를 주세요'라고 한 것을 상상해 보면 이해하기 쉬울 것이다.

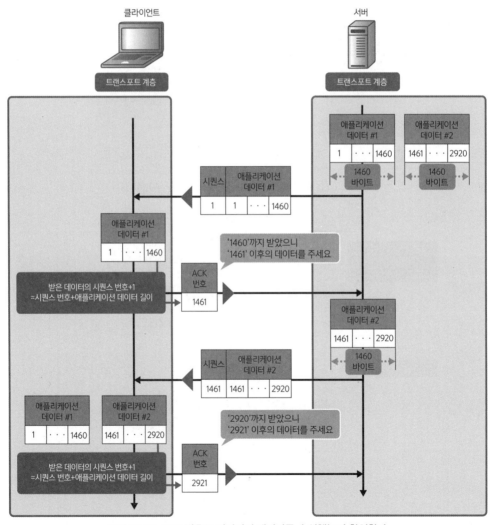

그림 3.1.13 ACK 번호로 어디까지 데이터를 수신했는지 확인한다

■ 재전송 제어

확인 응답에 의해 데이터를 순서대로 정렬할 수 있다. 하지만 반드시 순서대로 데이터가 송수신되고 순서대로 잘 정렬할 수 있는 것은 아니다. 기기 장애로 의도하지 않은 패킷이 손실될 수도 있다. 우선 제어(QoS)에 의해 의도적으로 삭제되는 경우도 있다. 그럴 때 **TCP에서는 손실된 데이터를 다시 한 번 보내 달라고 요청하는 기능이 있다. 그것이 '재전송 제어'다.**

TCP는 시퀀스 번호와 ACK 번호에 의해 패킷 손실을 감지하고 패킷 재전송을 실시한다. 재전송 제어가 발동하는 타이밍은 수신 노드가 트리거가 되는 '고속 재전송Fast Retransmit'과 송신 노드가 트리거가 되는 '재전송 타임아웃Retransmission TimeOut, RTO' 두 가지다. 각각 살펴보자.

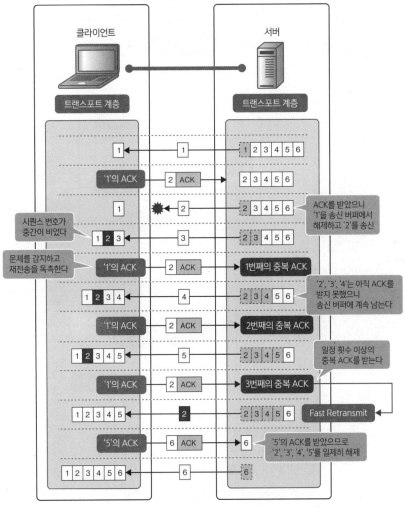

그림 3.1.14 **중복 ACK 번호로부터의 Fast Retransmit**

우선 고속 재전송이다. 수신 노드는 받은 TCP 세그먼트의 시퀀스 번호가 중간이 비면 패킷 손실이 발생한 것으로 판단해 확인 응답이 동일한 ACK 패킷을 연속해서 보낸다. 그런 ACK 패킷을 '중복 ACKDuplicate ACK'라고 부른다. 송신 노드는 일정 횟수 이상의 중복 ACK를 받으면 대상이 되는 TCP 세그먼트를 재전송한다. 중복 ACK를 트리거로 하는 재전송 제어를 'Fast Retransmit'이라고 부른다. Fast Retransmit이 발생하는 중복 ACK의 임곗값은 운영체제나 버전에 따라 다르다. 예를 들어 리눅스 운영체제(Ubuntu 16.04)는 세 개의 중복 ACK를 받으면 Fast Retransmit이 발생한다.

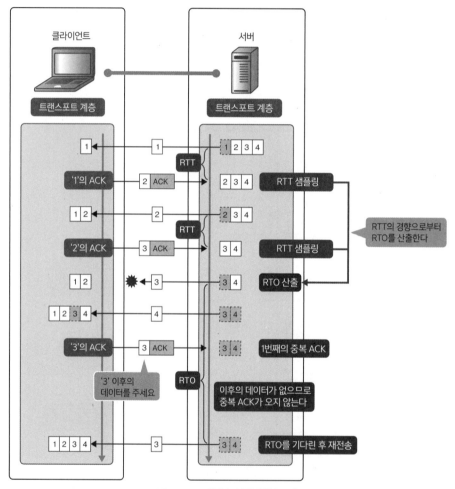

그림 3.1.15 **재전송 타임아웃(RTO)**

다음으로 RTO다. 송신 노드는 TCP 세그먼트를 송신한 후 ACK 패킷을 기다릴 때까지의 시간을 '**재전송 타이머**Retransmission Timer'로 보관한다. 재전송 타이머의 제한 시간이 '**RTO**'이다. 재전송 타이머는 너무 짧거나 너무 길지 않도록 RTTRound Trip Time(패킷의 왕복 지연 시간)로부터 수학적인 로직을 토대로 자동 산출된다. 개략적으로 설명하면 RTT가 짧을수록 재전송 타이머도 짧다. 또한 재전송 타이머는 ACK 패킷을 받으면 리셋된다. 예를 들어 중복 ACK의 개수가 적어서 고속 재전송이 발생하지 않을 때는 RTO에 도달하고 나서야 비로소 대상이 되는 TCP 세그먼트가 재전송된다. 참고로 점심시간에 인터넷을 사용할 때 갑자기 느려지면 대체로 RTO 상태에 빠진 것이다.

■ **흐름 제어**

확인 응답과 재전송 제어는 통신의 신뢰성을 높이는 기능이다. 통신에서 신뢰성은 물론 중요한 것이다. 하지만 속도도 동일하게 중요하다. 그래서 **TCP는 신뢰성을 유지하면서 전송 효율을 높이는 '흐름 제어' 기능도 동시에 구현한다.**

흐름 제어는 커넥션에서 많은 세그먼트를 발송하기 위한 기능이다. 하나의 세그먼트를 받을 때마다 확인 응답을 하면 전송 효율이 올라가지 않는다. 흐름 제어는 여러 세그먼트를 함께 받고 하나의 ACK로 응답하면서 전송 효율을 높인다. 흐름 제어에서 중요한 역할을 하는 헤더가 '**윈도 사이즈** window size'다. 애플리케이션 데이터는 일단 '수신 버퍼recevie buffer'라는 상자에 넣어 애플리케이션에 전달한다. 수신 노드는 수신 버퍼의 빈 공간을 윈도 사이즈로 ACK 때마다 통지하여 데이터를 넘치지 않도록 한다. **버퍼의 빈 공간을 안 송신 노드는 윈도 사이즈를 초과하지 않도록 하면서 가능한 많은 TCP 세그먼트를 함께 보낸다.**

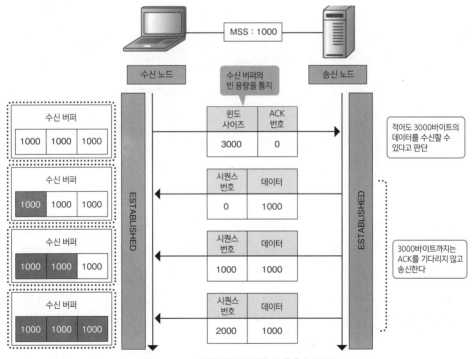

그림 3.1.16 **흐름 제어로 전송 효율을 높인다**

TCP 커넥션은 포웨이 핸드셰이크로 확실히 종료시킨다

애플리케이션 데이터를 모두 보냈다면 TCP 커넥션의 종료 처리에 들어간다. TCP 커넥션이 제대로 닫히지 못한 경우 불필요한 커넥션이 노드에 남아 결국 리소스가 부족해지고 새로운 커넥션을 만들 수 없다. 커넥션의 종료 처리는 오픈 때보다 더 확실하고 신중하게 진행한다.

TCP 커넥션은 스리웨이 핸드셰이크로 시작해 포웨이 핸드셰이크4-way Handshake로 끝낸다. '**포웨이 핸드셰이크**'란 TCP 커넥션을 종료하기 위한 처리 절차를 말한다. 클라이언트와 서버는 포웨이 핸드셰이크 중 FIN 패킷(FIN 플래그가 '1'인 TCP 세그먼트)를 서로 교환하여 '클로즈'라고 불리는 정리 작업을 실시한다.

앞서 설명했듯이 TCP 커넥션의 오픈은 반드시 클라이언트의 SYN부터 시작한다. 그에 반해 클로즈 (종료)는 클라이언트나 서버 어느 쪽의 FIN에서 시작한다고 명확하게 정의되지 않았다. 클라이언트, 서버 역할에 상관없이 애플리케이션에서 종료할 것을 요구하면 클로즈 처리에 들어간다. 먼저 FIN을 보내고 TCP 커넥션을 끝내려는 측의 처리를 '액티브 클로즈', 그것을 받는 측의 처리를 '패시브 클로 즈'라고 부른다. 클로즈에 대한 포인트는 'FIN 플래그'와 'TIME-WAIT' 두 가지다.

■ FIN 플래그

TCP 커넥션의 클로즈는 FIN 플래그를 사용한다. FIN 플래그는 "이제 보낼 데이터가 없어요~"를 나타내는 플래그로 상위 애플리케이션의 클로즈 요구에 의해 부여된다. FIN은 어느 쪽 노드부터인지 정해져 있는 것이 아니라 어느 쪽에서도 보낼 수 있는 것이다. FIN/ACK→ACK→FIN/ACK→ACK 의 순서로 상호 교환한다. 투웨이 핸드셰이크를 두 번 실행하는 식이다. 첫 번째의 투웨이 핸드셰이 크에서 액티브 클로즈를 실시하고 두 번째 투웨이 핸드셰이크로 패시브 클로즈를 실시한다.

■ TIME-WAIT

커넥션을 설정할 때는 SYN→SYN/ACK→ACK한 후 바로 시작했다. 그러나 커넥션을 닫을 때는 두 노드에서 즉시 닫히지 않는다. **액티브 클로즈의 노드만이 TIME-WAIT 시간만큼 기다린 후에 닫는다.** 만약 도달할지 모르는 패킷을 기다리는 보험과도 같은 것이다.

TIME-WAIT 시간은 RFC에서 '최대 세그먼트 생존 시간Maximum Segment Lifetime, MSL'의 두 배를 권 장한다. MSL은 120초이므로 TIME-WAIT는 240초이다. 실제 환경에서는 240초가 되면 조금 길어서 로컬 포트의 고갈을 초래할 수 있기 때문에 일부러 짧게 설정하기도 한다. 덧붙여서 TIME-WAIT 시 간의 기본값은 운영체제 종류 및 버전에 따라 다르다. 윈도우 서버 2012/2016의 경우는 120초다. 리 눅스 운영체제는 60초다.

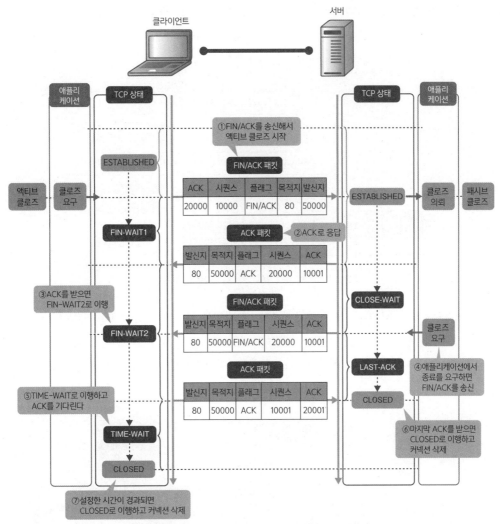

그림 3.1.17 포웨이 핸드셰이크로 커넥션을 닫는다

MTU와 MSS의 차이는 대상 레이어

MTU와 MSS는 네트워크를 지탱하는 중요한 요소인 반면 확실히 언급되지 않는 경우가 많아 문제의 원인이 되기 쉽다. 여기에서 먼저 정리해 보자. MTU도 MSS도 데이터 크기를 나타내는 용어지만 대상 계층이 다르다.

MTU는 네트워크 계층에서 데이터 크기를 나타낸다. 네트워크를 이용하여 애플리케이션 데이터를 송신할 때 큰 덩어리를 그대로 전송하지는 않는다. 작게 잘라서 조금씩 보낸다. 그때의 데이터 사이즈가 MTU다. MTU는 전송 매체에 따라 다르다. 예를 들어 이더넷의 경우 기본적으로 MTU=1500바이트다.

MSS는 애플리케이션 레벨(세션 계층에서 애플리케이션 계층)의 데이터 크기를 나타낸다. MSS는 설정하거나 클라이언트 VPN 소프트웨어 등을 사용하지 않는 한 'MTU－40바이트(TCP/IP 헤더)'다. 예를 들어 이더넷의 경우 MTU=1500바이트이므로 MSS는 1460바이트가 된다.

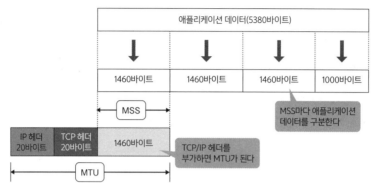

그림 3.1.18 **MSS는 'MTU-TCP/IP 헤더(40바이트)'**

MTU와 MSS는 작은 MTU를 지닌 경로가 있는 환경에서 문제의 원인이 되기 쉽다.[2] 네트워크는 MTU 이상의 패킷을 보낼 수 없다. 작은 MTU를 가진 경로가 있는 환경에서는 그것에 알맞도록 라우터나 방화벽에서 상응하는 처리를 추가해야 한다. 처리 방법은 IP 헤더의 플래그 필드에 있는 DFDon't Fragment 비트의 값에 따라 변한다. DF=0와 DF=1일 때를 각각 나누어 설명하겠다.

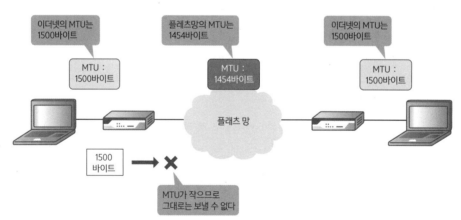

그림 3.1.19 **MTU 이상의 크기를 가진 패킷은 보낼 수 없다**

---

2   NTT 동일본/서일본에서 제공하는 'B 플레츠(Flets)'와 '플레츠 ADSL'을 사용하면 PPP와 ISP 간 접속의 오버 헤드로 인해 MTU가 1454바이트가 된다. 플레츠 부분의 MTU가 이더넷의 MTU보다 작아지기 때문에 이러한 환경에 해당된다.

DF=0은 해당 패킷을 단편화할 수 있다는 것을 나타낸다. 단편화할 수 있다면 단편화하면 된다. 경로 어딘가의 MTU가 작더라도 특별히 문제가 없다. 단편화해서 보낼 뿐이다. 유일한 문제가 있다면 단편화 시의 처리 부하일 것이다. 단지 최근 라우터 및 방화벽은 완벽을 넘어설 정도로 고사양이므로 그렇게까지 신경 쓸 필요가 없어졌다.

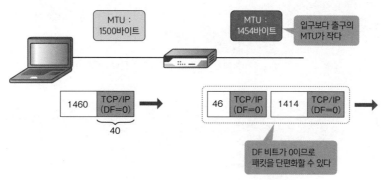

그림 3.1.20 **DF=0의 경우는 그대로 단편화한다**

DF=1은 "패킷을 단편화할 수 없다"는 것을 나타낸다. 단편화할 수 없기 때문에 단편화하지 않아도 되도록 또는 단편화할 수 있도록 처리해야 한다. 이 경우의 처리 방법은 세 가지다. 각각 설명하겠다.

■ ICMP로 MTU 정보 취득

ICMP는 통신 확인뿐만 아니라 여러 곳에 숨은 공로자로서의 역할을 하는 프로토콜이다. MTU에 대해서도 ICMP를 사용한다. 여기에서는 단계별로 설명하는 편이 알기 쉬울 것이다. 다음과 같은 프로세스로 MTU를 조정한다.

1 발신지 노드는 MTU를 1500바이트로 해서 패킷을 보낸다.

2 라우터는 그 패킷의 입구와 출구의 MTU를 비교한다. 이 경우 출구의 MTU가 작기 때문에 그 값을 ICMP로 통지한다. 참고로 이때 사용하는 ICMP 유형은 '3(Destination Unreachable)', 코드는 '4(Fragmentation Needed)'다.

3 ICMP를 받은 발신지 노드는 그 MTU로 패킷을 다시 만들어 재전송한다.

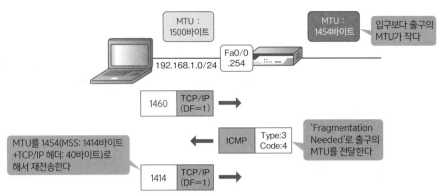

그림 3.1.21 ICMP로 넥스트 홉의 MTU 정보 취득

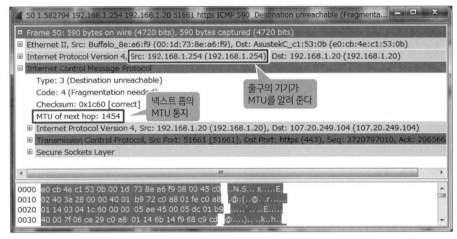

그림 3.1.22 Fragmentation Needed로 넥스트 홉의 MTU 통지

ICMP에 의한 단편화 대책은 간단하고 이해하기 쉽다. 그러나 경로 어딘가에서 ICMP를 거부할 가능성이 있는 경우 예상대로 동작하지 않아 주의해야 한다.

■ DF 비트 갱신하기

다음으로 DF 비트를 갱신하는(삭제하는) 처리 방법이다. 단편화할 수 없는 경우 단편화할 수 있도록 한다. 단편화 여부는 DF 비트가 쥔다. DF 비트를 '0'으로 클리어하여 단편화할 수 있도록 한다. 그리고 단편화해서 송신한다.

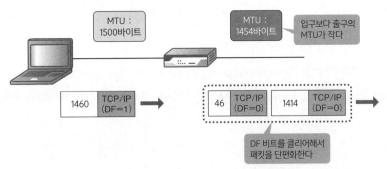

그림 3.1.23 **DF 비트를 클리어해서 단편화하기**

■ 스리웨이 핸드셰이크 때 MSS를 작게 한다

마지막으로 MSS를 조정하는 방법이다. 가장 일반적이다. MTU=MSS+40바이트이므로 처음부터 MTU를 초과하지 않도록 MSS를 작게 하면 단편화할 일이 없다. MSS는 스리웨이 핸드셰이크의 TCP 옵션 헤더에서 결정된다. 스리웨이 핸드셰이크의 TCP 옵션 헤더에 포함된 MSS 값을 작은 값으로 변경하여 세그먼트 사이즈가 출구 인터페이스의 MTU를 초과하지 않도록 한다.

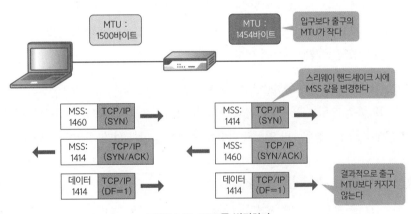

그림 3.1.24 **MSS를 변경하기**

3.1.2 방화벽으로 시스템을 보호한다

트랜스포트 계층에서 작동하는 기기의 주역은 역시 '**방화벽**'이다. 방화벽은 IP 주소나 포트 번호 등을 사용해서 통신 제어를 하는 기기다. 미리 정한 규칙에 따라서 '이 통신은 허가', '이 통신은 거부'와 같은 식으로 통신을 선별하여 시스템을 보호한다. 방화벽의 통신 제어 기능을 '**스테이트풀 인스펙션** stateful inspection'이라고 한다. 스테이트풀 인스펙션은 통신의 허가/거부를 정의하는 '**필터링 규칙**'과 통신을 관리하는 '**커넥션 테이블**'을 사용하여 통신을 제어한다.

⟲ 필터링 규칙으로 허가/거부의 동작을 설정하기

필터링 규칙은 어떠한 통신을 허가하고 어떠한 통신을 거부할지 정의하는 설정이다. 제조사에 따라 '정책policy'이라고 부르거나 'ACLAccess Control List'이라고 한다. 기본적으로 모두 동일하다. 필터링 규칙은 '발신지 IP 주소', '목적지 IP 주소', '프로토콜', '발신지 포트 번호', '목적지 포트 번호', '통신 제어 (액션)' 등의 설정 항목으로 구성되었다. 예를 들어 '192.168.1.0/24'라는 사내 LAN에 있는 PC 단말에서 인터넷으로 웹 액세스를 허가하고 싶은 경우 일반적으로 다음의 표와 같은 필터링 규칙이 된다.

표 3.1.7 **필터링 규칙의 예**

발신지 IP 주소	목적지 IP 주소	프로토콜	발신지 포트 번호	목적지 포트 번호	액션
192.168.1.0/24	ANY	TCP	ANY	80	허가
192.168.1.0/24	ANY	TCP	ANY	443	허가
192.168.1.0/24	ANY	UDP	ANY	443	허가
192.168.1.0/24	ANY	UDP	ANY	53	허가

인터넷으로의 웹 액세스라고는 했지만 단순히 HTTP(TCP의 80번)만 허가해서는 안 된다. HTTP를 SSL로 암호화하는 HTTPS(TCP의 443번), 도메인명을 IP 주소로 변환(이름 해결)할 때 사용하는 DNS(UDP의 53번)도 함께 허가할 필요가 있다.

특정할 수 없는 요소는 'ANY'로 설정한다. 예를 들어 목적지 IP 주소는 클라이언트가 액세스할 인터넷상의 웹 서버 IP 주소가 되므로 특정하려고 해도 할 방법이 없다. ANY로 설정한다. 또한 발신지 포트 번호도 운영체제가 일정 범위부터 임의로 할당해 특정할 방법이 없다. 동일하게 ANY로 설정한다.

⟲ 커넥션 테이블로 커넥션 관리하기

스테이트풀 인스펙션은 앞서 언급한 필터링 규칙을 커넥션 정보를 토대로 동적으로 변경하여 보안 강도를 높인다. 방화벽은 자신을 경유하는 커넥션 정보를 **'커넥션 테이블'**이라 불리는 메모리 안의 테이블(표)에서 관리한다.

커넥션 테이블은 '발신지 IP 주소', '목적지 IP 주소', '프로토콜', '발신지 포트 번호', '목적지 포트 번호', '커넥션의 상태', '대기 타임아웃' 등 여러 가지 요소(열)로 구성되는 복수의 커넥션 엔트리(행)로 구성된다. 커넥션 테이블이 스테이트풀 인스펙션의 요점이며 방화벽을 이해하기 위한 중요한 포인트다.

⬤ UDP 동작은 단순하다

스테이트풀 인스펙션이 커넥션 테이블을 어떻게 사용하여 어떻게 필터링 규칙을 변경하는지 동작을 살펴보자. 스테이브풀 인스펙션은 단순히 송신만하는 UDP와 확인 응답이 있는 TCP에서 미묘하게 동작이 다르다. 이 책에서는 우선 UDP에서의 동작을 설명한 후 TCP에서의 동작을 설명한다.

우선 UDP에서의 스테이트풀 인스펙션의 동작을 살펴보자. UDP는 커넥션의 상태를 신경 쓸 필요가 없기 때문에 스테이트풀 인스펙션 동작도 간단하다. 여기서는 다음과 같은 네트워크 환경에서 클라이언트가 서버에 대해 여러 가지 UDP 액세스를 시도한다는 전제로 설명한다.

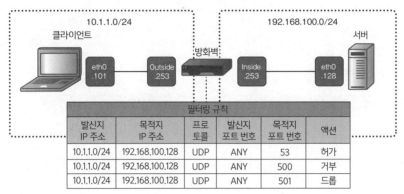

발신지 IP 주소	목적지 IP 주소	프로토콜	발신지 포트 번호	목적지 포트 번호	액션
10.1.1.0/24	192.168.100.128	UDP	ANY	53	허가
10.1.1.0/24	192.168.100.128	UDP	ANY	500	거부
10.1.1.0/24	192.168.100.128	UDP	ANY	501	드롭

그림 3.1.25 **방화벽의 통신 제어를 이해하기 위한 네트워크 구성**

1 방화벽은 클라이언트 측에 있는 Outside 인터페이스에서 UDP 데이터그램을 받고 필터링 규칙과 대조한다.

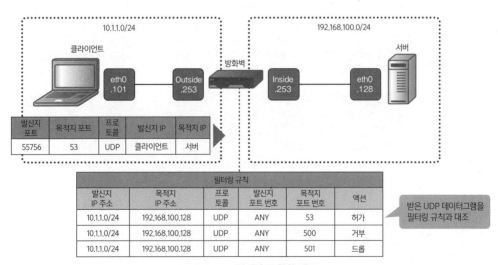

발신지 포트	목적지 포트	프로토콜	발신지 IP	목적지 IP
55756	53	UDP	클라이언트	서버

발신지 IP 주소	목적지 IP 주소	프로토콜	발신지 포트 번호	목적지 포트 번호	액션
10.1.1.0/24	192.168.100.128	UDP	ANY	53	허가
10.1.1.0/24	192.168.100.128	UDP	ANY	500	거부
10.1.1.0/24	192.168.100.128	UDP	ANY	501	드롭

받은 UDP 데이터그램을 필터링 규칙과 대조

그림 3.1.26 **필터링 규칙과 대조**

2 액션이 '허가Accept, Permit'인 엔트리에 해당하는 경우 커넥션 테이블에 커넥션 엔트리를 추가한다. 그와 동시에 해당 커넥션 엔트리에 대응하는 반환 통신을 허가하는 필터링 규칙을 동적으로 추가한다. 반환 통신용의 허가 규칙은 커넥션 엔트리에 있는 발신지도 목적지를 반전시킨 것이다. 필터링 엔트리를 추가한 후 서버에 UDP 데이터그램을 전송한다.

액션이 '거부Reject'인 엔트리에 해당하는 경우는 커넥션 테이블에 커넥션 엔트리를 추가하지 않고 클라이언트에 대해 'Destination Unrechable(타입 3)'의 ICMP 패킷을 반환한다.

액션이 '드롭Drop'인 엔트리에 해당하는 경우는 커넥션 테이블에 커넥션 엔트리를 추가하지 않고 아무것도 하지 않는다. 패킷을 제거할 뿐이다.

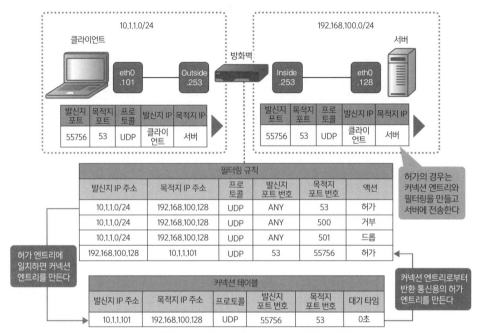

그림 3.1.27 **허가의 경우는 커넥션 엔트리와 필터링 규칙을 추가한 후 서버로 전송**

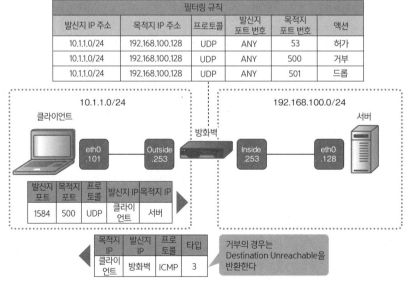

그림 3.1.28 **거부의 경우는 클라이언트에 Destination Unrechable을 반환한다**

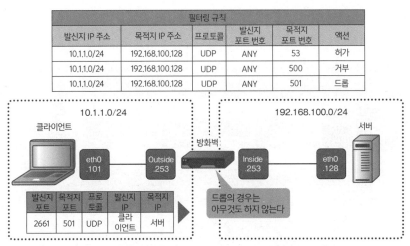

필터링 규칙					
발신지 IP 주소	목적지 IP 주소	프로토콜	발신지 포트 번호	목적지 포트 번호	액션
10.1.1.0/24	192.168.100.128	UDP	ANY	53	허가
10.1.1.0/24	192.168.100.128	UDP	ANY	500	거부
10.1.1.0/24	192.168.100.128	UDP	ANY	501	드롭

발신지 포트	목적지 포트	프로토콜	발신지 IP	목적지 IP
2661	501	UDP	클라이언트	서버

드롭의 경우는 아무것도 하지 않는다

그림 3.1.29 **드롭의 경우 클라이언트에는 아무것도 반환하지 않는다**

3 액션이 허가인 엔트리에 해당하는 경우는 서버로부터 반환 통신Reply, Response이 발생한다. 서버로부터의 반환 통신은 발신지와 목적지를 반전시킨 통신이다. 방화벽은 반환 통신을 받으면 **2**에서 만든 필터링 엔트리를 사용하여 허가 제어를 실행하고 클라이언트에 전송한다. 더불어서 커넥션 엔트리의 대기 타임(무통신 시간)을 '0'으로 리셋한다.

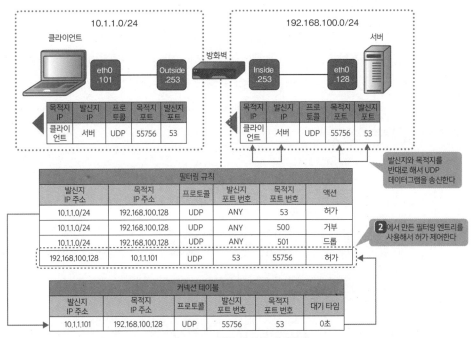

목적지 IP	발신지 IP	프로토콜	목적지 포트	발신지 포트
클라이언트	서버	UDP	55756	53

목적지 IP	발신지 IP	프로토콜	목적지 포트	발신지 포트
클라이언트	서버	UDP	55756	53

발신지와 목적지를 반대로 해서 UDP 데이터그램을 송신한다

2에서 만든 필터링 엔트리를 사용해서 허가 제어한다

필터링 규칙					
발신지 IP 주소	목적지 IP 주소	프로토콜	발신지 포트 번호	목적지 포트 번호	액션
10.1.1.0/24	192.168.100.128	UDP	ANY	53	허가
10.1.1.0/24	192.168.100.128	UDP	ANY	500	거부
10.1.1.0/24	192.168.100.128	UDP	ANY	501	드롭
192.168.100.128	10.1.1.101	UDP	53	55756	허가

커넥션 테이블					
발신지 IP 주소	목적지 IP 주소	프로토콜	발신지 포트 번호	목적지 포트 번호	대기 타임
10.1.1.101	192.168.100.128	UDP	55756	53	0초

그림 3.1.30 **반환 통신을 제어한다**

4 방화벽은 통신을 종료하면 커넥션 엔트리의 대기 타임을 카운트 업한다. 대기 타임아웃(대기 타임의 최댓값)이 경과하면 커넥션 엔트리와 그에 관련하는 필터링 엔트리를 삭제한다.

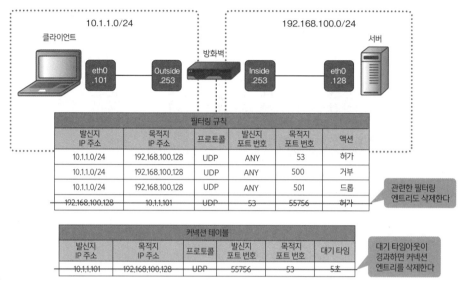

필터링 규칙					
발신지 IP 주소	목적지 IP 주소	프로토콜	발신지 포트 번호	목적지 포트 번호	액션
10.1.1.0/24	192.168.100.128	UDP	ANY	53	허가
10.1.1.0/24	192.168.100.128	UDP	ANY	500	거부
10.1.1.0/24	192.168.100.128	UDP	ANY	501	드롭
~~192.168.100.128~~	~~10.1.1.101~~	~~UDP~~	~~53~~	~~55756~~	~~허가~~

관련한 필터링 엔트리도 삭제한다

커넥션 테이블					
발신지 IP 주소	목적지 IP 주소	프로토콜	발신지 포트 번호	목적지 포트 번호	대기 타임
~~10.1.1.101~~	~~192.168.100.128~~	~~UDP~~	~~55756~~	~~53~~	~~5초~~

대기 타임아웃이 경과하면 커넥션 엔트리를 삭제한다

그림 3.1.31 **대기 타임아웃이 경과하면 엔트리를 삭제한다**

TCP는 커넥션 상태를 고려해야 한다

계속해서 TCP에서의 스테이트풀 인스펙션의 동작을 살펴보자. TCP는 그냥 보내기만 하는 UDP에 비해 커넥션 상태를 고려해야 하는 만큼 한 발짝 더 이해해야 한다. 방화벽은 TCP를 처리할 때 커넥션 테이블에 커넥션 상태를 나타내는 열을 추가하고 해당 정보도 포함해 커넥션 엔트리를 제어하게 되어 있다. 여기서는 다음과 같은 네트워크 환경에서 클라이언트가 여러 가지 TCP 액세스를 시도하는 것을 전제로 설명한다.

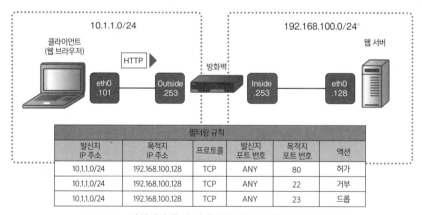

필터링 규칙					
발신지 IP 주소	목적지 IP 주소	프로토콜	발신지 포트 번호	목적지 포트 번호	액션
10.1.1.0/24	192.168.100.128	TCP	ANY	80	허가
10.1.1.0/24	192.168.100.128	TCP	ANY	22	거부
10.1.1.0/24	192.168.100.128	TCP	ANY	23	드롭

그림 3.1.32 **방화벽의 통신 제어를 이해하기 위한 네트워크 구성**

1 방화벽은 클라이언트 측에 있는 Outside 인터페이스에서 SYN을 받아 필터링 규칙과 대조한다.

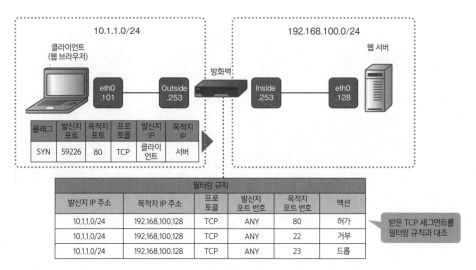

그림 3.1.33 **필터링 규칙과 대조**

2 액션이 허가인 엔트리에 해당하면 커넥션 테이블에 커넥션 엔트리를 추가한다. 그와 동시에 해당 커넥션 엔트리에 해당하는 반환 통신용의 허용 규칙을 동적으로 추가한다. 반환 통신용의 허가 규칙은 커넥션 엔트리에 있는 발신지와 목적지를 반전시킨 것이다. 필터링 엔트리를 추가한 후 서버에 TCP 세그먼트를 전송한다.

액션이 거부인 엔트리에 해당하면 커넥션 테이블에 커넥션 엔트리를 추가하지 않는다. 클라이언트에 대해 RST 패킷(플래그의 RST 비트가 '1'인 TCP 세그먼트)을 반환한다.

액션이 드롭인 엔트리에 해당하면 UDP 때와 마찬가지로 커넥션 테이블에 커넥션 엔트리를 추가하지 않고 클라이언트에 대해서도 아무것도 하지 않는다. 패킷을 제거할 뿐이다.

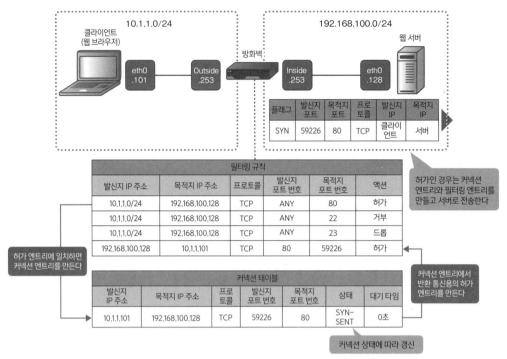

그림 3.1.34 통신을 허가하는 경우는 커넥션 엔트리를 추가하고 서버에 전송한다

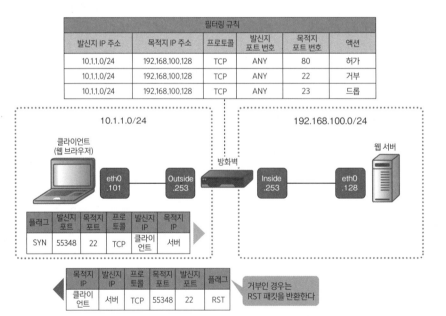

그림 3.1.35 거부인 경우는 클라이언트에 RST 패킷을 반환한다

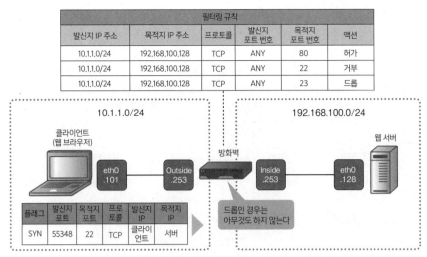

필터링 규칙					
발신지 IP 주소	목적지 IP 주소	프로토콜	발신지 포트 번호	목적지 포트 번호	액션
10.1.1.0/24	192.168.100.128	TCP	ANY	80	허가
10.1.1.0/24	192.168.100.128	TCP	ANY	22	거부
10.1.1.0/24	192.168.100.128	TCP	ANY	23	드롭

그림 3.1.36 드롭인 경우 클라이언트에는 아무것도 하지 않는다

3 허가인 엔트리에 해당하는 경우는 서버로부터의 SYN/ACK 패킷이 반환된다. 발신지와 목적지를 반전시킨 통신이다. 방화벽은 반환 통신을 받으면 **2**에서 만든 필터링 규칙을 사용하여 허가 제어를 실해하고 클라이언트로 전송한다. 더불어서 커넥션 상태에 따라 커넥션 엔트리의 상태를 SYN-SENT→ESTABLISHED로 갱신하고 대기 타임(무통신 시간)을 '0초'로 리셋한다.

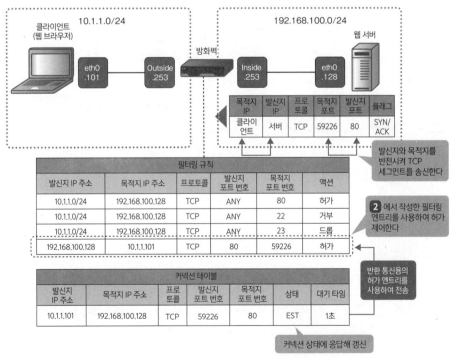

그림 3.1.37 반환 통신을 제어하기

4 애플리케이션 데이터를 모두 보냈다면 포웨이 핸드셰이크로 클로즈 처리가 실행된다. 방화벽은 클라이언트와 웹 서버의 사이에서 주고받는 FIN/ACK→ACK→FIN/ACK→ACK라는 패킷의 흐름을 보고 커넥션 엔트리를 삭제한다. 그에 맞춰서 반환 통신용 규칙도 삭제한다.

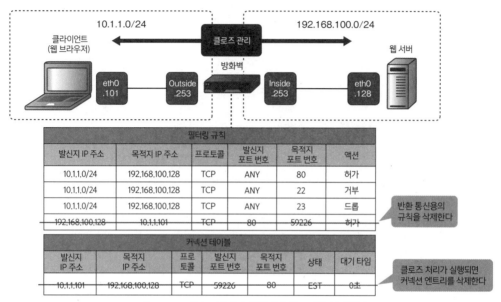

필터링 규칙					
발신지 IP 주소	목적지 IP 주소	프로토콜	발신지 포트 번호	목적지 포트 번호	액션
10.1.1.0/24	192.168.100.128	TCP	ANY	80	허가
10.1.1.0/24	192.168.100.128	TCP	ANY	22	거부
10.1.1.0/24	192.168.100.128	TCP	ANY	23	드롭
~~192.168.100.128~~	~~10.1.1.101~~	~~TCP~~	~~80~~	~~59226~~	~~허가~~

반환 통신용의 규칙을 삭제한다

커넥션 테이블						
발신지 IP 주소	목적지 IP 주소	프로토콜	발신지 포트 번호	목적지 포트 번호	상태	대기 타임
~~10.1.1.101~~	~~192.168.100.128~~	~~TCP~~	~~59226~~	~~80~~	~~EST~~	~~0초~~

클로즈 처리가 실행되면 커넥션 엔트리를 삭제한다

그림 3.1.38 **클로즈 처리가 실행되면 엔트리를 삭제한다**

참고로 애플리케이션이 애플리케이션 데이터를 보내는 도중에 노드가 다운하거나 도중에 경로가 다운해서 제대로 커넥션을 클로즈할 수 없을 경우는 **4**의 처리를 할 수 없어 불필요한 커넥션 엔트리와 반환 통신용의 필터링 엔트리가 방화벽의 메모리에 계속 남는다. 따라서 TCP에도 대기 타임아웃이 마련되어 있으며 대기 타임아웃이 되면 커넥션 엔트리와 반환 통신용의 필터링 엔트리를 삭제하고 메모리를 해제한다.

패킷 필터링과의 차이

네트워크 기기가 지닌 통신 제어 기능은 크게 방화벽이 지닌 '스테이트풀 인스펙션'과 라우터/L3 스위치가 지닌 '패킷 필터링'으로 나눌 수 있다. 일반적으로 동일하게 취급되기 십상이라 혼동하기 쉽지만 비슷하면서도 서로 다르다. 방화벽의 통신 제어를 '완전히' 라우터나 L3 스위치로 대체하는 것은 불가능하다. 가장 큰 차이점은 **커넥션 기반** 또는 **패킷 기반**의 차이다.

스테이트풀 인스펙션은 앞에서 설명했듯이 통신을 커넥션으로 보고 유연한 제어를 한다. 이외에도 커넥션 레벨의 무결성을 감시하고 불일치가 발생하면 차단하는 처리도 실시한다. 예를 들어 SYN이 오지 않는데 ACK가 날아올 이유가 없다. 그런 통신상의 불일치를 감시하여 차단한다.

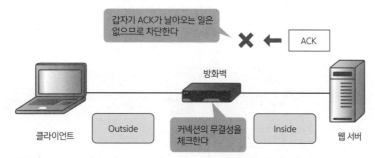

그림 3.1.39 방화벽은 커넥션의 무결성을 체크한다

패킷 필터링은 통신을 패킷으로 본다. 패킷을 받으면 매번 필터링 규칙과 비교하여 허가 또는 거부를 체크한다. 여기까지는 스테이트풀 인스펙션과 다르지 않다. 중요한 것은 반환 시 통신이다. 스테이트 풀 인스펙션은 반환 통신을 동적으로 기다려주지만 패킷 필터링은 유연하게 동작하지 않는다. **반환 통신은 반환 통신으로 별도로 허용해 줄 필요가 있다.**

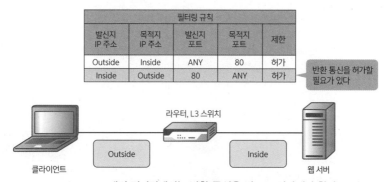

그림 3.1.40 패킷 필터링에서는 반환 통신을 별도로 허가해야 한다

클라이언트에서 웹 서버에 대한 HTTP 통신을 허가하는 경우를 예로 들어 보자. 스테이트풀 인스펙 션이라면 "클라이언트에서 웹 서버에 대해 HTTP를 허가한다"라는 규칙만으로 자동적으로 반환 통 신도 허용해 준다. 그에 반해 패킷 필터링이라면 클라이언트에서 웹 서버에 대한 HTTP뿐만 아니라 웹 서버로부터 클라이언트에 대한 통신도 허용해야 할 필요가 있다. 그리고 이 반환 통신 규칙이 치 명적인 취약성을 만들어 낸다. 웹 서버에서 클라이언트에 대한 통신은 발신지 포트가 TCP/80, 목적 지 포트는 운영체제가 무작위로 선택하는 TCP/1024~65535다. **목적지 포트 번호를 폭넓게 허용하지 않 으면 안 된다.** 이것은 보안상의 문제다. 서버가 해킹되었을 경우 마음대로 사용된다.

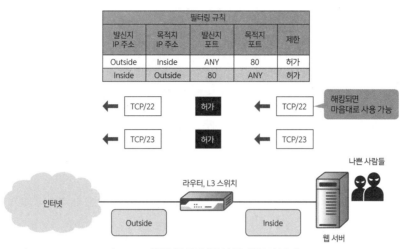

필터링 규칙				
발신지 IP 주소	목적지 IP 주소	발신지 포트	목적지 포트	제한
Outside	Inside	ANY	80	허가
Inside	Outside	80	ANY	허가

그림 3.1.41 **반환 통신이 취약성을 만들어 낸다**

또한 기기에 따라서는 ACK 플래그와 FIN 플래그가 On 상태인 패킷을 반환 통신으로 허가하는 'Established' 옵션도 있지만 플래그만 조작하면 규칙을 빠져나갈 수 있다. 보안상에 문제가 있다.

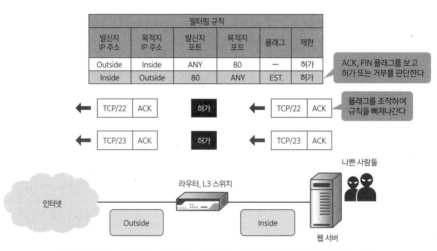

필터링 규칙					
발신지 IP 주소	목적지 IP 주소	발신지 포트	목적지 포트	플래그	제한
Outside	Inside	ANY	80	—	허가
Inside	Outside	80	ANY	EST.	허가

그림 3.1.42 **Established 옵션을 사용해도 통신을 완전히 제어할 수는 없다**

물론 비용과 기기 문제로 패킷 필터링을 하지 않으면 안 되는 경우도 있다. 이 경우 보안상 취약점을 확실히 인식해야 한다.

⫯ 보안 요구 사항에 맞춰서 방화벽을 선택

현재 방화벽은 크게 네 종류로 분류할 수 있다. IP 주소와 포트 번호로 통신 제어를 실시하는 기존의 **'전통적인 방화벽'**, 다양한 보안 기능을 한 대에 결집한 **'UTM**Unified Threat Management**'**, 애플리케이션 레벨에서 통신 제어를 실시하는 '**차세대 방화벽**', 웹 애플리케이션 레벨에서 통신 제어를 실시하는 '**WAF**Web Application Firewall'이다. 여기서는 어떠한 때에 어느 것을 선정해야 하는지 고려하면서 각 방화벽의 기능을 설명하겠다.

필요 최소한의 보안이라면 전통적인 방식의 방화벽

전통적인 방화벽은 지금까지 설명한 스테이트풀 인스펙션으로 동작하는 방화벽이다. IP 주소와 포트 번호의 조합으로 필요 최소한의 보안 레벨을 확보한다. 전통적인 방화벽은 보안 기능의 왕도로 한 시대를 구축하였지만 그 역할을 마치고 UTM이나 차세대 방화벽으로 주역의 자리를 양보하였다. 최근에는 상용 환경이나 프로덕션 환경에서 사용하는 방화벽 중 전통적인 방화벽을 판매하지 않는다. 이후 설명할 UTM과 차세대 방화벽은 전통적인 방화벽을 기반으로 다양한 보안 기능을 부가한다.

보안의 운용 관리를 편하게 하고 싶다면 UTM

UTM은 쉽게 말하면 '뭐든지 되는' 기기다. 통신 제어뿐만 아니라 VPNVirtual Private Network, IDSIntrusion Detection System/IPSIntrusion Prevension System, 안티 바이러스, 안티 스팸, 그리고 콘텐츠 필터링까지 뭐든지 다 가능하다. 지금까지 전용 장비에서 실시하던 각종 방어 기능을 한 대로 조달할 수 있어 장비 비용과 관리 비용을 크게 줄일 수 있다. UTM의 원조라면 포티넷의 Fortigate 시리즈다. 이것을 추격하는 형태로 델의 SonicWALL 시리즈나 주니퍼의 SSG 시리즈 등이 있다.

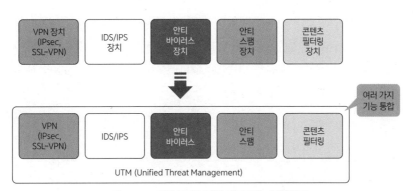

그림 3.1.43 **UTM으로 여러 가지 기능 통합하기**

그럼 여기에서는 UTM으로 통합한 기능의 개요를 설명하겠다. 어디까지나 개요일 뿐이니 사용하는 프로토콜 및 기능에 대한 자세한 설명은 매뉴얼 등을 통해 확인하길 바란다.

■ VPN

VPN은 인터넷에 암호화된 가상 전용선을 만들고 다양한 거점, 다양한 사용자를 연결하는 기능이다. VPN은 '거점 간 VPN'과 '원격 액세스 VPN'의 두 가지로 나눌 수 있다.

거점 간 VPN은 여러 거점을 연결하는 데 사용하는 VPN이다. 이전에는 거점 간을 연결할 경우 전용선을 부설하여 일대일로 연결했다. 확실히 안전하고 알기 쉬운 방법이다. 그러나 전용선은 거리에 따라 요금이 가산되어 가격도 어처구니없이 높아진다는 단점도 있었다. 그래서 탄생한 것이 거점 간 VPN이다. 인터넷에 가상 전용선을 만들어 마치 전용선으로 연결된 것처럼 거점 간을 연결한다. 전용선처럼 사용할 수 있지만 인터넷 연결 요금만으로 끝나기 때문에 극적인 비용 절감을 꾀할수 있다.

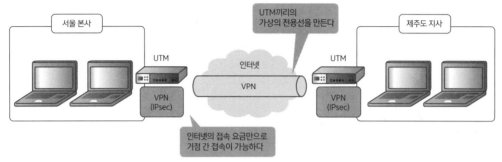

그림 3.1.44 **VPN으로 거점 간 연결하기**

원격 액세스 VPN은 모바일 사용자의 원격 액세스에 사용된다. 시대는 변화를 거듭해 작업하는 방식도 바뀌었다. 일부러 먼 곳에서 회사로 다시 되돌아와서 작업을 계속하는 것이 의미가 있을까? 효율적이지 않다. 그럴 때 원격 액세스 VPN을 사용한다. VPN 소프트웨어를 사용하여 회사 네트워크에 VPN 연결하여 마치 사내에 있는 것처럼 작업할 수 있다. 원격 액세스 VPN은 'IPsec VPN'과 'SSL-VPN'의 두 종류로 구분된다. 이전에는 IPsec VPN가 주류였지만 NAPT 환경과 궁합이 나쁜 점, 프록시 서버를 경유하는 환경에서는 사용할 수 없다는 점 때문에 점차 SSL-VPN으로 대체되고 있다.

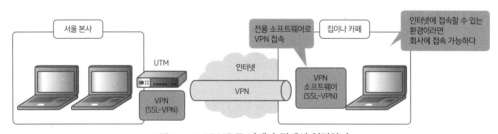

그림 3.1.45 **VPN으로 카페나 집에서 연결하기**

■ IDS/IPS

IDS/IPS는 통신의 동작 상황을 보고 침입 및 공격을 탐지하거나 방어하는 기능이다. IDS는 탐지에만, IPS는 탐지한 후 방어까지 한다.

IDS/IPS는 통신의 이상한 동작을 시그니처signature라는 형태로 보유한다. 시그니처는 바이러스 백신 소프트웨어에서 말하는 패턴 파일과 같은 것이다. 이것은 자동으로 업데이트되거나 수동으로 업데이트한다. 실제 통신 상황을 시그니처와 비교하여 침입을 탐지 및 차단한다. 최근에는 공격이 상당히 복잡해져서 침입인지 아닌지 기계적으로 판단하는 것이 어려워지고 있다. 그래서 우선 IDS로 탐지만 하고 상황을 보면서 IPS로 방어하는 경우가 많다. 또한 IDS/IPS는 운용 관리가 포인트다. 도입한 것만으로 만족하는 것이 아니라 그 후에도 제대로 환경에 맞게 설정을 커스터마이즈customize하는 것이 중요하다.

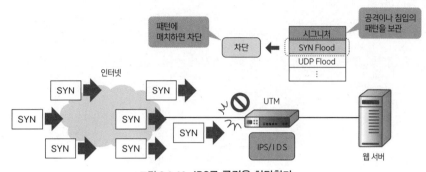

그림 3.1.46 **IPS로 공격을 차단한다**

■ 안티바이러스

안티바이러스는 바이러스 백신 기능이다. 안티바이러스도 IDS/IPS와 마찬가지로 시그니처로 동작한다. 받은 통신을 일단 UTM 내부에서 전개한 후 시그니처와 대조한다. 시그니처는 자동으로 업데이트되거나 수동으로 업데이트한다.

UTM을 도입할 때 관리자에게 자주 질문받는 것이 "그럼 바이러스 백신 소프트웨어는 필요 없나요?" 라는 질문이다. 대답은 "아니오"다. UTM이 감시하는 것은 UTM 자신을 경유하는 통신뿐이다. 예를 들어 집이나 공중 무선 LAN 환경에서 바이러스에 감염된 PC를 사내 LAN에 연결한다면 UTM은 대응할 수 없다. 보안은 여러 단계의 방어가 기본이다. 대충이 아닌 제대로 된 방어를 하여 차례차례로 다가오는 위협에 만전을 기하자.

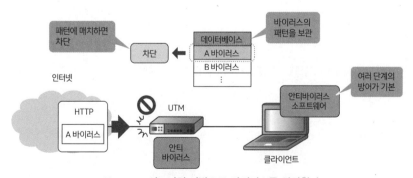

그림 3.1.47 **시그니처 기반으로 바이러스를 차단한다**

■ 안티스팸

안티스팸은 스팸 방지 기능이다. 안티스팸은 시그니처와 평판reputation 기반으로 동작한다. 시그니처는 안티바이러스 및 IDS/IPS와 마찬가지로 패턴 파일과 같은 것이다. 메일에 흔히 포함되는 URL이나 이미지, 용어 등 각종 요소를 바탕으로 스팸을 판단한다. 또한 평판은 메일의 발신지 IP 주소로 스팸 메일을 판단하는 기술이다. 스팸을 전송하는 메일 서버의 발신지 IP 주소를 데이터베이스로 보관하여 스팸을 판단한다.

안티스팸도 운용이 그 열쇠를 쥔다. 해당 메일이 모든 사람에게 폐를 끼치는 것은 아니다. 어떠한 사람에게는 필요할지도 모르고 어떠한 사람에게는 민폐가 될 수 있다. 환경에 맞게 조정해 나갈 필요가 있다.

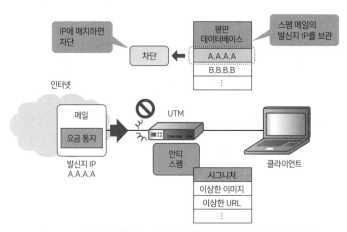

그림 3.1.39 **안티스팸은 시그니처나 평판으로 스팸 메일을 판단한다**

■ 콘텐츠 필터링

콘텐츠 필터링은 볼 수 있는 사이트를 한정하는 기능이다. UTM은 여러 가지 사이트의 URL을 카테고리별로 분류하여 데이터베이스에 보유한다. 예를 들어 '위법성·범죄성이 높은 사이트', '성인 사이트' 등이다. UTM은 사용자가 사용할 URL을 데이터베이스와 비교하여 조회의 허가·거부를 결정한다.

콘텐츠 필터링도 운용 관리가 포인트다. 모든 기업에서 해당 사이트가 불필요하지는 않다. 또한 반대로 반드시 필요한 것도 아니다. 도입 후에도 환경에 맞게 커스터마이즈하는 것이 중요하다.

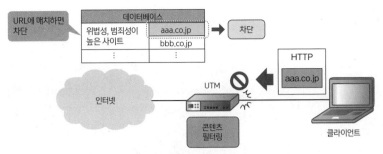

그림 3.1.49 **콘텐츠 필터링으로 조회 가능한 사이트를 한정**

차세대 방화벽은 '**애플리케이션 식별**'과 '**가시화**' 등 UTM보다 한 단계 진화한 기능을 탑재한 방화벽이다. 인터넷에 대한 사용자 트래픽을 더욱 상세히 분류해서 제어하고 싶을 때 사용한다. 차세대 방화벽은 IP 주소와 포트 번호에 더하여 해당 통신의 동작을 살펴보면서 애플리케이션을 식별해 통신을 제어한다. 해당 트래픽을 그래프나 표로 해서 통계적으로 관리하고 가시화한다. 차세대 방화벽의 원조라면 팔로알토 네트웍스의 PA 시리즈다. 최근에는 이것을 추격하는 형태로 타사에서도 차세대 방화벽을 신제품으로 출시한다.

그럼 각 기능을 좀 더 구체적으로 설명하겠다.

■ 애플리케이션 식별

차세대 방화벽은 **포트 번호를 그대로 애플리케이션으로 식별하는 것이 아니라 여러 요소를 통해 애플리케이션을 식별하여 통신을 제어한다.** 애플리케이션은 복잡화의 일로를 걷는다. HTTP를 예로 들어 보자. HTTP는 웹사이트 조회의 틀 안에 머무르지 않고 파일 전송 및 실시간 메시지 교환 등 여러 가지 동작을 실현시킨다. 단순히 TCP/80을 HTTP로 분류하는 것이 아니라 URL이나 콘텐츠 정보, 확장자 등 다양한 정보를 보고 더욱 상세한 부분까지 판단해 애플리케이션을 분류한다. 지금까지는 HTTP를 허용하면 페이스북Facebook도 보이고 트위터Twitter도 보이는 방식으로 뭐라도 할 수 있는 상태였다. 차세대 방화벽에서는 동일한 HTTP 통신에서도 페이스북은 허용, 트위터는 거부하는 식으로 애플리케이션 기반으로 제어할 수 있다.

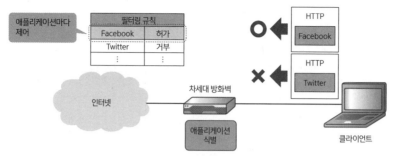

그림 3.1.50 **차세대 방화벽으로 애플리케이션을 더욱 상세하게 식별한다**

■ **가시화**

차세대 방화벽의 또 하나의 특징은 통신의 가시화다. 어떠한 사람이 어떠한 애플리케이션을 얼마나 사용하는가? 관리자에게 중요한 문제다. 차세대 방화벽은 식별한 통신을 그래프와 표로 알기 쉽게 표시하여 준다. "그것뿐이야?"라고 말하는 사람도 있을지 모르겠다. 매우 중요한 것이다. 많은 통계 정보를 취득하여 엑셀로 표를 만들고 정리하는 등의 관리 작업은 의외로 귀찮다. 게다가 엑셀로 만들어지는 그래프와 표도 솔직히 완벽하게 원하는 것이 아니다. 이러한 일상적으로 발생할 수 있는 관리 작업의 일손을 절약할 수 있다. 돈을 지불할 가치가 있는 기능이다.

여기까지 설명한 것은 UTM과 차세대 방화벽이다. 이전에는 보안 기능을 모은 방화벽을 'UTM', 애플리케이션 제어와 가시화 기능을 갖는 방화벽을 '차세대 방화벽'으로 완전히 구분했었다. 최근에는 UTM이 애플리케이션 식별과 가시화 기능을 탑재해 차세대 방화벽으로 판매하여 경계가 애매해졌다. UTM이라는 단어 자체가 어렵고 차세대 방화벽이라는 말이 이해하기 쉽다는 점과 시대를 앞서간다는 느낌 때문일 것이다. 굳이 단어를 나눠 사용한다면 마케팅만의 문제라고 생각한다. 마케팅적인 의미에만 현혹되지 말고 어느 기기가 어떠한 기능을 갖고 사용자가 어떠한 기능을 사용해야 하는지 확실히 정한 후에 기기를 선정할 필요가 있다.

공개 웹사이트를 방어하고 싶다면 WAF

인터넷에 공개된 웹사이트의 방어에 특화한 방화벽이 '**웹 애플리케이션 방화벽**WAF'다. 전통적인 방화벽의 수비 범위는 네트워크 계층(IP 주소)부터 트랜스포트 계층(포트 번호)까지다. 그 때문에 아무리 HTTP만을 허가해 공격에 대비해도 웹 서버에서 동작하는 웹사이트의 취약성을 특정해 공격한다면 버틸 재간이 없다. 또한 차세대 방화벽이나 UTM도 인터넷으로 나가는 트래픽(아웃바운드 트래픽)에는 애플리케이션 레벨로 제어할 수 있지만 인터넷의 트래픽(인바운드 트래픽)은 애플리케이션 레벨로 제어할 수 없다. WAF는 인바운드의 HTTP 트래픽을 애플리케이션 레벨에서 검사하여 웹사이트에 대한 통신을 제어한다. 유명한 WAF라면 F5 네트웍스의 BIG-IP ASM, 임퍼바의 SecureSphere WAF가 있다.

표 3.1.8 WAF는 인바운드 트래픽을 애플리케이션 레벨에서 검사한다

방화벽의 종류	발신지/목적지 IP 주소 (네트워크 계층)	발신지/목적지 포트 번호 (트랜스포트 계층)	애플리케이션 제어
전통적인 방화벽	○	○	–
UTM	○	○	아웃바운드 트래픽만
차세대 방화벽	○	○	아웃바운드 트래픽만
웹 애플리케이션 방화벽(WAF)	–	–	인바운드 트래픽만

웹사이트 공격 수법으로 대표적인 것이 DB 서버와의 연계에 사용하는 SQL문을 이용해서 공격하는 '**SQL 인젝션**', 웹 브라우저의 표시 처리를 사용하여 공격하는 '**XSS(크로스 사이트 스크립팅)**', 가짜 웹사이트로부터 의도하지 않은 HTTP 요청을 계속 송신하는 '**CSRF(크로스 사이트 요청 위조)**'다. 어떠한 공격 수법이든 중요한 정보를 빼내거나 타인의 정보를 도용하는 등이 가능하므로, 커다란 경제적인 손실 및 신용 실추로 이어질 수 있다.

표 3.1.9 웹사이트에 대한 대표적인 공격 수법

공격명	개요
SQL 인젝션	웹 애플리케이션에서 DB 서버에 접속하는 부분의 취약성을 공격. DB 정보를 도용하거나 부정하게 정보를 입수할 수 있다.
XSS (크로스 사이트 스크립팅)	웹 애플리케이션의 문제점에 대해 공격자가 생성한 HTML 태그나 자바스크립트를 일반 사용자의 웹 브라우저에서 표시 또는 실행하는 공격. 웹 브라우저에 신용카드 번호를 입력하는 위조 사이트 화면을 표시하거나 일반 사용자와 서버 간의 접속을 중간에 가로채는 등 다양한 공격을 할 수 있다.
CSRF (크로스 사이트 요청 위조)	특정 사이트에 로그인 중인 사용자에게 함정 사이트를 표시시켜 공격자가 준비한 웹 애플리케이션으로의 요청을 사용자에게 실행시키는 공격. SNS에 의도하지 않은 내용을 올리거나 쇼핑몰 사이트에서의 구입을 시킨다.

WAF는 이러한 공격에 대응하기 위해 여러 가지 공격 수법의 템플릿을 시그니처로 보관한다. WAF는 웹사이트에 대한 HTTP 요청에 포함된 데이터(HTTP 헤더나 HTML 데이터) 모두를 시그니처와 대조하여 체크한다. 시그니처와 일치하면 로그에 출력하거나 통신을 드롭한다. 시그니처는 지정한 시각에 자동적으로 업데이트되거나 실제로 어떠한 통신이 이루어지는지 WAF에 학습시킨다. 일정 기간 통신을 학습시켰다면 정보를 바탕으로 허가해야 할 통신, 거부해야 할 통신을 설정한다.

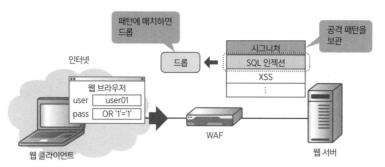

그림 3.1.51 **WAF로 웹사이트에 대한 공격을 방어한다**

3.1.3 부하 분산 장치로 서버의 부하를 분산하기

트랜스포트 계층에서 작동하는 기기를 하나 더 소개한다. '부하 분산 장치'다. **부하 분산 장치는 네트워크 계층(IP 주소) 및 트랜스포트 계층(포트 번호)의 정보를 이용하여 여러 서버에 커넥션을 할당하는 기기다.** 부하 분산 장치상에 설정한 가상적인 서버인 '가상 서버'에 수신한 커넥션을 정해진 규칙에 따라 '이 통신은 서버 ①로, 이 통신은 서버 ②로'와 같은 식으로 할당하여 처리 부하를 여러 서버에 분산한다. 부하 분산 장치의 왕도라면 F5 네트웍스의 BIG-IP LTM이다. 뒤이어 시트릭스의 NetScaler나 A10 네트웍스의 Thunder가 추격 중이다.

⚡ 서버 부하 분산 기술의 기본은 목적지 NAT

서버 부하 분산 기술의 기본은 목적지 NAT다.

목적지 NAT는 커넥션 테이블의 정보를 바탕으로 이루어진다. 부하 분산 장치에서 사용하는 커넥션 테이블은 '발신지 IP 주소: 포트 번호', '가상 IP 주소(변환 전 IP 주소): 포트 번호', '실제 IP 주소(변환 후 IP 주소): 포트 번호', '프로토콜' 등의 정보로 구성되어 어떠한 통신을 어느 서버에 부하 분산하는지 관리한다. 방화벽에서 사용하는 커넥션 테이블과는 미묘하게 차이가 있다.

커넥션 테이블을 사용하여 어떻게 부하 분산 기술이 작동하는지 설명하겠다. 우선 네트워크 환경과 전제 조건을 정리한다. 클라이언트가 가상 서버에 HTTP 액세스하여 세 대의 웹 서버에 부하 분산하는 그림 3.1.52와 같은 환경을 가정하겠다.

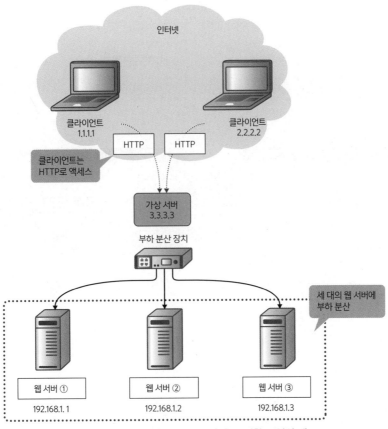

그림 3.1.52 **서버 부하 분산 기술을 고려한 구성의 예**

1 부하 분산 장치는 가상 서버에서 클라이언트의 커넥션을 받는다. 이때 목적지 IP 주소는 가상 서버의 IP 주소, 가상 IP 주소다. 받은 커넥션은 커넥션 테이블에서 관리된다.

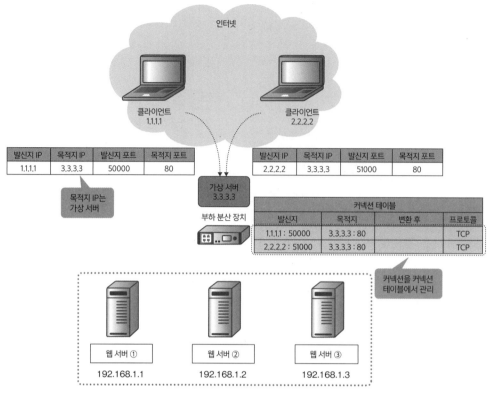

발신지 IP	목적지 IP	발신지 포트	목적지 포트
1.1.1.1	3.3.3.3	50000	80

목적지 IP는
가상 서버

가상 서버
3.3.3.3

부하 분산 장치

발신지 IP	목적지 IP	발신지 포트	목적지 포트
2.2.2.2	3.3.3.3	51000	80

커넥션 테이블			
발신지	목적지	변환 후	프로토콜
1.1.1.1 : 50000	3.3.3.3 : 80		TCP
2.2.2.2 : 51000	3.3.3.3 : 80		TCP

커넥션을 커넥션
테이블에서 관리

웹 서버 ①
192.168.1.1

웹 서버 ②
192.168.1.2

웹 서버 ③
192.168.1.3

그림 3.1.53 **클라이언트는 가상 서버에 액세스한다**

2 부하 분산 장치는 가상 IP 주소로 된 목적지 IP 주소를 이와 연관된 부하 분산 대상 서버의 실제
IP 주소로 변환한다. 변환하는 실제 IP 주소를 서버 상태 및 커넥션 상태 등 다양한 상태에 따라
동적으로 바꾸기 때문에 커넥션이 분산된다. 변환된 실제 IP 주소도 커넥션 테이블에 기재되어
관리된다.

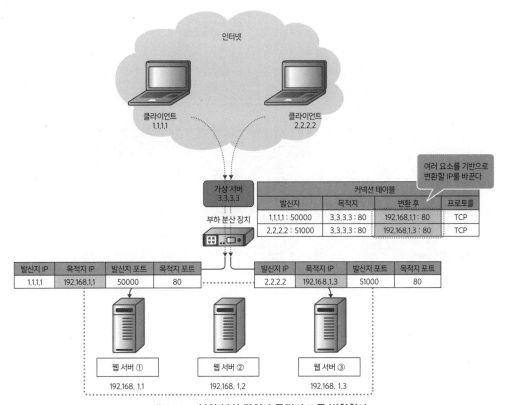

그림 3.1.54 **부하 분산 장치가 목적지 IP를 변환한다**

③ 반환 통신이다. 커넥션을 받은 서버는 애플리케이션 처리를 한 후에 기본 게이트웨이로 된 부하
분산 장치에 반환한다. 부하 분산 장치는 보낼 목적지 NAT와는 반대의 처리, 즉 발신지 IP 주소
를 NAT한다. 부하 분산 장치는 보내는 통신을 커넥션 테이블에서 확실히 관리하여 그 정보를 바
탕으로 클라이언트에 반환한다.

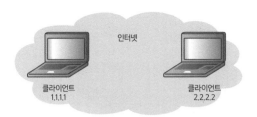

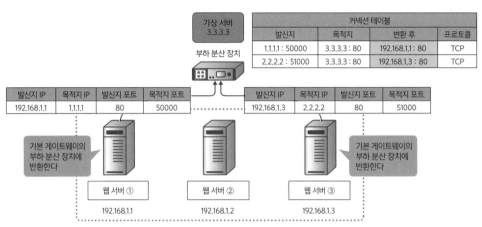

| | | | 커넥션 테이블 | | |
발신지	목적지	변환 후	프로토콜
1.1.1.1 : 50000	3.3.3.3 : 80	192.168.1.1 : 80	TCP
2.2.2.2 : 51000	3.3.3.3 : 80	192.168.1.3 : 80	TCP

가상 서버
3.3.3.3

부하 분산 장치

발신지 IP	목적지 IP	발신지 포트	목적지 포트
192.168.1.1	1.1.1.1	80	50000

발신지 IP	목적지 IP	발신지 포트	목적지 포트
192.168.1.3	2.2.2.2	80	51000

기본 게이트웨이의
부하 분산 장치에
반환한다

기본 게이트웨이의
부하 분산 장치에
반환한다

웹 서버 ①

웹 서버 ②

웹 서버 ③

192.168.1.1

192.168.1.2

192.168.1.3

그림 3.1.55 **부하 분산 장치에 반환하기**

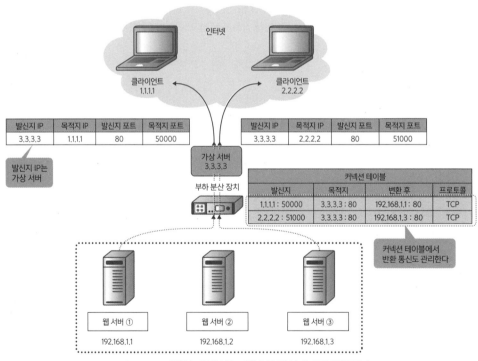

발신지 IP	목적지 IP	발신지 포트	목적지 포트
3.3.3.3	1.1.1.1	80	50000

발신지 IP	목적지 IP	발신지 포트	목적지 포트
3.3.3.3	2.2.2.2	80	51000

발신지 IP는
가상 서버

가상 서버
3.3.3.3

부하 분산 장치

| | | | 커넥션 테이블 | | |
발신지	목적지	변환 후	프로토콜
1.1.1.1 : 50000	3.3.3.3 : 80	192.168.1.1 : 80	TCP
2.2.2.2 : 51000	3.3.3.3 : 80	192.168.1.3 : 80	TCP

커넥션 테이블에서
반환 통신도 관리한다

웹 서버 ①

웹 서버 ②

웹 서버 ③

192.168.1.1

192.168.1.2

192.168.1.3

그림 3.1.56 **커넥션 테이블을 기반으로 발신지 IP를 변환하기**

🔌 헬스 체크로 서버 상태 감시하기

변환할 실제 IP 주소는 '**헬스 체크**health check'와 '**부하 분산 방식**'이라는 두 가지 요소로 결정된다. 두 기능을 잘 활용하면서 변환할 실제 IP 주소를 결정한다. 각각에 대해 설명하겠다.

세 종류의 헬스 체크로 서버를 감시

헬스 체크는 부하 분산 대상의 서버 상태를 감시하는 기능이다. 다운한 서버에 커넥션을 할당해도 의미가 없다. 응답하지 않을 뿐이다. 부하 분산 장치는 정기적으로 서버가 살아 있는지 모니터링 패킷으로 모니터링하고 다운이라고 판단하면 해당 서버를 부하 분산 대상에서 분리한다. 메이커에 따라 '헬스 모니터health monitor'라고 하거나 '프로브probe'라고 하는 등 여러 가지가 존재하지만 모두 같은 뜻이다. 헬스 체크는 크게 '**L3 체크**', '**L4 체크**', '**L7 체크**'인 세 종류로 나눌 수 있다. 이들은 체크 대상의 계층이 다르다.

■ L3 체크

L3 체크는 ICMP를 사용하여 IP 주소가 살아 있는지 체크한다. 예를 들어 중복화하지 않은 NIC가 고장 나거나 케이블이 빠져 있으면 ICMP는 반환되지 않는다. 그럴 때 부하 분산 장치는 서버를 부하 분산 대상에서 분리한다. L3 체크가 실패하면 L4 이상의 모든 서비스를 제공할 수 없다. 따라서 L4 체크도 L7 체크도 실패한다.

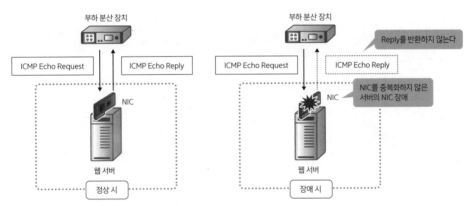

그림 3.1.57 **L3 체크로 IP 주소를 체크한다**

■ L4 체크

L4 체크는 스리웨이 핸드셰이크를 사용하여 포트 번호가 살아 있는지 체크한다. 예를 들어 웹 서버의 경우 디폴트로 TCP/80을 사용한다. 부하 분산 장치는 TCP/80에 대해 정기적으로 스리웨이 핸드셰이크를 실행하고 응답을 확인한다. IIS나 아파치의 프로세스가 다운하면 TCP/80의 응답은 없다. 그럴 때 부하 분산 장치는 서버를 부하 분산 대상에서 분리한다. 애플리케이션은 서버 프로세스상에서 동작한다. 따라서 L4 체크가 실패하면 L7 체크도 실패한다.

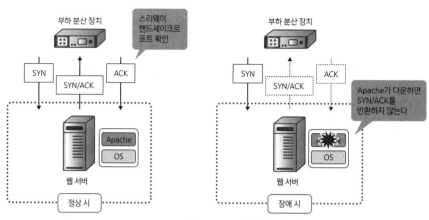

그림 3.1.58 **L4 체크로 포트 번호를 체크한다**

■ L7 체크

L7 체크의 'L7'는 계층 7, 즉 애플리케이션 계층을 나타낸다. L7 체크에서는 실제 애플리케이션 통신을 사용하여 애플리케이션이 살아 있는지 체크한다. 예를 들어 웹 애플리케이션의 경우 웹 애플리케이션 상태를 상태 코드 형태로 응답한다. 부하 분산 장치는 상태 코드를 모니터링한다. 웹 애플리케이션에 문제가 발생하면 이상 동작을 나타내는 상태 코드가 되돌아온다. 그럴 때 부하 분산 장치는 서버를 부하 분산 대상에서 분리한다.

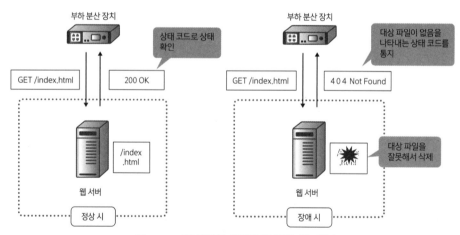

그림 3.1.59 **L7 체크로 애플리케이션을 체크한다**

애플리케이션이나 서버 스펙에 따라 부하 분산 방식을 변경하기

"어떠한 정보를 사용하여 어떠한 서버에 할당할까?" 이것이 부하 분산 방식이다. **부하 분산 방식에 따라 목적지 NAT에서 치환되는 목적지 IP 주소가 변경된다.**

부하 분산 방식은 크게 '정적', '동적'으로 나뉜다. 정적 부하 분산 방식은 서버 상태에 관계없이 미리 정의된 설정에 따라 할당 서버를 결정 방식이다. 동적 부하 분산 방식은 서버 상태에 따라 할당하는 서버를 결정하는 방식이다. 각 기기에 따라 많은 종류가 있다. 이 책에서는 대표적인 부하 분산 방식을 정적, 동적 각각 두 종류씩 살펴보겠다.

표 3.1.10 **정적과 동적의 부하 분산이 있다**

분류	부하 분산 방식	설명
정적	라운드 로빈	순서대로 할당한다.
	가중치 및 비율	가중치 및 비율에 대응하여 할당한다.
동적	최소 커넥션 수	가장 커넥션 수가 작은 서버에 할당한다.
	최단 응답 시간	가장 응답 속도가 빠른 서버에 할당한다.

■ 라운드 로빈

'라운드 로빈round robin'은 받은 요청을 부하 분산 대상 서버에 차례로 할당하는 부하 분산 방식이다. 정적 부하 분산 방식으로 분류된다. 서버 ①→서버 ②→서버 ③과 같은 식으로 단순하게 할당하기 때문에 다음 커넥션의 예측이 쉽고 관리하기 쉬운 부하 분산 방식이다. 같은 스펙의 서버가 쭉 늘어서 있어 한 번 한 번의 처리가 짧은 애플리케이션의 부하 분산이라면 상당히 효율이 좋다. 그러나 서버 스펙에 차이가 있는 환경이거나 지속성(세션 유지 기능)이 필요한 환경이지만 전혀 아랑곳없이 커넥션을 할당해 효율적인 부하 분산을 할 수 없는 경우도 있다. 이 점은 주의가 필요하다.

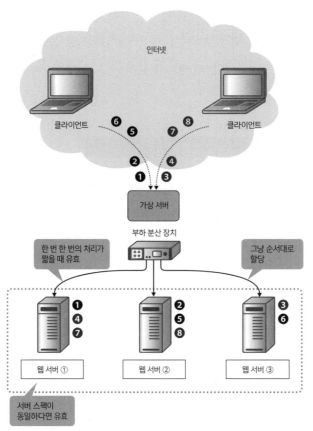

그림 3.1.60 라운드 로빈은 순서대로 할당한다

■ 가중치 및 비율

'가중치 및 비율'은 미리 서버마다 비율을 설정해 두고 그 비율에 따라 커넥션을 할당하는 부하 분산 방식이다. 정적인 부하 분산 방식으로 분류된다. 라운드 로빈이라면 낮은 사양의 서버에 관계없이 커넥션이 할당된다. 고사양 서버에는 높은 비율, 낮은 사양 서버에는 낮은 비율을 설정하여 고사양 서버에 우선적으로 커넥션이 할당되도록 한다. 가중치 및 비율은 부하 분산 대상의 서버 스펙에 차이가 있는 환경에서 능력을 발휘한다.

가중치 및 비율은 각 부하 분산 방식의 옵션으로서의 의미가 강해 서버 스펙에 차이가 있는 환경에서 다른 부하 분산 방식과 함께 사용하는 일이 많다.

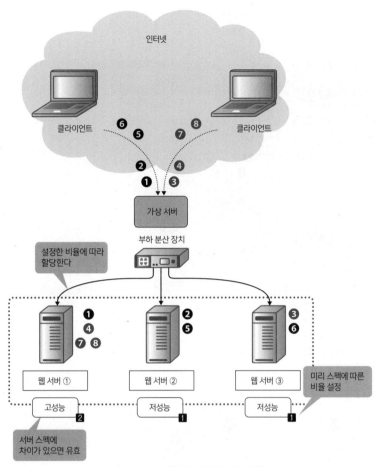

그림 3.1.61 **비율에 대응하여 할당한다**

■ 최소 커넥션 수

'최소 커넥션 수'는 커넥션이 가장 적은 서버에 커넥션을 할당하는 부하 분산 방식이다. 동적인 부하 분산 방식으로 분류된다. 부하 분산 장치는 부하 분산 대상 서버에 대한 커넥션 수를 항상 카운트한다. 그리고 커넥션을 받을 때 가장 커넥션 수가 적은, 즉 처리 부하가 적은 서버에 대해 할당을 실시한다.

HTTP/1.1이나 FTP처럼 커넥션을 비교적 오래 사용하는 애플리케이션의 부하를 분산하는 환경이나 일정 시간 동일한 서버에 계속 전송하는 지속성(세션 유지 기능)을 사용하는 환경에서 매우 유용하다.

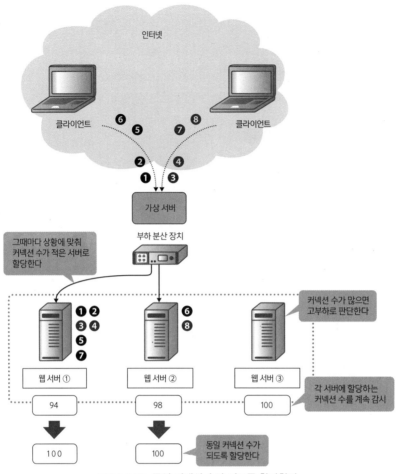

그림 3.1.62 **동일 커넥션 수가 되도록 할당한다**

■ 최단 응답 시간

'최단 응답 시간'은 가장 빨리 응답하는 서버에 커넥션을 할당하는 부하 분산 방식이다. 동적인 부하 분산 방식으로 분류된다. 어떠한 서버에서도 모두 처리할 수 없게 되면 반응이 둔해진다. 최단 응답 시간은 그 원리를 이용한다. 부하 분산 장치는 클라이언트의 요청과 서버의 응답을 바탕으로 응답 시간을 항상 체크한다. 그리고 커넥션을 받을 때 가장 응답 속도가 빠른 서버에 할당한다. 서버의 처리 부하에 따른 부하 분산을 할 수 있기 때문에 스펙이 다른 서버에 대해 할당을 하는 환경에서 유효하다.

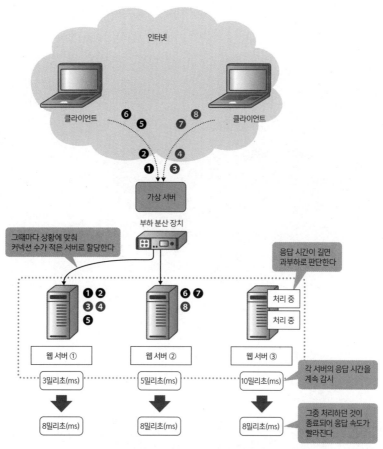

그림 3.1.63 **더욱 응답 속도가 빠른 서버로 할당한다**

지속성은 애플리케이션의 동일 세션을 동일 서버에 계속 할당하는 기능이다. 부하 분산 기술이지만 동일 서버로 계속 할당한다는 말이 일종의 모순으로 느낄 수 있다. 크게 보면 부하 분산되어 있다.

애플리케이션에 따라서는 일련의 처리를 동일한 서버에서 처리하지 않으면 그 처리의 일관성을 얻을 수 없는 경우도 있다. 쇼핑몰 사이트가 좋은 예이다. 쇼핑몰 사이트는 '장바구니에 넣기→구매'라는 일련의 처리를 동일한 서버에서 수행해야 한다. 서버 ①에서 장바구니에게 넣었는데 서버 ②에서 구매 처리를 할 수는 없다. 서버 ①에서 장바구니에 넣었으면 서버 ①에서 구매 처리도 해야 한다. 그럴 때 지속성을 사용한다. '장바구니에 넣기→구매'라는 일련의 처리를 동일한 서버에서 할 수 있도록 특정 정보를 기초로 동일한 서버에 계속 할당한다.

지속성을 유지하는 것은 '**지속성 테이블**'이다.[3] 지속성 테이블에는 커넥션에 관한 특정 정보와 할당된 서버를 기록하고 후속 커넥션을 동일한 서버에 계속적으로 할당한다. 지속성 테이블에 기록하는 정보는 공식에 따라 다수 존재한다. 이 책에서는 일반적으로 사용되는 지속성을 두 가지 종류로 설명하겠다.

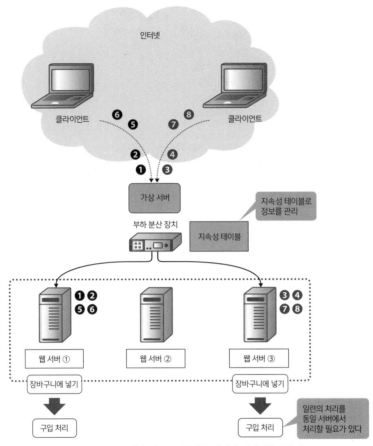

그림 3.1.64 **지속성으로 동일한 서버에 계속 할당하기**

■ 발신지 IP 주소 지속성

'발신지 IP 주소 지속성'은 말 그대로 발신지 IP 주소를 바탕으로 동일 서버에 계속적으로 할당하는 지속성이다. 이것은 매우 이해하기 쉽다. 예를 들어 1.1.1.1이라면 서버 ①에 계속 할당하고 2.2.2.2라면 서버 ②에 계속 할당한다. 인터넷에 공개하는 가상 서버라면 커넥션의 발신지 IP 주소는 전 세계의 글로벌 IP 주소이므로 크게 보면 부하 분산이 된다. 계속적으로 할당하는 시간은 애플리케이션 타임아웃 시간에 맞춰 설정한다. 애플리케이션의 타임아웃 시간보다 조금 길게 설정해 두면 처리 불일치가 발생하는 일은 없다.

---

3   쿠키(cookie) 지속성, 즉 인서트 모드(insert mode)에 대해서는 지속성 테이블에서 처리하지 않는 장비도 있다. 장비의 사양을 확인하길 바란다.

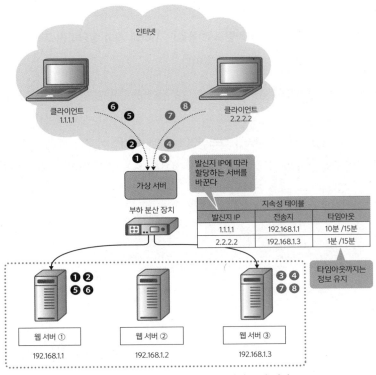

그림 3.1.65 발신지 IP 주소가 동일하면 동일 서버로

발신지 IP 주소 지속성은 이해하기 쉽고 관리도 쉬운 지속성이다. 그러나 동시에 치명적인 약점도 있다. **NAPT 환경이나 프록시 환경 등 여러 클라이언트가 발신지 IP 주소를 공유하는 환경이라면 잘 분산시킬 수 없다.** 예를 들어 1000대의 클라이언트를 갖는 NAPT 환경이라면 1000대의 클라이언트 모두가 하나의 서버로 할당된다. 이러면 부하 분산의 의미가 없다. 발신지 IP 주소 지속성은 환경을 선택하는 지속성이다. 제대로 접속 환경을 파악하여 사용하도록 하자.

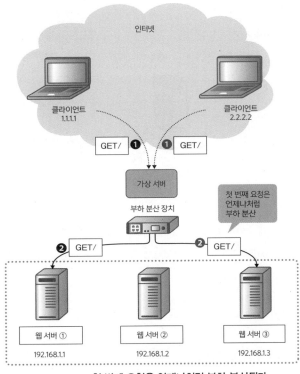

그림 3.1.66 첫 번째 요청은 언제나처럼 부하 분산된다

■ 쿠키 지속성(인서트 모드)

'쿠키 지속성(인서트 모드)'은 쿠키 정보를 바탕으로 동일한 서버에 계속 할당하는 지속성이다. HTTP 또는 SSL 가속을 사용하는 HTTPS 환경에서만 유효하다.

쿠키는 HTTP 서버와의 통신에서 특정 정보를 브라우저에 유지시키는 구조 또는 유지한 파일을 말한다. '절대 도메인 네임Fully Qualified Domain Name, FQDN'별로 관리된다. 부하 분산 장치는 **첫 번째 HTTP 응답에서 할당한 서버의 정보를 담은 쿠키를 클라이언트에 전달한다.**[4] 이후의 HTTP 요청은 쿠키를 계속 지닌 상태에서 이루어져 부하 분산 장치는 그 쿠키 정보를 보고 동일 서버로 계속 할당한다.

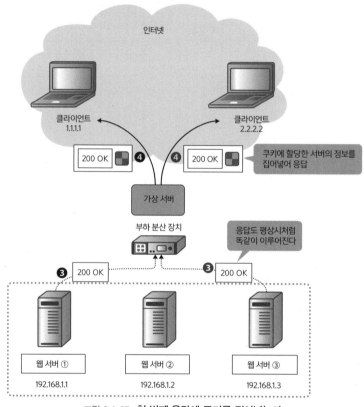

그림 3.1.67 **첫 번째 응답에 쿠키를 집어넣는다**

쿠키 지속성은 발신지 IP 주소 지속성보다 상당히 유연한 지속성을 제공한다. 그러나 브라우저의 쿠키 허용이 절대적인 조건인 동시에 쿠키 추가라는 애플리케이션 레벨에서의 처리가 필요해 그만큼 처리에 부하가 걸린다.

---

4   실제는 HTTP 헤더로 삽입한다.

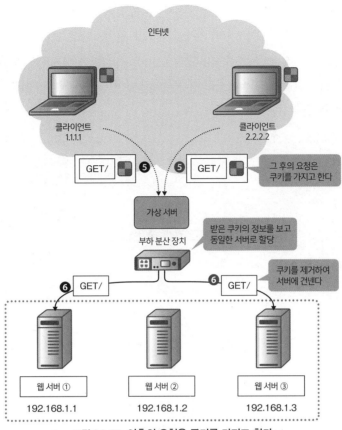

그림 3.1.68 **이후의 요청은 쿠키를 가지고 한다**

결국 어떠한 지속성을 사용하여도 장점과 단점이 발생한다. 애플리케이션의 사양이나 브라우저 환경, 클라이언트의 접속 환경 등 다각적으로 파악하여 선택하자.

⌁ 옵션 기능 잘 사용하기

최근 부하 분산 장치는 활동 영역을 애플리케이션 계층까지 넓혀서 '애플리케이션 전송 컨트롤러'로서의 지위를 확고히 한다. 그것을 지탱하는 것이 부하 분산 기술 이외의 방대한 옵션 기능이다. 이 책에서는 부하 분산 장치가 가지는 다양한 옵션 기능 중에서 '**SSL 가속 기능**', '**HTTP 압축 기능**', '**커넥션 집약 기능**'을 설명하겠다.

SSL 가속 기능으로 SSL 처리를 대신 처리

SSL 가속 기능은 지금까지 서버에서 실시하던 SSL Secure Socket Layer **처리를 부하 분산 장치에서 실행하는 기능이다.** SSL은 통신을 암호화/복호화하는 기술로 통신을 변조 또는 도청에서 보호한다.

SSL은 암호화/복호화를 하기 위해 많은 작업을 실시하며,[5] 그것이 그대로 서버의 부하가 된다. 그러므로 그 처리를 부하 분산 장치가 대신 처리한다. 클라이언트는 평소대로 HTTPS(HTTP over SSL)로 요청한다.[6] 해당 요청을 받은 부하 분산 장치가 앞쪽에서 SSL 처리를 실시하고 뒤에 있는 부하 분산 대상 서버에는 HTTP로 전달한다. 서버는 SSL 처리를 하지 않아도 되어 처리 부하를 극적으로 줄일 수 있다. 거시적으로는 부하 분산을 도모할 수 있다.

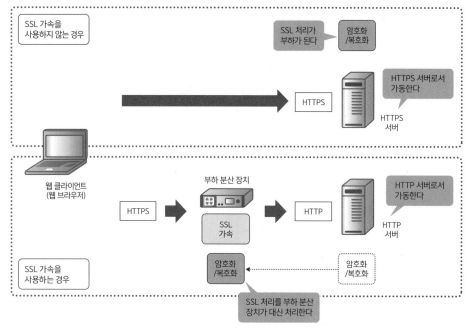

그림 3.1.69 **SSL 가속 기능으로 SSL 처리를 대신 처리한다**

애플리케이션 스위칭 기능으로 더욱 심도 싶은 부하 분산을 실현하기

지금까지 설명한 부하 분산 기능은 클라이언트에서 받은 패킷을 헬스 체크와 부하 분산 방식에 따라 여러 서버로 분산할 뿐인 매우 단순한 것이었다. 애플리케이션 스위칭 기능은 단순한 부하 분산 기능에 더하여 요청 URI(3.2.1절 참조)와 웹 브라우저 종류 등 애플리케이션 데이터에 포함된 각종 정보를 기반으로 더욱 심도 싶고 폭넓은 부하 분산을 실시한다. 이 기능을 사용하면 이미지 파일만 특정 서버들에 부하 분산하거나 스마트폰에서의 액세스라면 스마트폰용의 웹 서버로 부하 분산하는 등 다양한 것이 가능하게 된다. 애플리케이션 스위칭 기능은 F5 네트웍스의 BIG-IP LTM이라면 'iRule'이라는 스크립트를 사용하여 구현할 수 있다.

---

5   SSL은 3.2.2절에서 상세하게 설명하겠다.

6   HTTPS은 HTTP를 SSL로 암호화한 것이다.

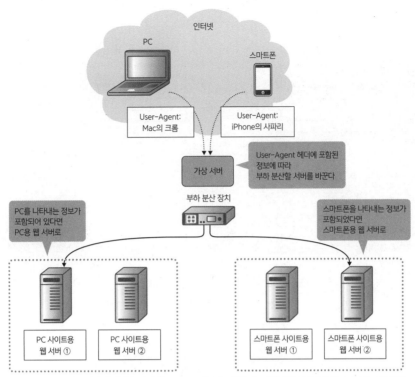

* User-Agent 헤더는 사용자 환경을 나타내는 HTTP 헤더다. 실제로는 세부적인 문자열이 들어가지만 그림에서는 이해하기 쉽게 간단히 표현하였다. 3.2.1절에서 자세히 설명한다.

그림 3.1.70 애플리케이션 스위칭은 다양한 부하 분산이 가능

커넥션 집약 기능으로 서버의 부하 경감하기

커넥션 집약 기능은 부하 분산 장치에서 커넥션을 집약하는 기능이다. 커넥션 처리의 작업 부하는 그것만 놓고 보면 작은 것이다. 그러나 대규모 사이트에서는 가랑비에 옷 다 젖는다는 말처럼 커넥션 처리 자체가 부하가 된다. 그래서 부하 분산 장치는 앞쪽에서 클라이언트 커넥션을 종단 처리한다. 부하 분산 장치는 서버와 다른 별도의 커넥션을 연결해 요청을 전달한다. 서버는 부하 분산 장치와만 커넥션을 갖으면 되기 때문에 부하가 크게 경감된다.

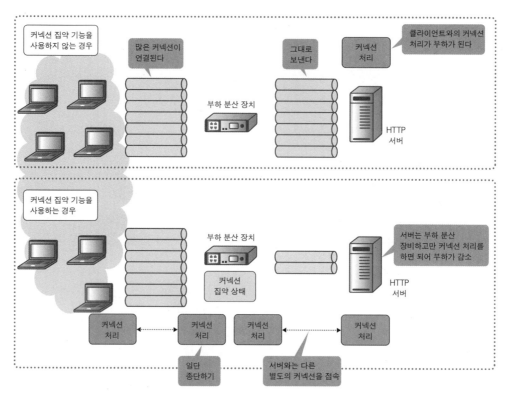

그림 3.1.71 커넥션 집약 기능으로 커넥션 처리의 부하 경감하기

세션 계층부터 애플리케이션 계층의 기술

지금까지 물리 계층에서 트랜스포트 계층까지 각 레이어를 설명했다. 세션 계층에서 애플리케이션 계층까지는 애플리케이션이 만들어 내는 하나의 애플리케이션 프로토콜로 생사를 함께하며 존재한다. 이 책에서는 일반적으로 많이 사용하는 애플리케이션 프로토콜을 네트워크 측면에서 설명해 나가겠다. 참고로 이 절에서는 운용 관리에 사용되는 프로토콜 및 중복화에 사용되는 프로토콜은 제외한다. 이는 4장과 5장에서 자세히 설명하겠다.

3.2.1 HTTP가 인터넷을 지탱한다

애플리케이션 프로토콜 중에서 가장 친숙한 것이 'HTTP'일 것이다. 프로토콜 없이 인터넷을 언급할 수 없다. HTTP가 현재 인터넷의 폭발적인 보급을 지지한다고 말해도 과언이 아니다.

HTTP는 원래 텍스트 데이터를 전송하기 위한 프로토콜이었다. 그러나 이제 그 테두리를 넘어서 파일 전송 및 실시간 메시지 교환 등 다양한 용도로 사용된다.

🔌 버전에 따라 TCP 커넥션의 사용법이 다르다

HTTP를 네트워크 측면에서 볼 때 가장 중요한 포인트는 '버전'이다. HTTP는 1991년에 등장한 이래 'HTTP/0.9→HTTP/1.0→HTTP/1.1→HTTP/2'로 세 번의 버전 업이 실시되었다. 어느 버전을 사용할지는 웹 브라우저와 웹 서버 설정에 달려 있다. 웹 브라우저와 웹 서버의 설정이 서로 다른 경우는 버전이 낮은 쪽으로 맞춰 접속한다.

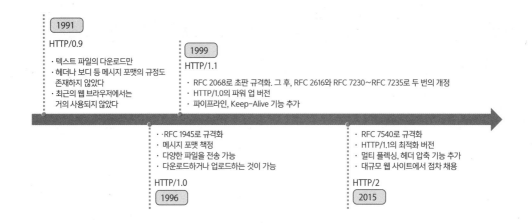

그림 3.2.1 **HTTP 버전의 변천**

HTTP/0.9

HTTP/0.9는 HTMLHyperText Markup Language로 기술된 텍스트 파일을 서버에서 다운로드하는 단순한 프로토콜이다. 굳이 사용할 이유는 없지만 단순함이야말로 그 후의 폭발적인 보급을 이끌어낸 요인이었다고 할 수 있다.

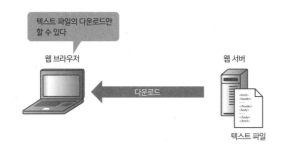

그림 3.2.2 **HTTP/0.9는 텍스트 파일의 다운로드만**

HTTP/1.0

HTTP/1.0은 1996년에 제정한 RFC 1945 'Hypertext Transfer Protocol – HTTP/1.0'에 규격화되었다. HTTP/1.0에서는 텍스트 파일 외에도 다양한 파일을 취급하도록 되었고 업로드나 삭제도 가능해져 프로토콜의 폭이 크게 넓어졌다. 메시지(데이터)의 포맷이나 요청과 응답의 기본적인 사양도 이 시점에서 거의 확립되어 현재까지도 계속되는 HTTP의 초석이 되었다.

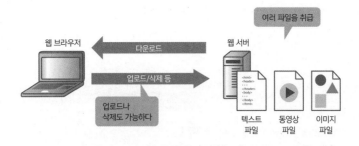

그림 3.2.3 **HTTP/1.0에서는 업로드나 삭제도 가능해졌다**

HTTP/1.1

HTTP/1.1은 1997년에 제정한 RFC 2068 'Hypertext Transfer Protocol – HTTP/1.1'에서 규격화되고 1999년에 발표한 RFC 2616 'Hypertext Transfer Protocol – HTTP/1.1'에서 업데이트되었다.

HTTP/1.1에는 응답을 기다리지 않고 다음 요청을 송신할 수 있는 '파이프라인'이나 TCP 커넥션을 계속 유지한 채 여러 요청을 송신하는 'Keep-Alive(지속적인 접속)' 등 TCP 레벨에서의 성능을 최적화하기 위한 기능이 추가되었다. 크롬이나 파이어폭스, 인터넷 익스플로러 등의 웹 브라우저도, 아파치나 IIS, nginx 등의 웹 서버도 HTTP/1.1을 기본 설정으로 채용했다.

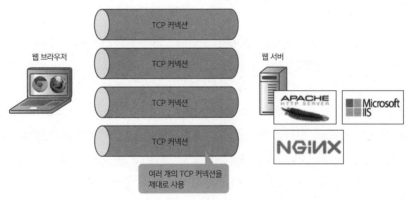

그림 3.2.4 **HTTP/1.1에서는 TCP 레벨에서의 성능 최적화를 도모한다**

HTTP/2

HTTP/2는 2015년에 제정한 RFC 7540 'Hypertext Transfer Protocol Version 2(HTTP/2)'에서 규격화되었다. HTTP/2에는 하나의 TCP 커넥션에서 요청과 응답을 병렬로 처리하는 '멀티 플렉싱'이나 다음 요청이 오기 전에 필요한 콘텐츠를 응답하는 '서버 푸시' 등 TCP만이 아닌 애플리케이션 레벨에서도 성능을 향상시키기 위한 기능이 추가되었다.

HTTP/2의 역사는 아직 얕지만 야후나 구글, 트위터나 페이스북 등 대규모 웹사이트에서는 이미 채용되었다. 웹 브라우저만 이에 대응하면 우리가 미처 의식하지 못한 상태에서 HTTP/2로 접속하는 것이 가능한 셈이다.

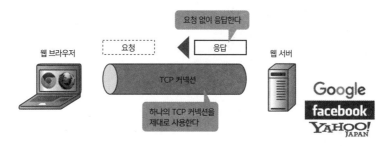

그림 3.2.5 **HTTP/2에서는 애플리케이션 레벨에서도 성능 향상을 도모한다**

소프트웨어에서의 HTTP/2 대응 상황은 웹 브라우저(클라이언트 소프트웨어) 및 서버 소프트웨어 버전에 따라 다르다. 2019년 6월 기준의 대응 상황은 다음 표를 참조하길 바란다.

표 3.2.1 **HTTP/2의 대응 상황(2019년 6월 기준)**

클라이언트 쪽		서버 쪽	
웹 브라우저	버전	웹 서버 소프트웨어	버전
크롬	40~	아파치	2.4.17~
파이어폭스	35~(기본 설정으로 유효가 된 버전)	IIS	Windows 10, Windows Server 2016
인터넷 익스플로러	11~(윈도우 10 필수)	nginx	1.9.5~
사파리	9~	BIG-IP	11.6~

참고로 크롬이나 파이어폭스, 인터넷 익스플로러 등 주요 웹 브라우저에서 HTTP/2를 사용할 경우 암호화 통신(HTTPS 통신)이 필수다. 비암호화 통신으로는 HTTP/2를 사용할 수 없다. HTTP/2 서버를 구축할 때 암호화 통신에 필요한 인증서의 취득이 필요하며 새로운 설정이 필요한 경우도 있으니 주의하길 바란다.

최근에는 웹 서버의 프런트에 있는 부하 분산 장치에 HTTP/2 처리와 SSL 처리를 대신하는 기능이 있기도 하다. 서버 설정을 변경하고 싶지 않거나 새롭게 HTTP/2 서버를 구축하고 싶다면 선택지 중 하나로 생각해도 좋다.

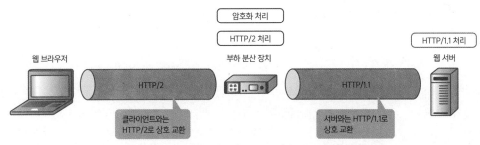

그림 3.2.6 **부하 분산 장치에서 HTTP/2와 SSL 처리를 대신**

참고로 웹사이트에 대해 HTTP/2로 접속하는지는 크롬이나 파이어폭스라면 확장 기능Add-on인 'HTTP/2 and SPDY indicator'를 인스톨하면 주소창에서 확인할 수 있다.

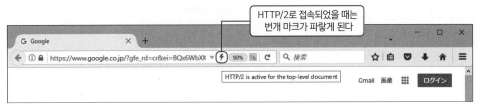

그림 3.2.7 **확장 기능으로 HTTP/2접속을 확인할 수 있다(파이어폭스의 경우)**

⟨⟩ HTTP는 요청과 응답으로 성립한다

HTTP는 클라이언트(웹 브라우저)의 'HTTP 요청'과 서버의 'HTTP 응답'으로 이루어지는 클라이언트 서버형의 프로토콜이다. 클라이언트는 서버에 대해서 "○○ 파일을 주세요"와 "○○ 파일을 보내요" 등자신이 하고 싶은 것을 HTTP 요청으로 전달한다. 서버는 그 처리 결과를 HTTP 응답으로 반환한다.

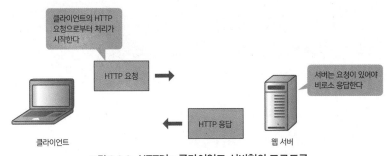

그림 3.2.8 **HTTP는 클라이언트 서버형의 프로토콜**

HTTP 메시지는 세 가지 요소로 되어 있다

HTTP는 버전 업에 따라 다양한 기능이 추가되었지만 메시지 포맷 자체는 HTTP/1.0 이래로 크게 변화가 없다. 단순함 그 자체의 포맷이 현재진행형으로 진행되는 HTTP의 진화를 가져온 것이라고 해도 과언이 아니다.

HTTP로 주고받는 정보를 'HTTP 메시지'라고 부른다. HTTP 메시지에는 웹 브라우저가 서버에 처리를 부탁하는 '요청 메시지'와 서버가 웹 브라우저에 대해 처리 결과를 반환하는 '응답 메시지' 두 종류가 있다. 모든 메시지가 HTTP 메시지의 종류를 나타내는 '스타트 라인start line', 제어 정보가 여러 줄에 걸쳐서 기술되는 '메시지 헤더message header', 애플리케이션 데이터의 본문(HTTP 페이로드)을 나타내는 '메시지 바디message body'로 구성되어 있다. 메시지 헤더와 메시지 바디는 경계선을 나타내는 빈 행의 개행 코드(\r\n)가 들어가 있다.

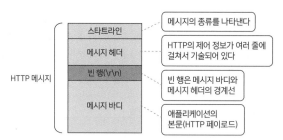

그림 3.2.9 **HTTP 메시지는 메시지 헤더와 메시지 바디로 되어 있다**

그림 3.2.10 **HTTP 메시지를 와이어샤크로 분석한 화면**

이 중 네트워크에서 중요한 것은 메시지 헤더다. 메시지 헤더에는 HTTP의 상호 작용에 관련된 제어 정보가 HTTP 헤더로서 여러 줄에 걸쳐 기술되어 있다. 클라이언트와 서버 각각에서 이 정보를 보고 압축하거나 지속적인 접속을 하거나 파일의 종류를 확인하는 등 다양한 제어를 한다. 이 책에서는 일반적으로 자주 사용되는 HTTP 헤더를 몇 가지 소개한다.

■ Connection 헤더/Keep-Alive 헤더

'Connection 헤더'와 'Keep-Alive 헤더'는 둘 다 지속적인 접속을 제어하는 헤더다. 웹 브라우저는 Connection 헤더에 'keep-alive'를 세트해서 "지속적인 접속을 지원하네요"라고 웹 서버에 전한다. 그에 반하여 서버도 마찬가지로 Connection 헤더에 'keep-alive'를 세트해서 응답한다. 아울러서 Keep-Alive 헤더를 사용해 다음의 요청이 안 올 때 타임아웃할 시간(timeout 디렉티브)이나 해당 TCP 커넥션에서의 남은 요청 수(max 디렉티브) 등 지속적인 연결에 대한 정보를 부가한다. 참고로 Connection 헤더에 'close'가 세트되면 TCP 커넥션을 닫는다.

부하 분산 장치는 두 헤더를 이용하여 커넥션 집약을 실행한다.

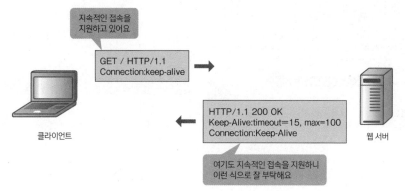

그림 3.2.11 **Connection 헤더로 지속적인 접속을 관리한다**

■ Accept-Encoding 헤더/Content-Encoding 헤더

'Accept-Encoding 헤더'와 'Content-Encoding 헤더'는 HTTP 압축을 관리하는 HTTP 헤더다. 웹 브라우저는 Accept-Encoding 헤더로 "이런 압축이라면 지원할 수 있네요"라고 전한다. 그에 반하여 서버는 메시지 본문을 압축하면 Content-Encoding 헤더로 "○○ 방식으로 압축했어요"라고 반환한다.

부하 분산 장치는 두 헤더와 파일의 종류를 나타내는 'Content-type 헤더'를 이용하여 효율적인 HTTP 압축을 실시한다.

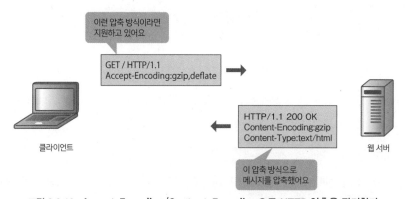

그림 3.2.12 **Accept-Encoding/Content-Encoding으로 HTTP 압축을 관리한다**

■ User-Agent 헤더

'User-Agent 헤더'는 웹 브라우저나 운영체제 등 사용자 환경을 나타내는 헤더다. 사용자가 어떠한 웹 브라우저의 어떠한 버전을 사용하는지, 그리고 어떠한 운영체제의 버전을 이용하는지는 웹사이트의 관리자가 액세스 해석을 하는 데에 필수 불가결한 정보다. 이 정보를 토대로 웹사이트의 콘텐츠를 사용자의 액세스 환경에 맞춰 디자인을 고치거나 내용을 최적화한다.

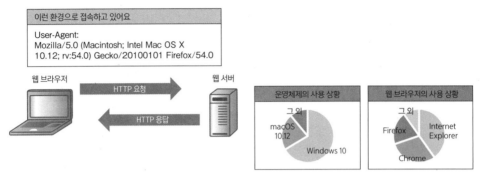

그림 3.2.13 User-Agent 헤더는 웹 브라우저나 운영체제 등 사용자 환경을 나타낸다

User-Agent 헤더의 내용에는 통일된 포맷이 없어 웹 브라우저마다 다르다. 특히 요즘은 마이크로소프트 Edge이지만 'Chrome'이나 'Safari' 문자열이 있거나 크롬인데 'Safari' 문자열이 있는 등 제멋대로다. 따라서 어느 운영체제의 어느 브라우저를 나타내는지는 헤더 전체를 보고 판단해야 한다. 예를 들어 윈도우 10의 파이어폭스의 경우 다음의 문자열 요소로 구성되어 있다.

그림 3.2.14 User-Agent 헤더의 포맷(윈도우 10의 파이어폭스의 경우)

사용자의 액세스 환경을 간단히 파악할 수 있어 편리한 User-Agent 헤더이지만 모든 데이터를 통째로 받아들이는 것은 위험하다. User-Agent 헤더는 Fiddler 등의 도구나 'User-Agent Switcher' 등의 웹 브라우저 확장 기능으로 간단히 변경할 수 있다. 어디까지나 참고만 하자.

■ Cookie 헤더

쿠키는 HTTP 서버와의 통신에서 특정 정보를 브라우저에 유지시키는 구조 또는 유지하는 파일이다. 쿠키는 웹 브라우저에서 FQDN으로 관리된다. 쇼핑몰이나 SNS에서 사용자 이름과 암호를 입력하지 않았지만 로그인했던 적은 없는가? 이것은 쿠키 덕분이다. 클라이언트가 사용자 이름과 암호로 로그인에 성공하면 서버는 세션 ID를 발행하고 Set-Cookie 헤더로 응답한다. 그 후의 요청은 Cookie 헤더에 세션 ID를 넣어서 이루어져 자동으로 로그인이 실행된다.

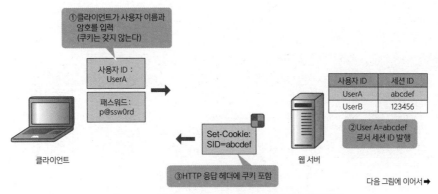

그림 3.2.15 **서버가 세션 ID를 발행하여 쿠키에 전달한다**

다음 그림에 이어서 ➡

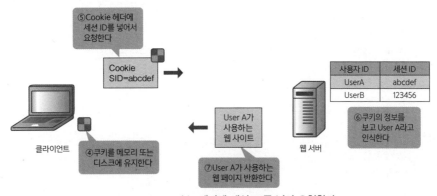

그림 3.2.16 **Cookie 헤더에 세션 ID를 넣어 요청한다**

부하 분산 장치의 쿠키 지속성(인서트 모드)은 쿠키의 구조를 응용하였다. 부하 분산 장치는 초기 응답으로 할당된 서버의 정보를 포함한 쿠키를 Set-Cookie 헤더에 전달한다. 이후 요청은 Cookie 헤더가 켜진 상태에서 이루어져 동일한 서버에 계속해서 할당될 수 있다.

몇 가지 메서드로 HTTP 요청하기

클라이언트는 요청 메시지의 스타트라인에 기술하는 '요청 라인'으로 HTTP 요청의 내용을 전달한다.

요청 라인은 요청의 종류를 나타내는 '메서드method', 리소스의 식별자를 나타내는 '요청 URIUniform Resource Identifier', HTTP의 버전을 나타내는 'HTTP 버전' 세 가지 요소로 구성되었다. 웹 브라우저는 임의의 HTTP 버전으로 요청 URI에서 가리키는 웹 서버의 리소스(파일)에 대해 메서드를 사용해서 처리를 요구한다.

그림 3.2.17 **요청 라인**

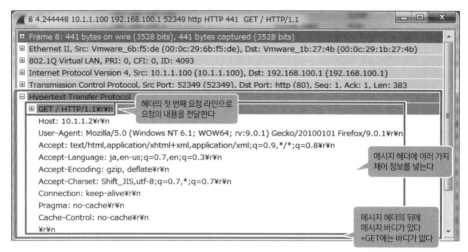

그림 3.2.18 **요청 라인으로 HTTP 요청의 내용을 전달한다**

이 중에서도 특별히 중요한 요소가 '메서드'다. 요청 라인에서 사용하는 메서드는 몇 가지밖에 없어 매우 간단하다. 다음 표에 일반적으로 자주 사용하는 메서드를 정리했다. 참고하길 바란다.

표 3.2.2 **메서드는 요청의 종류를 나타낸다**

메서드	내용	대응 버전
OPTIONS	서버가 서포트하는 메서드나 옵션을 조사한다.	HTTP/1.1~
GET	서버에서 데이터를 취득한다.	HTTP/0.9~
HEAD	메시지 헤더만을 취득한다.	HTTP/1.0~
POST	서버에 데이터를 전송한다.	HTTP/1.0~
PUT	서버로 로컬에 있는 파일을 전송한다.	HTTP/1.1~
DELETE	파일을 삭제한다.	HTTP/1.1~
TRACE	서버로의 경로를 확인한다.	HTTP/1.1~
CONNECT	프록시 서버에 터널링을 요구한다.	HTTP/1.1~

HTTP 요청을 받은 서버는 응답 메시지의 스타트라인에 기술하는 '상태 라인'으로 처리 결과를 반환한다. 상태 라인은 HTTP의 버전을 나타내는 'HTTP 버전', 처리 결과의 개요를 3행의 숫자로 나타내는 '상태 코드', 그 이유를 나타내는 '상태 코드 설명reason phrase'으로 구성되었다.

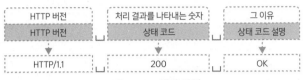

그림 3.2.19 **상태 라인**

이 중에서도 중요한 요소가 상태 코드다. **상태 코드는 처리 결과를 나타내는 세 자리 번호다.** 각각 의미가 있다. 예를 들어 웹 서버가 정상적으로 동작하는 경우는 '200 OK'가 반환된다. 콘텐츠 자체가 존재하지 않는 경우는 '404 Not Found'가 반환된다.

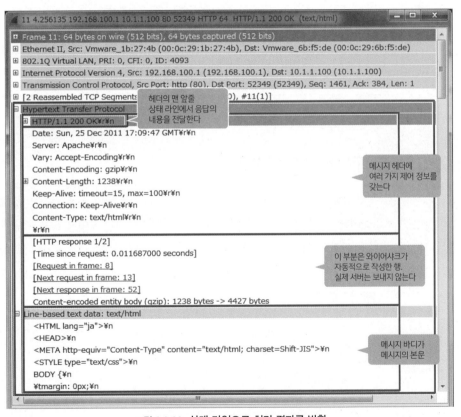

그림 3.2.20 **상태 라인으로 처리 결과를 반환**

표 3.2.3 상태 코드와 상태 코드 설명으로 서버의 상태를 전달한다

	클래스	상태 코드	상태 코드 설명	내용
1xx	Informational	100	Continue	클라이언트는 요청을 계속할 수 있다.
		101	Switching Protocols	Upgrade 헤더를 사용하여 프로토콜 또는 버전을 업데이트한다.
2xx	Successful	200	OK	정상적으로 처리를 완료했다.
3xx	Redirection	301	Moved Permanently	Location 헤더를 사용하여 별도의 URI로 리다이렉트(전송)하고, 영구 대응한다.
		302	Found	Location 헤더를 사용하여 별도의 URI로 리다이렉트(전송)하고, 잠정 대응한다.
		304	Not Modified	리소스가 업데이트되어 있지 않다.
4xx	Client Error	400	Bad Request	요청의 구문에 문제가 있다.
		401	Unauthorized	인증에 실패했다.
		403	Forbidden	해당 리소스에 대해 액세스가 거부되었다.
		404	Not Found	해당 리소스가 존재하지 않는다.
		406	Not Acceptable	대응하는 종류의 파일이 없다.
		412	Precondition Failed	전제 조건을 만족하지 않는다.
5xx	Server Error	503	Service Unavailable	웹 서버 애플리케이션에 장애가 발생한다.
		504	Gateway Timeout	웹 서버에서 응답이 없다.

3.2.2 SSL로 데이터 보호하기

SSL_{SecureSocket Layer}(보안 소켓 계층)/TLS_{Transport Layer Security}(전송 계층 보안)는 애플리케이션 데이터를 암호화하는 프로토콜이다. 지금은 일상 생활의 일부가 된 인터넷이지만 보이지 않은 위협에 처할 수 있다는 사실을 잊지 말아야 한다. 세상의 다양한 사람과 기계 장치가 논리적으로 하나로 연결된 인터넷에서는 언제 누군가가 데이터를 훔쳐보거나 변경할지도 모른다. SSL/TLS[7]는 데이터를 암호화하거나 통신 상대를 인증함으로써 귀중한 데이터를 보호한다.

7　TLS는 SSL을 버전 업한 것이다. 여기서부터는 문장을 읽기 쉽도록 'SSL/TLS'라는 표현을 'SSL'이라고 표현하겠다. 동시에 'TLS'도 포함되었다고 생각해 주길 바란다.

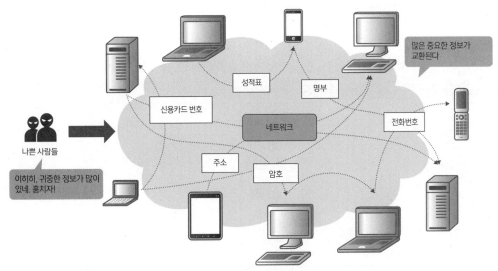

그림 3.2.21 네트워크에서는 여러 가지 정보가 교환된다

웹 서핑을 하다 보면 웹 브라우저에서 URL이 'https://~'가 되고 자물쇠 표시가 생기는 경우가 있다. 이것은 SSL 통신으로 암호화되어 데이터가 지켜지고 있음을 나타낸다. HTTPS는 'HTTP over SSL'의 약자로 HTTP를 SSL로 암호화한 것이다.

그림 3.2.22 웹 브라우저 표시에서 HTTP가 암호화되었는지 아닌지 알 수 있다

참고로 구글이나 야후 등 일반적으로 많이 알려진 대규모 웹사이트는 HTTP로 액세스해도 HTTPS 사이트로 강제적으로 리다이렉트되도록 되어 있다. 지금은 인터넷에 떠다니는 트래픽의 70~80%가 HTTPS로 되어 언젠가는 모든 트래픽이 SSL로 암호화되는 '항상 SSL화 시대'로 이행될 것이다.

⚡ '도청', '변조', '스푸핑'의 위협에서 보호하기

인터넷은 재빨리 필요한 정보를 입수할 수 있고 즉시 상품을 구입할 수 있어 매우 편리하다. 하지만 동시에 위협투성이이기도 하다. SSL은 그런 위협 속에서도 '**도청**', '**변조**', '**스푸핑**spoofing'인 세 가지 위협에서 데이터를 보호하는 기술을 조합할 수 있다. 각각의 위협에 어떠한 기술로 대항하는지 살펴보겠다.

암호화로 도청에서 보호한다

암호화는 정해진 규칙에 기반하여 데이터를 변환하는 기술이다. 암호화에 의해 제삼자가 데이터를 몰래 훔쳐보는 '도청'을 방지한다. 중요한 데이터가 유출되면 나쁜 사람이 아니어도 보게 된다. SSL은 데이터를 암호화하여 설사 도청이 되어도 내용을 알 수 없도록 한다.

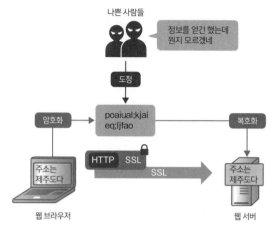

그림 3.2.23 **암호화로 도청에서 보호한다**

해시화로 변조에서 보호한다

해시화는 애플리케이션 데이터에서 정해진 계산(해시 함수)을 기반으로 고정 길이의 데이터(해시값)를 추출하는 기술이다. 애플리케이션 데이터가 바뀌면 해시값도 변한다. 이 구조를 이용해서 제삼자가 데이터를 변경하는 '변조'를 검출할 수 있다.

SSL은 데이터가 변조되지 않았는지 여부를 확인하기 위해 해시값을 데이터와 함께 송신한다. 이것을 받은 단말은 데이터에서 계산한 해시값과 첨부된 해시값을 비교하여 변조되지 않았는지 확인한다. 동일한 데이터에 대해 동일한 계산을 하기 때문에 동일한 해시값이라면 데이터가 변조되지 않는다는 것을 의미한다.

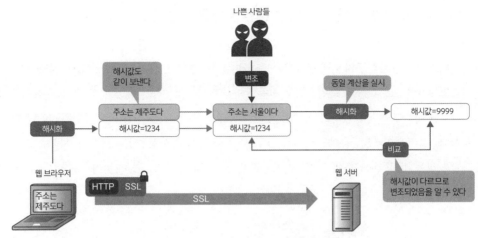

그림 3.2.24 해시화로 변조에서 보호한다

디지털 인증서는 그 단말이 진짜인지 증명하는 파일을 말한다. 디지털 인증서를 기초로 통신 상대가 진짜인지 아닌지 확인하여 '스푸핑'을 방지할 수 있다. SSL에서는 데이터를 전송하기 전에 "당신의 정보를 주세요"라고 부탁하고 보낸 디지털 인증서를 바탕으로 올바른 상대인지 여부를 확인한다.

참고로 디지털 인증서가 진짜인지 아닌지는 '**인증 기관**Certificate Authority, CA'이라고 불리는 신뢰 기관의 '**디지털 서명**'으로 판단한다. 디지털 서명은 보증 문서와 같다고 생각하면 된다. 디지털 인증서는 시멘택이나 세콤 트러스트 등의 인증 기관에서 디지털 서명이라는 보증 문서를 받아야 비로소 세상에서 공인된 것으로 인정받는다.

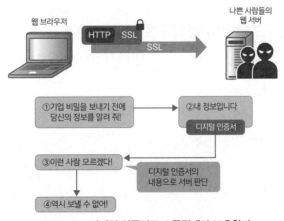

그림 3.2.25 디지털 인증서로 스푸핑에서 보호한다

🔗 SSL은 여러 가지 애플리케이션 프로토콜을 암호화할 수 있다

SSL은 HTTP 전용의 암호화 프로토콜로 착각하기 쉽지만 반드시 그런 것은 아니다. 우연히 HTTPS
가 세상에서 가장 많이 나돌기 때문에 이렇게 느껴지는 것뿐이다. SSL은 트랜스포트 계층에서 동작
하며 애플리케이션 프로토콜과 독립적으로 작동한다. TCP를 이용하기 때문에 TCP 위와 애플리케이
션 아래인 4.5 계층에서 동작한다고 상상하면 된다. SSL은 TCP 애플리케이션 프로토콜을 암호화 대
상으로 한다. 따라서 파일 전송에 사용되는 FTP나 이메일에서 사용하는 SMTP도 SSL로 암호화할
수 있다. 이 경우 'FTP over SSL(FTPS)'이나 'SMTP over SSL(SMTPS)'과 같은 식으로 '○○ over SSL'
이라고 한다.

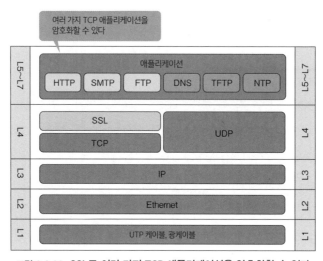

그림 3.2.26 SSL로 여러 가지 TCP 애플리케이션을 암호화할 수 있다

🔗 SSL은 하이브리드 암호화 방식으로 암호화한다

암호화 기술은 '암호화encryption'와 '복호decode'의 관계로 이루어져 있다.

보낸 사람이 보내고 싶은 평문과 암호화하기 위한 '**암호화 키**encryption key'를 수학적인 계산 절차 '**암
호화 알고리즘**'에 넣어 밀봉하여 암호화 텍스트로 변환한다(암호화). 그에 반하여 받는 사람은 받은 암
호화 텍스트를 해독하는 열쇠 '**암호 해독 키**decryption key'를 수학적인 계산 절차 '복호 알고리즘'에 넣
어서 푼 후 원래의 일반 텍스트를 추출한다(복호). 네트워크에서 암호화 기술은 암호화 키와 복호 키
의 사용 방법에 따라 '**공용 키 암호화 방식**common key cryptosystem'과 '**공개 키 암호화 방식**public key
cryptosystem'으로 구별되어 있다. 각각 설명해 보겠다.

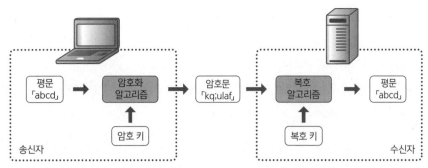

그림 3.2.27 **암호화 기술은 암호화와 복호의 관계로 성립되어 있다**

공용 키 암호화 방식은 암호화 키와 복호화 키로 동일한 키를 사용하는 암호화 방식이다. 동일 키를 대칭적으로 사용한다는 점에서 '대칭 키 암호화 방식symmetric key cryptosystem'이라고도 한다. 송신자와 수신자는 미리 동일한 키를 공유하여 암호화 키로 암호화하고 암호화 키와 동일한 복호화 키로 복호화한다. '데이터 암호화 표준Data Encryption Standard, DES'과 '3중 데이터 암호화 표준Triple Data Encryption Standard, 3DES', '고급 암호화 표준Advanced Encryption Standard, AES'이 이 암호화 방식에 해당한다.

공용 키 암호화 방식의 장점은 처리 속도다. 구조가 단순 명쾌하기 때문에 암호화 처리도 복호화 처리도 빠르다. 단점은 키 분배의 문제이다. 공용 키 암호화 방식은 암호화 키와 복호화 키가 같은 것이다. 그 키를 입수하면 그 시점에서 모든 것이 끝난다. **양쪽이 서로 공유하는 키를 어떻게 상대에게 전달할지 별도로 생각해야 한다.**

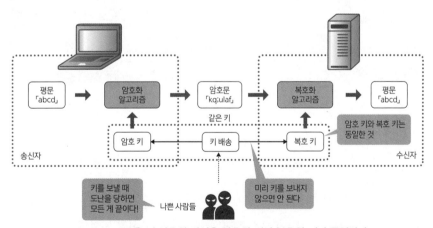

그림 3.2.28 **공용 키 암호화 방식은 암호화 키와 복호화 키가 동일하다**

공개 키 암호화 방식은 암호화 키와 복호화 키로 서로 다른 키를 사용하는 암호화 방식이다. 다른 키를 비대칭적으로 사용한다는 점에서 '비대칭 키 암호화 방식asymmetric key cryptosystem'이라고도 한다. 'RSARivest-Shamir-Adleman'나 'DH/DHE(디피-헬먼 키 교환)', 'ECDH/ECDHE(타원 곡선 디피-헬먼 키 교환)'가 이 암호화 방식에 해당한다.

공개 키 암호화 방식을 지지하는 것은 '**공개 키**public key'와 '**비밀 키**secret key'다. 공개 키는 모두에게 공개해도 좋은 키이며, 비밀 키는 모두에게 비밀로 해야 하는 키다. 이 둘은 '**키 페어**key pair'라고 하며 쌍으로 존재한다. 키 페어는 수학적인 관계로 구성되었다. 하나의 키에서 다른 한쪽의 키를 산출할 수 없다. 한쪽 키로 암호화한 암호문은 다른 한쪽의 키가 없으면 해독할 수 없다.

키 페어를 사용하여 공개 키 암호화 방식이 어떻게 작동하는지 단계별로 설명한다.

1 수신자는 공개 키와 비밀 키(키 페어)를 만든다.

2 수신자의 공개 키를 모두에게 공개 및 배포하고 비밀 키만 보관한다.

3 송신자는 공개 키를 암호화 키로 암호화하여 송신한다.

4 수신자는 비밀 키를 복호화 키로 복호화한다.

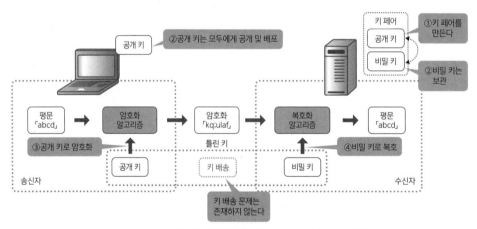

그림 3.2.29 **공개 키 암호화 방식은 공개 키와 비밀 키를 사용한다**

공개 키 암호화 방식의 장점은 키 분배 문제다. 암호화에 사용되는 공개 키는 모두에게 공개하는 키다. 공개 키는 비밀 키가 없으면 작동하지 않으며 공개 키로부터 비밀 키를 산출할 수 없다. 따라서 키 배송이 어쩌고저쩌고할 필요가 없다. 단점은 처리 속도이다. 공개 키 암호화 방식은 처리가 복잡하기 때문에 그만큼 암호화 처리와 복호화 처리에 시간이 걸린다.

공개 키 암호화 방식과 공용 키 암호화 방식은 장점과 단점이 약간 반비례 관계로 이루어져 있다. 거기에 주목하여 만들어진 암호화 방식이 '**하이브리드 암호화 방식**hybrid cryptosystem'이다. SSL은 하이브리드 암호화 방식을 채용한다. 하이브리드 암호화 방식은 공용 키 암호화 방식의 장점인 고속 처리 및 공개 키 암호화 방식의 장점인 키 분배 문제를 해결한 암호화 방식이다.

표 3.2.4 **장점과 단점이 반대로 되어 있다**

항목	공용 키 암호화 방식	공개 키 암호화 방식
대표적인 암호화 종류	3DES, AES, Camellia	RSA, DH/DHE, ECDH/ECDHE
키 관리	통신 상대마다 관리	공개 키와 비밀 키를 관리
처리 속도	고속	저속
처리 부하	가볍다.	무겁다.
키 배송 문제	있다.	없다.

메시지는 공용 키 암호화 방식으로 암호화한다. 공용 키 암호화 방식을 사용하여 처리의 고속화를 도모한다. 또한 공용 키 암호화 방식에서 사용하는 키는 공개 키 암호화 방식으로 암호화한다. 공개 키 암호화 방식을 사용하여 키 분배 문제를 해결한다.

실제 흐름을 살펴보자. **1**에서 **4**까지가 공개 키 암호화 방식, **5**에서 **6**이 공용 키 암호화 방식이다.

1 수신자는 공개 키와 비밀 키를 만든다.

2 수신자는 공개 키를 모두에게 공개 및 배포하고 비밀 키만 보관한다.

3 송신자는 공용 키(공용 키 암호화 방식에서 사용하는 키)를 공개 키로 암호화하여 전송한다.

4 수신자는 비밀 키로 복호화하여 공용 키를 꺼낸다. 이 시점에서 메시지의 암호화 및 복호화로 사용하는 키가 서로 공유된다.

5 송신자는 공용 키로 메시지를 암호화하여 전송한다.

6 수신자는 공용 키로 메시지를 복호화한다.

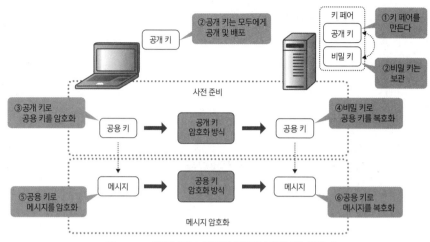

그림 3.2.30 하이브리드 암호화 방식은 장점만을 취한다

🔌 해시값 비교하기

해시화는 애플리케이션 데이터를 해시드 포테이토hashed potato**처럼 데이터를 잘게 잘라 동일한 크기의 데이터로 정리하는 기술이다.** 메시지를 요약하는 듯한 이미지에서 '메시지 다이제스트(요약)'나 메시지의 지문을 취한다는 이미지에서 '핑거 프린트finger print'라고 불리기도 한다.

해시값을 비교하는 편이 효율적

어떠한 데이터와 데이터가 같은지 혹은 위조된 건 아닌지 확인하고 싶을 때 데이터 자체를 비교하는 것이 가장 쉽고 빠르다. 물론 데이터 크기가 작은 경우에 유용하다. 그러나 데이터 크기가 큰 경우는 어떻게 될까? 데이터를 저장하는 장소도 배로 계속해서 증가하고 비교 자체도 복잡해진다. 그래서 데이터를 해시화해서 비교하기 쉽게 한다.

해시화는 '단방향 해시 함수one-way hash function'라는 특수한 계산을 이용하여 데이터를 듬성듬성 잘라 동일한 크기의 '**해시값**'으로 작게 정리한다. 단방향 해시 함수와 해시값은 구체적으로 다음과 같은 성질을 갖는다.

■ 데이터가 다르면 해시값도 다르다

단방향 해시 함수는 결국 계산 이외에는 별다른 기능이 없다. 1에 5를 곱하면 5가 되는 것처럼 데이터가 한 비트라도 다르면 해시값은 전혀 달라진다. 이 성질을 이용해서 데이터의 변조를 감지할 수 있다.

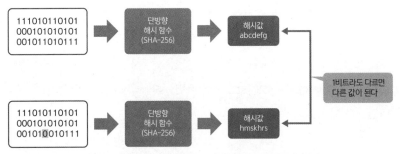

그림 3.2.31 한 비트라도 다르면 전혀 다른 해시값이 된다

■ 데이터가 같으면 해시값도 같다

앞 항과 반대다. 그렇겠다고 생각하는 사람도 있을 수 있다. 만약 단방향 해시 함수의 계산식 내에서
날짜나 시각과 같은 변동 요소가 포함되었다면 데이터가 같아도 값이 변한다. 단방향 해시 함수에는
이러한 변동 요소가 포함되지 않아 데이터가 동일하면 해시값도 반드시 똑같다. 이 성질을 이용해서
언제라도 데이터를 비교할 수 있다.

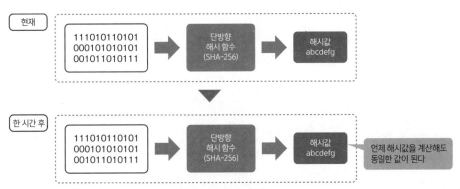

그림 3.2.32 데이터가 동일하면 해시값도 동일하다

■ 해시값으로부터 원래 데이터로는 되돌릴 수 없다

해시값은 어디까지나 데이터 요약이다. 책의 요약만 읽어서는 본문 모두를 이해할 수 없듯이 해시값
으로부터 원래 데이터로 복원할 수 없다. 원시 데이터→해시값의 일방통행이다. 따라서 아무리 해시
값을 훔쳐도 보안 문제는 일어나지 않는다.

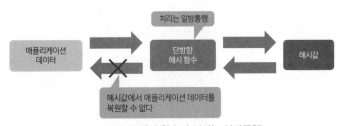

그림 3.2.33 해시 함수의 처리는 일방통행

■ 데이터 크기는 달라도 해시값의 크기는 고정

단방향 해시 함수로 산출되는 해시값의 크기는 데이터가 1비트든 1메가든 1기가든 모두 동일하다. 최근 자주 사용되는 SHA-256으로 산출된 해시값의 크기는 원시 데이터의 크기에 상관없이 항상 256비트다. 이 성질을 이용하면 정해진 범위만을 비교하면 되어 처리를 고속화할 수 있다. 또한 비교 처리에 드는 부하를 억제할 수도 있다.

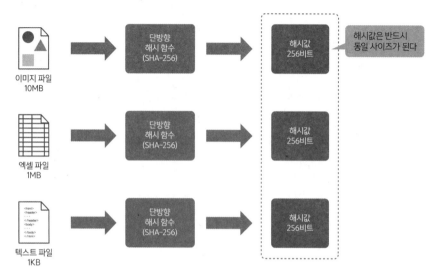

그림 3.2.34 **해시값의 크기는 동일하다**

SSL에서는 해시화를 '애플리케이션 데이터의 검증'과 '디지털 인증서의 검증'에서 사용한다. 각각의 경우에 대해서 설명하겠다.

애플리케이션 데이터의 검증

해시화의 가장 전통적인 사용법이다. 송신자는 애플리케이션 데이터와 해시값을 보낸다. 수신자는 애플리케이션 데이터에서 해시값을 계산하고 받은 해시값과 자신이 계산한 해시값을 비교한다. 그 결과 일치하면 변조되지 않은 것이고 일치하지 않으면 변조되었다고 판단한다.

SSL에서는 이에 더하여 또 하나의 **'메시지 인증 코드**Message Authentication Code, MAC'라는 보안적인 요소를 추가한다. 메시지 인증 코드는 애플리케이션 데이터와 공용 키(MAC 키)를 뒤섞어서 해시값 (MAC 값)을 계산하는 기술이다. 단방향 해시 함수에 공용 키의 요소가 추가되어 변조 감지뿐만 아니라 상대를 인증할 수도 있다.

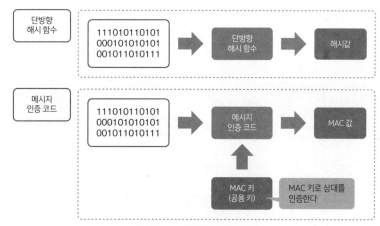

그림 3.2.35 **메시지 인증 코드**

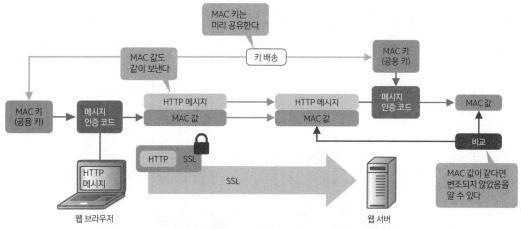

그림 3.2.36 **메시지 인증으로 애플리케이션 데이터를 검증한다**

참고로 공용 키를 사용한다는 점은 동시에 키 배송 문제도 존재하다는 점을 잊지 말아야 한다. SSL에서는 메시지 인증에서 사용하는 공용 키는 공개 키 암호화 방식으로 교환한 공용키의 요소로부터 생성한다.

디지털 인증서의 검증

SSL에서는 디지털 인증서digital certificate의 검증에도 해시화를 사용한다. 아무리 암호화하더라도 데이터를 보내는 상대가 전혀 모르는 사람이라면 아무 의미가 없다. SSL에서는 디지털 인증서를 사용하여 자신이 자신임을 그리고 상대가 상대임을 증명한다.

여기서 중요한 것은 아무리 "나는 A예요"라고 소리 높여 외쳐도 그것만으로는 신뢰성이 없다는 점이다. 즉 정말 A인지 아닌지 모른다. 어쩌면 B가 "나는 A예요"라고 외치고 있을지도 모른다. 그래서 SSL

세계에서는 제삼자 인증을 적용한다. 신뢰할 수 있는 제삼자인 '**인증 기관**'이 'A가 A라는 것'을 디지털 서명의 형태로 인정한다. 그리고 디지털 서명에 해시화를 사용한다.

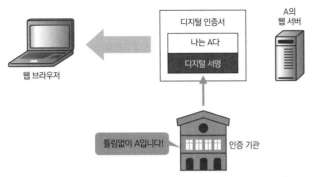

그림 3.2.37 **인증 기관이 제삼자 인증을 한다**

디지털 인증서는 '서명 전 인증서', '디지털 서명의 알고리즘', '디지털 서명'으로 구성되었다.[8] 서명 전 인증서는 서버나 서버 소유자의 정보나. 서버의 URL을 나타내는 Common Name이나 인증서의 유효 기간, 공개 키도 여기에 포함된다. 디지털 서명의 알고리즘에는 단방향 해시 함수가 포함되었다. 디지털 서명은 서명 전 인증서를 디지털 서명의 알고리즘으로 지정된 해시 함수로 해시화하고 인증 기관의 비밀 키로 암호화한 것이다.

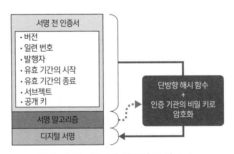

그림 3.2.38 **디지털 인증의 구성 요소**

디지털 인증서를 받은 수신자는 디지털 서명을 인증 기관의 공개 키(루트 인증서root certificate 또는 CA 인증서)로 복호화하여 서명 전 인증서와 비교한다. 일치하면 인증서가 변조되지 않은, 즉 그 서버가 진짜 서버인 것이다. 일치하지 않으면 서버가 가짜임이 판명되어 그 사실을 나타내는 경고 메시지를 반환한다.

8 　디지털 서명의 알고리즘은 서명 전 인증서의 일부로 존재한다. 이 책에서는 이해하기 쉽게 별도로 구성된 것으로 설명한다.

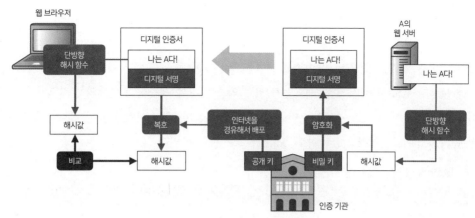

그림 3.2.39 **디지털 서명과 해시값의 관계**

⌁ SSL에서 사용하는 기술 정리

지금까지 SSL에서 사용하는 암호화 방식과 해시화 방식에 대해서 설명하였다. 꽤 여러 기술이 혼합되어 혼란스러울 수 있다. 지금까지 나온 기술을 하나의 표로 정리하였다.

표 3.2.5 **SSL에서 사용하는 기술 정리**

단계	기술	역할	최근 사용되는 종류
사전 준비	공개 키 암호화 방식	공용 키 요소를 배송한다.	RSA, DH/DHE, ECDH/ECDHE
	디지털 서명	제삼자에게 인증받는다.	RSA, DAS, ECDSA, DSS
암호화 데이터 통신	공용 키 암호화 방식	애플리케이션 데이터를 암호화한다.	3DES, AES, AES-GCM, Camellia
	메시지 인증 코드	애플리케이션 데이터에 공용 키를 붙여서 해시화한다.	SHA-256, SHA-384

⌁ SSL은 많은 처리를 한다

SSL은 많은 기술을 결합한 종합적인 암호화 프로토콜이다. 많은 기술을 결합하고 그리고 종합하기 위하여 접속하는 데 많은 처리를 실시한다. 이 책에서는 SSL 서버를 인터넷에 공개하는 것을 전제로 한 단계씩 정리하겠다.

서버 인증서를 준비하여 인스톨하기

SSL 서버를 공개하고 싶을 때 SSL 서비스를 가동한 서버를 준비해서 곧바로 "자, 공개!"라고 할 수 없다. SSL 서버로 공개하려면 인증서를 준비하거나 인증 기관에 신청하는 등 준비를 해야 한다. 공개하기 위한 준비는 크게 4단계다.

1 SSL 서버[9]에서 비밀 키를 만든다. 비밀 키는 모두에게 알려져서는 안 되는 키다. 잃어버리지 않도록 어딘가에 보관한다.

2 **1**에서 만든 비밀 키를 기초로 '인증서 서명 요청Certificate Signing ReQuest, CSR'을 만들어 인증 기관에 보낸다. CSR은 서버 인증서를 얻기 위해 인증 기관에 제출하는 임의의 문자열이다. CSR은 서명 전 인증서의 정보로 구성되어 만들 때 각각 입력한다. CSR을 만드는 데 필요한 정보는 **식별명**distinguished name'이라고 불리며 표 3.2.6과 같은 항목이 있다.

표 3.2.6 **식별명을 입력하여 CSR을 만든다**

항목	내용	예
Common Name (서비스 도메인명)	웹 서버의 URL(FQDN)	www.local.com
조직명(소유 회사명)	사이트를 운영하는 조직의 정식 영문 명칭	Local Korea Company
부문명(부서명)	사이트를 운영하는 부분, 부서명	Information Security Section
시/군/구	사이트를 운영하는 조직의 소재지	Gangnam-gu
지역	사이트를 운영하는 조직의 소재지	Seoul
국가 코드	국가 코드	KR

신청에 필요한 항목과 요구되는 공개 키 길이는 신청하는 인증 기관에 따라 다르다. 웹사이트 등에서 확실히 확인하자.

3 심사는 다양한 여신 데이터와 제삼자 기관의 데이터베이스에 나온 전화번호로 전화 등 인증 기관 내 정해져 있는 다양한 프로세스에 따라 이루어진다. 심사를 통과한 후 CSR을 해시화, 인증 기관의 비밀 키로 암호화하여 디지털 서명으로 같이 보낸다. 그리고 인증 기관은 서버 인증서를 발급하여 요청한 곳으로 보낸다. 서버 인증서도 임의의 문자열이다.

4 인증 기관에서 받은 서버 인증서를 SSL 서버에 설치한다. 사용하는 인증 기관에 따라서는 중간 인증서도 함께 설치해야 한다. 중간 인증서는 중간 인증 기관이 발행하는 인증서다. 인증 기관은 많은 인증서를 관리하기 위해 루트 인증 기관을 정점으로 한 계층구조로 되어 있다. 중간 인증 기관은 인증 기관(루트 인증 기관)의 인증을 받아 가동하는 하위 인증 기관이다.

---

9   부하 분산 장치에서 SSL 가속할 때는 부하 분산 장치에서 키 페어를 만든다.

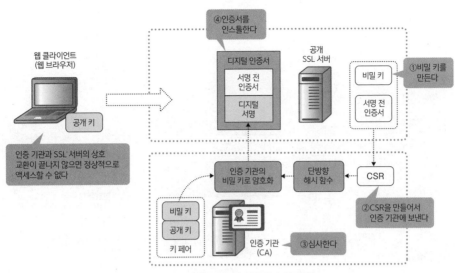

그림 3.2.40 **인증서를 인스톨하면 준비 완료**

많은 처리를 한 후에 암호화할 수 있도록 되어 있다

인증서의 인스톨이 끝나면 드디어 클라이언트의 접속을 받아들일 수 있다. SSL은 곧바로 메시지를 암호화하여 보내지 않는다. SSL은 메시지를 암호화하기 전에 암호화하기 위한 정보를 결정하는 처리 '**SSL 핸드셰이크**'라는 단계가 있다. 핸드셰이크란 TCP의 스리웨이 핸드셰이크(SYN→SYN/ACK→ACK)와는 별개다. **SSL은 TCP의 스리웨이 핸드셰이크가 끝난 후 SSL 핸드셰이크를 하고 거기서 결정한 정보를 바탕으로 메시지를 암호화한다.** SSL 핸드셰이크는 '알고리즘의 제시', '통신 상대의 인증', '공통 키의 교환', '최종 확인'이라는 4단계로 구성되었다.

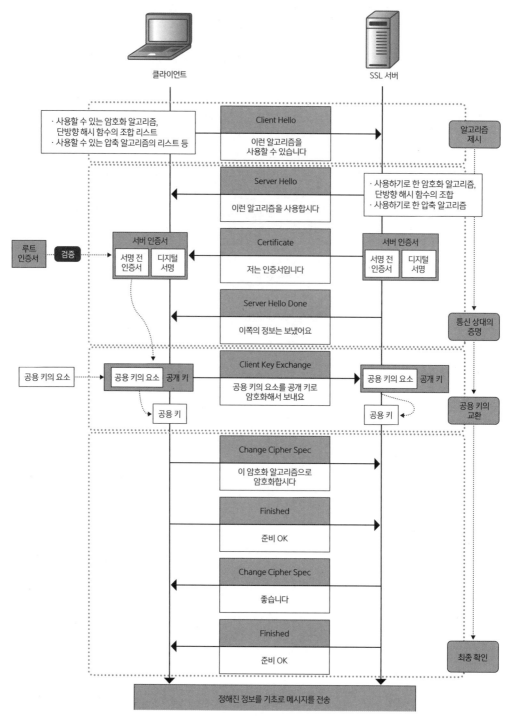

클라이언트　　　　　　　　　　　　　　SSL 서버

· 사용할 수 있는 암호화 알고리즘,
　단방향 해시 함수의 조합 리스트
· 사용할 수 있는 압축 알고리즘의 리스트 등

Client Hello

이런 알고리즘을
사용할 수 있습니다

알고리즘
제시

Server Hello

이런 알고리즘을 사용합시다

· 사용하기로 한 암호화 알고리즘,
　단방향 해시 함수의 조합
· 사용하기로 한 압축 알고리즘

루트
인증서　검증

서버 인증서

서명 전
인증서　디지털
서명

Certificate

저는 인증서입니다

서버 인증서

서명 전
인증서　디지털
서명

Server Hello Done

이쪽의 정보는 보냈어요

통신 상대의
증명

공용 키의 요소

공용 키의 요소　공개 키

Client Key Exchange

공용 키의 요소를 공개 키로
암호화해서 보내요

공용 키의 요소　공개 키

공용 키

공용 키

공용 키의
교환

Change Cipher Spec

이 암호화 알고리즘으로
암호화합시다

Finished

준비 OK

Change Cipher Spec

좋습니다

Finished

준비 OK

최종 확인

정해진 정보를 기초로 메시지를 전송

그림 3.2.41 **SSL 핸드셰이크로 공용 키를 교환한다**

지금부터 SSL 핸드셰이크의 상호 교환 순서를 설명한다.

1 지원하는 알고리즘 제시

클라이언트가 사용할 수 있는 암호화 방식이나 단방향 해시 함수를 제시한다. "암호화한다", "해시화한다"라고 해도 많은 기술(알고리즘)이 있다. 그래서 'ClientHello'로 어떠한 암호화 알고리즘과 단방향 해시 함수를 사용할 수 있는지 제시한다. 이 조합을 '**암호 모음**Cipher Suite'이라고 부른다. 어떠한 암호 모음을 Client Hello의 리스트로 제시할지는 운영체제나 웹 브라우저 버전 및 설정에 따라 다르다.

이외에도 SSL 버전 및 세션 ID, 공용 키 생성에 사용하는 client random 등 서버와 함께 맞춰야 하는 그 외의 파라미터도 송신한다.

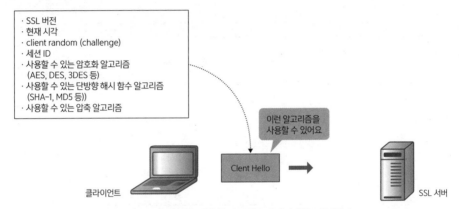

그림 3.2.42 **자신이 사용할 수 있는 파라미터를 제시한다**

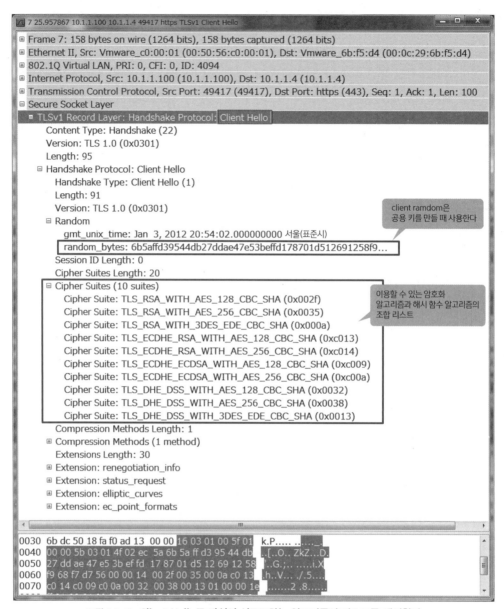

그림 3.2.43 **Client Hello로 자신이 서포트하는 알고리즘의 리스트를 제시한다**

2 통신 상대의 증명

이 단계에서는 진짜 서버와 통신하는지를 서버 인증서로 확인한다. 이 단계는 'Server Hello', 'Certificate', 'Server Hello Done' 세 가지 프로세스로 되어 있다.

우선 서버는 Client Hello로 받은 암호 모음과 자신이 가진 암호 모음의 리스트를 대조하여 일치한 암호 모음 중 가장 우선도가 높은(리스트의 최상위에 있는) 암호 모음을 선택한다. 또한 그 밖에도 SSL 버전 및 세션 ID, 공용 키 생성에 사용하는 server random 등 클라이언트와 함께 맞춰 두어야 하는 그 외의 파라미터를 포함해서 'Server Hello'로서 반환한다. 그런 다음 'Certificate'로 자신의 서버 인증서를 보내고 '자신이 자신임'을 어필한다. 마지막으로 'Server Hello Done'으로 "나의 정보는 모두 보냈습니다"라는 것을 통지한다. 클라이언트는 받은 서버 인증서를 검증(루트 인증서로 복호→MD 비교)하고 올바른 서버인지 확인한다.

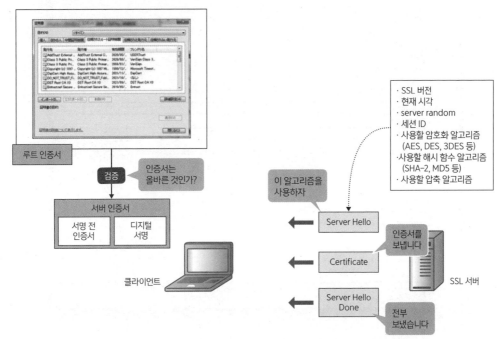

그림 3.2.44 **인증서로 상대를 체크한다**

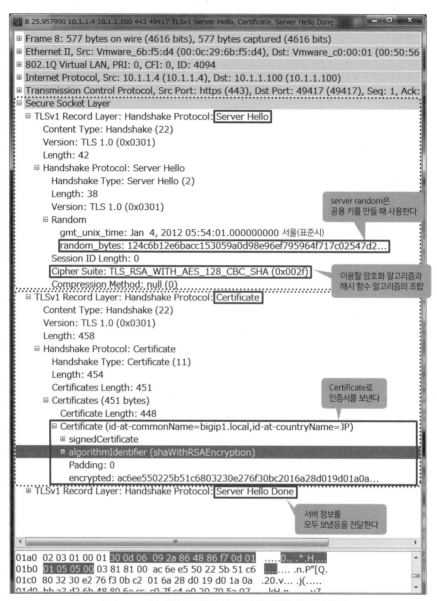

그림 3.2.45 세 개의 프로세스로 자신이 자신임을 전달한다

❸ 공용 키의 교환

이 단계에서는 애플리케이션 데이터의 암호화와 해시화에 사용하는 공용 키 요소를 교환한다. 웹 브라우저는 통신 상대가 진짜 서버라는 것을 확인하면 '프리마스터 시크릿premaster secret'이라는 공용 키 요소를 만들어 'Client Key Exchange'로서 서버에 보낸다. 이것은 공용 키 자체가 아니라 어디까지나 공용 키를 만들기 위한 소재다.

웹 브라우저와 HTTPS 서버는 프리마스터 시크릿과 Client Hello에서 얻은 'client random', Server Hello에서 얻은 'server random'을 섞어서 '마스터 시크릿'을 만들어 낸다.

client random과 server random은 **1**과 **2**에서 주고받았기 때문에 서로가 공통의 것이 있다. 그래서 프리마스터 시크릿만을 보내면 동일한 마스터 시크릿을 만들 수 있다. 마스터 시크릿에서 애플리케이션 데이터의 암호화에 사용할 공용 키 '세션 키'와 해시화에 사용할 공용 키 'MAC 키'를 만든다.

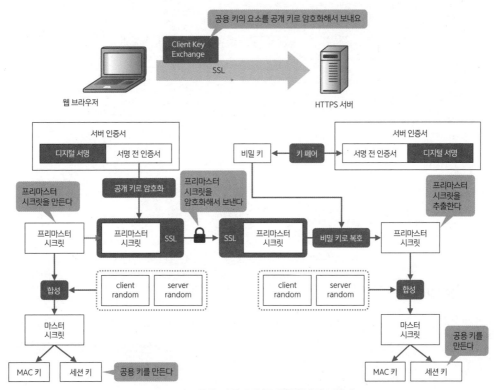

그림 3.2.46 **공용 키의 요소를 암호화해서 보낸다**

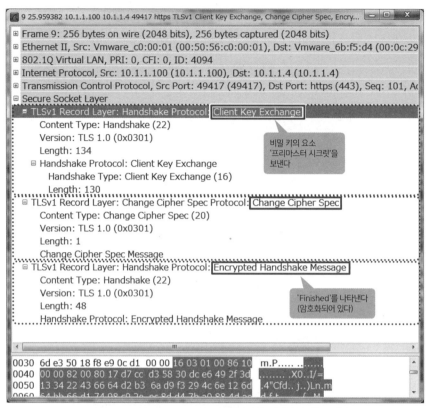

그림 3.2.47 **Client Key Exchange로 공용 키의 요소를 보낸다**

4 최종 확인 작업

마지막 확인 작업이다. 상호의 'Change Cipher Spec'과 'Finished'를 교환하여 메시지 암호화에 사용되는 암호화 알고리즘을 선언한다. 교환이 완료되면 비로소 암호화된 메시지 전송으로 전환한다.

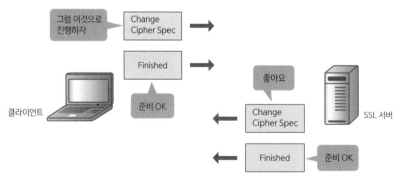

그림 3.2.48 **최종적으로 서로 확인하기**

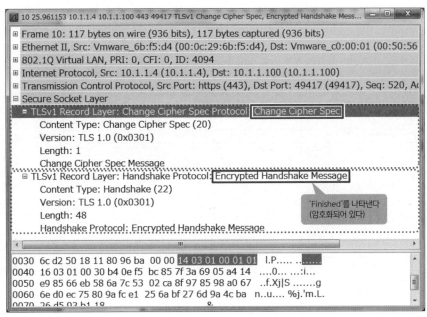

그림 3.2.49 **종료하면 메시지의 암호화로 전환한다**

⟨⟩ 암호화 통신

SSL 핸드셰이크가 끝나면 애플리케이션 데이터의 암호화 통신을 시작한다. 애플리케이션 데이터를
MAC 키로 해시화한 후 세션 키로 암호화해서 전송한다.

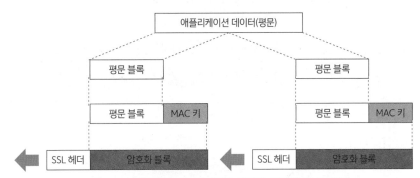

그림 3.2.50 **애플리케이션 데이터를 해시화+암호화해서 보낸다**

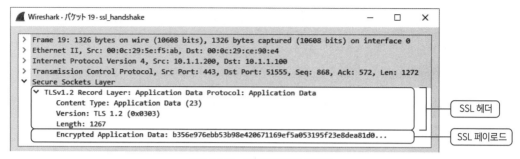

그림 3.2.51 애플리케이션 데이터

⌁ SSL 세션의 재이용

SSL 핸드셰이크는 디지털 인증서를 보내거나 공용 키의 요소를 보내는 등 처리에 시간이 걸린다. SSL 에는 처음의 SSL 핸드셰이크에서 생성한 세션 정보를 캐시해서 두 번째 이후에는 재사용하는 'SSL 세션 재이용' 기능이 준비된다.

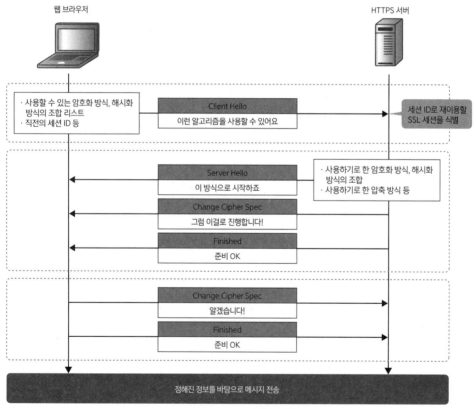

그림 3.2.52 SSL 세션 재이용

SSL 세션 재이용을 사용하면 Certificate나 Client Key Exchange 등 공용 키를 생성하기 위한 필요한 처리가 생략되므로 SSL 핸드셰이크에 걸리는 시간을 대폭적으로 절감할 수 있다. 이에 걸리는 처리 부하도 함께 경감할 수 있다.

SSL 세션의 클로즈

마지막으로 SSL 핸드셰이크로 오픈한 SSL 세션을 클로즈한다. 클로즈할 때는 웹 브라우저나 서버에 상관없이 클로즈하고 싶은 쪽에서 'close_notify'를 전달한다. 그 후 TCP의 포웨이 핸드셰이크가 진행되고 TCP 커넥션도 클로즈된다.

그림 3.2.53 **close_notify로 SSL 세션을 클로즈한다**

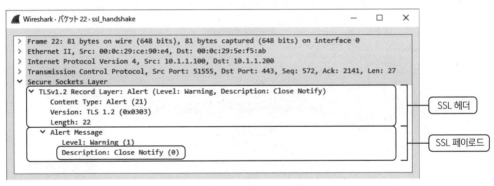

그림 3.2.54 **close_notify**

클라이언트 인증서로 클라이언트 인증하기

SSL 통신에서는 '**서버 인증**'과 '**클라이언트 인증**'이라는 두 개의 인증 메커니즘이 준비되어 있다. 서버 인증은 서버 인증서를 사용하여 서버를 인증한다. 클라이언트 인증은 클라이언트 인증서를 사용하여 클라이언트를 인증한다.

클라이언트를 인증한다는 점에 국한해 생각해 보자. 클라이언트를 인증하는 방법은 '패스워드 인증'과 '클라이언트 인증' 두 가지가 일반적이다. 패스워드 인증은 SNS 사이트 및 온라인 쇼핑 사이트에서도 사용되어 친숙할 것이다. 사용자 ID와 패스워드를 입력하면 해당 사용자에 대응하는 페이지가 표시된다. 사용자 ID와 패스워드를 입력하는 인증은 확실히 알기 쉽고 인터넷만 연결되면 어디서나 사용할 수 있어 더 이상 편리한 것은 없을 정도다. 하지만 사용자 ID와 패스워드가 유출된다면 아무나 해당 사용자로 가장할 수 있다는 취약점도 동시에 안고 있다.

이러한 취약점을 해결하기 위해 클라이언트 인증이 있다. **클라이언트 인증은 클라이언트에 설치한 '클라이언트 인증서'를 바탕으로 올바른 사용자인지를 확인하여 인증한다.** 사용자 ID와 패스워드 대신 인증서가 그 역할을 한다. SSL 서버는 SSL의 접속 처리 중에 클라이언트에 대해 클라이언트 인증서를 요청한다. 그 요청에 클라이언트는 자신을 나타내는 클라이언트 인증서를 반환한다. 서버는 인증서의 정보를 바탕으로 클라이언트를 인증하고 접속을 허용한다. 서로가 인증서를 보내서 양방향으로 서로 인증하여 안전성을 높인다.

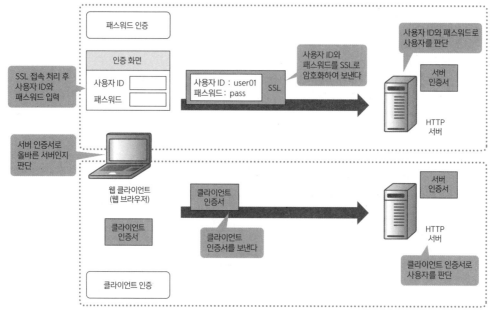

그림 3.2.55 **클라이언트를 인증하는 매커니즘은 두 종류**

클라이언트 인증의 접속 처리는 서버 인증+α로 구성되어 있다

클라이언트 인증의 SSL 핸드셰이크는 지금까지 설명한 서버 인증의 핸드셰이크에 클라이언트 인증서를 요청하거나 클라이언트를 인증하는 프로세스가 더해지고 있다.

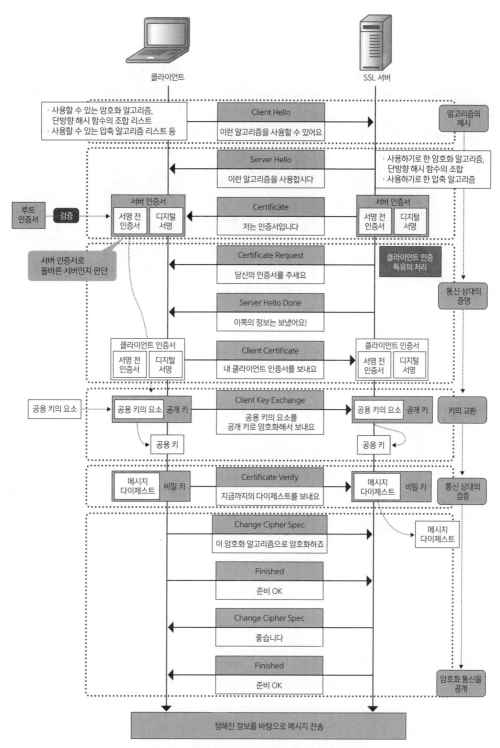

클라이언트　　　　　　　　　　　　SSL 서버

· 사용할 수 있는 암호화 알고리즘, 단방향 해시 함수의 조합 리스트 · 사용할 수 있는 압축 알고리즘 리스트 등	**Client Hello** 이런 알고리즘을 사용할 수 있어요	알고리즘의 제시

Server Hello 이런 알고리즘을 사용합시다	· 사용하기로 한 암호화 알고리즘, 단방향 해시 함수의 조합 · 사용하기로 한 압축 알고리즘

루트
인증서 → 검증 → 서버 인증서 [서명 전 인증서 | 디지털 서명]

Certificate
저는 인증서입니다

서버 인증서 [서명 전 인증서 | 디지털 서명]

서버 인증서로
올바른 서버인지 판단

Certificate Request
당신의 인증서를 주세요

클라이언트 인증
특유의 처리

Server Hello Done
이쪽의 정보는 보냈어요!

통신 상대의
증명

클라이언트 인증서 [서명 전 인증서 | 디지털 서명]

Client Certificate
내 클라이언트 인증서를 보내요

클라이언트 인증서 [서명 전 인증서 | 디지털 서명]

공용 키의 요소 → 공용 키의 요소 | 공개 키

Client Key Exchange
공용 키의 요소를
공개 키로 암호화해서 보내요

공용 키의 요소 | 공개 키

키의 교환

공용 키 → 공용 키

메시지
다이제스트 | 비밀 키

Certificate Verify
지금까지의 다이제스트를 보내요

메시지
다이제스트 | 비밀 키

통신 상대의
검증

Change Cipher Spec
이 암호화 알고리즘으로 암호화하죠

메시지
다이제스트

Finished
준비 OK

Change Cipher Spec
좋습니다

Finished
준비 OK

암호화 통신을
공개

정해진 정보를 바탕으로 메시지 전송

그림 3.2.56 클라이언트를 인증하는 상호 교환이 더해진다

1 클라이언트 인증서를 요구

우선 서버 인증서를 보내는 'Certificate'까지의 교환은 서버 인증과 다르지 않다. 서버는 서버 인증서를 보낸 후 'Certificate Request'로 클라이언트 인증서를 요구하고 'Server Hello Done'으로 정보를 모두 보냈다는 것을 통지한다.

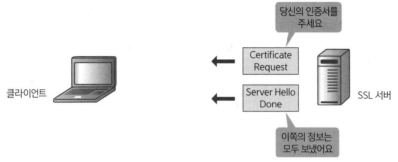

그림 3.2.57 **클라이언트 인증서를 요구한다**

2 클라이언트 인증서의 송부

그에 반해서 클라이언트는 'Client Certificate'로 자신에게 설치된 클라이언트 인증서를 보낸다. 만약 서버의 요구에 적합한 클라이언트 인증서가 없다면 'no_certificate'를 반환하고 서버는 커넥션을 끊는다. 또한 적합한 클라이언트 인증서가 여러 개 있을 경우에는 브라우저에서 어떠한 클라이언트 인증서를 보낼지 선택한 후 송신한다.

그림 3.2.58 **클라이언트 인증서를 보낸다**

3 통신 상대의 검증

다음으로 클라이언트는 'ClientKey Exchange'로 프리마스터 시크릿을 보낸다. 일반적인 처리와 다르지 않다. 그 후 'Certificate Verify'로 지금까지의 통신(Client Hello에서 ClientKey Exchange까지)의 메시지 다이제스트를 계산하여 비밀 키로 암호화하여 보낸다. 서버는 보낸 Certificate Verify를 Client Certificate에서 받은 클라이언트 인증서에 포함된 공개 키로 복호화한다. 그리고 자기 자신이 계산한 메시지 다이제스트와 비교하여 변조되지 않았음을 확인한다. 이후의 처리는 통상적인 처리와 동일하다. 지금까지 결정한 정보를 바탕으로 메시지를 암호화하고 상호 교환한다.

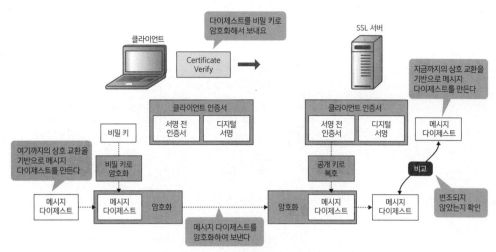

그림 3.2.59 **여기까지의 다이제스트를 비교한다**

3.2.3 FTP로 파일 전송

FTP는 파일 전송을 위한 애플리케이션 프로토콜이다. 암호화 기능을 제공하지 않기 때문에 안전하다고 말할 수는 없지만 아직도 현역에서 활약한다.

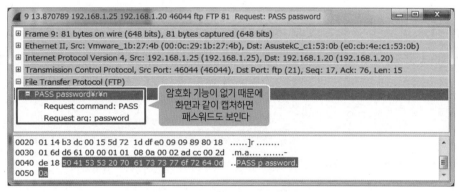

그림 3.2.60 **FTP는 암호화 기능을 제공하지 않는다**

FTP는 '**컨트롤 커넥션**'과 '**데이터 커넥션**'이라는 두 가지 커넥션을 함께 사용한다. 컨트롤 커넥션은 애플리케이션 제어에 사용하는 커넥션이다. 이 커넥션을 사용하여 명령어command를 보내고 그 결과를 반환한다. 데이터 커넥션은 실제 데이터 전송에 사용하는 커넥션이다. 컨트롤 커넥션에서 보내진 명령어별로 데이터 커넥션을 만든 후 데이터를 송수신한다.

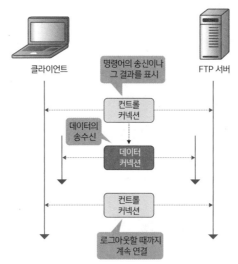

그림 3.2.61 **FTP는 두 개의 커넥션을 조합하여 사용한다**

FTP를 이야기할 때 빠뜨릴 수 없는 요소가 전송 모드의 개념이다. FTP에는 '**액티브 모드**active mode'와 '**패시브 모드**passive mode'라는 두 가지 전송 모드가 있어 데이터 커넥션을 만드는 방법이 조금씩 다르다. 이 책에서는 데이터 커넥션의 '사용 포트 번호'와 '접속 요청(SYN)의 방향'에 예의 주시하면서 설명하겠다.

⌁ 액티브 모드에서 특정 포트 사용하기

FTP의 액티브 모드는 컨트롤 커넥션에 TCP/21, 데이터 연결에 TCP/20을 사용하는 전송 모드다. 대부분 FTP 클라이언트 소프트웨어가 이 전송 모드를 기본 작동으로 한다. 명령 프롬프트에서 사용하는 윈도우 표준의 FTP 클라이언트 기능에서는 이 모드밖에 없다.

액티브 모드는 데이터 커넥션의 접속 요구(SYN)가 서버에서 발생하는 특별한 전송 모드다. 대부분 클라이언트 서버형 프로토콜은 클라이언트에서 접속을 요청하고 그에 대해 서버가 응답하는 절차를 밟는다. 하지만 액티브 모드의 데이터 커넥션은 그 방향이 반대다. 서버가 접속 요청을 하고 클라이언트가 응답한다.

클라이언트가 FTP 서버에서 파일을 가져오는 것(RETR)[10]을 가정하여 실제 접속 단계를 살펴보자.

---

10 RETR은 HTTP의 GET과 같은 것이다. 파일을 다운로드할 때 사용한다.

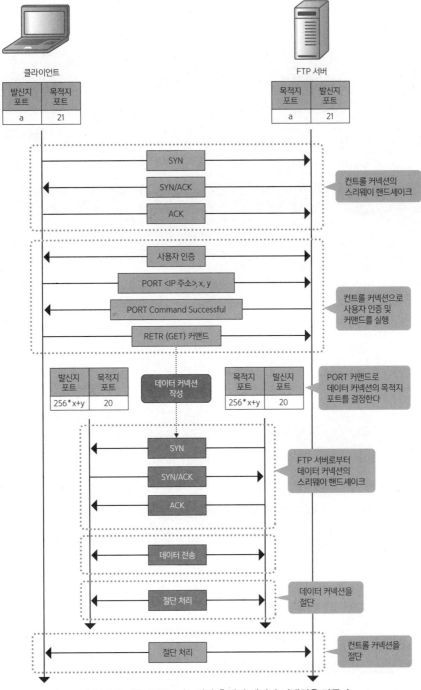

발신지 포트	목적지 포트
a	21

목적지 포트	발신지 포트
a	21

컨트롤 커넥션의
스리웨이 핸드셰이크

사용자 인증

PORT <IP 주소>, x, y

PORT Command Successful

RETR (GET) 커맨드

컨트롤 커넥션으로
사용자 인증 및
커맨드를 실행

발신지 포트	목적지 포트
256*x+y	20

데이터 커넥션
작성

목적지 포트	발신지 포트
256*x+y	20

PORT 커맨드로
데이터 커넥션의 목적지
포트를 결정한다

FTP 서버로부터
데이터 커넥션의
스리웨이 핸드셰이크

데이터 전송

절단 처리

데이터 커넥션을
절단

절단 처리

컨트롤 커넥션을
절단

그림 3.2.62 **액티브 모드는 서버 측에서 데이터 커넥션을 만든다**

1 클라이언트로부터 서버에 TCP/21로 접속 요청이 이루어지고 스리웨이 핸드셰이크가 완료된다. 여
기에서는 아직 컨트롤 커넥션밖에 되어 있지 않다.

2 컨트롤 커넥션상에서 사용자 이름과 패스워드를 교환한 뒤 PORT 커맨드를 사용하여 데이터 커넥션에 사용되는 포트 번호의 요소가 되는 값을 만든다. 이 값은 클라이언트에서 서버에 대해 'PORT ⟨IP_address⟩.x,y'의 형태로 보내진다. 여기서 중요한 것은 IP 주소가 아니라 'x'와 'y' 값이다. '256×x+y'가 데이터 커넥션의 목적지 포트 번호다. **4**에서 사용한다.

이것은 만약을 위한 예제다. 예를 들어 다음 그림과 같은 경우 PORT 커맨드로 x=150, y=218의 값을 보낸다. 따라서 나중에 만들 데이터 커넥션의 목적지 포트 번호는 150×256+218=38618이 된다.

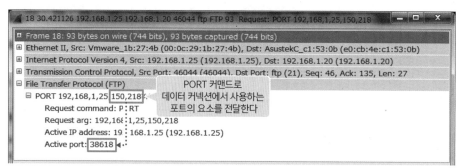

* 화면 안의 Active port의 값은 와이어샤크가 자동으로 산출한 값이다. 서버에는 보내지 않는다.

그림 3.2.63 **PORT 커맨드를 사용하여 데이터 커넥션의 포트 번호의 요소를 만든다**

3 서버는 'PORT Command Successful'을 반환하여 포트 번호가 확정된 것을 통지한다.

4 포트 번호가 정해지면 클라이언트는 컨트롤 커넥션을 사용하여 RETR(GET) 명령을 보낸다.

5 RETR 커맨드를 받은 서버는 발신지 포트 번호로 TCP/20, 목적지 번호로 PORT 명령에서 계산한 값(256×x+y)을 넣어 접속 요청을 한다. 이 접속 요청이 포인트다. 서버에서 접속 요청을 한다. TCP/20의 스리웨이 핸드셰이크가 끝난 후 애플리케이션 데이터가 전송된다.

6 애플리케이션 데이터의 송신이 완료되면 TCP의 절단 처리를 하고 데이터 커넥션을 닫는다. 하지만 아직 컨트롤 커넥션은 연결된 상태다.

7 마지막으로 로그아웃과 함께 TCP/21을 절단 처리하여 컨트롤 커넥션을 닫는다. 이제 모든 처리가 끝났다.

⟶ 패시브 모드로 사용 포트를 바꾼다

FTP의 패시브 모드는 컨트롤 커넥션에 TCP/21, 데이터 커넥션에 불특정 포트를 사용하는 전송 모드다. 최근에는 보안을 고려하여 패시브 모드를 사용하는 경우가 많아졌다.

패시브 모드는 클라이언트로부터 "패시브 모드를 사용해요(PASV 커맨드)"라고 선언하면 사용할 수 있다. 데이터 커넥션의 접속 요구(SYN)는 대부분 클라이언트 서버형 프로토콜처럼 클라이언트에서 이루어진다. 패시브 모드에서 중요한 포인트는 포트 번호다. 액티브 모드는 반드시 TCP/20을 사용하는 반면 패시브 모드는 불특정 포트를 선택하여 사용한다.

클라이언트가 FTP 서버에서 파일을 가져오는(RETR) 것을 가정하여 실제의 접속 단계를 살펴보겠다.

1 클라이언트에서 서버에 대해 TCP/21로 접속 요구가 이루어져 스리웨이 핸드셰이크가 완료된다. 여기에서는 아직 컨트롤 커넥션밖에 이루어지지 않는다.

2 컨트롤 커넥션상에서 사용자명과 패스워드 교환을 한 후 클라이언트는 'PASV' 커맨드로 패시브 모드를 사용하고 싶다는 것을 요청한다.

서버는 'Entering Passive mode'를 반환한다. 동시에 데이터 커넥션으로 사용하는 포트 번호의 요소 값을 보낸다. 이 값은 'Entering passive mode 〈ip_address〉, x, y'의 형태로 전송된다. 중요한 것은 IP 주소가 아닌 'x'와 'y'의 값이다. '256×x+y'가 데이터 커넥션의 목적지 포트 번호. **3** 에서 사용한다.

이 스텝에 대해서는 알기 쉬운 예로 나타내 보자. 예를 들어 다음 그림과 같은 경우 Entering passive mode 명령어로 x=212, y=174의 값을 보낸다. 따라서 나중에 만들 데이터 커넥션의 목적지 포트 번호는 256×212+174=54446이 된다.

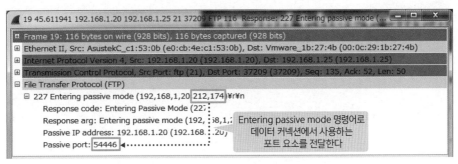

* 패시브 포트(passive port)의 값은 와이어샤크가 자동으로 산출한 값이다. 서버에는 보내지 않는다.

그림 3.2.64 **Entering passive mode 명령어를 사용하여 데이터 커넥션의 포트 번호 요소를 보낸다**

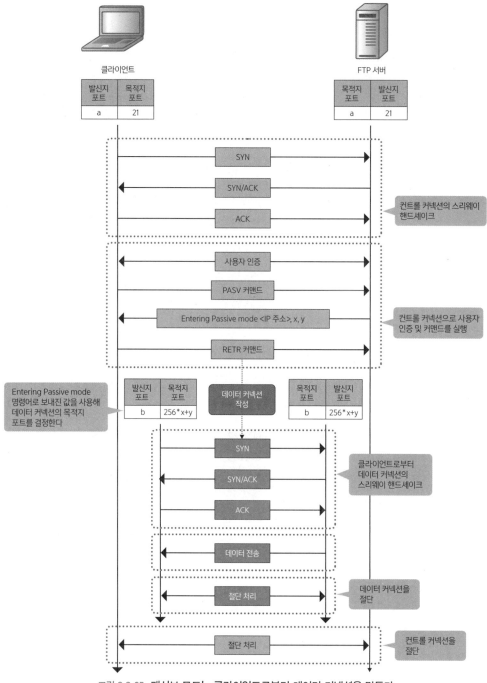

표

클라이언트			FTP 서버	
발신지 포트	목적지 포트		목적지 포트	발신지 포트
a	21		a	21

컨트롤 커넥션의 스리웨이 핸드셰이크

컨트롤 커넥션으로 사용자 인증 및 커맨드를 실행

발신지 포트	목적지 포트	데이터 커넥션 작성	목적지 포트	발신지 포트
b	256*x+y		b	256*x+y

Entering Passive mode 명령어로 보내진 값을 사용해 데이터 커넥션의 목적지 포트를 결정한다

클라이언트로부터 데이터 커넥션의 스리웨이 핸드셰이크

데이터 커넥션을 절단

컨트롤 커넥션을 절단

그림 3.2.65 패시브 모드는 클라이언트로부터 데이터 커넥션을 만든다

❸ 클라이언트가 컨트롤 커넥션을 사용하여 RETR 명령어를 송신한다. 방금 전 Entering passive mode 명령어로 보내진 값에서 산출한 포트 번호를 목적지 포트 번호에 넣어 접속 요청을 하여 데

이터 커넥션을 만든다. 참고로 이때의 발신지 포트 번호는 임의의 값이다. 스리웨이 핸드셰이크가 끝난 후 데이터 커넥션이 생성된 다음에 애플리케이션 데이터가 송신된다.

4 애플리케이션 데이터의 송신이 완료되면 TCP의 절단 처리를 하여 데이터 커넥션을 닫는다. 아직 컨트롤 커넥션은 연결되어 있다.

5 마지막으로 로그아웃과 함께 TCP/21을 절단 처리하고 컨트롤 커넥션을 닫는다. 이제 모든 작업이 끝났다.

⌁ FTP는 FTP로서 인식시킨다

FTP는 여러 포트 번호를 뒤죽박죽 섞어서 사용하는 조금 특수한 애플리케이션 프로토콜이다. 따라서 방화벽 및 부하 분산 장치에서 단순히 TCP/21, TCP/20의 TCP 커넥션으로 처리하면 처리에 불일치가 발생할 가능성이 있다. **FTP는 FTP로서 애플리케이션 수준의 처리를 해야 한다.**

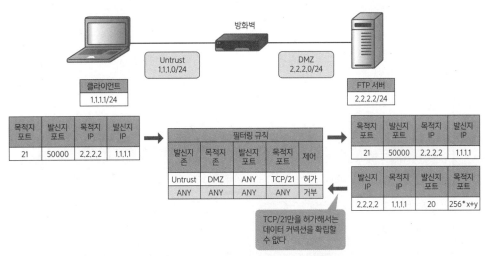

그림 3.2.66 **FTP를 TCP로 허가하면 불일치가 발생할 가능성이 있다**

"FTP는 FTP로서 애플리케이션 수준의 처리를 해야 한다"라고 들으면 어려울 것 같다. 그렇게까지 어려운 일을 하는 것은 아니다. 애플리케이션 수준이란 FTP 명령어라고 생각하면 된다. 방화벽 및 부하 분산 장치는 PORT 명령어와 PASV 명령어, Entering passive mode 명령어로 상호 교환되는 포트 번호의 정보를 감시하고 다음으로 처리해야 하는 데이터 커넥션을 동적으로 기다린다. 데이터 커넥션의 SYN을 받으면 대기한 포트를 사용하여 처리한다.

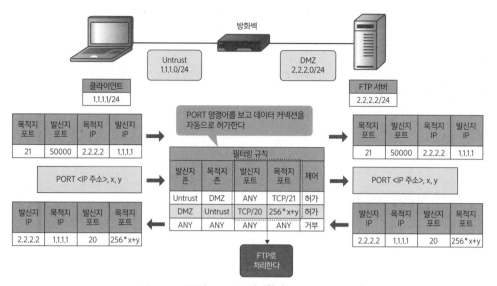

그림 3.2.67 FTP는 FTP로 처리한다(그림은 방화벽의 예)

FTP는 'FTP를 FTP로서 처리하는' 기능 외에 **컨트롤 커넥션을 유지하는 또 다른 기능이 하나 더 있다.** 데이터 커넥션을 사용하여 데이터 전송을 할 때 컨트롤 커넥션은 사용되지 않는다. 대용량 데이터를 전송하는 경우 사용되지 않은 컨트롤 커넥션이 커넥션 유휴 시간 초과로 끊어질 가능성이 있다. 그래서 데이터 전송 중에는 컨트롤 커넥션을 타임아웃하지 않도록 처리한다.

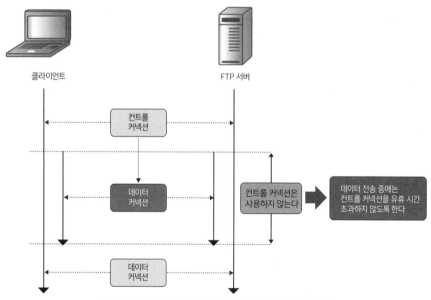

그림 3.2.68 컨트롤 커넥션을 타임아웃하지 않도록 한다

실제로 방화벽이나 부하 분산 장치에 설정할 경우 대부분 기기에서 FTP를 인식하기 위한 정의 정보 (프로파일)가 준비되어 있다. 기기에 따라서는 TCP/21의 커넥션을 받으면 그대로 FTP로 인식하도록 되어 있는 것도 있다. 그것들을 적용하면 저절로 명령어 수준까지 살펴보고 처리해 준다.

⌁ ALG 프로토콜은 ALG 프로토콜로서 인식시킨다

지금까지 FTP의 다소 복잡한 처리에 대해서 설명하였다. FTP만이 이러한 처리를 해야 하는 것은 아니다. FTP처럼 애플리케이션 수준의 데이터 내용까지 살펴보고 처리해야 하는 프로토콜의 통칭을 'ALG 프로토콜'이라고 부른다. ALG 프로토콜의 'ALG'란 Application Layer Gateway의 약자로 애플리케이션 수준의 데이터 내용까지 살펴보는 기능 자체를 뜻한다.

ALG 프로토콜을 사용할 경우도 ALG 프로토콜로서 인식시키기 위해 설정 정보(프로파일)나 전용 설정이 필요하다. FTP 수준의 범용적인 프로토콜이라면 지원하지만 유명하지 않은 프로토콜이라면 지원하지 않는 일도 충분히 있을 수 있어 기기의 대응 상황을 확인한다.

대표적인 ALG 프로토콜은 다음의 표와 같다.

표 3.2.7 **대표적인 ALG 프로토콜**

ALG 프로토콜	초기 포트 번호	용도와 간략한 정보
SIP (Session Initation Protocol)	TCP/5060 UDP/5060	IP 전화의 호 제어를 실시하는 프로토콜. 어디까지나 호 제어만을 실시하며 전화의 음성은 RTP(Real-time Transport Protocol) 등 별도의 프로토콜을 사용하여 전송한다.
TFTP (Trivial File Transfer Protocol)	UDP/69	UDP로 파일 전송을 실시하는 프로토콜. 시스코 기기의 운영체제를 업로드하거나 할 때 잘 사용된다.
RTSP (Real Time Streaming Protocol)	TCP/554	음성이나 동영상을 스트리밍할 때에 사용하는 프로토콜. 옛날 프로토콜이므로 최근에는 그다지 사용되지 않는다.
PPTP (Point-to-Poing Tunneling Protocol)	TCP/1723	리모트 액세스 VPN에서 사용하는 프로토콜. 데이터 전송은 'GRE(Generic Routing Encapsulation)'라는 별도의 프로토콜을 사용하여 실시한다. 데이터가 암호화되어 있지 않아 최근에는 IPsec로 교체되는 추세다. macOS에서의 대응도 종료되었다.

3.2.4 DNS로 이름 해결

도메인 네임 시스템 Domain Name System, DNS**은 이름 해결에 사용하는 프로토콜이다.** 인터넷은 IP 주소를 주소로 사용한다. 그러나 웹사이트를 보기 위해 IP 주소와 같은 숫자의 나열을 일일이 기억하기는 어렵다. 그래서 생겨난 것이 DNS에 의한 이름 해결이다. 각 IP 주소에 **'도메인명'**이라는 이름을 부여해 알기 쉽게 했다.

DNS의 메커니즘 및 서버의 설정 방법은 전문서에 양보하고 이 책에서는 네트워크 측면에서 DNS를 살펴보겠다. DNS는 사용 용도에 따라 UDP, TCP를 모두 사용한다. 모두 커넥션으로 정확해 문제가 있지는 않다. 각각 어떠한 용도로 사용하는지 설명하겠다.

이름 해결은 UDP로 실시한다

이름 해결은 웹이나 메일 등 애플리케이션 통신에 앞서 행해지는 경우가 많기 때문에 무엇보다도 속도가 우선이다. 즉시성이 높은 UDP를 사용한다.[11] 예를 들어 브라우저를 사용하여 웹사이트를 볼 때 곧바로 HTTP로 해당 웹사이트에 액세스하지는 않는다. 메일을 보낼 때 곧바로 메일 서버에 메일을 보내지도 않는다. 다음과 같은 이름 해결의 단계를 밟는다.

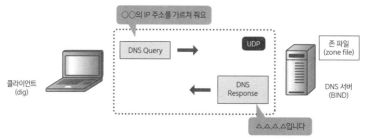

그림 3.2.69 이름 해결은 UDP로 즉시성을 요구한다

1 대상의 도메인명을 UDP의 DNS를 사용하여 DNS 서버에 문의한다. 이러한 문의를 'DNS 쿼리'라고 한다.

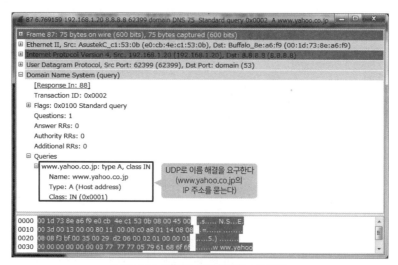

그림 3.2.70 UDP로 이름 해결을 요구한다

---

11 응답 사이즈가 클 때나 UDP에서의 이름 해결에 실패한 경우 등 이름 해결에 TCP를 사용하는 경우가 있다. 이 책은 입문서이므로 이름 해결에는 UDP를 사용하는 것으로 한정했다.

2 DNS 서버는 IP 주소나 도메인명의 정보를 '**존 파일**'이라는 파일 형태로 보유해 그중에서 해당하는 IP 주소를 반환한다.

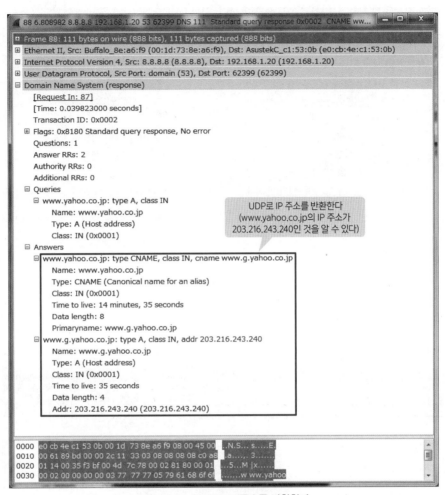

그림 3.2.71 **UDP로 IP 주소를 반환한다**

3 클라이언트는 해당 IP 주소에 대해서 HTTP로 액세스하거나 메일을 송신한다.

존 전송은 TCP로 실시한다

DNS는 다양한 애플리케이션을 숨은 공로자로 지지하는 중요한 애플리케이션 프로토콜이다. 여기에서 문제가 생기면 본래 하고 싶은 애플리케이션 통신 단계로 이행할 수 없다. 그래서 대부분 DNS 서버 중복화를 도모하여 이름 해결 서비스 제공의 안정성을 유지한다. DNS 서버의 중복성으로 사용하는 기능이 '**존 전송**zone transfer'이다. DNS 서버는 IP 주소와 도메인명의 정보를 '**존 파일**'이라는 파일에서 보유한다. 존 전송은 이 파일을 동기화하는 기능이다. 존 전송을 사용하여 마스터 서버master server와 슬레이브 서버slave server에서 존 파일을 동기화하고 중복성을 유지한다. 마스터 서버가 다운되면 슬레이브 서버의 존 파일을 사용하여 응답을 반환하도록 되어 있다. **존 전송에는 즉시성이 필요하지 않다. 무엇보다도 신뢰성을 중시한다. 따라서 TCP를 사용한다.** 구체적인 단계는 다음의 그림과 같다. 참고로 여기에서는 DNS 서버의 사실상 표준인 BIND의 동작을 예로 들다.

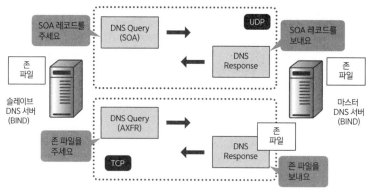

그림 3.2.72 **존 전송은 TCP로 한다**

1 슬레이브 서버는 존 파일의 유효기간이 끝나거나 notify 메시지를 받으면 마스터 서버에 UDP/53으로 SOA 레코드를 요청한다. SOA 레코드는 DNS 서버의 관리 정보가 포함된 레코드다.

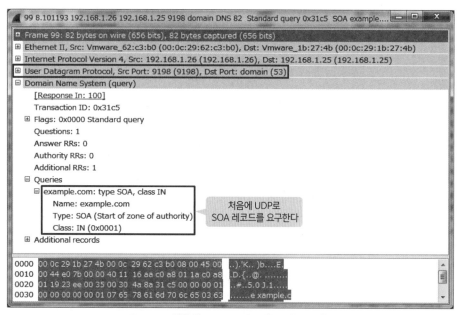

그림 3.2.73 **처음에 UDP로 SOA 레코드를 요구한다**

2 마스터 서버는 존 파일 내 있는 SOA 레코드를 UDP/53로 반환한다.

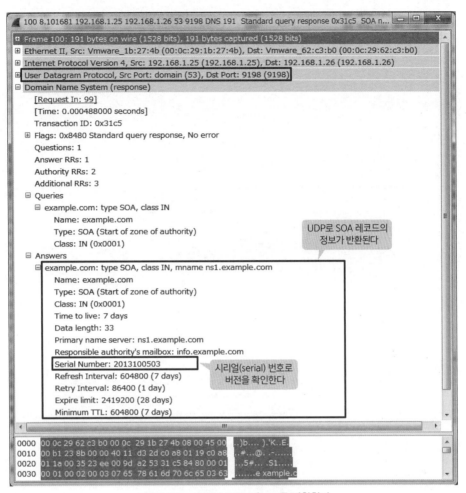

그림 3.2.74 UDP로 SOA 레코드를 반환한다

❸ 슬레이브 서버는 받은 SOA 레코드 내의 시리얼을 확인한다. 시리얼은 존 파일의 버전 번호와 같다. 자신이 보유하는 존 파일보다 새 존 파일로 확인되면 TCP/53으로 존 전송을 요청한다.

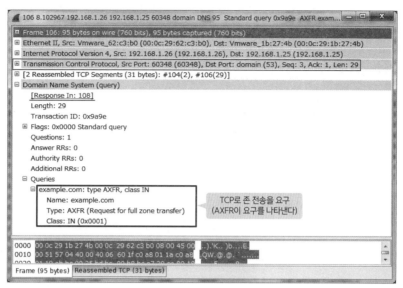

그림 3.2.75 존 전송을 요구한다

4 마스터 서버는 TCP/53로 존 정보를 반환한다. 이것으로 존 전송이 완료된다.

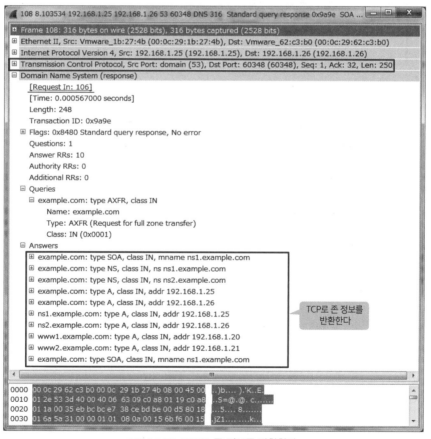

그림 3.2.76 TCP로 존 정보를 반환한다

3.3 보안 설계·부하 분산 설계

지금까지 트랜스포트 계층에서 애플리케이션 계층까지의 다양한 기술과 사양(프로토콜)에 대해 설명했다. 여기에서는 이 기술들을 서버 사이트에서 어떻게 사용하는지, 그리고 사이트를 설계 및 구축할 때 어떠한 부분을 조심하면 좋은지 등 실용적인 측면을 설명하겠다.

3.3.1 보안 설계

우선은 '보안 설계'다. 어떻게 보안 영역security zone을 배치할까, 어떻게 보안을 확보해 나갈 것인가를 설계한다. 사용자 또는 시스템 관리자가 요구하는 보안은 끊임없이 변화한다. 언제 어디서 어떠한 요청이 와도 유연하게 대처할 수 있도록 알기 쉽고 간단한 보안 정책을 수립해 나가자.

필요한 통신을 정리한다

보안 설계에서 가장 중요한 포인트는 통신 요구 사항의 파악이다. 여기서 말하는 통신 요구 사항이란 **"어디에서(발신지), 어디로(목적지), 어떠한 통신(프로토콜)이 있는지"**이다. 요구 사항을 파악하여 방화벽의 보안 정책에 적용해 나가는 것을 도모한다. 통신 요구 사항은 사이트에 따라 다양하다. 통신 요구 사항이 적다면 표 3.3.1과 같은 표로 관리해 나가는 것이 이해하기 쉬울 것이다.

표 3.3.1 통신 요구 사항은 표로 정리해 두면 알기 쉽다

항목		목적지				
		인터넷	공개 서버 ·공개 웹 서버 ·외부 DNS 서버 ·외부 메일 서버 ·외부 프록시 서버 ·NTP 서버	사내 서버 VLAN ·사내 웹 서버 ·AD 서버 ·내부 프록시 서버 ·내부 메일 서버	내부 사용자 VLAN ①	내부 사용자 VLAN ②
발신지	인터넷	–	HTTP(TCP/80) HTTPS(TCP/443) DNS(UDP/53) SMTP(TCP/25)	X	X	X
	공개 서버 VLAN	HTTP(TCP/80) HTTPS(TCP/443) DNS(UDP/53) SMTP(TCP/25) NTP(UDP/123)	–	SMTP(TCP/25)	X	X
	내부 서버 VLAN	X	Proxy(TCP/8080) DNS(UDP/53) SMTP(TCP/25) NTP(UDP/123)	–	X	X
	내부 사용자 VLAN ①	X	X	Proxy(TCP/8080) SMTP(TCP/25) POP(TCP/110) AD 관련(TCP/UDP)	–	ANY
	내부 사용자 VLAN ②	X	X	Proxy(TCP/8080) SMTP(TCP/25) POP(TCP/110) AD 관련(TCP/UDP)	ANY	–

＊ 지면 관계상 내용을 간략하게 정리했다.

보안 영역을 정의하기

'보안 영역'은 동일한 보안 수준에 있는 VLAN 그룹을 나타낸다. 실제로는 그중에서도 미묘하게 다른 보안 정책을 적용해 나갈 것이므로 완전히 똑같지는 않지만 대략적으로 같은 느낌으로 고려하면 이해하기 쉬울 것이다. 추출해 낸 통신 요구 사항에서 보안 수준의 동향을 파악하여 영역을 정의해 나간다. 설계 때 제대로 영역을 정의하면 섬세한 설정 변경의 양이 극적으로 줄어들어 운용이 편해진다. 가장 일반적인 영역 구성은 '**Untrust 영역**', '**DMZ 영역**', '**Trust 영역**'이라는 세 가지 영역 구성이다. 각 영역에 대해 설명하겠다.

■ Untrust 영역

Untrust 영역은 방화벽의 외부에 배치하는 신뢰할 수 없는 영역이다. 보안 수준이 가장 낮아 여러 서버를 배치하는 데에는 적합하지 않으며 배치해서도 안 된다. 인터넷상에 공개 서버를 설치하는 사이트라면 Untrust 영역은 인터넷과 동의어로 생각해도 좋다. 방화벽은 Untrust 영역에서의 위협에 대비하게 된다.

■ DMZ 영역

DMZ 영역은 Untrust 영역 및 Trust 영역의 완충재 역할을 하는 영역이다. 보안 수준은 Untrust 영역보다 높고 Trust 영역보다 낮은 정확히 중간에 위치한다. DMZ 영역에는 공개 웹 서버와 외부 DNS 서버, 프록시 서버 등 Untrust 영역과 직접적으로 상호 작용하는 공개 서버를 배치한다. 공개 서버는 불특정 다수의 사용자가 액세스하는 보안 측면에서 위험한 서버다. 다양한 공격에 의해 해킹당하지 않는다고 보장할 수 없다. 그때의 영향을 최소화하기 위해 Trust 영역과의 통신을 제어한다.

■ Trust 영역

Trust 영역은 방화벽 안쪽에 배치하는 신뢰할 수 있는 영역이다. 보안 수준이 가장 높아서 어떻게든 사수해야 하는 영역이다. 비공개 서버 및 내부 사용자는 이 영역에 배치한다.

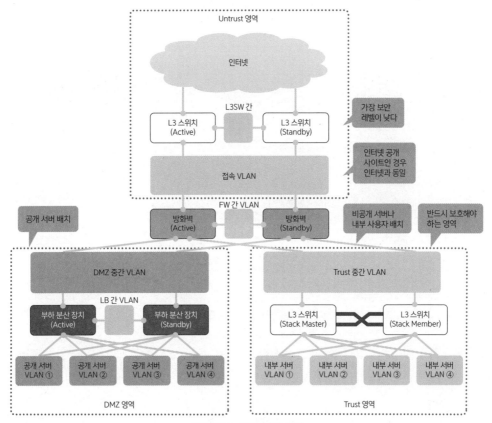

그림 3.3.1 **보안 영역 정의**

필요한 통신을 파악했다면 **해당 요소(IP 주소, 네트워크, 프로토콜 등)를 객체로 추출하여 그룹화한다.** 보기에는 그다지 의미 없는 설계로 보일지도 모르지만 이 디자인이 이후 운용 관리에 도움이 될 것이다.

"객체로 추출하여 그룹화한다"라는 말만으로는 이해하기 힘들 것이다. 일반적인 네트워크 설계에서 흔히 있는 예를 들어 보자. Trust 영역에 다섯 개의 내부 사용자 VLAN이 있고 인터넷(Untrust 영역)에 대한 통신을 모두 허용하고 싶다는 요구 사항이 있다고 하자. 이 경우 다섯 개의 내부 사용자 VLAN을 네트워크 객체로 정의하고 다섯 개의 액세스 제어access control 정책을 만드는 것이 일반적으로 바로 생각해 낼 수 있는 방법이다. 그러나 사용자 VLAN이 증가할 때마다 액세스 제어 정책이 증가해 운용 관리 면에서 비효율적이다. 따라서 처음에 다섯 개의 내부 사용자 VLAN을 하나의 그룹으로 정의하고 사용자 VLAN 그룹에서 인터넷에 대한 통신을 허용한다. 그렇다면 아무리 사용자 VLAN이 증가해도 새로운 네트워크 객체를 그룹에 추가하는 것만으로 액세스 제어 정책은 증가하지 않는다. **액세스 제어 정책은 적으면 적을수록 알기 쉽다.** 그룹을 잘 사용하여 효율적인 운용 관리를 계획해 보자.

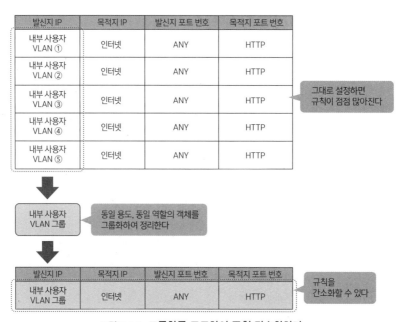

그림 3.3.2 **그룹화를 도모하여 규칙 간소화하기**

그룹화에 대해서 의외로 중요한 또 다른 요소라면 설정으로 사용하는 객체명과 그룹명의 명명 규칙이다. 누가 봐도 알 수 있도록 명명 규칙을 먼저 설계하면 이후 관리에 도움이 될 뿐만 아니라 인수인계가 쉬워진다.

통신 요구 사항 및 그룹를 정리한 후에는 **어떠한 통신을 얼마나 허가 또는 거부해 나갈지 설계한다.** 최소한의 통신만 허용하면 보안은 당연히 된다. 그러나 이와 동시에 관리하기가 힘들어진다. 보안 수준과 운용 관리상의 노력은 거의 비례 관계에 있다. 보안 수준을 올리면 올릴수록 관리상의 노력도 비용이 필요하다. 균형 잡힌 운용 정책의 적용을 유의하자.

보안 수준이 낮은 영역에서 높은 영역에 대한 통신(Untrust 영역→DMZ 영역, DMZ 영역→Trust 영역)은 최소 통신만 허용하고 반대 통신은 조금 여유를 가지고 허용하는 경우가 많다.

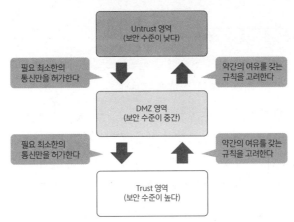

그림 3.3.3 **보안 수준이 낮은 영역부터 높은 영역으로의 통신은 필요 최소한의 통신만 허가한다**

3.1.2절에서 설명했듯이 방화벽의 차단 동작에는 '거부'와 '드롭' 두 종류가 있다. 서버 사이트에서 많이 사용하는 것은 '드롭'이다.

어디선가 DoS 공격이 있는 경우를 생각해 보자. 거부로 설정하면 그 공격에 대해서도 RST나 Unreachable을 반환하기 때문에 공격자에게 '무언가 있음'을 전달한다. 그렇게 되면 공격을 조장하게 될 가능성이 있다. 또한 RST나 Unreachable의 송신 처리 자체가 부하가 되어 사수해야 할 서비스 트래픽 처리에 영향을 끼칠 가능성이 있다. 그에 반해 드롭으로 설정하면 공격자에게 그 존재를 알릴 일이 없고 송신 처리의 부하도 없다.

물론 설계는 고객의 요구 사항에 따른다. 반드시 드롭으로 해야 하는 것은 아니다. 설계할 때는 기본적으로는 드롭, 필요에 따라 거부로 방침을 정해서 진행하는 편이 좋다.

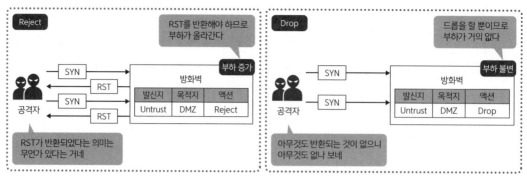

그림 3.3.4 **거부와 드롭 중 드롭이 기본**

필요 최소한의 방화벽 로그를 취득하기

'방화벽 로그'란 통신을 허가하거나 차단했을 때 송신되는 로그다. 방화벽 로그를 확인하여 어떠한 통신이 왔는지 파악할 수 있고 어떠한 IP 주소에서 공격이 왔는지 확인할 수 있다. 방화벽 로그는 너무 많이 취득해도 안 되고 취득하지 않아도 문제다. 적당한 수준이 제일 좋다. 이전에 허가/거부 모두의 방화벽 로그를 취득하자고 결정한 결과, 로그의 송신 처리에 너무 부하가 걸려 서비스 트래픽에 영향을 미쳤다는 고객도 있었다. 이런 고객의 대부분은 "왜 미리 부하가 걸린다고 안 알려 줬어요!"라고 화를 낸다(필자는 당연히 미리 말했다). 실제로 취득할 만큼의 로그를 취해도 너무 많아 결국에는 전부를 살펴보지 못하는 경우가 종종 있다. 그러한 일이 발생하지 않도록 **필요 최소한의 로그를 취득하도록 하자.** 서버 사이트에서는 인바운드의 거부 정책의 로그만을 취득하는 경우가 많다. 설계는 고객의 요구 사항에 따른다. 고객의 요구 사항을 확인해 필요에 따라 허가 로그도 취득하도록 하자.

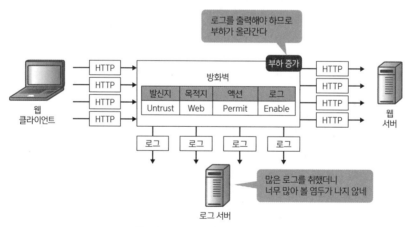

그림 3.3.5 **로그 취득은 부하 문제와 취득 양의 문제에 주의가 필요**

또 다른 주의점은 로그의 포맷이다. 중요한 설계 요소다. 기기에 따라서는 어떠한 정보를 로그에 포함할 수 있는지 설정이 가능하다. 당연하지만 많은 요소를 넣으면 넣을수록 다양한 정보를 취득할 수 있다. 그러나 그만큼 기기의 처리 부하가 올라간다. **중요한 것은 서비스 트래픽이지 로그가 아니다. 로그를 취득하는 일 자체가 서비스에 영향을 준다면 주객이 전도된 것이다.** 필요 최소한의 요소만을 취득하도록 하여 가능한 기기의 부하를 낮추도록 하자.

타임아웃 값 정의하기

타임아웃 값은 기기의 리소스에 직접 관여하는 큰 문제다. 너무 길면 커넥션 엔트리가 커넥션 테이블에 계속 남아 리소스를 압박하게 된다. 또한 너무 짧으면 응답이 반환되기 전에 커넥션 엔트리가 없어져 통신할 수 없다. 예를 들어 대부분 1초 이내로 응답이 반환되는 DNS 대기 타임아웃 값을 10분으로 하면 남은 9분 59초간 커넥션 엔트리가 불필요한 리소스로 계속 남아 메모리 리소스의 낭비를 초래한다. 반대로 필요 최소한의 값인 1로 설정하면 너무 여유가 없어서 반환되어야 할 응답을 받지 못할 가능성이 있다. 결국 어느 정도 적절한 값을 설정하는 것이 가장 좋다. **너무 길어도 문제고, 너무 짧아도 문제다. 다소 여유를 갖는 값으로 정하자.**

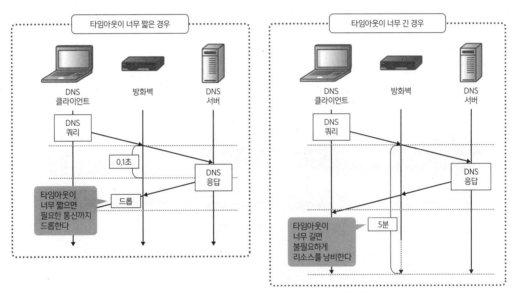

그림 3.3.6 **타임아웃 값은 너무 짧거나 너무 길지 않도록 한다**

타임아웃 값 설정은 프로토콜별로 설정할 수 있거나 포트 번호별로 설정할 수 있는 등 제조사에 따라 각양각색이다. 설계할 때는 미리 어떠한 설정이 가능한지 확인하여 설계에 반영하는 편이 좋다. 기기에 따라서는 대기 타임아웃뿐만 아니라 TCP의 클로즈 처리에서의 FIN_WAIT 1, FIN_WAIT 2, TIME_WAIT까지 세부적으로 설정할 수 있다. 어디까지 세부 설정할지는 고객의 요구 사항에 달려 있다. 필요에 따라 설계하자.

여러 단계의 방어로 더욱 안전하게

최근 방화벽은 다양한 기능을 추가하고 있어 설명서만 보면 거의 만능 같다. 그러나 방화벽이 감시하는 것은 어디까지나 방화벽을 통과하는 통신뿐이다. 방화벽만으로 모든 기능을 완결시키는 것은 무리가 있다. **전용 장비와 전용 소프트웨어를 함께 사용하여 여러 단계에서 시스템을 지켜 나간다.** 여러 단계의 방어는 보안의 기본이다. 대강이 아닌 제대로 지키도록 하자.

사용하는 기능 추려내기

앞서 말한 대로 최근 방화벽은 UTM이나 차세대 방화벽이라는 형태로 진화하여 다양한 기능을 탑재한다. 그러나 양날의 검이기도 하다. 여러 가지 기능을 담는 만큼 성능 저하 또한 심각하다. 모든 기능을 사용하면 통신 제어만 하는 경우에 비해 처리량이 1/10로 감소할 수도 있다. 기기에 따라 특출난 부분과 서툰 부분이 있다. **모든 기능을 UTM이나 차세대 방화벽에 맡기는 것이 아니라 어떠한 기능을 맡겨야 할지 여부를 판별하여 전용 어플라이언스**appliance**와 전용 소프트웨어와의 하이브리드화를 추진해야 한다.**

또한 **실적도 중요한 선정 요소 중 하나다.** 새로 추가된 기능에 있는 버그로 장비가 멈추는 일이 발생할 수도 있다. 실제 운용하는 시스템에서 가장 중요한 것은 안정성이다. 섣불리 새로운 기능을 사용하여 희생양이 되지 않도록 실적을 고려하여 기능을 선정하자.

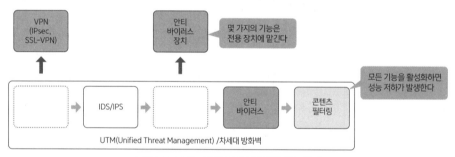

그림 3.3.7 **기능의 하이브리드화를 도모한다**

기동 서비스는 필요 최소한으로

네트워크 기기는 기본적으로 많은 서비스가 기동하고 있어 그대로 취약점이 될 수 있다. 예를 들어 시스코 스위치와 라우터의 경우 기본적으로 HTTP 서비스 또는 Telnet 서비스 등 관리에 사용되는 일부 서비스가 기동한다. 따라서 HTTP 액세스도 가능하게 되어 있고 Telnet 액세스도 가능하다. 그리고 그대로 취약점으로 연결된다. 필요 최소한의 서비스만 시작되도록 하여 위협에 대비하자. 물론 관리상 멈출 수 없는 서비스도 있다. 그런 경우에는 **액세스할 네트워크를 제한하여 위협의 영향을 최소화한다.**

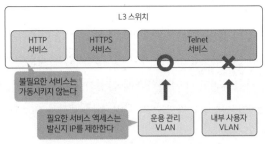

그림 3.3.8 **기동 서비스는 최소한으로 한다**

3.3.2 부하 분산 설계

다음으로 '부하 분산 설계'다. 어떻게, 어느 수준으로 애플리케이션 트래픽의 부하를 분산해 나갈 것인지 설계하는 것이다. 최근 개발된 애플리케이션 대부분이 네트워크를 이용하도록 만들어져 네트워크 트래픽은 빠른 속도로 증가한다. 동시에 다양화의 일로를 걷는다. 넘쳐나는 트래픽을 어떻게 처리해 나갈 것인가? 이것은 시스템에서 아주 중요한 문제다.

⌁ 효율적으로 부하 분산하기

부하 분산 설계에서 가장 중요한 것은 애플리케이션 수준의 통신 요구 사항을 추출하는 것이다. 보안 설계에서 선별한 "어디서부터 어디로, 어떠한 통신이 있는지"를 애플리케이션 레벨에서 추진한다.

부하 분산이 필요한 통신 정리하기

모든 통신에 부하 분산이 필요한 것은 아니다. 먼저 **선별한 통신 중 부하 분산이 필요한 통신을 추출한다.** 인터넷에 공개하는 웹사이트라면 DMZ 영역에 배치한 공개 서버에 대한 통신 부하 분산이 많을 것이다. 인터넷에 있는 불특정 다수의 사용자 트래픽을 부하 분산 장치에서 배분한다.

애플리케이션 수준의 통신 패턴 정리하기

최근 부하 분산 장치는 애플리케이션 전달 제어기로 애플리케이션 수준의 제어도 매우 유연하게 할 수 있도록 되어 있으며 애플리케이션 개발자의 요구도 다양해졌다. 요구를 하나하나 정리하도록 하자.

여기에서 가장 중요한 포인트는 지속성의 필요 여부에 대한 판단이다. 부하 분산 장치는 여러 서버에 커넥션을 분산하면서 부하 분산을 성립시킨다. 분산 처리가 애플리케이션의 불일치를 만들어 낼 수 있다. 지속성이 필요한지의 여부를 명확하게 확인해야 한다. 지속성이 필요하다고 판단했을 경우 다음은 적용할 지속성의 종류와 타임아웃 값을 결정한다.

■ **지속성의 종류**

일반적으로 사용하는 지속성의 유형은 3.1.3절에서 설명한 '발신지 IP 주소 지속성', '쿠키 지속성(인서트 모드)'이다. 발신지 IP 주소는 네트워크 계층 수준에서 처리되기 때문에 애플리케이션을 고려할 필요는 없다. 쿠키 지속성을 사용하려면 HTTP 헤더에 삽입하는 애플케이션 레벨에서의 처리가 필요하다. 이 프로세스가 애플리케이션에 영향이 없는지 도입 시에 확실히 테스트하도록 한다.

■ **타임아웃 값**

지속성의 타임아웃 값은 애플리케이션의 타임아웃 값보다도 좀 더 긴 것이 좋다. 너무 짧은 경우 애플리케이션이 타임아웃하지 않았지만 다른 서버에 할당되어 불일치가 발생한다. 반대로 너무 길면 의미 없는 레코드를 보관해 동일 서버에 계속 접속한 상태가 된다. 도입 때 확실히 타임아웃 시 동작을 확인하도록 한다. 단순하게 "부하 분산되었나?", "지속성이 있나?" 정도밖에 테스트하지 않으면 나중에 고생할 수 있다.

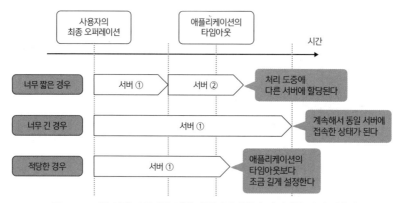

그림 3.3.9 **지속성의 타임아웃 값은 애플리케이션의 타임아웃 값에 맞춘다**

어떠한 수준까지 헬스 체크를 할 것인지 고려하기

최근의 서버 부하 분산 환경에서는 **장애 구별을 쉽게 하기 위해 레이어가 다른 두 종류의 헬스 체크를 하는 경우가 많다.** 예를 들어 HTTP 서버의 경우 L3 검사에서 IP 주소의 상태를 체크하면서 L4 검사 또는 L7 검사로 서비스나 애플리케이션의 정상 상태를 체크한다.

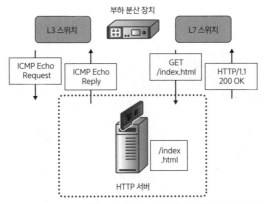

그림 3.3.10 서로 다른 계층의 두 종류 헬스 체크를 실시한다

여기서 주의가 필요한 것은 헬스 체크와 서버 부하의 균형이다. 여기에서는 '간격', '계층'의 두 가지 측면에서 생각하겠다.

■ 헬스 체크 간격

헬스 체크의 간격이 짧을수록 빨리 장애를 발견할 수 있다. 하지만 그만큼 서버에 부하가 걸린다. **서비스에 영향을 주지 않도록 헬스 체크 간격을 설계하는 것이 좋다.**

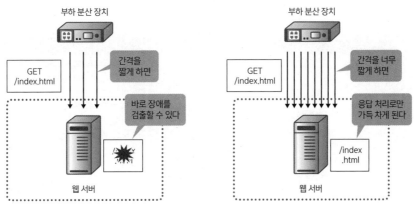

그림 3.3.11 헬스 체크의 간격은 너무 짧지 않게

■ 헬스 체크의 계층

L3 체크는 단지 ICMP의 상호 작용이므로 서버의 부하로 생각할 필요는 없다. 문제는 다른 하나의 헬스 체크다. L7 체크를 하면 애플리케이션 수준의 장애까지 감지할 수 있지만 그만큼 서버에는 부하가 걸린다. 알기 쉬운 예가 HTTPS의 헬스 체크다. 부하가 걸리는 SSL 핸드셰이크 작업을 반복하기 때문에 부하가 될 가능성이 높다. L7 체크가 부하가 될 것 같으면 L4 수준으로 체크 계층을 낮추어 서비스에 미치는 영향을 최소화하는 것이 좋다.

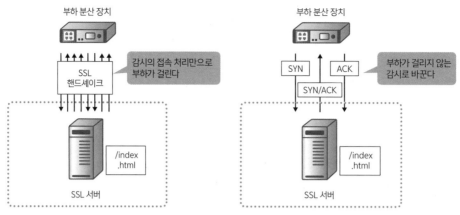

그림 3.3.12 **부하가 걸리지 않는 헬스 체크를 선택한다**

부하 분산 방식도 중요한 설계 요소 중 하나다. 부하 분산 방식은 각각 장단점이 있다. 또한 서버의 환경에 따라 최적의 부하 분산 방식은 달라진다. 제대로 된 판단이 필요하다. 기기에 따라 많은 부하 분산 방식이 준비되어 있지만 일반적으로 많이 사용하는 방식은 '**라운드 로빈**', '**가중치 및 비율**', '**최소 커넥션 수**'다. 각각의 장단점을 다음 표에 정리했다.

표 3.3.2 **장단점을 이해해서 부하 분산 방식을 선택**

항목	장점	단점
라운드 로빈 (순서대로 할당)	· 동작이 알기 쉽다. · 요청마다 처리 시간이 동일하면 성능을 발휘할 수 있다.	· 부하 분산 대상 서버의 스펙에 차이가 있더라도 상관하지 않고 할당해 버린다(저사양 서버의 부하가 올라가 버림. 가중치·비율과의 병용이 필요) · 지속성이 필요한 애플리케이션이라면 균등하게 부하 분산되지 않는다. · 하나의 요청당 처리 시간이 다르면 균등하게 부하 분산되지 않는다.
가중치 및 비율 (가중에 따른 할당)	· 부하 분산 대상 서버의 스펙에 대응한 할당을 할 수 있다.	· 하나의 요청당 처리 시간이 다르면 균등하게 부하 분산되지 않는다.
최소 커넥션 수 (커넥션 수에 대응하여 할당)	· 부하 분산 대상 서버 스펙에 대응한 할당을 할 수 있다. · 속성이 필요한 애플리케이션에서도 균등하게 부하 분산할 수 있다. · 하나의 요청당 처리 시간이 달라도 균등하게 부하 분산된다.	· 애플리케이션의 동작을 제대로 이해하지 않으면 부하 분산의 동작을 이해하기 어렵다.

옵션 기능을 어디까지 사용할 것인가?

부하 분산 장치는 'SSL 가속 기능'이나 '애플리케이션 스위칭 기능', '커넥션 집약 기능' 등 많은 옵션 기능을 제공하므로 그 기능을 어디까지 사용할 것인지도 커다란 설계 요소가 될 수 있다.

인증서 준비하기

SSL 가속 기능은 옵션 기능 중에서도 가장 자주 사용하는 기능일 것이다. **SSL 가속 기능을 사용할 때는 비밀 키 및 디지털 인증서(공개 키)는 부하 분산 장치가 갖게 된다.**

신규 사이트의 경우 CSR은 부하 분산 장치에서 만들어 인증 기관에 제출하길 바란다. 그리고 디지털 서명이 부여된 디지털 인증서를 인스톨하길 바란다. CSR을 생성할 때는 키의 길이에 주의하길 바란다. 이전에는 1024비트가 주류였지만 최근에는 안전상의 이유로 2048비트가 기본이다. 요구되는 키의 길이는 인증 기관에 따라 다르다. 인증 기관에 확실히 확인하길 바란다. 2048비트 키를 사용하는 경우는 부하 분산 장치에서 처리할 수 있는 TPS(1초당 처리할 수 있는 SSL 핸드셰이크의 수)가 약 1/5이 된다. 사양에도 주의하길 바란다.

기존에 SSL 서버가 있는 경우는 SSL 서버에 인스톨된 비밀 키와 인증서를 그대로 부하 분산 장치에 이행하길 바란다.

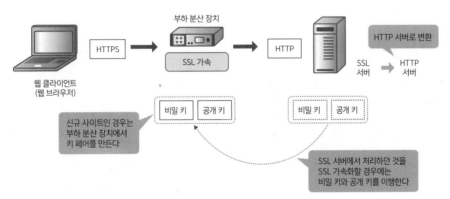

그림 3.3.13 **키 페어는 부하 분산 장치가 갖는다**

또한 SSL을 사용할 때는 서버 측에서 어떠한 암호 모음의 리스트를 설정하는지도 중요한 설계 요소다. 복잡한 암호 모음들로만 만들면 보안 강도는 높아진다. 하지만 복잡한 암호 모음일수록 기기의 부하가 올라가기 쉽고 옛날 웹 브라우저인 경우는 지원조차 하지 않는다. 결국 중요한 것은 균형이다. 물론 보안을 해내지 못한다면 논외의 이야기지만 보안 강도만을 추구해서 난해한 설정을 해도 접속이 안 된다면 의미가 없다. **웹 브라우저의 대응 상황이나 기기의 사양을 고려하여 암호 모음을 선택 및 배열하여 균형 잡힌 리스트를 만들길 바란다.**

애플리케이션 스위칭은 애플리케이션 여부에 달렸다

애플리케이션 스위칭은 설계를 애플리케이션의 영역으로 확장한 것이다. 애플리케이션 엔지니어와의 절충이 필수 불가결이다. 우선은 애플리케이션 엔지니어가 어떠한 부하 분산을 원하는지 히어링하고 요구 사항이 실현 가능한 것인지 확인한다. 실현 가능하다고 판단한 경우 요구 사항의 상세화를 도모하고 조건을 추려 내길 바란다. **애플리케이션 스위칭은 가능한 것의 폭이 넓은 만큼 요구 사항이 다양해 지기 쉬워 조건을 추려 내지 않으면 눈덩이처럼 공수가 늘어난다.** 세세한 동작 검증도 필요하다. 결과적으로 적자가 발생하지 않도록 돌다리도 두드려 가며 진행하도록 하자.

커넥션 집약 기능을 사용할 때는 확실하게 확인한다

커넥션 집약 기능은 서버의 TCP 처리 부하를 크게 줄여주는 훌륭한 기능이다. 단 클라이언트에서 온 애플리케이션 트래픽을 부하 분산 장치에서 일단 전개하여 서버로 전달하는 조금 복잡한 애플리케이션 처리를 한다. 따라서 **여러 사용자에게서 거의 동시에 애플리케이션 트래픽이 왔을 때 헤더를 제거하 거나 IP 주소를 바꾸어 애플리케이션으로서는 이상한 행동을 일으킬 수 있다. 제대로 검증한 후에 도입하도록 하자.**

제 **4** 장

고가용성 설계

이 장 의 개 요

이 장에서는 서버 사이트의 가용성을 높이기 위해서 필요한 중복화 기술이나 그 기술을 사용할 때 설계 포인트, 각 구성 패턴에 대한 통신 흐름flow에 대해서 설명하겠다.

'가용성'이란 시스템이 손상되기 어렵다는 것을 뜻한다. 그리고 '중복화'는 고가용성을 유지하기 위해 시스템을 예비로 준비하여 중복화를 도모하는 것을 나타낸다. 지금은 모든 미션 크리티컬한 시스템이 네트워크에 있다고 해도 과언이 아니다. 그런 환경에서는 1분 1초의 시스템 다운이 치명적이다. 신뢰 관계를 구축하는 데는 시간이 걸리지만 무너지는 것은 한순간이다. 모처럼 이뤄낸 신뢰를 무너뜨리지 않도록 많은 중복화 기술을 잘 설계하여 고가용성을 도모하자.

4.1 중복화 기술

중복화 기술은 물리 계층에서 애플리케이션 계층에 이르기까지 다양하다. 서버 시스템에서는 모든 레이어에서 그리고 모든 포인트에서 빠짐없이 중복화를 도모할 필요가 있다. 그중에서도 네트워크에 관련된 중복화 기술 및 설계 시 주의할 점을 계층별로 설명하겠다.

4.1.1 물리 계층의 중복화 기술

물리 계층의 중복화 기술은 여러 물리 요소를 하나의 논리적 요소로 통합하는 형태로 실현한다. "여러 물리 요소를 하나의 논리적 요소로 통합한다." 말로 하면 왠지 어려운 것 같지만 어렵게 생각하지 않아도 된다. 물리적으로 많이 있어도 하나로 취급하기만 하면 된다.

이 책에서는 '링크', '기기', 'NIC'라고 하는 세 개의 물리적 요소+α에 대해 설명할 것이다.

🔗 여러 물리 링크를 하나의 논리 링크로 통합하기

여러 물리 링크를 하나의 논리 링크로 통합하는 기술을 '**링크 애그리게이션**Link Aggregation'이라고 한다. 시스코 용어로는 '이더넷 채널', 휴렛 팩커드와 F5 네트웍스 용어로는 '트렁크'라고 하는데 같은 의미로 봐도 좋다. 링크 애그리게이션은 링크의 대역폭 확장 및 중복화를 동시에 실현하는 기술로 일반적으로 사용된다.

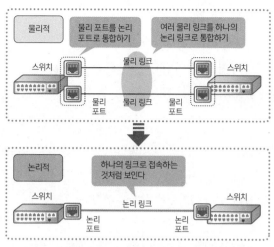

그림 4.1.1 **여러 물리 링크를 하나의 논리 링크로 통합하기**

링크 애그리게이션은 스위치의 물리 포트의 일부를 논리 포트로 그룹화하여 다른 스위치의 논리 포트와 연결하여 논리 링크를 만든다. 평상시는 여러 물리 링크가 마치 하나의 링크처럼 동작하여 물리 링크 몇 개의 대역을 확보할 수 있다. 또한 링크 장애 시에는 장애 링크를 분리하여 중복화를 도모한다. 장애 때에 발생하는 다운타임downtime은 핑ping 수준으로 1초 정도다. 따라서 애플리케이션 수준의 통신에 거의 영향이 없다.

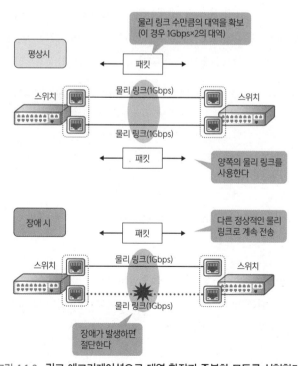

그림 4.1.2 **링크 애그리게이션으로 대역 확장과 중복화 모두를 실현한다**

🔌 모드는 크게 나누어서 세 개

링크 애그리게이션은 구성 방법에 따라 '**정적**', '**PAgP**Port Aggregation Protocol', '**LACP**Link Aggregation Control Protocol'라는 세 가지 범주로 크게 나뉘어 있다. 서로 호환되지 않는다. 설계할 때는 어떠한 모드를 사용할 것인지 선택해야 한다.

■ 정적

정적은 해당 물리 링크를 무조건적으로 링크 애그리게이션의 그룹으로 소속시켜 논리 링크를 구성하는 모드다. 필요 이상으로 프로토콜을 사용할 일도 없다. 가장 간단하고 이해하기 쉬울 것이다. 정적으로 설정하려면 반드시 두 장비 모두 정적으로 설정해야 한다.

그림 4.1.3 **정적을 사용할 때는 두 기기를 서로 정적으로 설정한다**

■ PAgP

PAgP는 링크 애그리게이션을 자동 구성하기 위한 프로토콜의 이름이다. 시스코 전용 프로토콜로 시스코 장비만의 환경에서라면 추천한다. PAgP로 상대방에게 요청한 후 논리 링크를 구성한다.

PAgP에는 'Desirable', 'Auto' 두 가지 모드가 존재한다. 'Desirable'은 능동적이고 'Auto'는 수동적이다. Desirable은 스스로 PAgP를 전송하여 적극적으로 논리 링크를 만들려고 한다. 그에 비하여 Auto는 자기가 PAgP를 보내지는 않지만 PAgP를 받으면 논리 링크를 만든다.

일반적인 네트워크 설계에서는 설정을 통일하기 위해 모두 Desirable로 하는 경우가 많다.

그림 4.1.4 **PAgP를 사용할 때는 Desirable로 설정한다**

■ LACP

LACP도 링크 애그리게이션을 자동 구성하는 프로토콜의 이름이다. 이 프로토콜은 IEEE802.1ad에서 규격화되어 여러 제조사의 제품이 혼재된 네트워크 환경에서 사용한다. LACP로 상대방에게 요청한 후에 논리 링크를 구성한다.

LACP에는 'Active', 'Passive'라는 두 가지 모드가 존재한다. 이것은 그대로 PAgP의 'Desirable'과 'Auto'에 해당한다. 'Active'가 PAgP의 Desirable이고 'Passive'가 PAgP의 Auto다. Active는 자신이 직접 LACP를 송신하여 적극적으로 논리 링크를 만들려고 하지만 Passive는 자신은 LACP를 보내지 않지만 LACP를 받으면 논리 링크를 만든다. **일반적인 네트워크 설계에서는 설정을 통일하기 위해 모두 Active로 하는 경우가 많다.**

그림 4.1.5 **LACP를 사용할 때는 Active로 설정한다**

이상 세 가지 모드 중에서 많이 사용하는 것은 LACP Active라고 생각한다. LACP는 RFC에서 정의된 표준 프로토콜이므로 서로 다른 제조사의 기기라도 문제없이 연결된다. 물론 어디까지나 필자의 경험일 뿐이다. 반드시 모든 환경에 매칭하는 것은 아니다. **설계할 때 중요한 것은 어느 방법을 선택하는 것보다 서로 마주하는 기기에 알맞은 설정으로 하는 것이 중요하다.**

중요한 것은 부하 분산 방식

링크 애그리게이션에 대한 대역 확장의 원리는 여러 개의 물리 링크로의 부하 분산이다. 실제로 프레임을 전송할 때는 각각의 물리 링크에 대해 부하 분산을 걸어 커다란 의미에서의 대역 확장을 도모한다. 여기서 중요한 점은 그때 사용하는 부하 분산 방식이다. 잘못된 부하 분산 알고리즘을 선택하면 사용할 물리 링크에 편향이 발생한다.

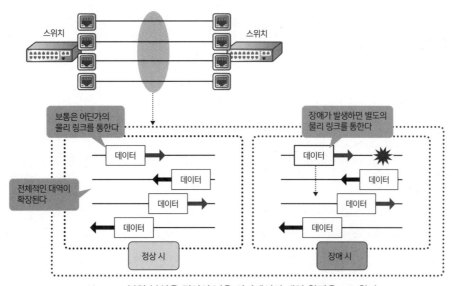

그림 4.1.6 **부하 분산을 걸어서 넓은 의미에서의 대역 확장을 도모한다**

구체적인 예를 들어 보겠다. 시스코의 카탈리스트 2960/3750 시리즈는 기본 부하 분산 방식에 발신지 MAC 주소를 사용한다. 그러나 발신지 MAC 주소를 기초로 부하 분산을 하면 서로 다른 VLAN에서의 통신량이 하나의 물리 링크에 치우친다. 다른 VLAN에서의 통신 발신지 MAC 주소는 반드시 기본 게이트웨이의 MAC 주소이기 때문이다. 이렇게 하면 다른 한쪽의 물리 링크만 사용해 통신 효율이 떨어진다.

부하 분산 방식은 사용되는 물리 링크가 균등하게 되기 쉬운 것을 선택한다. 구체적으로는 더욱 상위 계층 요소를, 그리고 더욱 많이 취하는 부하 분산 방식을 선택한다. 예를 들어 카탈리스트 3850 시리즈의 경우 표 4.1.1과 같은 부하 분산 방식에 대응한다. 이 중에서 가장 균등하게 하기 쉬운 부하 분산 방식은 트랜스포트 계층과 네트워크 계층의 요소를 조합한 '발신지 IP 주소+목적지 IP 주소+발신지 포트 번호+목적지 포트 번호'다. 설계할 때는 가능한 이 방식을 선택하길 바란다.

표 4.1.1 **카탈리스트 3850 시리즈가 대응하는 부하 분산 방식**

레이어	설정	부하 분산의 키가 되는 정보
레이어 2 (데이터 링크 계층)	src-mac	발신지 MAC 주소(디폴트)
	dst-mac	목적지 MAC 주소
	src-dst-mac	발신지 MAC 주소+목적지 MAC 주소
레이어 3 (네트워크 계층)	src-ip	발신지 IP 주소
	dst-ip	목적지 IP 주소
	src-dst-ip	발신지 IP 주소+목적지 IP 주소
	l3-proto	L3 프로토콜
레이어 4 (트랜스포트 계층)	src-port	발신지 포트 번호
	dst-port	목적지 포트 번호
	src-dst-port	발신지 포트 번호+목적지 포트 번호
혼합	src-mixed-ip-port	발신지 IP 주소+발신지 포트 번호
	dst-mixed-ip-port	목적지 IP 주소+목적지 포트 번호
	src-dst-mixed-ip-port	발신지 IP 주소+목적지 IP 주소+발신지 포트 번호+목적지 포트 번호(추천)

참고로 부하 분산 방식은 반드시 상대방 기기와 동일해야 하는 것은 아니다. 서로 달라도 전혀 문제가 없다. 게다가 보내는 패킷과 반환하는 패킷이 서로 다른 물리 링크를 사용해도 통신적으로 전혀 문제가 없다. 설계할 때 중요한 것은 **각각 더욱 균등하게 하기 쉬운 부하 분산 방식을 선택하는 것**뿐이다.

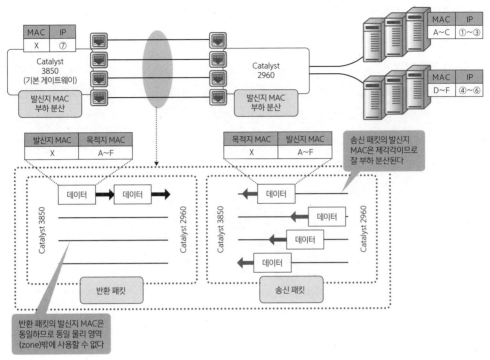

4.1.7 목적지 MAC 주소로 부하 분산하면 편차가 발생한다

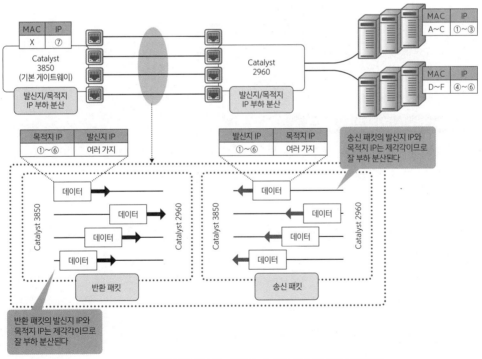

그림 4.1.8 부하 분산 방식을 바꿔서 제대로 대역 확장을 도모하기

여러 개의 물리 NIC를 하나의 논리 NIC로 묶기

여러 개의 물리 NIC를 하나의 논리 NIC로 묶는 기술을 '**티밍**teaming'이라고 한다. 리눅스에서는 '**본딩**bonding'이라고도 하지만 동일한 개념으로 생각해도 무방하다. 티밍은 NIC의 대역 확장 및 중복화를 실현하는 기술로 일반적으로 사용된다. 티밍은 서버의 NIC 설정이므로 그냥 보기에 네트워크와는 관계가 없을 것 같은 느낌이 든다. 하지만 네트워크 중복화와 밀접한 관련이 있기에 알아 둬서 손해될 일은 없다. 이 책에서는 일반적으로 사용하는 경우가 많은 티밍 방식을 물리 환경, 가상화 환경으로 나누어서 설명하겠다.

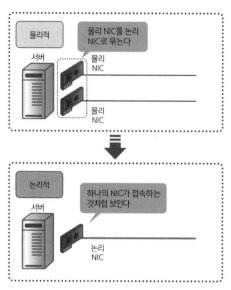

그림 4.1.9 여러 개의 물리 NIC를 하나의 논리 NIC로 묶기

물리 환경의 세 가지 티밍 방법 파악하기

물리 환경의 티밍은 운영체제의 표준 기능으로 설정한다. 티밍을 설정하면 하나의 논리 NIC가 새로 생기고 해당 논리 NIC에 설정해 나갈 것이다. 티밍을 할 때 티밍 방식도 포함해서 설정해 나간다.

물리 환경에서 사용할 수 있는 티밍 방식은 운영체제별로 많이 준비되어 있지만 그중에서도 일반적으로 많이 사용하는 방식은 '**폴트 톨러런스**Fault Tolerance(내결함성)', '**로드 밸런싱**Load Balancing', '**링크 애그리게이션**'의 세 종류다.

표 4.1.2 **3종류의 티밍 방식**

방식	설명	Windows Server	Linux OS
폴트 톨러런스	액티브/스탠바이로 구성한다.	스위치에 의존하지 않는다(스탠바이 어댑터).	active-backup
로드 밸런싱	액티브/액티브로 구성한다.	스위치에 의존하지 않는다(동적/주소의 해시). 스위치에 의존하지 않는다(주소의 해시).	balance-tlb balance-alb
링크 애그리게이션	링크 애그리게이션을 구성한다.	동적 티밍 LACP	balance-rr balance-xor 802.3ad

■ 폴트 톨러런스

폴트 톨러런스는 물리 NIC를 중복화하는 모드다. 평상시는 액티브/스탠바이로 동작하며 한쪽의 NIC(액티브 NIC)만 사용한다. 액티브 NIC에 장애가 발생하면 스탠바이 NIC로 페일오버failover를 실행한다. 폴트 톨러런스는 보통 액티브 NIC만 사용하기 때문에 두 개의 물리 NIC의 통신량에는 완전한 차이가 생긴다. 액티브 NIC의 처리가 너무 많아 가용할 수 없게 되면 더 이상 통신에 대응할 수 없다. 다만 트러블슈팅을 하기 쉽고 운용 관리도 쉽기 때문에 관리자가 좋아하기 쉬운 방식이다.

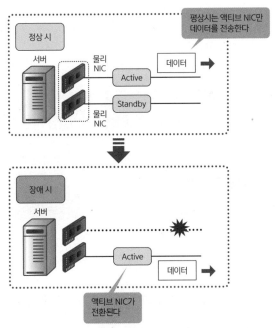

그림 4.1.10 **폴트 톨러런스는 액티브/스탠바이 구성**

■ 로드 밸런싱

로드 밸런싱은 물리 NIC를 중복화하면서 대역 확장도 꾀하는 모드다. 평상시는 액티브/액티브로 동작하여[1] 양쪽의 NIC를 사용한다. 한쪽 NIC에 장애가 발생하면 다른 쪽 NIC로 통신한다. 로드 밸런싱은 보통 때 양쪽의 물리 NIC를 사용하기 때문에 폴트 톨러런스에 비해 통신이 효율적이다. 그러나 사양상 동일 스위치에 접속하는 것이 전제로 되어 있어 스위치에 장애가 발생하면 통신할 수 없다.[2]

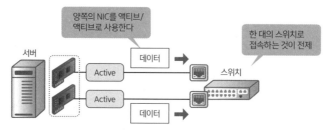

그림 4.1.11 **로드 밸런싱은 액티브/액티브 구성**

■ 링크 애그리게이션

링크 애그리게이션은 앞서 설명한 물리 링크의 링크 애그리게이션 NIC 버전이다. 대역을 확장하면서 물리 NIC의 중복성을 확보한다. 보통 때는 일정한 방식으로 통신하는 물리 NIC를 선택하여 대역을 확장한다. 또한 그룹을 구성하는 NIC 중 하나에 장애가 발생하면 즉시 다른 NIC로 전환하여 통신을 보장한다. 링크 애그리게이션은 보통 때 모든 물리 NIC를 사용하기 때문에 통신이 효율적이다. 그러나 접속하는 스위치에 장애가 발생하면 통신할 수 없게 된다.[3] 또한 스위치 측에서도 링크 애그리게이션의 설정이 필요하므로 서버 담당자와 네트워크 담당자 사이에서 프로토콜 및 부하 분산 방식 등에 대해 제대로 된 대화가 필요하다.

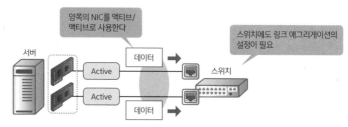

그림 4.1.12 **링크 애그리게이션은 스위치에도 설정이 필요**

---

1 실제로 모든 통신을 액티브/액티브로 처리하는 것은 아니다. 사용하는 모드에 따라 액티브/액티브로 취급하는 통신이 다르다. 각 모드는 매뉴얼을 확인하길 바란다.

2 스택와이즈 테크놀로지와 VSS를 사용하여 논리적으로 한 대의 스위치로 구성하고 접속할 물리 스위치를 나누어 줄 필요가 있다. 스택와이즈 테크놀로지 및 VSS에 대해서는 곧이어 설명하겠다.

3 스택와이즈 테크놀로지와 VSS를 사용하여 논리적으로 두 대 이상의 스위치를 한 대의 스위치로 구성하고 접속하는 물리 스위치를 나누어 주어야 한다.

세 가지 부하 분산 방식 중 서버 사이트에서 어느 방식을 많이 사용하는지 묻는다면 주저 없이 '폴트 톨러런스'라고 말할 수 있다. 동작이 단순해서 이해하기 쉽고 관리하고 쉽다. 물론 어디까지 필자의 생각이다. 기본 설계는 고객의 요구 사항을 따라야 한다. 예를 들어 NIC가 갖는 대역을 모두 활용하고 싶다면 폴트 톨러런스는 적합하지 않다. 우선 고객에게 장점과 단점을 설명한 후 요구 사항을 확인하여 최적의 방식을 선택하길 바란다.

가상화 환경의 티밍은 가상 스위치로 한다

가상화 환경에 대한 티밍은 가상화 소프트웨어의 하이퍼바이저hypervisor의 가상 스위치에서 실시한다. 가상 머신은 가상 스위치를 통해 물리 환경에 접속한다. 가상 스위치에 물리 NIC를 연결하고 그 물리 NIC로 티밍을 구성한다. 가상화 환경의 티밍 포인트는 '장애 감지'와 '부하 분산 방식'이다.

■ 장애 감지

장애 감지는 어떠한 정보를 가지고 장애로 감지할지의 여부를 나타낸다. 예를 들어 VMware의 경우 '링크 상태 감지', '비콘 감지(신호 감지)' 두 가지가 준비되어 있다. 둘의 차이는 레이어다.

링크 상태 감지는 링크의 업 다운을 장애로 물리 계층 수준에서 감지한다. 또한 신호 감지는 특수한 프레임을 송신하여 손실을 확인한 후 데이터 링크 계층 수준에서 감지한다. 추천은 링크 상태 감지다. 비콘 감지의 경우 해당 비콘 프레임beacon frame이 다른 기기에서 잘못된 프레임으로 감지되거나 원래부터 제대로 장애를 감지하지 못하는 경우가 있다. 주의하길 바란다.

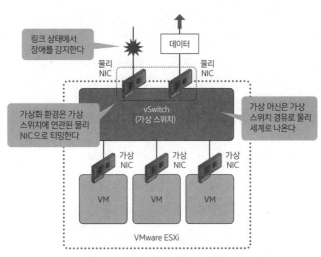

그림 4.1.13 **링크 상태에서 장애 감지하기**

■ 부하 분산 방식

가상화 환경의 티밍도 통신을 여러 개의 물리 NIC로 분산하여 대역 확장 및 중복성을 실현한다. **어**

떠한 물리 NIC를 사용할 것인가? 이를 정하는 것이 부하 분산 방식이다. VMware의 경우 '명시적인 페일오버', '포트 ID', '발신지 MAC 해시', 'IP 해시' 네 가지가 있다. 이 중에서도 일반적으로 사용되는 부하 분산 방식이 '명시적인 페일오버'와 '포트 ID'다.

'명시적인 페일오버'는 이른바 액티브/스탠바이 구성이다. 보통 때는 한쪽의 액티브 NIC만 사용한다. 액티브 NIC에 장애가 발생하면 스탠바이 NIC에 페일오버를 실행한다.

'포트 ID'는 포트마다 사용하는 NIC를 전환하는 부하 분산 방식이다. 여기서 말하는 포트는 TCP 및 UDP 포트 번호(포트 ID)마다 사용할 물리 NIC를 선택함으로써 큰 의미에서 보면 부하 분산을 도모하는 것이다.

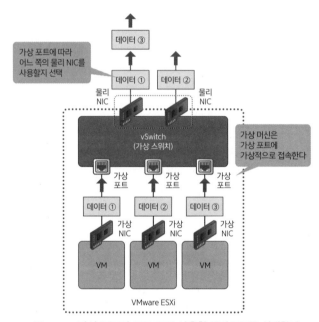

그림 4.1.14 **가상 포트의 포트 ID로 사용할 물리 NIC를 선택한다**

서로 다른 종류의 물리 NIC로 티밍하기

티밍하려면 구성하는 물리 NIC의 배치에도 신경을 써야 한다. 서버에서 사용하는 물리 NIC는 크게 마더 보드에 포함된 '온보드on-board NIC'와 PCI Express 확장 슬롯에 증설한 '확장 NIC' 두 종류로 나눌 수 있다. 두 가지를 가능한 혼재시켜 티밍을 이루어 더 나은 중복성 향상을 도모한다. 예를 들어 쿼드 포트quad port(네 개의 포트)의 확장 NIC만으로 티밍을 하면 확장 슬롯이 고장 났을 때 통신할 수 없다. 온보드 NIC와 함께 티밍을 하여 물리 구성 요소의 장애의 영향을 최소화할 수 있다.

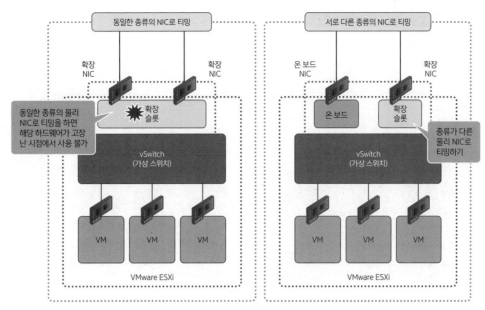

그림 4.1.15 **서로 다른 종류의 NIC로 티밍하기**

티밍을 하는 경우 물리 NIC의 접속할 곳에도 신경 쓸 필요가 있다. 동일한 물리 스위치에 연결한 경우 해당 스위치가 손상되면 그걸로 해당 NIC는 사용할 수 없다. 하나는 첫 번째 물리 스위치, 다른 하나는 두 번째 물리 스위치 형태로 접속할 곳을 분리하여 물리 스위치의 장애에 대한 가용성을 담보한다.

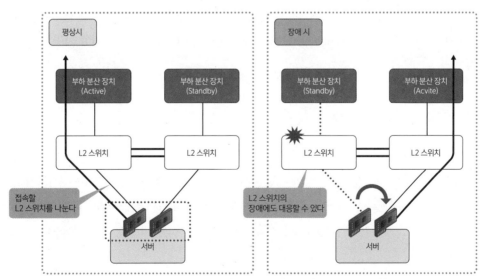

그림 4.1.16 **접속할 물리 스위치를 나눈다**

블레이드 서버로 물리 구성을 간소화하기

블레이드 서버는 '**블레이드**'라고 불리는 얇은 서버를 '**인클로저**enclosure'라는 케이스에 삽입하여 사용한다.[4] 블레이드 서버는 서버가 많아지면 복잡해지기 쉬운 케이블링을 간소화하거나 랙 통합률을 높일 수 있어 물리적인 운용 관리를 단순화할 수 있어 서버 사이트에서 일반적으로 사용된다.

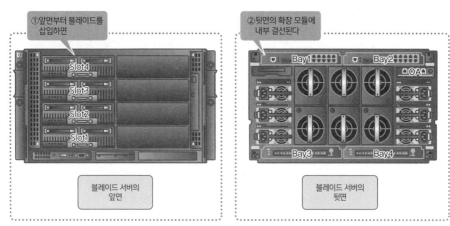

그림 4.1.17 **블레이드 서버는 내부에서 자동 결선된다**

최근에는 뉴타닉스Nutanix의 NX 시리즈나 HPE의 Simplicity 시리즈 등의 하이퍼 컨버지드 인프라 Hyper Converged Infrastructure, HCI에 억제된 기색이 있지만 HCI의 네트워크 설계는 심플 그 자체다. 블레이드 서버의 네트워크 설계 가상화 부분을 이해한다면 금방 이해할 수 있다. 그러므로 이 책에서는 유행하는 HCI가 아닌 정석의 블레이드 서버를 다룬다.

블레이드는 인클로저 앞면부터 삽입하면 뒷면의 확장 모듈에 자동으로 내부 결선되어 그 접속 구성은 볼 수 없다. 블레이드 서버가 막 출시되었을 즈음 "정말 연결된 거지?"라고 의심하는 일이 많았는데 분명 내부적으로 잘 연결되어 있다.

확장 모듈에는 여러 가지 종류가 있어 종류에 따라 네트워크 구성도 바뀌고 담당 엔지니어도 바뀐다. 이 책에서는 네트워크 엔지니어의 담당 범위에서 일반적으로 많이 사용하는 '스위치 모듈'을 예로 들겠다.

■ 스위치 모듈

스위치 모듈은 인클로저에 스위치가 심어져 있는 식으로 생각하면 된다. 블레이드는 인클로저에 삽입되면 자동적으로 내부에서 결선된다. **결선 위치는 블레이드의 삽입 위치(슬롯)와 블레이드에 탑재하는 메자닌 카드**mezzanine card[5]**로 결정된다.** 슬롯 1에 접속하면 각 슬롯 모듈의 1번 포트, 슬롯 2에 접속하면 2

---

4   통칭는 제조사에 따라 다르다. 이 책에서는 일반적인 명칭을 사용해 설명한다.

5   블레이드의 마더 보드에 꽂아서 사용하는 확장 카드를 말한다.

번 포트로 결선되는 식이다. 본래 외부로 나온 케이블이 모두 내부에서 결선되는 것이므로 서버와의 케이블링이 필요하지 않다. 외부에 나온 외부 포트를 사용하여 외부 스위치와 접속한다. 케이블링이 필요한 것은 이 부분뿐이다.

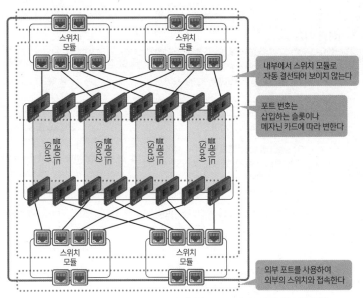

그림 4.1.18 **접속 포트는 블레이드를 삽입하는 슬롯에 의해 결정된다**

스위치 모듈을 사용할 때 주의해야 할 것은 관리 모듈과의 관계성이다. 블레이드 서버는 전체 관리를 '관리 모듈'이라는 모듈에서 수행한다. 레노버의 Flex System의 경우는 'CMMChassis Management Module', 휴렛팩커드Hewlett-Packard의 블레이드 시스템Blade System의 경우는 'OAOnboard Administrator' 라고 한다. 스위치 모듈도 관리 대상이기에 기본적으로 IP 주소 및 호스트명은 관리 모듈에서 설정할 수 있다. 스위치에 대한 관리 액세스도 관리 모듈을 경유하여 사양상 서버와 다른 VLAN으로 하지 않으면 안 된다는 제약도 있다. 사양을 확실하게 확인해야 한다. 물론 설정에 따라 관리 모듈의 관리 대상에서 제외하는 것도 가능하다. 네트워크 엔지니어만으로 구축 작업을 완결하고 싶을 때는 관리 대상에서 제외하도록 설정하길 바란다.

여러 기기를 하나의 논리 기기로 정리하기

여러 기기를 하나의 논리 기기로 정리하는 기술은 '스택 기술'이라고 부른다. 스택 기술은 중복화뿐만 아니라 전송 능력 확장, 루프 프리화, 구성의 단순화 등 기존의 네트워크가 안고 있던 문제를 단번에 해결할 수 있는 기술로 지금은 고가용성 설계에서 빠뜨릴 수 없는 것이 되었다.

스택 기술은 몇 가지가 있으며 기기에 따라 사용할 수 있는 기술이 다르다. 이 책에서는 시스코의 카탈리스트 3750/3850 시리즈나 카탈리스트 9300 시리즈에서 사용할 수 있는 '**스택와이즈 테크놀로지**[6]'와 카탈리스트 6500/6800 시리즈나 카탈리스트 4500 시리즈에서 사용할 수 있는 '**VSS**'의 설계 포인트에 대해 설명하겠다.

표 4.1.3 **스위치를 정리하는 기술**

제조사	기종	정리하는 기술
시스코	카탈리스트 3750/3850/9300 시리즈	스택와이즈 테크놀로지
	카탈리스트 4500-X/6500/6800 시리즈	VSS(Virtual Switching System)
	넥서스 시리즈	vPC(virtual Port Channel)
HPE	OfficeConnect 1950 스위치 시리즈 5510/5130/5980/5950/5940/5900/5700 시리즈	IRF(Intelligent Resilient Framework)
	Aruba 5400R/2930F 스위치 시리즈	VSF(Virtual Switching Framework)
	Aruba 3810/2930M 스위치 시리즈	스태킹 기능
주니퍼	EX 시리즈	VC(Virtual Chassis)
얼라이드 텔레시스 (Allied Telesis)	SBx8100/SBx908 시리즈 x930/x900/x610/x600/x510/x510DP/x510L/ SH510/x310시리즈	VCS(Virtual Chassis Stack)

스택와이즈 테크놀로지

스택와이즈 테크놀로지는 카탈리스트 3750/3850 시리즈나 카탈리스트 9300 시리즈에서 사용할 수 있는 중복화 기술이다. **특별한 스택 케이블로 최대 9대(카탈리스트 3750/3850의 경우), 최대 8대(카탈리스트 9300의 경우)의 스위치를 연결하여 하나의 커다란 논리적인 스위치로 통합한다.** 물리적으로는 여러 대가 있지만 논리적으로 보면 마치 하나의 스위치인 것처럼 작동한다. IP 주소 및 각종 설정 정보 등 시스템 관리자가 관리해야 할 포인트도 하나가 된다.

---

6   여기서는 StackWise Plus, StackWise 480도 '스택와이즈 테크놀로지'로 정리해서 설명한다.

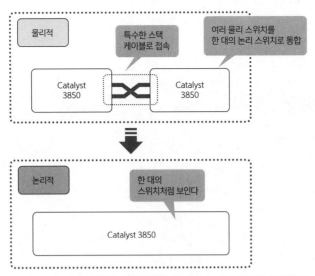

그림 4.1.19 **여러 개의 물리 스위치를 한 대의 논리 스위치로 통합한다**

■ 마스터 스위치의 선출

스택을 구성하는 스위치는 전체를 제어하는 하나의 '**마스터 스위치**'와 이외의 '**멤버 스위치**'로 구성되었다. 마스터 스위치는 유니캐스트/멀티캐스트 라우팅 처리 및 각 멤버에 대한 설정 정보 및 전송 정보 (FIB 테이블)[7]의 사본 등 스택 내에서 가장 중요한 역할을 하는 스위치다. 스택와이즈 테크놀로지는 복잡한 처리(라우팅 프로토콜의 처리 등)를 마스터 스위치에서 집중 처리하고 간단한 처리(전송 처리 등)는 각 멤버 스위치에서 분산 처리하여 처리의 하이브리드화를 도모한다.

마스터 스위치는 몇 가지 조건에 따라 선출된다. 단 일반적으로는 우선순위 값을 설정하여 반드시 특정 스위치가 마스터로 선출되도록 한다. 우선순위의 기본값은 1, 최대는 15로 가장 높은 우선순위 값을 가진 스위치가 마스터가 된다. **마스터와 그다음에 마스터로 하고 싶은 마스터 후보 정도까지 우선순위 값을 설정해 두면 고장 시 대응하기 쉬울 것이다.**

---

7   FIB(Forwarding Information Base) 테이블은 라우팅 테이블에서 패킷 전송에 필요한 정보만 추출한 테이블이다.

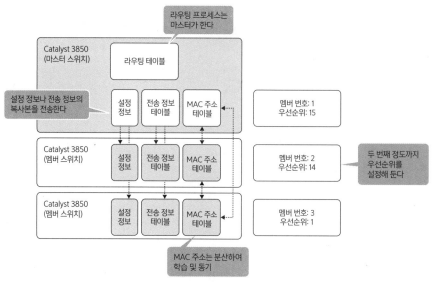

그림 4.1.20 **마스터 스위치가 전체를 제어한다**

마스터 스위치에 대해 한 가지 더 언급할 것이 있다. 높은 우선순위 값을 가진 원래 마스터 스위치가 장애에서 복귀해도 자동으로 마스터 스위치로 승격하지 않는다. 원래의 마스터 스위치를 마스터 스위치로 되돌리려면 그 시점의 마스터 스위치를 재가동하는 등 선출 프로세스를 재실시한다.

■ MAC 주소

스택와이즈 테크놀로지를 사용하려면 MAC 주소에도 주의가 필요하다. 스택 구성을 맺을 경우 스택의 MAC 주소는 기본적으로 마스터 스위치 MAC 주소다. 물론 보통 때는 문제가 없다. 문제는 마스터 스위치가 다운되었을 때다. 마스터 스위치가 다운되면 MAC 주소의 전환이 발생하여 특정 환경(LACP와 STP를 병용한 환경)에서 통신의 단절이 발생한다. 그러므로 어떠한 환경에서도 우선 'stack-mac persist timer 0' 커맨드를 입력하자. 이 커맨드를 입력해 두면 마스터 스위치가 다운되더라도 해당 MAC 주소를 그대로 계속 사용하기 때문에 불필요한 통신 단절이 발생하지 않는다.

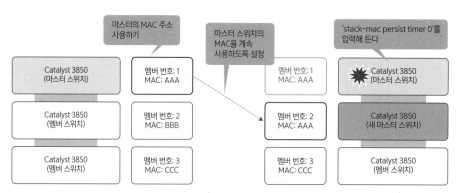

그림 4.1.21 **stack-mac persist timer 0으로 마스터 스위치의 MAC을 계속 사용**

■ 스택 케이블의 접속

스택와이즈 테크놀로지는 각 스위치의 뒷면에 있는 스택 포트를 특별한 스택 케이블에 연결하여 그 기능을 실현한다. 여기에서 가장 중요한 점은 연결 구성이다. **스택 케이블은 사양상 반드시 링 모양으로 구성해야 한다.** 예를 들어 세 대의 스택을 구성하는 경우 다음 그림과 같은 형태의 링 모양으로 한다.

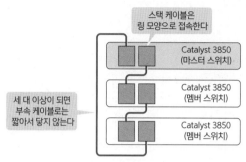

그림 4.1.22 **스택 케이블은 링 모양으로 구성한다**

스택 케이블은 물리적인 처리에도 주의가 필요하다. 너무 많이 대수를 쌓게 되면 부속의 스택 케이블로는 물리적으로 너무 짧아서 닿지 않는다. 세 대보다 많아질 것 같으면 긴 스택 케이블을 별도로 구입하는 것이 좋다. 또한 랙 간을 걸쳐서 설치했을 경우에도 주의가 필요하다. 스택 케이블은 취급하기가 어려우므로 랙을 걸쳐서 지나는 배치는 권장하지 않는다. 가능한 한 동일한 랙 내에 배치하자.

VSS

VSS는 카탈리스트 6500/6800 시리즈와 카탈리스트 4500-X 시리즈에서 사용할 수 있는 중복화 기술이다. **복수의 10G나 40G 링크로 두 대의 스위치를 접속하여 하나의 논리적 스위치로 통합한다.** 물리적으로는 두 대의 스위치지만 네트워크에서 보면 마치 하나의 스위치인 것처럼 작동한다. 설정도 하나이며 관리 포인트도 하나다.

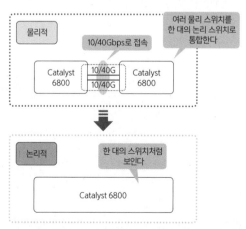

그림 4.1.23 **두 대의 물리 스위치를 한 대의 논리 스위치로 통합하기**

■ 가상 도메인 ID

가상 도메인 ID는 VSS 페어를 논리적으로 관리하는 ID다. VSS를 구성하는 물리 스위치 간에 동일한 도메인 ID을 설정하여 VSS 도메인을 만든다. 가상 도메인 ID는 PAgP 또는 LACP의 제어 패킷 등에서 사용되므로 네트워크 안에서 고유하게 설계할 필요가 있다. **VSS 페어끼리 접속할 때는 도메인 ID가 중복되지 않도록 주의해야 한다.**

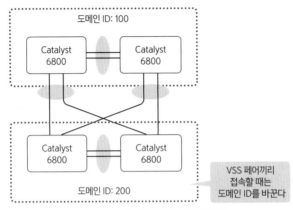

그림 4.1.24 **도메인 ID를 고유로 한다**

■ VSL

VSS에 의한 중복화 기술의 열쇠를 쥐는 것이 양 스위치를 접속하는 VSLVirtual Switch Link이다. 일반적으로 10G나 40G의 링크를 링크 애그리게이션으로 묶어서 접속한다. VSL은 VSS를 구성하기 위해 필요한 제어 정보와 동기 정보를 교환할 뿐만 아니라 장애 시의 데이터 전송 경로가 되는 중요한 링크다.

여기서의 포인트는 링크 애그리게이션을 구성하는 물리 링크의 배치다. **1 링크를 슈퍼바이저 엔진, 다른 하나의 링크를 다른 라인 카드에서 취하도록 하여 라인 카드의 장애에 대비한다.**

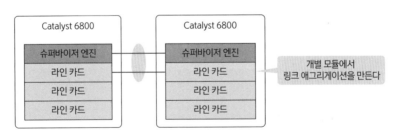

그림 4.1.25 **물리 링크의 배치에 주의한다**

■ 전송 처리는 액티브/액티브로

VSS는 처리에 따라 역할을 바꾸어서 중복성 및 전송 능력 확장의 양립을 실현한다.

라우팅 프로토콜 제어 및 관리 제어 등 소프트웨어에서 수행하는 비교적 복잡한 처리는 액티브/스탠바이로 구성한다. 기본적으로 액티브 스위치가 처리를 실시하고 스탠바이 스위치로 동기화한다. 또한 액티브 스위치에 장애가 발생했을 때 스탠바이 스위치가 승격하여 즉시 처리를 시작하고 중복성을 담보한다.

패킷 전송 등 하드웨어에서 수행하는 간단한 처리는 액티브/액티브로 구성한다. 각 물리 스위치가 서로 분산하여 처리를 수행해 전송 능력을 최대한 담보한다. 어느 쪽이든 물리 스위치가 다운되면 다른 쪽 물리 스위치가 작업을 계속 수행한다.

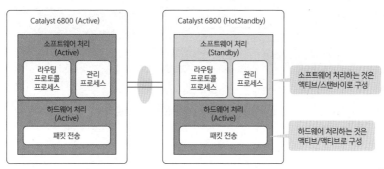

그림 4.1.26 **중복화와 전송 확장을 확보한다**

앞서 언급했듯이 VSS는 컨트롤 플레인을 액티브/핫 스탠바이, 데이터 플레인을 액티브/액티브로 구성하여 처리의 하이브리드화를 도모한다. VSL은 역할 제어를 담당하는 가장 중요한 링크다. VSL이 다운되면 VSS를 구성하는 스위치 컨트롤 플레인이 양쪽 모두 액티브인 '듀얼 액티브 상태'가 되어 통신이 불안정해진다. VSS는 그러한 상태를 회피하기 위해 다음의 세 가지 프로토콜을 지원한다.

표 4.1.4 **듀얼 액티브 상태를 감지하는 프로토콜**

감지 프로토콜	특징
ePAgP	・PAgP를 TLV로 확장한 파워업 버전 ・평상시는 액티브 스위치만이 ePAgP를 송신하고 인접 스위치가 그것을 전송한다. 듀얼 액티브 상태 시에는 양쪽에서 ePAgP가 날아오기 때문에 그것을 기초로 듀얼 액티브 상태를 감지한다. ・인접 기기도 ePAgP로 LAG를 구성할 필요가 있기 때문에 인접 기기를 포함한 서포트가 필요하다.
VSLP Fast Hello	・Fast Hello 전용의 peer-to-peer 링크를 준비해야 한다. ・스위치 ID나 우선순위, 피어 상태 등을 포함해서 특별한 Hello 메시지를 사용해 듀얼 액티브 상태를 감지한다.
BFD	・BFD 전용의 peer-to-peer 링크를 준비해야 한다. ・BFD 전용의 VLAN을 준비해야 한다. ・듀얼 액티브 상태가 되었을 때만 동작한다. ・듀얼 액티브 상태가 되면 BFD 세션을 오픈하고 구 액티브 스위치가 Recovery 모드가 된다. ・ePAgP나 Fast Hello와 비교해 감지 속도가 늦다.

이 중에서 가장 잘 사용되는 프로토콜은 'VSLP Fast Hello'다. VSLP Fast Hello는 스위치 ID나 우선
순위, 피어 상태를 특별한 Hello 메시지를 사용하여 서로 교환하면서 듀얼 액티브 상태를 감지한다.
VSLP Fast Hello는 VSL과는 별도로 직접 접속한 peer-to-peer 링크가 필요하기 때문에 그를 위한 물
리 링크를 준비해야 한다.

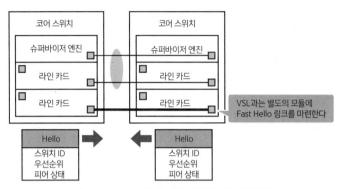

그림 4.1.27 **Fast Hello 링크를 별도로 마련한다**

■ MAC 주소

어떠한 중복화 구성에도 MAC 주소에는 신경 쓸 필요가 있다. VSS는 기본적으로 각 물리 스위치가
갖는 MAC 주소를 사용한다. 이 경우 양쪽의 물리 스위치가 재가동하여 액티브 스위치가 바뀐다면
인접한 장비의 ARP가 전환될 때까지 통신할 수 없다. 치명적이다. 그런 일이 안 일어나도록 **VSS를 구
성할 때 가상 MAC 주소를 사용하도록 설정하길 바란다.** 가상 MAC 주소를 사용하면 VSS의 IP 주소도
MAC 주소도 바뀌는 일이 없기 때문에 인접한 장비의 ARP는 관계가 없어진다. 가능한 불필요한 상
태 변화는 일어나지 않도록 하자.

링크 애그리게이션을 구성하는 물리 링크의 배치에 주의하기

여러 기기를 하나의 논리 기기로 통합하는 타입의 중복화 기술은 링크 애그리게이션과 세트로 설계
하는 것이 대부분이다. 그때 주의해야 할 포인트는 링크 애그리게이션을 구성하는 물리 링크의 배치
다. 반드시 별도의 물리 스위치에서 링크를 취하길 바란다. VSS로 구성하는 경우 모든 물리 링크를
동일한 물리 스위치에서 취한다면 의미가 없다. 물리 스위치가 다운되면 그것으로 끝이다. 각 물리
스위치에서 물리 링크를 취하여 물리 스위치의 장애에 대비하자.

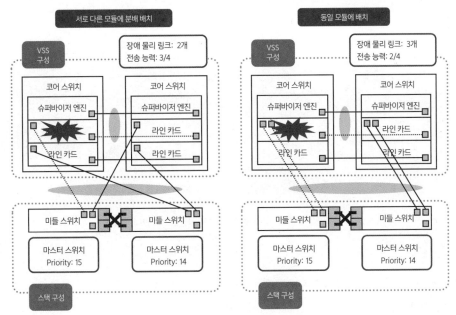

그림 4.1.28 **물리 링크의 배치에 주의한다**

카탈리스트 6500 시리즈와 같은 섀시형 스위치의 경우는 동일한 물리 스위치 내 있는 물리 링크의
배치에도 주의가 필요하다. 동일한 라인 카드에서 모든 물리 링크를 취하면 해당 라인 카드가 다운되
면 끝이다. **별도의 라인 카드에서 물리 링크를 취하여 라인 카드의 장애에 대비하자.**

스택와이즈 테크놀로지 및 VSS의 장점

스택와이즈 테크놀로지 및 VSS가 고가용성 설계의 주역으로 나선 이유는 중복화 이외의 부분에도
있다. 지금까지 고가용성 설계라고 하면 STP가 정평이 났었다.[8] 그러나 STP는 중복성과 함께 몇 가
지 딜레마가 있어 엔지니어를 괴롭히는 원인이 되었다. 스택와이즈 테크놀로지와 VSS는 이 딜레마를
단번에 해소해 주는 기술로 지금은 네트워크에서 없어서는 안 된다.

이 책에서는 '**전송 능력 확장**', '**구성의 단순화**', '**운용 관리의 용이성**'이라는 세 가지 장점을 STP를 사용한
경우와 비교하면서 설명하겠다.

■ 전송 능력 확장

STP는 물리적으로 루프 구성으로 된 토폴로지의 어딘가에 포트를 차단하여 논리적인 트리 구성을
만드는 프로토콜이다. 어딘가의 포트를 차단하여 데이터 전송을 불가능하게 하기 때문에 본래 스위
치가 가지는 전송 능력을 최대한으로 발휘할 수 없다. 반면 **스택와이즈 테크놀로지와 VSS를 사용한 네
트워크 구성에 차단 포트는 존재하지 않는다.** 모든 포트를 전부 사용할 수 있다.

---

8   STP에 대해서는 4.1.2절에서 자세히 설명하겠다.

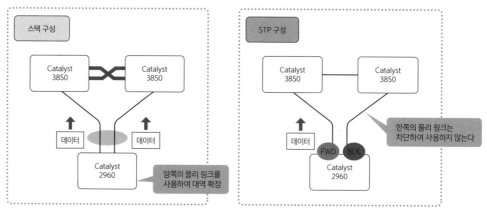

그림 4.1.29 **물리 링크를 전부 사용할 수 있다**

■ 구성의 단순화

STP는 스위치를 루프 모양으로 연결하기 때문에 네트워크가 커지면 커질수록 구성이 엉망진창이 되는 경향이 있다. 또한 블로킹 포트blocking port의 위치도 의식할 필요가 있어 점점 이해하기 힘들어진다. 스택와이즈 테크놀로지와 VSS를 사용하면 **여러 물리 스위치가 논리적으로 한 대로 동작하여 논리적으로 하나로 접속하게 된다. 이로써 구성의 단순화를 도모할 수 있다.**

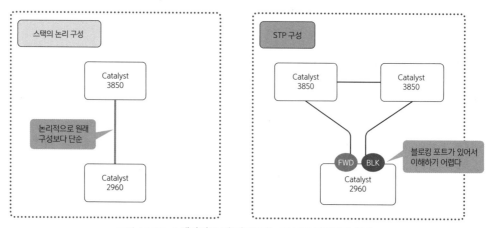

그림 4.1.30 **스택와이즈 테크놀로지는 구성을 이해하기 쉽다**

■ 운용 관리의 용이성

네트워크 관리자에게 관리 포인트의 증가는 부하밖에는 되지 않는다. STP를 사용하면 각각의 스위치가 독립적으로 동작하기 때문에 물리적 스위치 대수=관리 포인트 수가 된다. 예를 들어 네 대의 물리 스위치를 추가하면 관리 포인트가 네 개 증가한다. 그에 비해 **스택와이즈 테크놀로지와 VSS를 사용하면 스택 그룹 또는 VSS 도메인으로 관리 포인트가 하나뿐이다.** 예를 들어 네 대의 물리 스위치를 스택으로 증설한다고 해도 논리적으로는 하나이므로 관리 포인트는 하나만 늘어날 뿐이다. STP를 사용했을 때와 비교해 보면 관리가 편해진다.

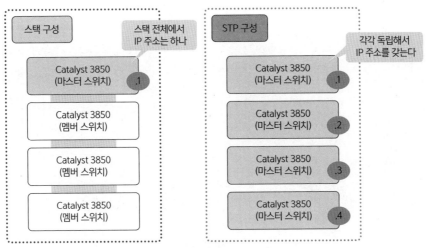

그림 4.1.31 **관리 포인트가 적어진다**

업 링크가 다운되면 다운 링크도 다운시킨다

물리 계층의 중복화 기술 중 다른 하나로 조금 성격이 다른 기술을 설명하겠다. '**트렁크 페일오버**Trunk Failover'다. '링크 상태 트렁크'와 'UFDUplink Failure Detection' 등 제조업체에 따라 명칭이 다르지만 모두 동일한 것이다. **트렁크 페일오버는 업 링크(상위 스위치에 대한 링크)가 다운되면 다운 링크down link(서버에 대한 링크)를 종료하는 기술이다.**

티밍은 만능이 아니다

네트워크는 많은 기기의 친화성으로 이루어졌다. 인접 기기의 접속 구성을 감안하면서 설계해 나가야 한다. 트렁크 페일오버는 티밍만으로는 대응할 수 없는 특정 환경에서 발군의 힘을 발휘한다.

다음 그림과 같은 구성을 예로 들어 보자. 자주 사용되는 일반적인 구성이다. 이러한 구성의 경우 스위치의 업 링크가 다운되면 상위에 대한 경로가 없어져 통신할 수 없다. NIC를 티밍으로 하지만 이 경우 서버에 직접적으로 관련된 링크 다운이 아니기 때문에 페일오버는 발생하지 않는다. 동일한 물리 NIC를 계속 사용하려고 한다.

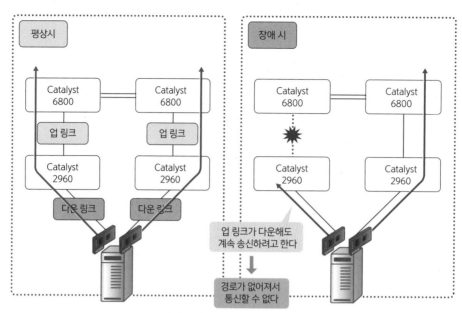

그림 4.1.32 **티밍으로는 업 링크의 장애를 검출할 수 없다**

이때 트렁크 페일오버를 사용한다. **트렁크 페일오버는 업 링크의 물리적인 링크 상태를 감시하여 그 상태에 따라 다운 링크를 제어한다.** "업 링크가 다운되면 다운 링크를 종료한다", 즉 트렁크 페일오버의 움직임은 매우 단순하다.

앞의 구성에서 트렁크 페일오버를 사용해 보자. 업 링크가 다운되면 트렁크 페일오버가 발생하여 다운 링크도 강제적으로 종료한다. 강제 링크 다운으로 티밍의 페일오버가 발생하여 결과적으로 상위에 대한 경로를 확보할 수 있다.

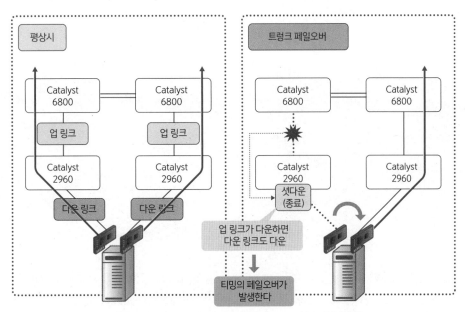

그림 4.1.33 **트렁크 페일오버로 강제적으로 경로를 확보한다**

4.1.2 데이터 링크 계층의 중복화 기술

데이터 링크 계층의 중복화 기술은 STP만 잘 알면 된다. 실제로 중복화 기술의 STP는 예전 것이 되었다. 그러나 오랫동안 네트워크의 고가용성을 지탱해 왔으니 계속 남을 가능성이 높다. 이해해 둬서 손해는 없다.

STP의 포인트는 루트 브리지와 블로킹 포트

STP는 물리적으로 루프 구성으로 된 토폴로지의 어딘가의 포트를 블록하여 논리적인 트리 구성을 만드는 프로토콜이다. 경로 중복화 및 브리징 루프의 방지를 위해 사용된다. STP는 인접 스위치 간에 '**BPDU**Bridge Protocol Data Unit'라는 특별한 관리 프레임을 교환하여 '**루트 브리지**root bridge'와 '**블로킹 포트**'를 결정한다. STP의 포인트는 루트 브리지와 블로킹 포트다.

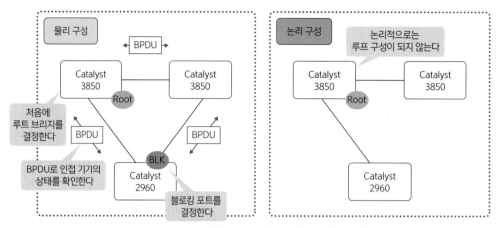

그림 4.1.34 **BPDU로 루트 브리지와 블로킹 포트를 결정한다**

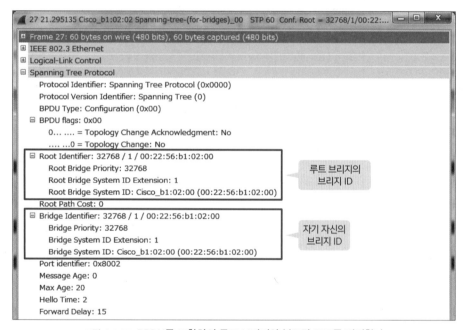

그림 4.1.35 **BPDU를 교환하여 루트 브리지와 블로킹 포트를 결정한다**

루트 브리지는 브리지 우선순위로 결정한다

루트 브리지는 STP로 할 수 있는 논리적 트리 구성의 뿌리root**에 해당하는 스위치다.** STP는 루트 브리지 없이는 언급할 수 없다. 루트 브리지는 브리지 우선순위 및 MAC 주소에서 구성된 **'브리지 ID'**로 결정된다.

브리지 ID	
브리지 우선순위	MAC 주소
16비트	48비트

그림 4.1.36 **브리지 ID로 루트 브리지가 결정된다**

STP를 유효로 한 스위치가 접속되면 BPDU를 교환하여 브리지 ID를 비교한다. 비교할 때는 브리지 우선순위와 MAC 주소를 정리하여 단번에 비교하는 것이 아니다. 하나하나 순서를 밟는다. 첫 번째 로 브리지 우선순위를 비교한다. 가장 낮은 브리지 우선순위를 가진 스위치가 루트 브리지, 두 번째 로 낮은 브리지 우선순위를 가진 스위치가 보조 루트 브리지가 된다. 보조 루트 브리지는 루트 브리지 가 다운되었을 때 루트 브리지가 되는, 루트 브리지 입장에서는 보험과도 같은 존재다. 브리지 우선순 위가 같은 경우는 다음으로 MAC 주소를 비교한다. 가장 작은 MAC 주소를 가진 스위치가 루트 브 리지가 된다.

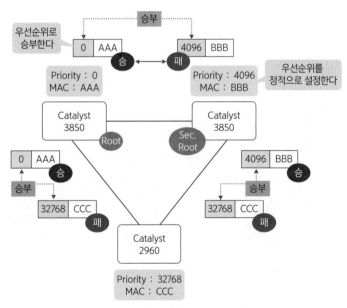

그림 4.1.37 **우선순위로 루트 브리지를 결정한다**

실제 네트워크 환경에서는 브리지 우선순위를 정적으로 설정하여 브리지 우선순위로 결과를 낸다. MAC 주소로 루트 브리지를 결정하는 일은 하지 않는다. 루트 브리지 및 보조 루트 브리지에 대해 더 낮은 브리지 우선순위를 설정하길 바란다.

블로킹 포트는 '경로 비용'으로 결정한다

루프 구성을 트리로 구성하기 위해 중요한 역할을 하는 포트가 블로킹 포트다. **루트 브리지에서 논리적으로 가장 먼 포트가 블로킹 포트가 된다.** 루트 브리지에서의 거리를 구할 때 사용하는 값이 '경로 비용path cost'이다. 경로 비용은 링크의 대역폭에 따라 값이 다음 표와 같이 정해져 있다.

표 4.1.5 **대역폭에 따라 경로 비용이 결정된다**

대역폭	경로 비용
10Mbps	100
100Mbps	19
1000Mbps(1Gbps)	4
10Gbps	2
25/40/100Gbps	1

BPDU에 포함된 경로 비용을 바탕으로 루트 브리지까지의 거리를 계산하고 가장 큰 값인 포트가 결국 블로킹 포트가 된다. 루트 브리지까지의 거리가 같을 경우는 브리지 ID를 비교하여 큰 쪽이 블로킹 포트가 된다. 블로킹 포트는 평상시에는 데이터 전송을 하지 않는다. 완전히 토폴로지에서 제외된다.

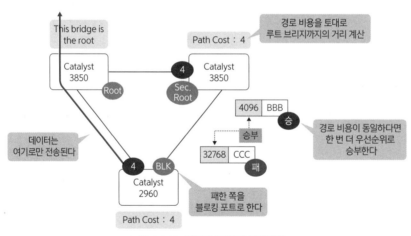

그림 4.1.38 **블로킹 포트를 결정한다**

■ 논리 링크의 경로 비용은 고정한다

스위치 간을 링크 애그리게이션으로 접속할 경우 논리 링크의 경로 비용에 주의해야 한다. 예를 들어 카탈리스트 스위치의 기가 포트에서 링크 애그리게이션을 구성한 경우 논리 링크의 경로 비용은 '4'에서 '3'으로 변경된다. 이 상태에서 논리 링크를 구성하는 물리 링크가 다운되면 경로 비용이 '4'로 되돌아가 STP의 재계산이 실행된다. 재계산으로 블록킹 포트가 바뀔 가능성도 있다.

불필요한 재계산이 실행되는 것을 막기 위해 논리 링크의 경로 비용은 논리 링크에 정적으로 설정하길 바란다. 예를 들어 카탈리스트 스위치의 경우 링크 애그리게이션의 설정으로 만들어진 논리 포트 'Port-Channel 인터페이스'에 경로 비용을 설정한다. 세세한 부분이지만 매우 중요하다.

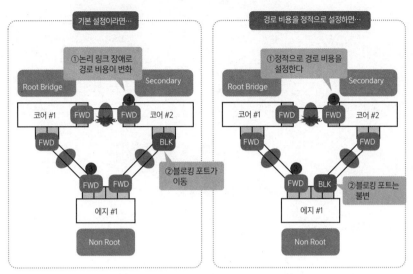

그림 4.1.39 **논리 링크에 대해 경로 비용을 설정한다**

VLAN마다 부하를 분산한다

BPDU는 VLAN마다 생성되는 관리 프레임이다. 루트 브리지도 블로킹 포트도 VLAN마다 정해진다. STP는 이 사양을 처리 및 대역폭의 부하 분산에 이용한다.

■ 처리의 부하 분산

VLAN이 많이 있는 환경에서 하나의 스위치에 루트 브리지를 맡기는 것은 비효율적이다. 루트 브리지는 STP의 모든 것을 쥔 두목과 같은 스위치다. 모든 VLAN의 STP 처리를 맡기면 처리가 집중된다. **VLAN마다 루트 브리지를 바꾸어 처리의 부하 분산을 도모하자.**

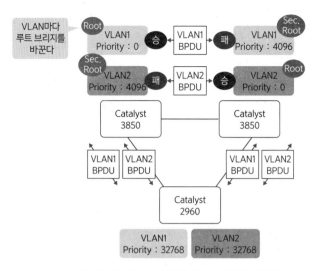

그림 4.1.40 **VLAN마다 루트 브리지를 바꾸어 부하를 분산한다**

■ **대역의 부하 분산**

앞서 말한 대로 루트 브리지로 블로킹 포트도 결정된다. 따라서 하나의 스위치에 루트 브리지를 맡기면 모든 VLAN의 블로킹 포트의 장소가 같아진다. 이렇게 되면 특정 링크에 트래픽이 집중된다. 그러므로 VLAN마다 루트 브리지를 바꿔서 각 VLAN의 블로킹 포트가 변경되도록 한다. **루트 브리지를 바꾼 VLAN의 트래픽이 각기 다른 링크를 사용하게 되므로 대역의 부하 분산을 도모할 수 있다.**

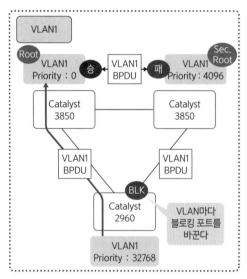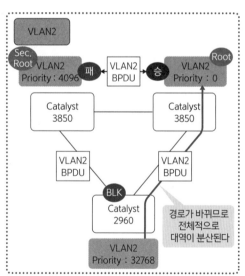

그림 4.1.41 **VLAN마다 경로를 바꿔서 대역 부하 분산**

서버 사이트에서 STP를 사용하여 경로 중복화를 도모하는 경우 표준적인 물리 구성과 그에 따른 설계는 거의 정해져 있다. 표준적인 물리 구성은 '**트라이앵글**triangle **구성**' 또는 '**스퀘어 구성**' 중 하나다. 각각 어디에 블로킹 포트를 만들면 좋은지 설명하겠다.

■ 트라이앵글 구성

트라이앵글 구성은 루트 브리지, 보조 루트 브리지, 비non 루트 브리지의 세 개로 삼각형을 만드는 구성이다. 가장 알기 쉽고 가장 일반적인 구성이다. 트라이앵글 구성은 비루트 브리지의 보조 루트 브리지 측 포트를 차단한다.

트라이앵글 구성은 어떠한 스위치도 루트 경로 비용(루트 브리지까지의 경로 비용의 합계)가 동일하다. 따라서 브리지 우선순위로 루트 브리지 및 보조 루트 브리지만 결정하면 자동적으로 의도한 포트가 차단된다. **포인트는 루트 브리지 및 보조 루트 브리지의 위치뿐이다.**

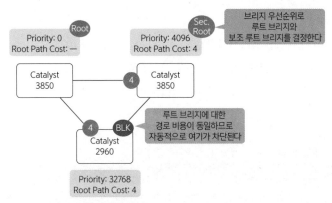

그림 4.1.42 **트라이앵글 구성에서는 루트 브리지와 보조 루트 브리지를 결정만 하면 된다**

■ 스퀘어 구성

스퀘어 구성은 루트 브리지, 보조 루트 브리지, 그리고 두 대의 비 루트 브리지로 사각형을 만드는 구성이다. 이 구성도 가끔 볼 수 있다. 스퀘어 구성은 다른 비 루트 브리지에 연결한 기기 간 통신이 상위를 경유하지 않도록 하고자 루트 브리지의 대각에 있는 비 루트 브리지의 보조 루트 브리지 측 포트를 차단한다.

스퀘어 구성에서는 루트 브리지와 그 대각에 있는 스위치의 경로가 두 개 있어 그 루트 경로 비용이 동일하다. 그래서 보조 루트 브리지 측의 포트가 블로킹 포트가 되도록 경로 비용을 조작한다. 방식은 보조 루트 브리지를 경유하는 경로 어딘가에서 경로 비용을 가산하거나 병렬하는 비 루트 브리지를 경유하는 경로의 어딘가에서 경로 비용을 빼거나 한다. **스퀘어 구성에서는 루트 브리지와 보조 루트 브리지의 위치뿐만 아니라 경로 비용에도 주의해야 한다.**

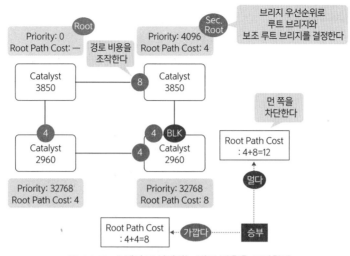

그림 4.1.43 스퀘어 구성에서는 경로 비용을 조작한다

⌁ STP는 세 종류

STP는 'PVSTPer VLAN Spanning-Tree', 'RSTPRapid Spanning-Tree', 'MSTMultiple Spanning-Tree'의 세 종류로 분류할 수 있다. 처음에는 PVST가 있었고 그 후 PVST의 단점을 보완하여 RSTP와 MST가 생겨났다. 각 동작은 다르지만 설계할 때 포인트는 **'수렴 시간'**이다. 수렴 시간은 포트 상태의 전환이 시작되고 나서 안정될 때까지의 시간을 의미한다.

표 4.1.6 **STP는 PVST, RSTP, MST 세 종류**

STP 종류	PVST	RSTP	MST
규격	시스코 독자	IEEE802.1w	IEEE802.1s
수렴 시간	느리다.	빠르다.	빠르다.
수렴 방식	타이머 기반	이벤트 기반	이벤트 기반
BPDU 단위	VLAN 단위	VLAN 단위	MST 영역 단위
루트 브리지 단위	VLAN 단위	VLAN 단위	인스턴스 단위
블로킹 포트 단위	VLAN 단위	VLAN 단위	인스턴스 단위
부하 분산 단위	VLAN 단위	VLAN 단위	인스턴스 단위

기본은 PVST

PVST는 STP의 기본이다. 기본적인 움직임은 지금까지 설명한 대로다. 먼저 BPDU를 교환하여 루트 브리지를 결정한다. 다음으로 블로킹 포트를 결정한다. 그리고 처리가 안정되면 BPDU로 서로의 상태를 정기적으로 감시한다. BPDU가 일정 시간 오지 않게 하거나 루트 브리지에서 토폴로지 변경을 나타내는 BPDU(TCN BPDU)를 받으면 장애라고 판단하고 몇 가지 재계산을 실시한 후 블로킹 포트를 해제한다.

PVST는 초기의 STP 환경을 지탱하는 중요한 프로토콜이었다. 그러나 '수렴 시간이 길다'는 치명적인 약점이 있었다. PVST는 'Hello 타이머(2초)', '최대 수명 타이머(20초)', '전송 지연 타이머(15초)'라는 세 개의 타이머를 기반으로 처리하여 그대로 수렴 시간의 길이로 이어진다.

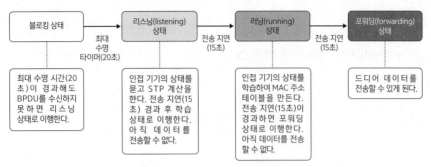

그림 4.1.44 **PVST는 타이머 기반으로 수렴한다**

○○을 기다린 후 다시 ○○을 기다리는 식으로 처리한다면 수렴에 시간이 걸리는 것은 필연적이다. PVST는 모든 포트가 브로킹→리스닝→학습→포워딩이라는 계산을 하기 때문에 블로킹 포트를 해제할 때까지 50초 정도(20초+15초×2) 소요된다. 미션 크리티컬한 환경에서 너무 긴 값이다. 약점을 보충하기 위해 RSTP와 MST가 태어났다.

RSTP으로 고속화

PVST의 수렴 시간의 지연을 보충하기 위해 태어난 프로토콜이 RSTP이다. IEEE802.1w에서 규격화되어 있다. RSTP는 BPDU를 사용하여 '**제안**proposal'과 '**계약**agreement'이라는 핸드셰이크 처리를 실시하여 서로의 상태를 즉시 파악한다.

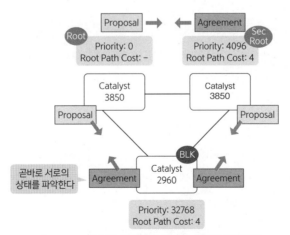

그림 4.1.45 **제안 및 계약으로 서로의 상태를 파악한다**

RSTP에서는 재해 시 처리도 고속화를 도모하기 위해 개량되고 있다. 블로킹 포트가 있는 스위치의 직접적인 링크 장애는 즉시 블로킹 포트를 해제한다. 또한 블로킹 포트가 없는 스위치의 링크 장애는 장애가 발생한 스위치가 TCTopology Change 비트를 설정한 BPDU를 플러딩하여 토폴로지 변경을 일제히 통지한다. 그리고 제안 및 계약으로 다시 핸드셰이크한 후 즉시 블로킹 포트를 해제한다. RSTP는 PVST처럼 정해진 타이머마다 일일이 처리를 기다리는 일은 하지 않는다. "○○하면 ○○한다"라는 **이벤트 기반의 처리이므로 수렴 시간도 대략 1초 정도다.** 상당히 민감한 애플리케이션이 아닌 한 통신이 끊어지는 것을 느끼지 못할 것이다.

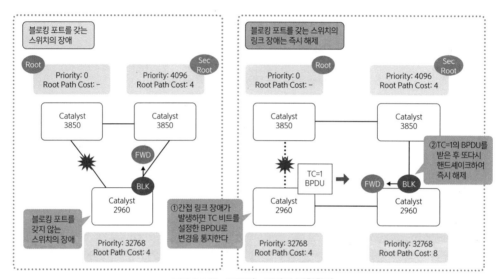

그림 4.1.46 **RSTP는 곧바로 전환한다**

MST로 고속화+효율화

RSTP와 마찬가지로 PVST의 수렴 시간의 지연을 보충하기 위해 생겨난 프로토콜이 MST다. IEEE802.1s으로 규격화되어 있다. 기본적인 움직임은 RSTP와 다르지 않다. 제안 및 계약 상태를 파악한 후 이벤트 기반 처리를 실시하여 수렴 시간의 단축을 도모한다. 아울러 MST는 '인스턴스 instance'라는 새로운 개념을 도입하여 처리의 효율화를 도모한다. 인스턴스는 여러 VLAN의 그룹과 같은 것이다. PVST 및 RSTP는 VLAN 기반에서 동작하는 프로토콜이었다. 이 방식이라면 VLAN이 많이 있는 환경의 경우 VLAN마다 처리가 필요하고 VLAN별 관리 또한 필요하다. MST는 MST 영역[9]마다 BPDU를 만들어 인스턴스 기반으로 동작한다. **인스턴스별로 처리하고 인스턴스별로 관리하여 처리 및 운영을 포함한 전반적인 효율성을 도모한다.**

---

9   MST 영역은 동일한 MST 설정을 가지고 서로 접속된 스위치의 집합이다.

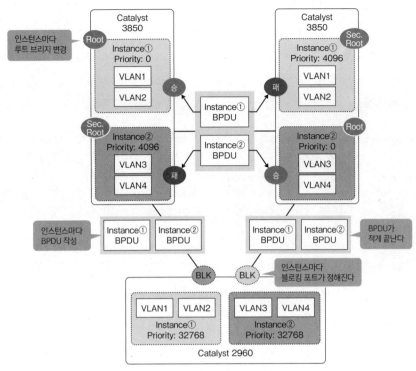

그림 4.1.47 **MST는 인스턴스 기반으로 처리가 이뤄진다**

⌁ 몇 가지의 옵션 병용하기

STP는 단독으로 사용하는 일이 없다. 다양한 옵션이 있어 네트워크 환경에 맞게 사용한다. 최근 네트워크 환경에서 일반적으로 많이 사용하는 'PortFast', 'BPDU 가드'를 소개하겠다.

PortFast

STP를 유효화하면 어떠한 포트도 블로킹→리스닝→학습→포워딩이라는 계산을 수행한다. 계산에 따라 실제로 패킷을 전송할 수 있을 때까지 50초 정도 소요된다. 그러나 서버와 PC를 접속하는 식의 루프 가능성이 적은 포트에서는 필요 없다. 그래서 STP에서는 접속하면 바로 포워딩 상태로 전환하도록 'PortFast'라는 기능이 있다. **PortFast를 사용하면 즉시 포워딩 상태로 전환하기 때문에 연결과 동시에 패킷을 전송할 수 있다.**

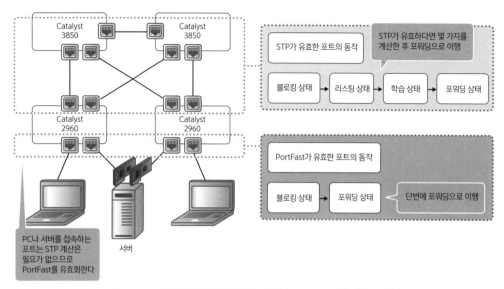

STP가 유효한 포트의 동작

STP가 유효하다면 몇 가지를
계산한 후 포워딩으로 이행

블로킹 상태 → 리스팅 상태 → 학습 상태 → 포워딩 상태

PortFast가 유효한 포트의 동작

블로킹 상태 → 포워딩 상태 ← 단번에 포워딩으로 이행

PC나 서버를 접속하는
포트는 STP 계산은
필요가 없으므로
PortFast를 유효화한다

서버

그림 4.1.48 **단말 및 서버를 접속하는 포트는 PortFast를 유효로 한다**

서버의 설명서를 읽다 보면 가끔 "STP를 무효로 하십시오"라고 간단히 써 있는 것을 본다. STP로 가용성을 도모하는 환경에서 STP를 무효로 하는 것은 불가능하다. 즉 "접속하는 포트에 PortFast를 설정하십시오"라는 뜻으로 받아들여야 한다.

BPDU 가드

BPDU 가드는 PortFast를 설정하는 포트에서 BPDU를 받았을 때 해당 포트를 강제로 다운하는 기능이다. PortFast는 루프가 발생할 가능성이 없다고 생각하는 PC와 서버를 접속하는 포트에서 유효로 한다. 하지만 해당 포트에서 반드시 루프가 발생하지 않는다고 단정할 수 없다. 운용하다 보면 본래 PC를 접속하는 포트인데 사용자가 마음대로 허브를 접속해 루프가 발생했다는 이야기를 이따금씩 듣는다. 이러한 상황을 해결하고자 BPDU 가드를 유효로 한다.

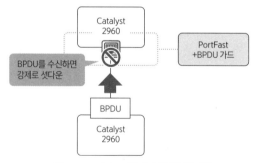

Catalyst
2960

PortFast
+BPDU 가드

BPDU를 수신하면
강제로 셧다운

BPDU

Catalyst
2960

그림 4.1.49 **BPDU를 수신하면 셧다운**

⟜ BPDU로 브리징 루프를 막는다

STP는 이제는 중복화 기술로서의 역할을 마친 프로토콜이다. 그렇다고 완전히 없어졌다는 뜻은 아니다. STP는 '**브리징 루프의 방지**'라는 다른 역할로 네트워크에 계속 생존한다.

브리징 루프는 치명적

브리징(L2) 루프는 이더넷 프레임이 경로상을 맴도는 현상이다. 물리적, 논리적 루프 구성으로 발생한다. 스위치는 브로드캐스트를 플러딩하도록 되어 있다. 따라서 루프가 발생할 것 같은 경로가 있다면 브로드캐스트가 한 바퀴 돌아 다시 플러딩하는 동작을 끝없이 반복한다. 이 동작 때문에 최종적으로는 통신 불능 상태에 빠진다.

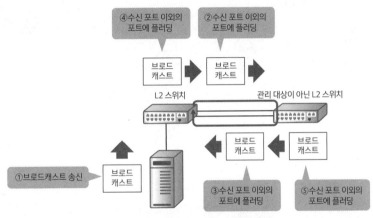

그림 4.1.50 **브로드캐스트가 빙빙 돈다**

예전에 필자가 담당하던 고객이 정체 모를 허브를 루프 접속하여 브리징 루프가 생겼을 때 "허브 안에서 번쩍번쩍하며 번개가 친다"라고 말한 적이 있다. 분명 모든 스위치의 포트에서 LED가 깜빡이고 번개가 치는 것 같았을 것이다. 당시 건물 내 코어 스위치는 센터 라우팅을 했으므로 건물 전체의 7000포트가 일제히 통신할 수 없게 되었던 것으로 기억한다. 그때의 두려움이란 차마 말할 수 없다. 브리징 루프는 절대로 일으켜서는 안 된다. 특히 최근에는 운용 관리를 중시하여 "센터 라우팅으로 VLAN을 크게"라는 설계가 유행해 영향을 끼치는 범위가 무시무시하다. 이를 위해 만전의 대책을 세워야 한다.

BPDU 가드로 루프를 막는다

브리징 루프는 TTL의 개념이 없는 이더넷을 사용하는 한 피할 수 없는 커다란 문제다. 스포츠 선수의 부상과 마찬가지로 잘 예방해서 대처해야 한다. 예방책의 하나가 '**BPDU 가드**'다. 브리징 루프는 네트워크 관리자의 관리 내에서 발생하는 경우는 거의 없다. 대부분 서버나 사용자 포트 등 관리자의 관리 밖에서 발생한다. 빈 포트가 있으면 메꾸고 싶은 것이 사람의 심리이다.

그러므로 서버나 사용자 단말을 접속하는 포트는 PortFast를 설정하고 그와 함께 BPDU 가드도 설정한다. BPDU 가드는 PortFast를 설정한 포트에서 BPDU를 받았을 때 해당 포트를 강제로 다운하는 기능이다. 루프한다면 의도하지 않은 BPDU가 PortFast를 설정한 포트로 날아 들어온다. 그것을 BPDU 가드에서 포착하고 셧다운한다. 셧다운하면 루프는 발생하지 않는다.

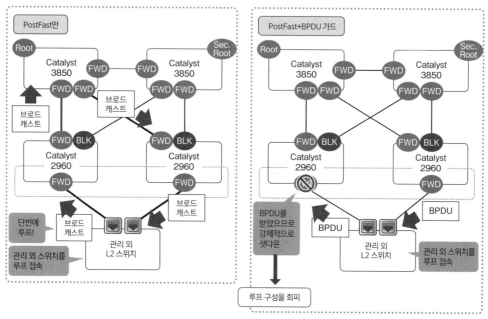

그림 4.1.51 **BPDU 가드로 루프를 막는다**

앞서 말한 중복화 기술로서의 STP는 지금은 스택와이즈 테크놀로지 및 VSS로 대체되어 역할을 다한 상황이다. 대신 브리징 루프의 방지라는 다른 역할로 남은 역할을 계속한다.

단 BPDU 가드도 만능이라는 뜻은 아니다. 예를 들어 BPDU를 파기하는 스위치를 멋대로 루프 접속하면 어쩔 도리가 없다. 단번에 루프한다. 사용하지 않는 포트는 셧다운해 두거나 그 외의 여러 기능을 이용해서 예방책을 마련해야 한다. BPDU 가드 외에는 다음 표와 같은 L2 루프 방지 기능이 있다. 참고하길 바란다.

표 4.1.7 **L2 루프 방지 기능**

L2 루프 방지 기능	각 기능 개요
스톰 컨트롤	인터페이스상에 흐르는 패킷의 양이 임곗값을 초과하면 초과분의 패킷을 파기한다.
UDLD (단방향 링크 검출)	링크 업/링크 다운을 판별하는 L2 프로토콜. 프레임을 보낼 수는 있으나 수신할 수 없는 '단방향 링크 장애'를 검출하면 포트를 즉시 다운한다.
루프 가드	STP로 중복화한 구성에서 블로킹 포트에서 BPDU를 수신할 수 없게 되었을 때 포워딩 상태로 하는 것이 아니라 불일치 블로킹 상태로 이행한다.

4.1.3 네트워크 계층의 중복화 기술

네트워크 계층의 중복화 기술은 'FHRP First Hop Redundancy Protocol'와 '라우팅 프로토콜'을 파악해 두는 것이 좋다. 서버 사이트에서는 협조적으로 동작하여 중복성을 확보한다. 각각에 대해 설명한다.

⟜ FHRP

FHRP는 서버나 PC의 첫 번째 홉, 즉 기본 게이트웨이를 중복화할 때 사용하는 프로토콜이다. 꽤 오래전부터 사용되었으며 중복화의 기본이다. 사실 LAN에서 FHRP는 스택와이즈 테크놀로지 및 VSS로 대체 중이지만 아직까지 현장에서 사용된다. 또한 방화벽 및 부하 분산 장치의 중복화 기술의 근간도 이 기술을 사용하기 때문에 파악해 두는 편이 좋다.

자주 사용하는 종류는 두 가지

FHRP는 여러 개의 기본 게이트웨이를 하나의 가상적인 기본 게이트웨이처럼 동작시켜 중복화를 도모한다. 두 기기가 공유하는 IP 주소를 가상 IP 주소로 설정하고 기본 게이트웨이로 한다.

라우터와 L3 스위치에서 사용할 수 있는 FHRP는 'HSRP Hot Standby Router Protocol', 'VRRP Virtual Router Redundancy Protocol', 'GLBP Gateway Load Balancing Protocol'의 세 종류다. 그중에서도 일반적으로 사용하는 프로토콜은 HSRP나 VRRP 중 하나다. 필자는 현장에서 GLBP를 사용하는 곳은 본 적이 없다. 이 책에서는 HSRP와 VRRP만 다룬다.

표 4.1.8 **FHRP는 HSRP와 VRRP 를 파악한다**

FHRP 종류	HSRP	VRRP
그룹명	HSRP 그룹	VRRP 그룹
최대 그룹 수	255	255
그룹을 구성하는 라우터	액티브 라우터 스탠바이 라우터	마스터 라우터 백업 라우터
Hello 패킷으로 사용하는 멀티캐스트 주소	224.0.0.2	224.0.0.18
Hello 간격(Hello를 송신하는 간격)	3초	1초
Hold 타임 (장애라고 판단하기까지의 시간)	10초	3초
가상 IP 주소	실제 IP와는 별도로 설정	실제 IP와 동일한 IP 설정 가능
가상 MAC 주소	00-00-0C-07-AC-XX (XX는 그룹 ID)	00-00-5E-00-01-XX (XX는 가상 라우터 ID)
Preempt 기능(자동 페일오버)	디폴트 무효	디폴트 유효
인증	가능	가능

■ HSRP

HSRP는 시스코 고유의 FHRP로 시스코만의 환경이라면 거의 HSRP 프로토콜을 사용한다고 생각해도 무방하다.

HSRP는 Hello 패킷에 포함된 그룹 ID로 서로를 인식한다. 또한 우선순위를 비교하여 우선순위가 높은 라우터를 액티브 라우터, 그렇지 않은 것을 스탠바이 라우터라고 한다. **액티브 라우터로 하고 싶은 기기에는 스탠바이 라우터보다도 높은 우선순위를 미리 설정해 둔다.**

Hello 패킷의 실체는 UDP의 멀티캐스트다. 발신지 IP 주소에 각 라우터의 실제 IP 주소, 목적지 IP 주소에 '224.0.0.2', 발신지/목적지 포트 번호에 UDP/1985를 사용하여 HSRP를 구성하기 위해 필요한 정보를 캡슐링한다.

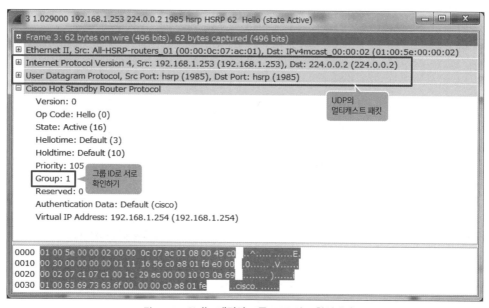

그림 4.1.52 **Hello 패킷의 그룹 ID로 서로 확인하기**

평상시에는 액티브 라우터만 사용자의 트래픽을 수신하고 라우팅 테이블의 정보에 기초하여 패킷 전송을 한다. 3초 간격으로 Hello 패킷을 서로 보내고 10초간 Hello 패킷을 받을 수 없거나 우선순위가 낮은 Hello 패킷을 받는다면 스탠바이 라우터가 처리를 인계한다. 동작은 매우 간단하다.

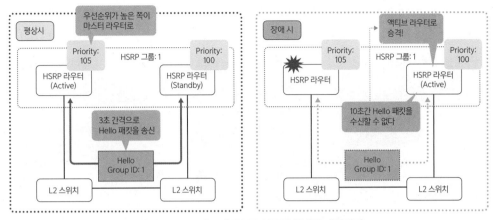

그림 4.1.53 Hello 패킷으로 서로의 상태를 파악하기

■ VRRP

VRRP는 RFC에서 표준화된 FHRP로 다양한 제조사가 혼재된 환경에서 일반적으로 사용한다. 동작은 HSRP와 거의 같다고 생각해도 좋다. 미묘하게 명칭과 사양이 다르기 때문에 그 부분만 파악해 두면 특별히 문제가 없다.

VRRP는 Advertisement 패킷에 포함된 가상 라우터 ID로 서로를 인식한다. 우선순위를 비교하여 우선순위가 높은 라우터를 마스터 라우터, 그렇지 않은 것을 백업 라우터라고 한다. **마스터 라우터로 하고 싶은 기기에는 백업 라우터보다도 높은 우선순위를 미리 설정해 둔다.**

Advertisement 패킷의 실체는 멀티캐스트다. 발신지 IP 주소에 각 라우터의 실제 IP 주소, 목적지 IP 주소에 '224.0.0.18'을 사용하여 VRRP를 구성하는 데 필요한 정보를 캡슐링한다.

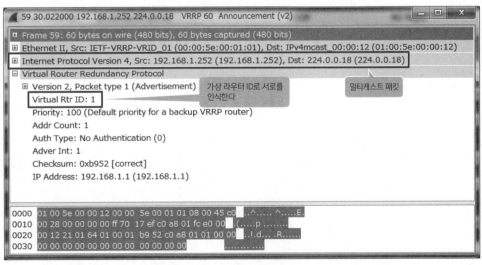

그림 4.1.54 Advertisement 패킷의 가상 라우터 ID로 서로를 인식한다

평상시는 마스터 라우터만 사용자의 트래픽을 수신하고 라우팅 테이블에 기초하여 패킷을 전송한다. 1초 간격으로 Advertisement 패킷을 보내고 3초간 Advertisement 패킷을 받을 수 없게 되거나 우선 순위가 낮은 Advertisement 패킷을 받는다면 백업 라우터가 처리를 인계한다. HSRP도 동일하게 동작이 매우 간단하다.

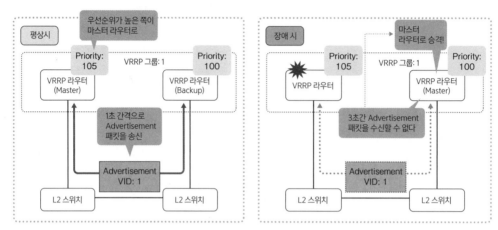

그림 4.1.55 **Advertisement 패킷으로 상태 파악하기**

Hello 패킷을 토대로 페일오버 걸기

FHRP는 스탠바이 라우터가 "**홀드 타임**hold time**만큼 Hello 패킷을 받지 못하거나**" "**우선순위가 낮은 Hello 패킷을 받은**" 때 페일오버를 실행한다. 각 상황을 정리해 보자.

■ 홀드 타임의 초과

스탠바이 라우터가 Hello 패킷을 받을 수 없는 상황은 상상하기 쉽다. 액티브 라우터가 고장 나거나 Hello 패킷을 전송하는 인터페이스가 다운되면 Hello 패킷을 보낼 수 없다. 그렇게 되면 스탠바이 라우터는 Hello 패킷을 받을 수 없게 되기 때문에 페일오버가 발생한다.

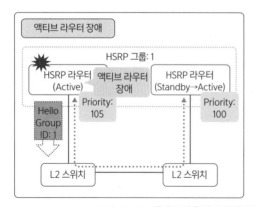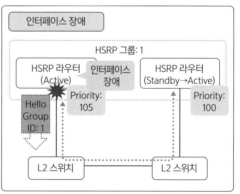

그림 4.1.56 **액티브 라우터나 인터페이스의 장애로 홀드 타임이 초과한다**

■ 우선순위가 낮은 Hello 수신

액티브 라우터 및 스탠바이 라우터는 Hello 패킷에 포함된 우선순위에 따라 결정된다. FHRP는 특정 객체의 상태(인터페이스와 소통 등)를 감시하고 장애가 발생하면 우선순위를 낮추는 '트래킹' 기능을 제공한다. 감시하는 객체에 장애가 발생하면 우선순위를 낮춘 Hello 패킷을 전송하여 페일오버를 재촉한다.

다음 그림과 같은 구성을 예로 보자. 이 경우 WAN 인터페이스에 장애가 발생해도 FHRP에 페일오버가 발생하지 않아 통신 경로에 불일치가 발생한다.

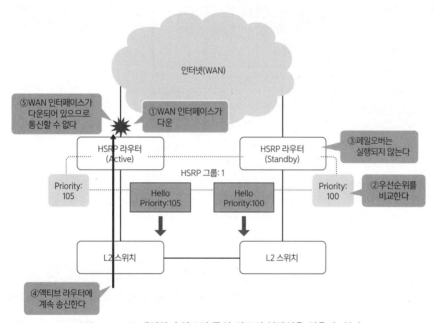

그림 4.1.57 **트래킹하지 않으면 통신 경로의 일관성을 얻을 수 없다**

이때 트래킹을 사용한다. **WAN 인터페이스의 상태를 감시하여 장애가 발생하면 우선순위를 낮춘 Hello 패킷을 보낸다.** Hello 패킷을 받은 스탠바이 라우터는 액티브 라우터로 승격한다.

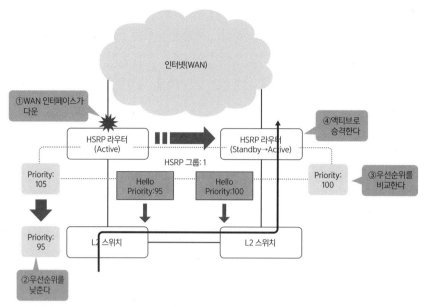

인터넷(WAN)

①WAN 인터페이스가
다운

HSRP 라우터
(Active)

HSRP 라우터
(Standby→Active)

④액티브로
승격한다

HSRP 그룹: 1

Priority:
105

Hello
Priority:95

Hello
Priority:100

Priority:
100

③우선순위를
비교한다

Priority:
95

L2 스위치

L2 스위치

②우선순위를
낮춘다

그림 4.1.58 **트래킹으로 강제적 페일오버 실행하기**

FHRP의 동작 프로세스

여기에서 FHRP가 어떻게 액티브/스탠바이 구성을 만드는지 설명하겠다. FHRP의 근본 원리이며 HSRP도 VRRP도 동작 자체는 변함이 없다. 또한 방화벽 및 부하 분산 장치의 중복화도 같은 방식을 채택한다. 확실히 파악해 두자.

FHRP를 지탱하는 근본 기술은 ARP다. **ARP를 잘 제어하여 트래픽을 액티브 라우터(마스터 라우터)로 편중되도록 한다.** FHRP을 구성하는 경우 액티브/스탠바이 각각 별도의 물리 MAC/IP 주소를 갖고 모두가 공통의 가상 MAC/IP 주소를 갖는다. 서버나 PC의 기본 게이트웨이는 이 가상 MAC/IP 주소를 설정한다.

■ 평상시 동작 프로세스

우선 평상시의 동작 프로세스는 다음과 같이 동작한다.

1 기본 게이트웨이의 IP 주소, 즉 가상 IP 주소에 대한 ARP 요청에 대해 액티브 라우터가 응답한다. 응답하는 MAC 주소는 가상 MAC 주소다. 가상 MAC 주소는 FHRP에 따라 다르다. HSRP의 경우는 '00-00-0C-07-AC-XX(XX는 그룹 ID)', VRRP의 경우는 '00-00-5E-00-01-XX(XX는 가상 라우터 ID)'다.

2 클라이언트의 ARP 항목에는 가상 MAC 주소와 가상 IP 주소가 기재된다.

3 액티브 라우터에 대해 패킷을 전송한다.

4 액티브 라우터는 자신이 갖는 라우팅 테이블 정보를 바탕으로 패킷을 전송한다.

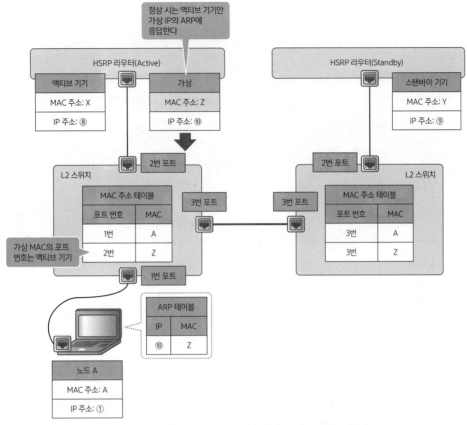

그림 4.1.59 **평상시는 액티브 기기만 가상 IP의 ARP에 답한다**

■ 장애 시 동작 프로세스

다음으로 페일오버가 발생했을 때를 고려해 보자. 페일오버 시에는 다음과 같이 동작한다.

1 액티브 라우터에 장애가 발생한다.

2 스탠바이 라우터는 Hello 패킷을 수신할 수 없게 되거나 우선순위가 낮은 Hello 패킷을 받아 액티브 라우터로 승격한다. 그 타이밍에 그것을 어필하는 GARP를 전송한다.

3 GARP가 L2 스위치의 MAC 주소 테이블을 단번에 업데이트하고 가상 IP 주소에 대한 경로를 새로운 액티브 라우터로 향하게 한다. 그때 클라이언트의 ARP 항목에 업데이트는 없다. 가상 IP 주소의 MAC 주소는 가상 MAC 주소인 채로다.

4 새로운 액티브 라우터에 패킷을 전송한다.

5 새로운 액티브 라우터는 자신이 가진 라우팅 테이블 정보를 바탕으로 패킷을 전송한다.

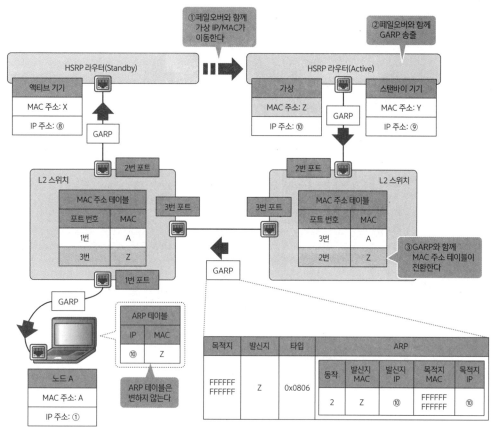

그림 4.1.60 **페일오버와 함께 새로운 액티브 기기가 GARP를 송출한다**

ID의 중복에 주의한다

FHRP를 사용할 때 가장 주의해야 할 점은 'ID의 중복'이다. FHRP는 Hello 패킷에 포함된 그룹 ID[10] 만으로 그룹을 구성하는 라우터를 식별한다. 따라서 본래 FHRP 그룹을 구성해서는 안 되는 라우터와 동일한 ID를 사용하면 제대로 작동하지 않을 수 있다.

FHRP를 구성하는 기기를 접속할 때는 **"상위의 기기에서 FHRP을 사용하는지"**, 사용한다면 **"어떠한 FHRP를 사용하는지"**, 그리고 동일 FHRP를 사용한다면 **"어떠한 ID를 사용하는지"** 제대로 확인하자. 데이터 센터 시설을 상위 기기로 사용하는 경우 ID가 지정되기도 한다. 이 경우 지정된 ID를 사용하도록 하자.

---

10 VRRP의 경우 Advertisement 패킷에 포함된 가상 라우터 ID가 된다.

데이터 링크 계층은 STP로 중복화하고 네트워크 계층은 FHRP로 중복화한다. 이 구성은 예전부터 확립된 표준적인 구성이다. 최근에는 중복화 기술의 페어를 스택와이즈 테크놀로지 및 VSS로 치환하는 일이 많아졌다. 앞으로 신규로 이 구성에서 중복을 짜는 일은 없을지도 모른다. 그래도 계속 남아 있을 테니 파악해 두는 편이 좋다.

STP+FHRP로 중복화할 때는 루트 브리지와 액티브 라우터의 위치를 반드시 맞추도록 하자. 예를 들어 루트 브리지를 스탠바이 라우터로 하면 불필요한 경로를 통해 상위로 간다. 불필요한 경로 통과는 그대로 지연으로 이어져 매우 비효율적이다. 운용 면에서도 이해하기 힘든 구성이 된다. **STP의 루트 브리지와 FHRP의 액티브 라우터의 위치를 맞추는 것은 절대적이다.**

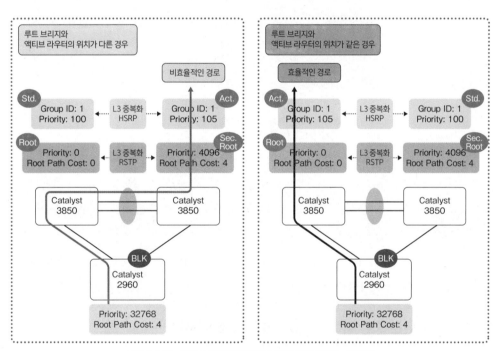

그림 4.1.61 **루트 브리지와 액티브 라우터의 위치는 맞춘다**

FHRP는 그룹마다 액티브/스탠바이 구성을 취했다. 그룹당 하나의 가상 IP 주소이므로 하나의 가상 IP 주소에 대해 액티브/스탠바이 구성을 취한다고 생각해도 좋다. FHRP는 이 방법을 응용하여 액티브/액티브 구성을 취할 수도 있다. **가상 IP 주소마다 액티브의 배치를 전환하여 전체적으로 보면 액티브/액티브로 하는 것이다.** 물론 그 밑에 속한 클라이언트의 기본 게이트웨이를 잘 분리해서 설정하지 않으면 액티브/액티브로 동작하지 않는다.

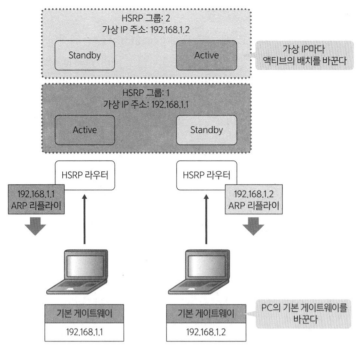

그림 4.1.62 **가상 IP마다 액티브를 바꾼다**

최근 트래픽 급증에 따라 액티브/액티브 구성과 n+1 구성을 채용한다. 스탠바이 기기는 대부분 쉬고 있을 뿐이니 관리자 입장에서는 트래픽을 처리하고자 이를 활용하고 싶을 것이다. 그러나 FHRP을 기반으로 한 액티브/액티브 구성은 그 장점과 더불어 트러블슈팅 및 운용 관리가 어렵다는 단점이 있다. 그에 상응하는 능력을 갖고 제대로 관리할 수 있다면, 그리고 운용을 제대로 마칠 수 있다는 자신이 있다면 사용하는 것도 괜찮다. 하지만 무언가 일어날 때마다 엔지니어에게 울며 매달리는 듯한 상황이라면 사용하지 않는 편이 좋다.

⌁ 라우팅 프로토콜로 위쪽에 대한 라우팅 확보하기

라우팅 프로토콜은 경로 정보의 학습뿐만 아니라 중복화 역할도 담당한다. 라우터와 L3 스위치는 일단 별도의 테이블에서 유지하고 메트릭이 작은 최적 경로만을 라우팅 테이블에 기재한다. 경로 정보의 학습이 안정된 후에는 BFD(나중에 언급)나 Hello 패킷 및 KEEPALIVE 메시지를 사용하여 서로의 상태를 파악한다. 장애가 발생하면 그 패킷들을 사용하여 장애를 감지하고 우회 경로를 확보한다.

"더 빨리 장애를 감지하고 더 빨리 우회를 확보하고 싶다." 모든 시스템 관리자가 생각하는 이상적인 환경이다. 안타깝게도 라우팅 프로토콜이 표준으로 갖는 사활 감시 패킷의 간격은 그렇게까지 단축할 수 없다. 다소 통신에 영향을 미치는 것은 피할 수 없는 현실이다. 이상과 현실의 간극을 메우는 프로토콜이 바로 'BFDBidirectional Forwarding Detection'다.

BFD는 인접 기기의 생사 상태를 감시하고 장애를 감지하는 데에만 사용되는 프로토콜로 다양한 라우팅 프로토콜과 함께 동작한다. 라우팅 프로토콜의 사활 감시 패킷 간격은 아무리 짧게 설정한다고 해도 초 단위가 그 한도다. 또한 CPU에서 소프트웨어로 처리되기 때문에 너무 짧으면 CPU에 과부하가 걸린다. BFD를 사용하면 밀리 초 단위로 사활 감시 패킷을 보낼 수 있어 장애를 감지할 때까지의 시간이 크게 줄어든다. 동작이 단순하여 하드웨어에서 처리할 수 있기도 해 그다지 부하가 걸리지 않는다.

구체적인 동작을 설명하겠다. 여기에서는 BGP와 BFD가 함께 연계해서 동작하는 경우를 예로 들어 설명한다.

■ 평상시 흐름

1 BGP 메시지를 사용하여 BGP 피어가 설정된다.

2 BGP가 BFD 세션을 설정하도록 요구한다.

3 서로 BFD 패킷을 송신하여 BFD 네이버가 설정된다.

4 설정한 송신 간격으로 BFD 패킷이 송신된다.

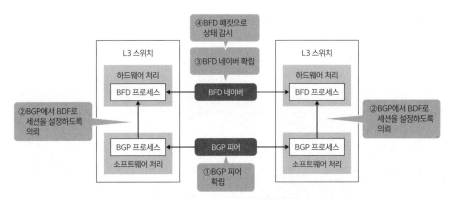

그림 4.1.63 **BGP와 BFD의 연계**(평상시)

■ 장애 시 흐름

1 BGP 패킷이 도달하지 않았으므로 장애를 감지한다.

2 BFD 네이버를 끊는다.

3 BFD 네이버가 끊어졌음을 BGP 쪽에 통지한다.

4 BGP 피어를 끊고 우회 경로로 패킷을 보낸다.

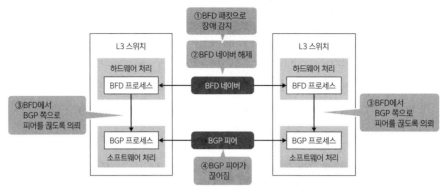

그림 4.1.64 **BGP와 BFD의 연계(장애 시)**

ISP에 대한 경로는 BFD로 장애를 감지하고 BGP로 중복화를 도모한다

서버 사이트는 BGP를 사용하여 ISP에 대한 경로의 중복성을 확보한다. BGP로 피어를 설정하고 경로를 학습한 후 BFD를 사용하여 서로의 상태를 밀리 초 단위로 정기적으로 감시한다.

BFD의 송신 간격과 홀드 타임(장애로 취급하는 연속 패킷 손실의 횟수)은 ISP로 추천 값을 제시한다. 그 설정에 따르기 바란다. Inside(서버 측)는 FHRP를 사용하여 액티브/스탠바이로 구성되었다. **바로 밑에 속한 기기(그림 4.1.65의 경우는 방화벽)의 기본 게이트웨이는 FHRP의 가상 IP 주소로 설정하길 바란다.**

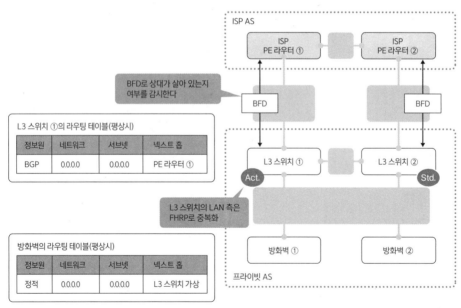

그림 4.1.65 **BFD로 경로 감시**

홀드 타임만큼 BFD 패킷을 받을 수 없게 되면 장애로 판단하여 ISP에 대한 다른 경로를 확보한다.

ISP 회선은 많은 경로를 전달하여 해당 위치로 개통한다. BGP는 BFD로 장애를 판단한다. L3 스위치
와 PE 라우터까지의 경로 어딘가가 끊어졌어도 장애를 감지할 수 있다. ISP 경로가 바뀌어도 FHRP
페일오버는 발생하지 않는다. 어디까지나 상위 경로 정보만 변경된다.

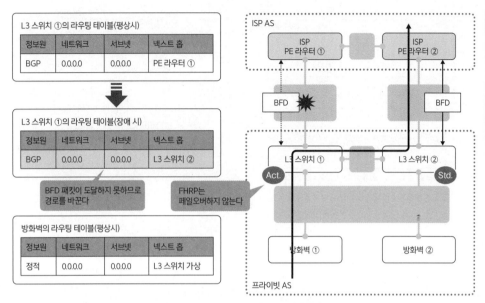

그림 4.1.66 **BFD로 장애를 감지한다**

LAN 안의 경로는 IGP로 중복화를 도모한다

LAN 안에서의 경로는 OSPF와 EIGRP 등의 IGP에서 중복화를 도모한다. 얼마 전까지 네트워크 설
계 트렌드는 "VLAN을 작게 하여 라우팅 포인트를 많이 만들기"였기에 IGP에 의한 중복화는 기본이
었다. **OSPF도 EIGRP도 동일 비용 다중 경로(메트릭이 같은 경로를 모두 사용)이다. 대역폭 강화 및 중복성을 동
시에 실현할 수 있다.**

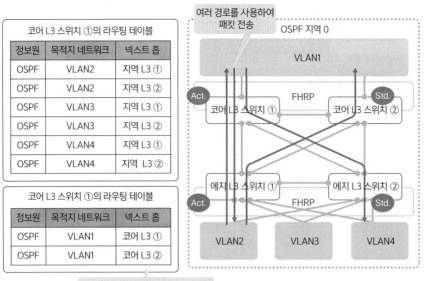

코어 L3 스위치 ①의 라우팅 테이블		
정보원	목적지 네트워크	넥스트 홉
OSPF	VLAN2	지역 L3 ①
OSPF	VLAN2	지역 L3 ②
OSPF	VLAN3	지역 L3 ①
OSPF	VLAN3	지역 L3 ②
OSPF	VLAN4	지역 L3 ①
OSPF	VLAN4	지역 L3 ②

코어 L3 스위치 ①의 라우팅 테이블		
정보원	목적지 네트워크	넥스트 홉
OSPF	VLAN1	코어 L3 ①
OSPF	VLAN1	코어 L3 ②

메트릭이 동일하면 양쪽 다 기재한다

그림 4.1.67 **IGP를 사용하여 중복화를 도모한다**

4.1.4 트랜스포트 계층에서 애플리케이션 계층의 중복화 기술

방화벽이나 부하 분산 장치에서 사용되는 트랜스포트 계층에서 애플리케이션 계층의 중복화 기술은
네트워크 계층의 중복화 기술인 FHRP에 '동기화 기술'을 더해 파워 업시킨 형태로 실현한다. 근본적인
움직임은 바뀌지 않지만 각각 어떠한 정보를 어떻게 동기화하는지 미묘하게 다르다. 각각 설명하겠다.

⎯⟜ 방화벽의 중복화 기술

방화벽은 FHRP에 설정 정보 및 커넥션 정보 등 몇 가지 동기화 기술을 더해 더욱 높은 계층의 중복
화를 제공한다. 우선은 동기화 기술을 FHRP과 비교하면서 설명한다.

설정 정보 동기화하기

FHRP는 액티브 라우터 및 스탠바이 라우터의 설정 정보가 독립해 동기화는 하지 않았다. 따라서 액
티브 라우터의 설정을 변경했을 때 스탠바이 라우터도 설정을 변경하지 않으면 설정의 일관성을 유지
할 수 없다. 한편 방화벽의 중복화 기술은 액티브 기기에서 스탠바이 기기로 설정 정보 동기화와 운
영 단순화를 도모한다.

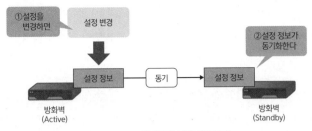

그림 4.1.68 **설정 정보 동기화하기**

FHRP은 Hello(Advertisement) 패킷으로 상대의 상태는 파악했지만 커넥션 정보의 동기화까지는 하지 못했다. 원래 패킷 레벨의 경로 변경은 커넥션 및 애플리케이션의 동작에는 관계가 없어 할 필요가 없다는 점도 있다. 방화벽은 TCP 커넥션 정보를 바탕으로 필터링 규칙을 만들어 그렇게는 안 된다. 커넥션이 끊어지고 다시 만들게 되면 애플리케이션 접속을 할 수 없어 큰일이다. **방화벽은 TCP 커넥션 정보를 동기화하여 스탠바이 기기에 필터링 규칙을 만들어 TCP 수준에서의 다운타임 감소를 도모한다.**

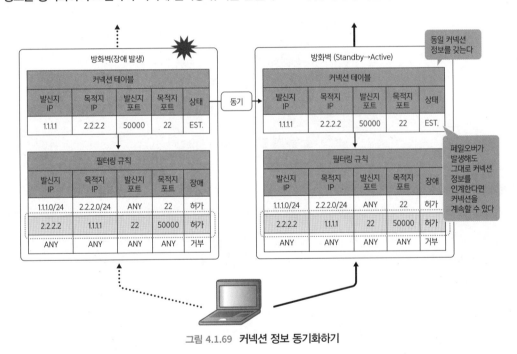

그림 4.1.69 **커넥션 정보 동기화하기**

방화벽의 중복화 기술은 동기용 링크 및 동기용 VLAN을 별도로 마련하는 것이 철칙이다. 동기용의 패킷 양은 Hello 패킷 및 Advertisement 패킷만큼 적당히 처리할 만한 것이 아니다. 실시간으로 정보를 동기화하기 때문에 포트 LED를 보고 있으면 혹여 루프하는 것은 아닐까 싶을 정도로 격렬하게 교환한다. **따라서 가능한 서비스 트래픽과 공존하는 것은 피하고 별도의 링크와 VLAN으로 설계하는 것이 현명하다.**

동기용 링크는 방화벽의 중복화 기술의 근본을 지탱하는 가장 중요한 링크다. 해당 링크가 다운되면 매우 치명적이다. 대부분 링크 애그리게이션으로 묶어 일차 장애에 대비한다. 기기에 따라서는 메인 링크가 다운했을 때의 보험으로 보조 링크 및 보조 VLAN을 설정하는 것도 가능하다. 그런 경우에는 반드시 Trust 쪽(LAN 쪽)을 정의하길 바란다. 필자는 실수로 Untrust 쪽을 보조 링크로 정의한 네트워크 환경을 본 적이 있다. 이런 경우 메인 링크가 다운되면 관리 정보가 누락되는 상태가 된다. 있어서는 안 되는 일이다. 보조 링크는 절대로 Trust VLAN을 정의하길 바란다.

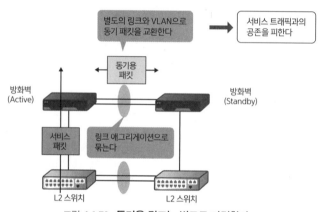

그림 4.1.70 **동기용 링크는 별도로 마련한다**

가상 MAC 주소 설정하기

기기에 따라서는 두 기기에서 공유하는 가상 MAC/IP 주소로 각 기기가 갖는 실제 MAC/IP 주소를 그대로 사용하는 것도 있다. 예를 들어 시스코 ASA 시리즈는 디폴트로 처음에 프라이머리 기기로 정의한 기기의 실제 MAC/IP 주소를 가상 MAC/IP 주소로 사용한다. 이 경우 프라이머리 기기를 교체하면 가상 MAC 주소 변경이 발생해 통신 단선이 발생한다. F5 네트웍스의 BIG-IP 시리즈는 두 기기에서 공유하는 가상 MAC 주소 없이 액티브 기기의 실제 MAC 주소를 가상 IP 주소의 MAC 주소로 사용한다. 이 경우 페일오버가 발생했을 때 모든 인접한 장비의 ARP 항목을 GARP로 전환해야 해 주변의 상태 변화가 좀 더 커진다.

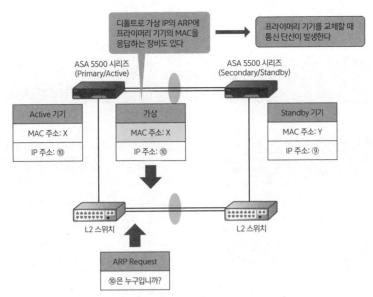

그림 4.1.71 **액티브 기기의 MAC 주소를 사용하는 것도 있다**

어떠한 기기에서도 당연한 것이겠지만 중복화에서 가상 MAC 주소를 설정할 수 있다면 설정해 두는 편이 좋다. 그러면 인접한 기기의 상태 변화를 최소화할 수 있다.

방화벽의 중복화 기술 동작 프로세스

기본적인 동작 프로세스는 FHRP와 거의 변함이 없다. FHRP로 기본 동작에 동기화 처리가 더해졌을 뿐이다. 동작 프로세스를 정리해 보겠다.

■ 평상시 동작 프로세스

평상시의 동작 프로세스를 정리하겠다. 평상시는 다음과 같이 동작한다.

1 기본 게이트웨이의 IP 주소, 즉 가상 IP 주소와 NAT 주소에 대한 ARP 요청에 액티브 기기가 응답한다. 응답한 MAC 주소는 가상 MAC 주소다.

2 클라이언트의 ARP 항목에는 가상 MAC 주소로 가상 IP 주소가 실린다.

3 클라이언트는 액티브 기기를 경유로 TCP 커넥션을 만든다. 구체적으로는 스리웨이 핸드셰이크를 액티브 기기를 경유하여 수행한다.

4 액티브 기기는 TCP 커넥션 정보를 바탕으로 필터링 규칙을 만든다. 또한 해당 커넥션 정보를 스탠바이 기기에도 동기화한다. 스탠바이 기기도 그 커넥션 정보를 바탕으로 필터링 규칙을 만든다.

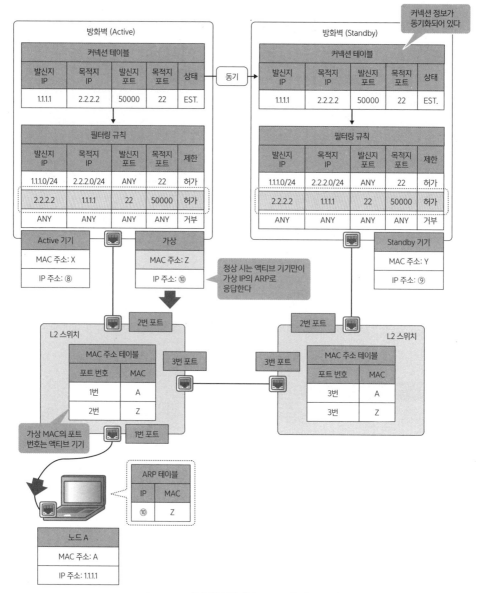

그림 4.1.72 **기본적인 동작은 FHRP와 다르지 않다**

■ 장애 시 동작 프로세스

다음으로 페일오버가 발생했을 때를 생각해 보자. 페일오버 시는 다음과 같이 동작한다.

1 액티브 기기에 장애가 발생한다.

2 스탠바이 기기는 동기 패킷으로 장애를 감지하여 액티브 기기로 승격한다. 그 타이밍에 그것을 어 필하는 GARP를 전달한다.

3 GARP가 L2 스위치의 MAC 주소 테이블을 단번에 업데이트하고 가상 IP 주소의 경로를 새로운 액티브 기기로 향하게 한다. 그때 클라이언트의 ARP 항목은 업데이트가 없다. 가상 IP 주소의 MAC 주소는 가상 MAC 주소인 채로다.

4 새로운 액티브 기기를 경유하여 커넥션을 만든다.

5 새로운 액티브 기기에도 동기화가 끝난 커넥션 정보가 있다. 그대로 커넥션을 지속할 수 있다.

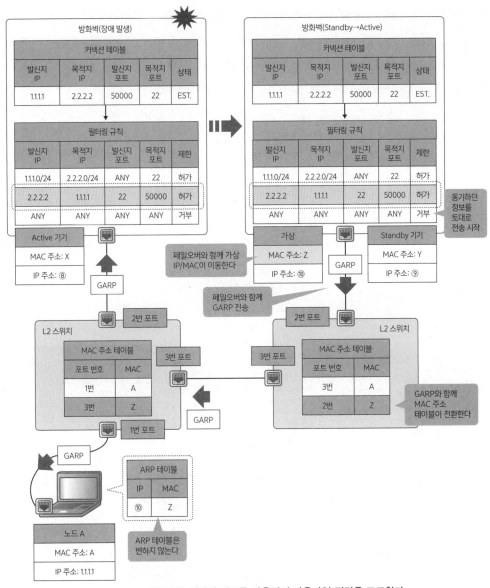

그림 4.1.73 **동기화한 커넥션 정보를 사용하여 다운타임 경감을 도모한다**

⟜⟜ 부하 분산 장치의 중복화 기술

부하 분산 장치는 방화벽의 중복화 기술+동기화 기술에 덧붙여서 애플리케이션 수준의 동기화 기술을 추가하여 더욱 높은 계층에서의 중복화를 실현한다. 기본적인 설계 포인트나 중복화 동작은 방화벽과 거의 같다. 다른 것은 동기화의 범위뿐이다. 여기에서는 포인트만을 선별해서 설명하겠다.

지속성 정보 동기화하기

부하 분산 장치의 중복화 포인트는 지속성 테이블의 동기화다. 지속성은 애플리케이션의 동기화를 유지하는 데 필요한 기능이다. 페일오버했을 때 지속성 테이블이 동기화되어 있지 않으면 다른 서버에 할당되어 애플리케이션에서 동작의 일관성을 유지할 수 없게 된다. 항상 지속적인 정보를 동기화하여 동일한 서버에 할당돼서 애플리케이션의 일관성을 유지할 수 있도록 한다.

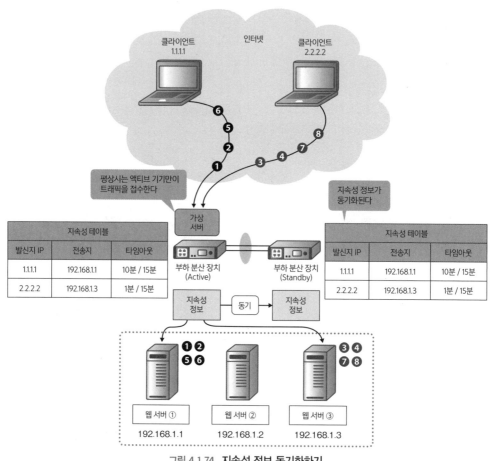

그림 4.1.74 **지속성 정보 동기화하기**

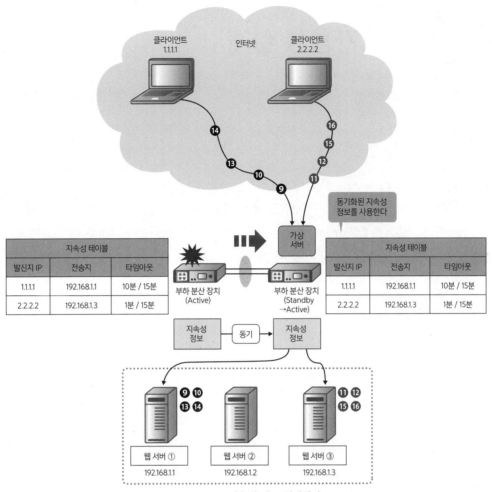

그림 4.1.75 지속성 정보 인계하기

4.2 고가용성 설계

지금까지 중복화 구성에 사용되는 다양한 기술과 설계 시의 포인트에 대해 설명했다. 여기에서는 이러한 기술을 서버 사이트에서 어떻게 조합하는지, 그리고 사이트를 설계·구축할 때 어떠한 부분을 조심해야 하는지 등 실용적인 측면에 대해 설명하겠다.

4.2.1 고가용성 설계

고가용성 설계의 포인트는 병렬 배치다. 동일한 종류의 기기를 병렬 배치하고 L2 스위치로 서로 연결하는 형태로 구성한다. 중복화를 도모하기 위한 구성은 제1장에서 설명한 대로 '**인라인 구성**', '**원암 구성**' 중 하나밖에 없다. 각 구성 패턴에서 어떠한 중복화 기술을 어떻게 구사하는지 설명하겠다.

🔌 인라인 구성

우선 인라인 구성이다. 인라인 구성은 각 역할이 확실히 분담되어 구성은 간단하다. 통신하는 경로도 알기 쉽고 트러블슈팅도 하기 쉬워 관리자가 선호한다. 여기에서는 물리 설계에서 설명한 구성의 예를 바탕으로 설명한다.

인라인 구성 패턴 1

먼저 인라인 구성 패턴 1이다. **인라인 구성 패턴 1은 가장 간단하고 알기 쉬운 네트워크 구성이다**(그림 4.2.1). 이 구성을 기본으로 여러 가지 중복화 기술을 조합하는 식으로 하면 더욱 알기 쉬워진다. ISP부터 순서대로 각 구성 요소를 살펴보자.

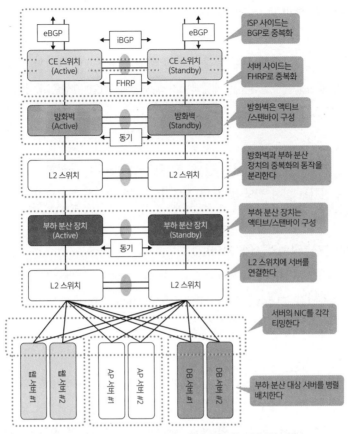

그림 4.2.1 **인라인 구성 패턴 1에서 사용하는 중복화 기술**

■ CE 스위치

CE 스위치는 인터넷 측과 LAN 측에서 별도의 중복화 기술을 사용한다. 인터넷 측은 BGP로 중복화를 도모하여 BFD로 장애를 감지한다. PE 스위치와 eBGP 피어, CE 스위치 간에는 iBGP 피어를 설정해 우회 경로를 만든다. LAN 측은 FHRP로 액티브/스탠바이 구성을 한다. 아웃바운드 통신(서버→인터넷)에 대해 평상시는 액티브 CE 스위치만 패킷을 수신하고 BGP로 학습한 경로를 따라 패킷 전송을 한다. 인바운드 통신(인터넷→서버)은 ISP 측에서 BGP 애트리뷰트를 조작하여 액티브 CE 스위치에만 패킷이 날아오도록 제어한다.

이 부분은 ISP가 렌탈 장비를 빌려주는 경우가 많아 직접 설정하는 일이 없을 수 있다. 그러나 동작에 대해 아는 것은 매우 흥미롭고 중요한 일이다.

■ 방화벽

방화벽도 마찬가지로 액티브/스탠바이로 구성한다. 동기용 링크, 동기용 VLAN을 마련하고 거기서 설정 정보 및 상태 정보의 동기 패킷을 주고받아 서비스 트래픽에 미치는 영향을 최소화한다.

■ L2 스위치(방화벽과 부하 분산 장치 사이)

L2 스위치는 그냥 보기에는 필요 없을 것 같아 시스템 관리자가 "필요 없잖아"라는 말을 자주 한다. 그러나 방화벽 및 부하 분산 장치, 각각의 중복화 동작을 분리하는 데 중요한 역할을 한다. L2 스위치가 없으면 한쪽의 페일오버에 또 다른 페일오버가 끌려가는 일이 발생한다. 불필요한 서비스 중단을 해결하기 위해서도 L2 스위치는 반드시 필요하다.

■ 부하 분산 장치

부하 분산 장치의 설계는 거의 방화벽과 같다. 액티브/스탠바이로 구성한다. 동기용 링크, 동기용 VLAN을 마련하여 거기서 설정 정보 및 상태 정보의 동기화 패킷을 주고받아 서비스 트래픽에 미치는 영향을 최소화한다.

■ L2 스위치(부하 분산 장치와 서버 사이)

부하 분산 장치에 서버를 직접 연결하는 구성은 거의 없다. 원래부터 부하 분산 장치 자체에 많은 물리적 포트가 탑재되어 있지 않다. L2 스위치를 경유하여 서버를 연결한다. L2 스위치는 L2 스위치 자체의 장애를 고려하여 스퀘어 모양으로 연결한다.

■ 서버

서버의 NIC는 티밍으로 중복화를 도모한다. 중복화 방식은 여러 가지가 있다. 액티브/스탠바이로 구성하는 폴트 톨러런스가 알기 쉽고 사용하기 쉽다. 접속할 스위치는 스위치의 장애를 고려하여 반드시 별도의 스위치로 한다. 폴트 톨러런스의 경우 트래픽이 액티브 NIC에 편중되겠지만 트래픽이 증가하면 부하 분산 대상 서버를 늘리는 스케일 아웃scale out으로 대응하는 일이 많으며 동시에 중복 효과도 얻을 수 있다. 부하 분산 대상의 서버를 병렬로 배치하여 헬스 체크를 실시하고 서버 및 서비스의 중복화를 도모한다.

인라인 구성 패턴 패턴 2

인라인 구성 패턴 패턴 2는 패턴 1의 구성에 '블레이드 서버', '가상화', '스택와이즈 테크놀로지', 'VSS', '보안 영역의 분할'이라는 네 개의 요소를 더했다(그림 4.2.2). Untrust 영역은 구성 패턴 패턴 1과 동일하다. 구성 패턴 1에서 변경된 점을 중점적으로 설명한다.

■ L2 스위치(DMZ)

DMZ 영역의 L2 스위치는 스택와이즈 테크놀로지를 사용하여 중복화 및 단순화를 모두 도모한다. 물리적으로는 두 대이지만 논리적으로는 한 대다. 방화벽 및 부하 분산 장치에 대한 접속은 별도의 물리 스위치에서 취하여 물리 스위치의 장애에 대비한다.

■ 스위치 모듈

스위치 모듈도 L2 스위치(DMZ)와 동일하게 스택와이즈 테크놀로지로 중복화를 도모한다. 부하 분산 장치에 대한 접속은 별도의 물리 스위치에서 취해서 물리 스위치의 장애에 대비한다. Trust용 L3 스위치에 대한 접속은 링크 애그리게이션을 구성하여 별도의 물리 스위치에서 물리 링크를 취한다. 스위치 모듈은 용도(DMZ, Trust, 가상화 트래픽용)를 나누어 각 트래픽이 서로 영향을 주지 않도록 한다.

■ 블레이드와 가상화

블레이드는 용도마다 나누어 자동으로 두 대씩 모두 여덟 대의 스위치 모듈에 물리적으로 연결된다. 접속된 NIC를 사용하여 가상 스위치를 티밍한다. 티밍의 부하 분산 방식은 포트 ID나 명시적인 페일오버, 장애 감지는 링크 상태 감지가 많이 사용된다. 가상화하면 간단하게 서버가 척척 만들어져 서버가 많아지기 쉽다. 제대로 부하를 분산해서 트래픽을 분배해야 한다. 또한 가상 컴퓨터의 배치에도 주의를 기울여야 한다. 동일한 역할의 가상 머신을 동일한 물리 머신에 배치하면 해당 물리 머신이 다운된 시점에서 서비스 단절이 발생한다. 동일한 역할의 가상 머신은 물리적으로 다른 머신에 나누어 배치하길 바란다.

■ L3 스위치(Trust)

Trust 영역의 L3 스위치는 VSS로 구성되었다. 스택와이즈 테크놀로지와 동일하게 물리적으로는 두 대이지만 논리적으로는 한 대다. 방화벽에 대한 접속은 다른 물리 스위치로 연결한다. 또한 스위치 모듈에 대한 접속은 링크 애그리게이션으로 링크 중복화 및 대역 확장을 도모한다. 별도의 물리 스위치를 서로 연결하여 스위치 장애에 대비한다.

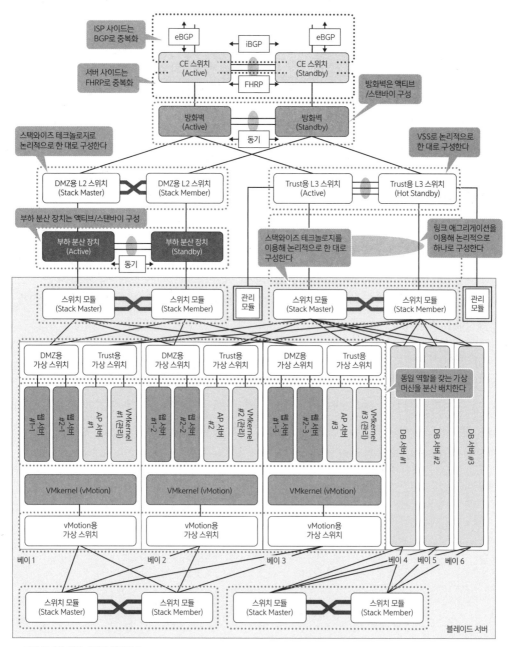

* 지면 관계상 일부 서버를 생략했다.

그림 4.2.2 인라인 구성 패턴 패턴 2에서 사용하는 중복화 기술

⚡ 원암 구성

다음으로 원암 구성이다. 원암 구성은 코어 스위치가 되는 L3 스위치가 다양한 역할을 겸임해 구성으로는 조금 알기 어렵다. 그러나 논리 구성의 유연성과 확장성도 높아 대규모 환경에서 선호되는 구성이다. **원암 구성은 물리 구성과 논리 구성을 제대로 나누어 정리해 생각하면 쉽게 이해할 수 있다.**

원암 구성 패턴 패턴 1

원암 구성 패턴 패턴 1은 원암 구성 중에서 알기 쉬운 네트워크 구성이다(그림 4.2.3). 원암 구성도 이 구성을 기본으로 여러 가지 중복화 기술을 조합하는 식으로 하다 보면 더욱 알기 쉽다. 그럼 ISP부터 순서대로 각 구성 요소를 살펴보자.

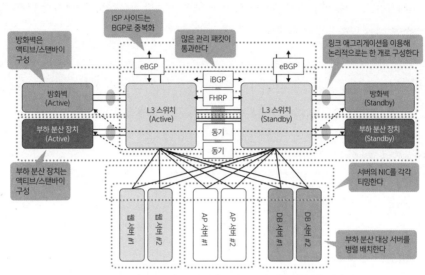

그림 4.2.3 **원암 구성 패턴 패턴 1에서 사용하는 중복화 기술**

■ L3 스위치(코어 스위치)

코어 스위치가 되는 L3 스위치는 원암 구성을 모두 담당한다고 해도 과언이 아니다. ISP의 PE 라우터와의 BGP 피어도 L3 스위치로 설정한다. LAN 측 VLAN은 FHRP로 액티브/스탠바이의 구성을 한다. 인라인 구성에서는 페일오버의 영향을 최소화하기 위해 반드시 L2 스위치를 배치했지만 원암 구성에서는 필요 없다. 그 역할도 L3 스위치가 담당한다. L3 스위치가 많은 역할을 담당해 L3 스위치 장애의 영향이 크지만 복잡해지기 쉬운 포트의 할당 관리를 통합할 수 있다.

■ 방화벽

방화벽은 액티브/스탠바이로 구성한다. L3 스위치와는 링크 애그리게이션으로 연결하여 중복화 및 대역 확장을 도모한다. 또한 Untrust 및 Trust, 동기용 VLAN 등 여러 VLAN을 통과시키기 위해 트렁크 링크로 구성한다.

동기용 트래픽은 링크 애그리게이션으로 만들어진 논리 링크를 통과한다. 서비스 트래픽과 동기용 트래픽이 공존해 경우에 따라서는 QoS로 우선 제어하거나 동기용 트래픽의 전용 링크를 마련해서 서비스에 대한 영향을 최소화한다.

■ 부하 분산 장치

부하 분산 장치의 설계는 거의 방화벽과 같다. 액티브/스탠바이로 구성한다. L3 스위치와는 링크 애그리게이션으로 접속하여 중복화 및 대역 확장을 도모한다.

동기용 트래픽도 마찬가지다. 링크 애그리게이션으로 만들어진 논리 링크를 통과한다. 서비스 트래픽과 동기용 트래픽이 공존해 경우에 따라서는 QoS로 우선 제어하거나 해당 VLAN만 다른 링크를 마련해서 서비스에 대한 영향을 최소화한다.

■ 서버

인라인 구성에서는 서버를 접속하는 스위치를 준비했지만 원암 구성은 그 역할도 L3 스위치가 담당한다. 당연하지만 별도의 L3 스위치에 접속하여 L3 스위치의 장애에 대비한다.

원암 구성 패턴 패턴 2

원암 구성 패턴 패턴 2는, 패턴 1의 구성에 '블레이드 서버', '가상화', '스택와이즈 테크놀로지', VSS', '보안 영역의 분할'이라는 네 개의 요소를 추가했다(그림 4.2.4). 구성 패턴 1과의 변경 사항만을 추려서 설명하겠다.

■ L3 스위치(코어 스위치)

코어 스위치가 되는 L3 스위치는 VSS에서 중복화한다. 물리적으로는 두 대이지만 논리적으로 한 대로 하여 관리의 단순화를 도모한다. 역할은 구성 패턴 1과 크게 다르지 않다. 구성 패턴 1처럼 L3 스위치가 많은 역할을 하여 구성의 거의 모든 것을 담당한다.

■ 스위치 모듈

스위치 모듈은 스택와이즈 테크놀로지로 중복화를 도모한다. L3 스위치에 대한 접속은 링크 애그리게이션을 구성하여 별도의 물리 스위치에서 물리 링크를 취한다. 스위치 모듈은 용도별(DMZ, Trust 가상화 트래픽)로 나누어 각 트래픽이 다른 트래픽에 영향을 끼치지 않도록 한다.

■ 블레이드와 가상화

블레이드는 용도별로 두 대씩 나누어 모두 여덟 대의 스위치 모듈에 자동으로 물리 접속된다. 접속한 NIC를 사용하여 가상 스위치를 티밍한다. 티밍의 부하 분산 방식은 포트 ID나 명시적인 페일오버, 장애 감지는 링크 상태 감지가 많이 사용된다. 가상화하면 간단히 서버를 만들 수 있어 서버가 많아지기 쉽다. 부하 분산하여 제대로 트래픽을 분산해야 한다.

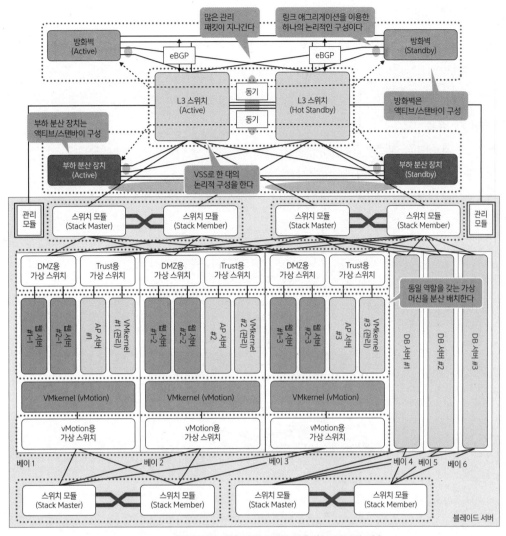

그림 4.2.4 **원암 구성 패턴 패턴 2에서 사용하는 중복화 기술**

4.2.2 통신 흐름 정리하기

"그럼, 어디를 어떻게 통하게 하지?" 시스템 관리자에게 자주 듣는 질문이다. 이 책을 통해 어디를 어떻게 통과하게 하는지 설명하고자 한다. 물론 여기서 설명하는 통신 흐름은 어디까지나 예시다. 여러 가지 상황에 따라 물리 구성도 논리 구성도 달라진다. 미리 확실하게 장애 시험을 실시하여 그 흐름을 이해하길 바란다.

서버 사이트에서 통신 흐름은 인라인 구성과 원암 구성이 각각 크게 다르다. 여기서는 모두 구성 패턴 1을 사용하여 설명한다.

⟿ 인라인 구성

인라인 구성은 장애 시 경로를 예측하기 쉽고 문제 해결도 하기 쉬운 구성이다. 액티브 경로의 어딘가가 다운되면 스탠바이 경로로 전환한다. 단순해서 매우 알기 쉽다. 액티브 경로에 장애가 발생한 경우를 ISP부터 순서대로 추적해 보자.

■ 정상 시 경로

첫째, 정상 시 경로를 정리해 둔다. 정상 시의 트래픽은 반드시 액티브 기기에 편중된다. 지금까지 설명한 대로다. 다음과 같이 그림의 왼쪽 기기를 경유한다.

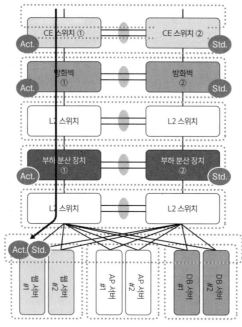

그림 4.2.5 **정상 시의 통신 경로는 액티브 기기를 경유한다**

■ 회선 장애

ISP의 회선에 장애가 발생하면 BFD 패킷이 도달하지 않아 BFD 네이버가 다운하고 eBGP 피어도 다운한다. eBGP 피어 다운으로 ISP망과 CE 스위치에서 BGP의 재계산이 이루어지고 할당 IP 주소의 경로 전환이 발생한다. 계산이 안정되면 ISP용(인터넷 측) 경로가 병렬로 배치된 CE 스위치(그림의 CE 스위치 ②)를 경유한 경로로 전환한다.

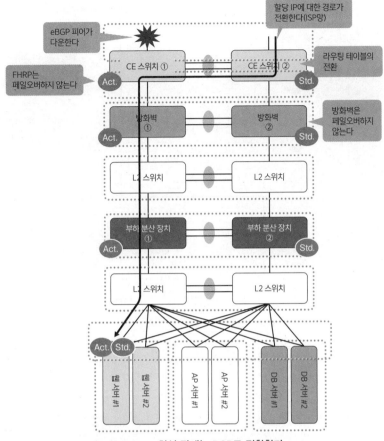

그림 4.2.6 **회선 장애는 BGP로 전환한다**

■ CE 스위치 장애

CE 스위치에 장애가 발생하면 PE 스위치에 BFD 패킷이 도달하지 않아 eBGP 네이버가 다운하고 eBGP 피어도 다운한다. 그리고 eBGP 피어 다운으로 ISP망과 CE 스위치에서 BGP의 재계산이 이루어져 할당 IP 주소의 경로 전환이 발생한다. 또한 스탠바이 CE 스위치의 Inside에 Hello 패킷이 도달하지 않으므로 FHRP도 페일오버한다.

이 구성에서는 방화벽도 페일오버한다. 방화벽은 자신의 링크 다운을 모니터링하고 있어 페일오버의 트리거trigger로 받아들인다. CE 스위치에 장애가 발생하면 Untrust 링크도 다운된다. 따라서 방화벽도 페일오버한다.

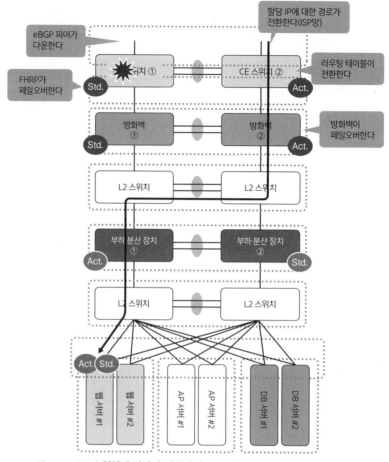

할당 IP에 대한 경로가
전환한다(ISP망)

eBGP 피어가
다운한다

라우팅 테이블이
전환한다

CE 스위치 ①
Std.

CE 스위치 ②
Act.

FHRP가
페일오버한다

방화벽
①
Std.

방화벽
②
Act.

방화벽이
페일오버한다

L2 스위치

L2 스위치

부하 분산 장치
①
Act.

부하 분산 장치
②
Std.

L2 스위치

L2 스위치

Act. Std.

웹 서버 #1

웹 서버 #2

AP 서버 #1

AP 서버 #2

DB 서버 #1

DB 서버 #2

그림 4.2.7 **CE 스위치에 장애가 발생하면 CE 스위치와 방화벽이 페일오버한다**

■ CE 스위치의 Inside 링크(방화벽의 Untrust 링크) 장애

이 구성에서는 CE 스위치의 Inside 링크에 장애가 발생하면 이와 병행하여 방화벽의 Untrust 링크도
다운한다. 링크 다운을 감지하여 방화벽도 페일오버한다. CE 스위치의 Inside에서 동작하는 FHRP
은 그대로다. 페일오버하지 않는다.

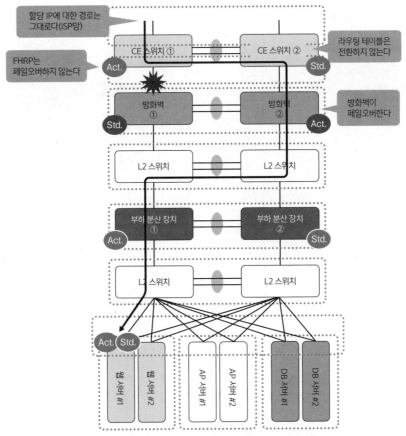

그림 4.2.8 **CE 스위치의 Inside 링크에 장애가 발생하면 방화벽만 페일오버한다**

■ 방화벽 장애

방화벽에 장애가 발생하면 그것을 감지한 방화벽에 페일오버가 발생한다. 이와 병행하여 CE 스위치의 Inside 링크가 끊어진다. 그러나 FHRP의 Hello 패킷은 CE 스위치 사이의 논리 링크에서 서로 교환되기 때문에 그대로다. 페일오버하지 않는다.

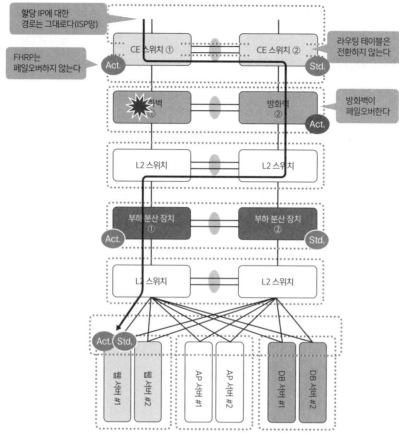

그림 4.2.9 **방화벽에 장애가 발생하면 방화벽만 페일오버한다**

■ 방화벽의 Trust 링크 장애

방화벽 Trust 링크에 장애가 발생하면 그것을 감지한 방화벽에 페일오버가 발생한다. 이외의 부분에 페일오버가 발생하는 일은 없다. L2 스위치가 우회 경로를 만들어 방화벽의 페일오버가 부하 분산 장치에 영향을 미치지 않도록 한다.

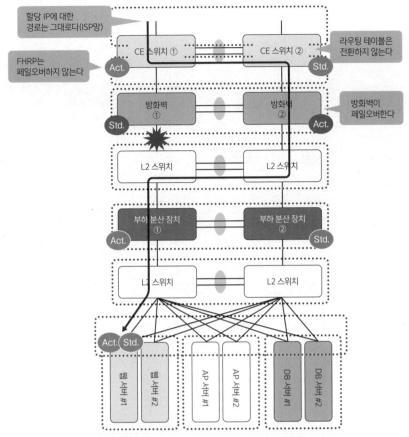

할당 IP에 대한
경로는 그대로다(ISP망)

FHRP는
페일오버하지 않는다

라우팅 테이블은
전환하지 않는다

방화벽이
페일오버한다

그림 4.2.10 방화벽의 Trust 링크에 장애가 발생하면 방화벽만 페일오버한다

■ L2 스위치 장애(방화벽과 부하 분산 장치 사이)

L2 스위치에 장애가 발생하면 방화벽과 부하 분산 장치 모두가 페일오버한다. 방화벽은 Trust 링크의
다운을 감지하여 페일오버한다.

부하 분산 장치도 페일오버한다. 부하 분산 장치도 방화벽과 동일하게 자신의 링크 다운을 모니터링
하기 때문에 링크 다운을 페일오버의 트리거로 한다. L2 스위치에 장애가 발생하면 부하 분산 장치의
Outside 링크도 다운해 페일오버한다.

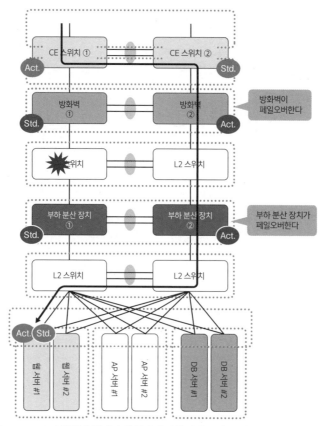

그림 4.2.11 **L2 스위치에 장애가 발생하면 방화벽과 부하 분산 장치가 페일오버한다**

■ 부하 분산 장치의 Outside 링크 장애

부하 분산 장치의 Outside 링크에 장애가 발생하면 감지한 스탠바이 부하 분산 장치로 페일오버한다. 이외의 부분에 페일오버가 발생하는 일은 없다. L2 스위치가 우회 경로를 만들어 부하 분산 장치의 페일오버가 방화벽에 영향을 주지 않도록 한다.

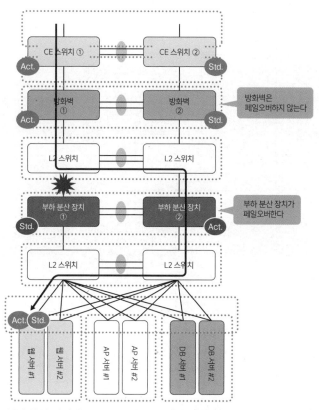

그림 4.2.12 **부하 분산 장치의 Outside 링크에 장애가 발생하면 부하 분산 장치만 페일오버한다**

■ **부하 분산 장치 장애**

부하 분산 장치의 Outside 링크 장애가 발생했을 때와 거의 동일한 동작을 한다. 부하 분산 장치에 장애가 발생하면 감지한 스탠바이 부하 분산 장치에 페일오버가 발생한다. 이외의 부분에 페일오버가 발생하는 일은 없다. L2 스위치가 우회 경로를 만들어 부하 분산 장치의 페일오버가 방화벽이나 서버에 영향을 주지 않도록 한다.

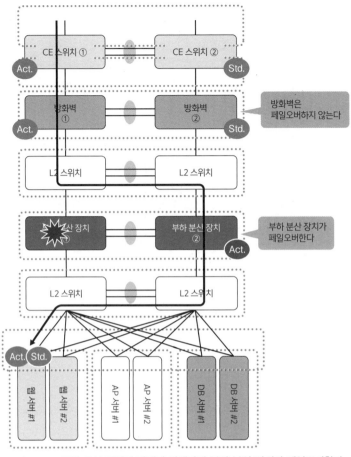

그림 4.2.13 **부하 분산 장치에 장애가 발생하면 부하 분산 장치만 페일오버한다**

■ 부하 분산 장치의 Inside 링크 장애

부하 분산 장치의 Outside 링크 장애가 발생했을 때와 거의 동일한 동작을 한다. 부하 분산 장치의
Inside 링크에 장애가 발생하면 감지한 부하 분산 장치에 페일오버가 발생한다. 이외의 부분에 페일오
버가 발생하는 일은 없다. L2 스위치가 우회 경로를 만들어서 부하 분산 장치의 페일오버가 방화벽이
나 서버에 영향을 주지 않도록 한다.

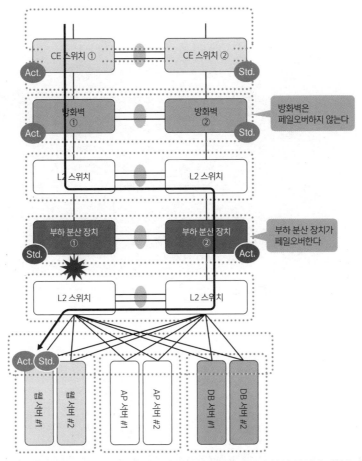

그림 4.2.14 **부하 분산 장치의 Inside 링크에 장애가 발생하면 부하 분산 장치만 페일오버한다**

■ Inside의 L2 스위치 장애(부하 분산 장치와 서버 사이)

Inside의 L2 스위치에 장애가 발생하면 부하 분산 장치의 Inside 링크가 다운될 때와 마찬가지로 서버의 링크도 다운한다. 결과적으로 둘 다 페일오버한다. L2 스위치가 우회 경로를 만들어서 부하 분산 장치의 페일오버가 방화벽에 영향을 주지 않도록 한다.

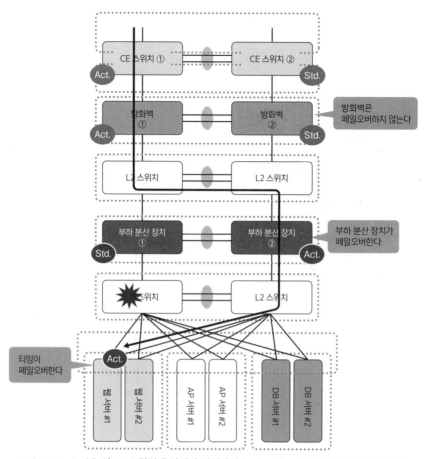

그림 4.2.15 **Inside의 L2 스위치에 장애가 발생하면 부하 분산 장치와 티밍이 페일오버한다**

■ 서버의 링크 장애, NIC 장애

서버의 링크 및 NIC에 장애가 발생하면 티밍에 페일오버가 발생한다. 페일오버가 발생하는 곳은 이 부분뿐이다. L2 스위치가 우회 경로를 만들어 NIC의 페일오버가 부하 분산 장치에 영향을 주지 않도록 한다.

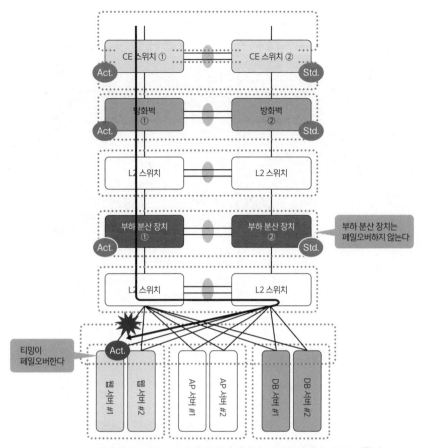

그림 4.2.16 **서버의 링크 및 NIC에 장애가 발생하면 NIC의 티밍만 페일오버한다**

■ 서버의 서비스 장애

서버의 서비스에 장애가 발생하면 부하 분산 장치의 상태 체크가 실패하여 부하 분산 대상에서 제외된다. 따라서 서비스 장애가 발생한 서버에 커넥션이 할당되는 일은 없다. 이외의 부분에서는 변화가 없다.

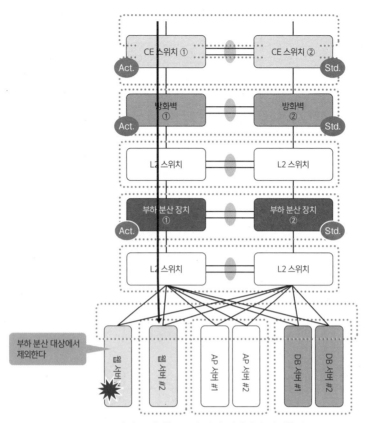

그림 4.2.17 서비스 장애는 부하 분산 대상에서 제외한다

■ 액티브 경로 이외의 장애

액티브 경로 이외의 장애는 어디에서 장애가 발생하더라도 페일오버가 발생하지 않는다. 다운타임도 발생하지 않는다. 다만 필자의 경험상 네트워크 기기의 버그 등으로 불필요한 GARP을 보내 이상한 가동 중단(다운타임)이 발생한 적이 있다. 장애 시험을 제대로 실시하여 '영향 없음'을 확인해 두는 것이 좋다.

⇇ 원암 구성

원암 구성은 코어 스위치되는 L3 스위치가 다양한 역할을 겸해 통신 흐름이 복잡해 보일 수 있다. 다만 실제로는 논리적으로 동일하다. 그렇게까지 어렵게 생각할 필요는 없다. 액티브 경로의 어딘가가 다운되면 스탠바이 경로로 전환한다. 기본을 염두에 두고 ISP부터 순서대로 장애를 쫓아간다.

■ 정상 시 경로

정상 시 경로를 정리해 두자. 정상 시의 트래픽은 반드시 액티브 기기에 편중된다. 지금까지 설명해 온 것과 동일하다. 다음과 같이 그림의 왼쪽 기기를 경유한다. 인라인 구성과 다른 것은 몇 번이고 코어 스위치를 경유하는 부분이다. CE 스위치와 L2 스위치, 모든 스위치의 역할을 코어 스위치가 담당하기 때문에 몇 번이고 코어 스위치를 경유한다. 논리적인 경로는 인라인 구성과 다르지 않다. 물리적인 경로가 다르다.

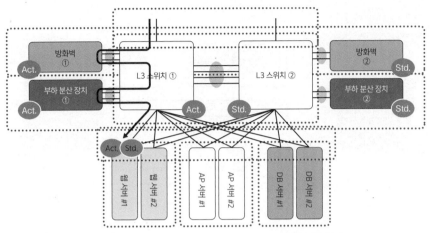

그림 4.2.18 **정상 시의 통신 경로는 액티브 기기를 경유한다**

■ 회선 장애

ISP의 회선 장애가 발생하면 BFD 패킷이 도달하지 않아 BFD 네이버가 다운하고 eBGP 피어도 다운한다. eBGP 피어 다운으로 ISP망과 CE 스위치에서 BGP의 재계산이 이루어져 할당 IP 주소의 경로 전환이 발생한다. 계산이 안정되면 ISP용(인터넷 측) 경로가 병렬로 배치하는 L3 스위치(그림의 L3 스위치 ②)를 경유하는 경로로 전환한다.

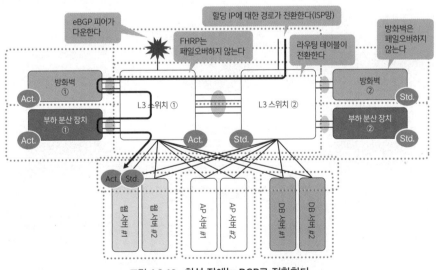

그림 4.2.19 **회선 장애는 BGP로 전환한다**

■ **방화벽 장애**

방화벽에 장애가 발생하면 방화벽만 페일오버가 발생한다. 이외의 부분에 장애가 발생하는 일은 없다. 원암 구성은 인라인 구성에서 우회 경로의 역할을 했던 L2 스위치의 역할도 L3 스위치가 겸한다. 몇 번이고 L3 스위치를 경유하여 서버에 도달한다.

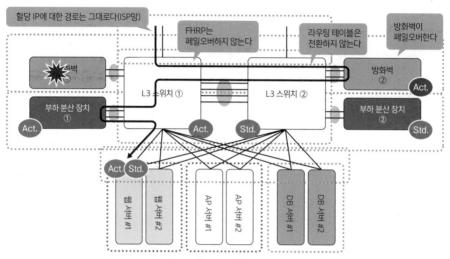

그림 4.2.20 **방화벽에 장애가 발생하면 방화벽만 페일오버한다**

■ **부하 분산 장치 장애**

부하 분산 장치에 오류가 발생하면 감지한 스탠바이 부하 분산 장치로 페일오버가 발생한다. 이외의 부분에 페일오버가 발생하는 일은 없다. L3 스위치 ①, 방화벽 ①, L3 스위치 ①, L3 스위치 ②, 새로 액티브된 부하 분산 장치 ②, L3 스위치 ②, L3 스위치 ①과 몇 번이고 L3 스위치를 경유하여 서버에 도달한다.

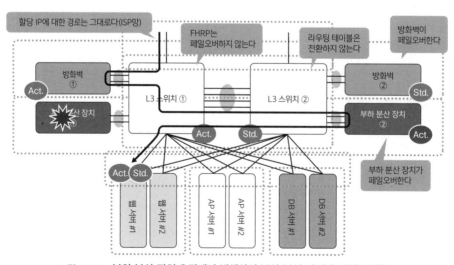

그림 4.2.21 **부하 분산 장치에 장애가 발생하면 부하 분산 장치만 페일오버한다**

■ L3 스위치(코어 스위치) 장애

원암 구성에서 코어 스위치 장애의 영향 범위는 막대하다. 모든 부분에서 단번에 페일오버가 발생한다. 하나하나 살펴보자.

우선 코어 스위치인 L3 스위치다. Outside는 eBGP의 피어가 끊어지므로 ISP망을 포함하여 경로의 재계산이 실행된다. Inside는 FHRP 패킷을 주고받을 수 없게 되어 페일오버한다.

다음으로 방화벽과 부하 분산 장치다. 방화벽은 지금까지 액티브였던 방화벽 ①이 고립되어 방화벽 ②가 액티브로 승격된다. 이 부분은 부하 분산 장치도 마찬가지다. 지금까지 액티브였던 부하 분산 장치 ①이 고립되고 부하 분산 장치 ②가 액티브로 승격된다.

마지막으로 서버 NIC다. L3 스위치 장애로 서버 링크도 다운된다. 링크의 다운을 감지하여 티밍에서도 페일오버가 발생한다.

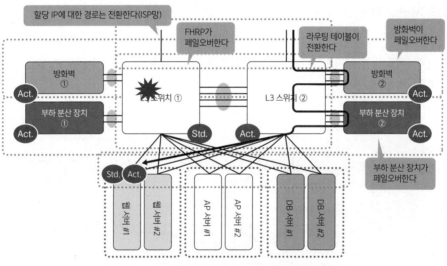

그림 4.2.22 **L3 스위치에 장애가 발생하면 단번에 전환한다**

■ 서버의 링크 장애, NIC 장애

서버의 링크 및 NIC에 장애가 발생하면 티밍에 페일오버가 발생한다. 페일오버가 발생하는 곳은 이 부분뿐이다. L3 스위치 ①, 방화벽 ①, L3 스위치 ①, 부하 분산 장치 ①, L3 스위치 ①, L3 스위치 ②와 몇 번이고 코어 스위치를 경유하여 서버에 도달한다.

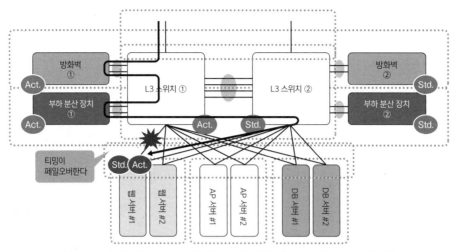

그림 4.2.23 서버의 링크 및 NIC에 장애가 발생하면 NIC의 티밍만이 페일오버한다

■ 서버의 서비스 장애

인라인 구성과 다르지 않다. 서버의 서비스에 장애가 발생하면 부하 분산 장치의 헬스 체크가 실패하여 부하 분산 대상에서 제외된다. 서비스 장애가 발생한 서버에 커넥션이 할당되는 일은 없다. 이외의 부분에서는 변화가 없다.

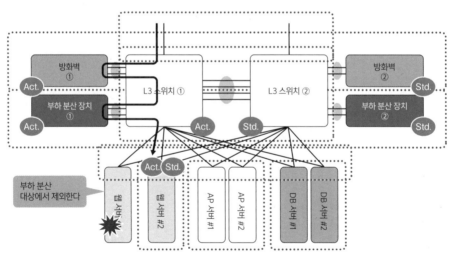

그림 4.2.24 서비스 장애는 부하 분산 대상에서 제외한다

■ 서버 링크 이외의 링크 장애

서버의 링크는 한 라인씩 구성하기 때문에 티밍으로 대응해야 한다. 그 외의 링크, 즉 L3 스위치와 방화벽, 부하 분산 장치 등 네트워크 장비를 연결하는 링크의 장애는 링크 애그리게이션으로 중복화하기 때문에 어디에서 오류가 발생하더라도 페일오버할 일은 없다. 경로도 전환할 일이 없다.

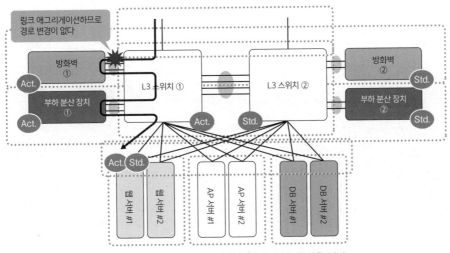

그림 4.2.25 **링크 애그리게이션하므로 경로 변경은 없다**

■ 액티브 경로 이외의 장애

액티브 경로 이외의 장애는 어디에서 장애가 발생하더라도 페일오버가 발생하지 않는다. 다운타임도 발생하지 않는다. 다만 필자의 경험상 네트워크 장비의 버그 등으로 불필요한 GARP을 송신하여 이상한 다운타임(가동 중단)을 한 적이 있다. 장애 시험을 확실히 실시하여 '영향이 없음'을 확인해 두는 것이 좋다.

제 **5** 장

관리 설계

이 장 의 개 요 ─────────

이 장에서는 서버 사이트 운용 관리에서 사용하는 기술과 설계 포인트, 운용 관리를 하는 데 미리 정해 두는 편이 좋은 각종 항목에 대해 설명하겠다.

미션 크리티컬한 서버 사이트에 문제점은 발생하기 마련이다. 서버 사이트는 설계 및 구축 후가 중요하다. 오랜 기간 사용하다 보면 기기가 고장 나는 일도 있을 것이고 케이블이 단선되는 경우도 있을 것이다. 일어날 수 있는 문제점을 사전에 감지 및 예방하는 것뿐만 아니라 일어난 문제점에 신속하게 대응할 수 있도록 기술과 사양을 제대로 이해하여 최적의 운용 관리 환경을 설계해 나가자.

관리 기술

관리 기술은 네트워크를 더욱 원활하게 운용 및 관리해 나가는 구조를 제공한다. 네트워크는 설계·구축했다고 해서 끝난 것이 아니다. 오히려 그때가 시작이다. 앞으로 일어날 수 있는 문제에 더 빨리 그리고 더 효율적으로 대응할 수 있도록 많은 관리 기술을 구사해 나간다. 이 책에서는 많은 관리 기술 중에서도 일반적으로 많이 사용하는 프로토콜과 설계 시 주의할 점을 추려서 설명하겠다.

5.1.1 NTP로 시각 맞추기

NTP는 장비의 시간 동기화를 위한 프로토콜이다. 아마 이 말만 들으면 "어? 시간을 맞추는 것이 의미가 있나?"라고 생각할지도 모른다. 필자 또한 그랬다. 그 중요성을 이해할 수 있게 된 것은 문제가 발생해 식은땀을 흘렸을 때였다.

여러 장비가 얽히는 문제점을 트러블슈팅해 나갈 때 가장 중요한 점은 문제의 흐름을 시간 순으로 이해하는 것이다. 몇 시 몇 분 몇 초에 무슨 일이 일어났는지 그 흐름을 올바로 정리하기 위해서는 정확한 시간 요소를 빠뜨릴 수 없다.

⤙ NTP의 동작은 단순

NTP는 클라이언트의 "지금 몇 시입니까?"라는 문의(NTP Query)에 대해 서버가 "○○시 ○○분 ○○초예요!"라고 반환(NTP Reply)하는 매우 단순한 동작을 한다.

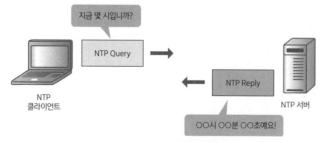

그림 5.1.1 **NTP의 동작은 단순**

NTP는 'Stratum'이라는 값을 이용한 계층구조로 되어 있다. Stratum은 최상위의 시간 생성원으로부터의 NTP 홉 수를 나타낸다. 최상위 시간 생성원은 원자 시계나 GPS 시계 등 고정밀의 정확한 시간을 유지하며 Stratum 값은 '0'이다. 거기에서 NTP 서버를 경유할 때마다 Stratum이 증가한다. Stratum '0' 이외의 NTP 서버는 상위의 NTP 서버에 대한 NTP 클라이언트이며 하위의 NTP 클라이언트에 대한 NTP 서버이기도 하다. 상위의 NTP 서버와 시간 동기화를 할 수 없으면 하위에 시간을 전달하려고 하지 않는다.

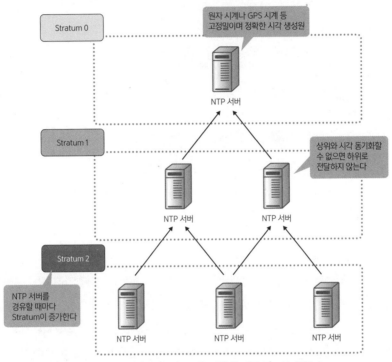

원자 시계나 GPS 시계 등 고정밀이며 정확한 시각 생성원

Stratum 0

NTP 서버

Stratum 1

상위와 시각 동기화할 수 없으면 하위로 전달하지 않는다

NTP 서버   NTP 서버

Stratum 2

NTP 서버를 경유할 때마다 Stratum이 증가한다

NTP 서버   NTP 서버   NTP 서버

그림 5.1.2 NTP는 Stratum을 사용한 계층구조를 취한다

UDP의 유니캐스트 사용하기

NTP는 유니캐스트, 멀티캐스트, 브로드캐스트, 모든 통신 유형에서 동작할 수 있도록 되어 있다. 그러나 **서버 시스템에서 사용하는 NTP는 유니캐스트뿐이다.** 이 책에서는 유니캐스트만을 취급한다.

■ NTP Query

"지금 몇 시입니까?"가 NTP Query다. 발신지 IP 주소는 시간을 동기화하고 싶은 기기 자체의 IP 주소, 목적지 IP 주소는 NTP 서버의 IP 주소다. 프로토콜에는 즉시성을 요구하는 UDP를 사용한다. 포트 번호는 발신지와 목적지 모두 '123'이다. 플래그 필드 내 모드에서 Query인지 Reply인지 여부를 식별한다. Query의 경우 모드 값이 '3(client)'이다.

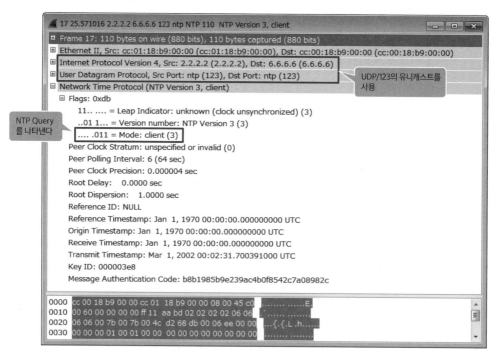

그림 5.1.3 **UDP의 유니캐스트로 NTP Query를 송신한다**

■ **NTP Reply**

"○○시 ○○분 ○○초예요!"가 NTP Reply다. 발신지 IP 주소는 NTP 서버의 IP 주소, 목적지 IP 주소는 시간을 동기화하고 싶은 기기 자체의 IP 주소다. NTP Query와 마찬가지로 프로토콜에는 즉시성을 요구하는 UDP를 사용한다. 포트 번호는 발신지와 목적지 모두에 '123'을 사용한다. 플래그 필드 내 모드에서 Query인지 Reply인지 식별한다. Query의 경우 모드 값이 '4(server)'이다. 모드의 뒤에 스트레이텀 및 시간 정보, 지연 등 클라이언트가 정확한 시간을 생성하기 위한 정보를 담는다.

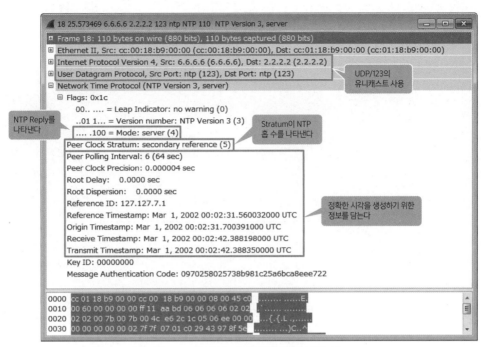

그림 5.1.4 **NTP Reply에 시각 정보를 담는다**

동기화 간격은 변동한다

NTP 서버에 대한 동기화 간격은 사용하는 NTP 애플리케이션에 따라 다르다. 리눅스에서 일반적으로 사용되는 ntpd를 예로 들어 보겠다. ntpd의 동기화 간격은 안정되지 않으면 64초, 안정된 상태라면 128초, 256초의 배로 증가해 나가 최대 1024초까지 늘려 나간다. 물론 설정으로 변경할 수 있다.

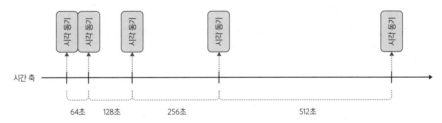

그림 5.1.5 **동기화 간격을 점차 늘려 나간다**

두 종류의 동작 모드가 있다

NTP 클라이언트는 '**step 모드**'와 '**slew 모드**' 두 가지 동작 모드가 존재한다. 서버에서 받은 시간을 맞추는 방법의 차이다. step 모드는 단번에 맞춘다. slew 모드는 천천히 맞춘다. 어느 쪽의 동작 모드를 사용할지는 NTP 클라이언트의 운영체제에 달려 있다. 예를 들어 ntpd의 경우 기본적으로 자신의 시간과 NTP 서버에서 받은 시간의 차이가 128밀리초 이상이면 step 모드, 그것보다 작은 경우는 slew 모드를 사용한다.

■ step 모드

step 모드는 엇갈림의 크기에 관계없이 단번에 시간을 맞추려고 한다. NTP 클라이언트의 시간이 진행하더라도 목표 시간으로 되돌린다. 스위치나 라우터 등 시간 정보를 중요한 부분으로 사용하지 않는 기기는 step 모드를 사용한다.

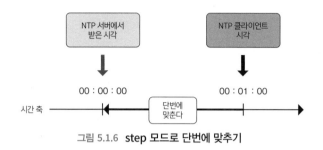

그림 5.1.6 **step 모드로 단번에 맞추기**

■ slew 모드

slew 모드는 천천히 시간을 맞추려고 한다. 1초에 0.5밀리초씩 시간을 보정한다. 클라이언트의 시간이 진행되고 있어도 시간을 되돌리는 일은 하지 않는다. 실제로 진행된 시간보다 작은 시간을 진행해 천천히 천천히 조정해 나간다.

DB 애플리케이션 및 로그 애플리케이션과 같은 일부 애플리케이션은 시간 정보가 애플리케이션 내부에서 중요한 역할을 담당한다. step 모드로 단번에 시간을 맞추면 문제가 발생될 가능성이 있다. 그런 경우에는 애플리케이션을 설치하기 전에 step 모드로 시간을 맞춰 두고 그 후에 slew 모드를 사용하여 시간을 맞춘다.

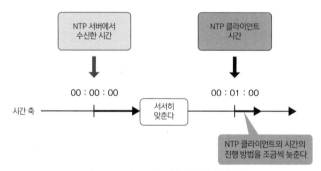

그림 5.1.7 **slew 모드로 서서히 맞춘다**

시간이 맞을 때까지 한가로이 기다린다

실제로 서버 시스템을 구축해 보면 좀처럼 시간이 맞지 않아 조급해지기 쉽다. 기기에 따라서는 강제로 NTP Query를 전송하는 명령이 있지만 그런 명령이 없는 기기라면 동기화하는 데 많은 시간이 소요된다. 당황하지 말고 여유롭게 기다리자. 언젠가는 맞게 된다. **한 시간 정도 기다리고 그래도 맞지 않는 것 같다면 설정이 잘못된 것이다.** 설정을 확인하길 바란다.

모니터링 서버로 시각 동기를 하면 로그를 정리하기 쉽다

NTP로 시간 동기화를 도모할 때 가장 중요한 것은 시스템의 통일성이다. 시스템에 존재하는 각 장비가 인터넷에 뿔뿔이 흩어진 NTP 서버에 시간 동기를 걸어 여러 곳에 흩어진 시간 정보원으로부터 수신한 시간 정보를 사용한다는 것은 의미가 없다. 게다가 인터넷 트래픽의 낭비다. **시스템 내에서 한 대 또는 두 대의 NTP 서버를 마련해 시간을 동기화하여 시스템의 시간 통일을 도모하는 편이 효율이 좋다.**

그렇다면 어떠한 서버를 NTP 서버로 하면 좋은가? 이것도 자주 묻는 질문이다. 물론 NTP 서버를 NTP 서버로 완전히 독립시키는 것도 좋다. 다른 서버 서비스와 같이 서버에 존재한다면 모니터링 서버와 같이 있는 것이 좋다. NTP 서버가 모니터링 서버와 같이 있다면 모니터링 서버의 로그들은 확실히 시간 순으로 정리되므로 트러블슈팅을 할 때 상당히 유용하게 활용할 수 있다. 모니터링 서버 시간만 잘 맞으면 로그를 시간순으로 제대로 배열할 수 있다.

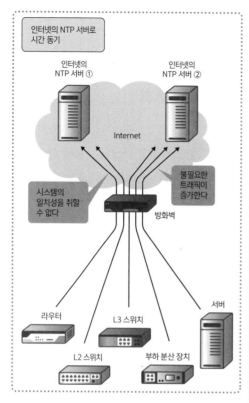
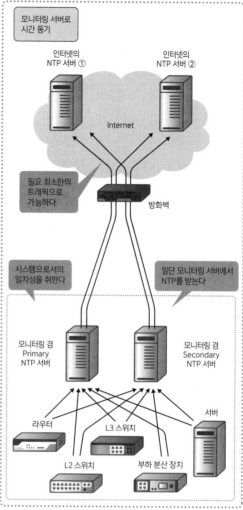

그림 5.1.8 **시스템 내에서 시간의 일치성 취하기**

'윤초Leap Second'라는 말을 아는가? 여기서는 '윤년'을 말하는 것이 아닌 '초' 단위의 윤초를 묻는 것이다. 윤초는 몇 년에 한 번 오는 NTP의 빅 이벤트다.

앞서 언급한 바와 같이 Stratum 0는 원자 시계나 GPS 시계 등 극도로 차이가 발생하기 어려운 시계(원자시)를 사용해 일정한 리듬으로 정확한 시간을 유지한다. 그러나 1일의 기준이 되는 지구의 자전 주기(천문시)는 반드시 일정하지 않고 빠르거나 느리거나 미묘하게 차이가 발생한다. 따라서 비록 원자 시계와 GPS 시계가 어긋나지 않아도 시간이 지나면서 필연적으로 어긋난다. 그 차이를 조정하기 위해 윤초가 존재한다.

윤초의 조정은 세계 표준시(UTC)의 6월 또는 12월 말의 마지막 초, 그래도 맞지 않는 경우는 3월 또는 9월 말일의 마지막 초에, 몇 년에 한 번 간격으로 비정기적으로 이루어진다. 예를 들어 지구의 자전이 빠른 경우에는 시계가 늦어지기 때문에 23시 59분 58초 후인 23시 59분 59초를 생략하고 0시 0분 0초로 한다. 반대로 지구의 자전 속도가 느린 경우에는 시계가 앞서가므로 23시 59분 59초 다음에 23시 59분 60초를 삽입하고 0시 0분 0초가 된다. 참고로 윤초의 조정은 1972년부터 이 책 집필 시점(2019년 5월)까지 27회 실시되었으며 최근 조정으로는 2016년 12월 31일(GMT) 1초 추가가 이루어졌다. 28번째 실시일은 아직 정해져 있지 않다.

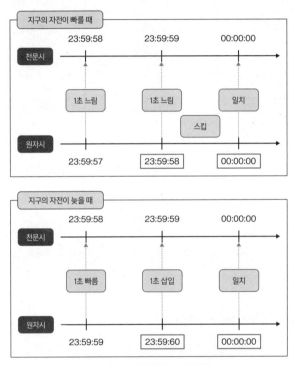

그림 5.1.9 **윤초로 시계 조정**

윤초가 왜 NTP에서 빅 이벤트인가? 윤초의 조정에 앞서 실시되는 사전 준비에 있다. NTP 서버는 윤초의 조정이 이루어지는 24시간 전에 'Leap Indicator(LI)' 플래그를 사용하여 "윤초의 조정이 있네요"라고 사전에 클라이언트에게 통지한다. 그러나 불행히도 세상에는 Leap Indicator 플래그를 제대로 처리할 수 없는 NTP 클라이언트(서버 OS나 네트워크 장비 등)가 존재하므로 문제가 발생할 수 있다. 엄청난 중대사다. 이것 때문에 울면서 대기하는 엔지니어가 적지 않다. 새해 첫날(2017년 1월 1일) 9시에 윤초가 삽입된다고 발표하면 "제발 새해 첫날만큼은 피해 줘"라는 푸념이 나온다.

윤초가 삽입된다는 공지가 있을 때는 우선 제조업체 및 SI 업체에 윤초의 대응 상황에 대해 확인해야 한다. 대응되지 않은 경우는 시간과 여유가 있으면 대응하는 버전으로 업그레이드한다. 버전업할 수 없을 것 같으면 24시간 전에 NTP 서버 참조를 중지해서 NTP 서버로부터 Leap Indicator 플래그가 켜진 NTP 패킷이 들어오지 않도록 해야 한다. 윤초의 조정이 이루어진 후 NTP 서버를 다시 참조한다. 1초 정도의 차이라면 다시 동기화해 준다. 최근에는 구글의 Public NTP 서버와 AWS의 NTP 서버 등 1초를 오랜 시간에 걸쳐 분산 조정하는 'Leap Smear' 기능을 가진 NTP 서버도 있다. 이 경우 Leap Indicator를 사용하지 않는다. 잘 활용하여 Leap Indicator 플래그가 켜진 NTP 패킷이 들어오지 않도록 하자.

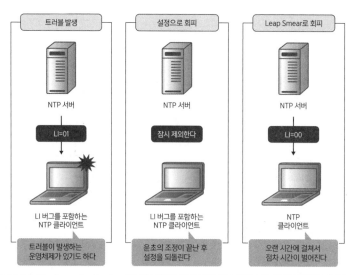

그림 5.1.10 **Leap Indicator 플래그에 미대응인 경우 트러블을 회피할 필요가 있다**

5.1.2 SNMP로 장애 감지하기

SNMP는 네트워크 기기 및 서버의 성능 감시 및 장애 감시에 사용되는 업계 표준의 관리 프로토콜이다. 서버 시스템의 운용 관리에서 일반적으로 사용된다. 서버 시스템에서 '장애의 징후를 놓치지 않는 것'은 매우 중요한 일이다. CPU 사용량과 메모리 사용량, 트래픽 양, 패킷 양 등 온갖 관리 대상 기기의 정보를 정기적으로 수집하고 지속적으로 모니터링하여 장애 징후를 재빨리 감지한다.

⟿ SNMP 관리자와 SNMP 에이전트로 상호 교환하기

SNMP의 구성 요소는 관리하는 'SNMP 관리자'와 관리되는 'SNMP 에이전트' 두 가지다. 이러한 두 구성 요소 사이에서 몇 가지 메시지를 조합해서 상호 교환함으로써 관리자가 에이전트의 상태를 파악할 수 있도록 한다.

SNMP 관리자는 SNMP 에이전트가 갖고 있는 관리 정보를 수집하고 모니터링하는 애플리케이션이다. 유명한 것을 말하자면 'Zabbix'나 'OpenView Network Node Manager', 'TWSNMP 관리자' 등을 예로 들 수 있다. 수집한 정보를 가공하여 웹 GUI 기반으로 알기 쉽게 가시화해 준다.

SNMP 에이전트는 SNMP 관리자의 요청을 수락하거나 장애를 통지하는 프로그램이다. 대부분의 네트워크 기기와 서버에 구현되어 있다. SNMP 에이전트는 '**객체 식별자**Object Identifier, OID'라는 숫자에 의해 식별되는 관리 정보와 그에 관련된 값을 'MIBManagement Information Base'라는 트리 모양의 데이터베이스에 보유한다. 에이전트는 관리자의 요청에 포함된 OID를 보고 거기에 관련하는 값을 반환하거나 OID 값의 변화를 보고 장애를 통지하곤 한다.

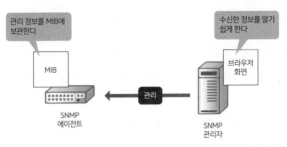

그림 5.1.11 **SNMP 관리자가 SNMP 에이전트를 관리한다**

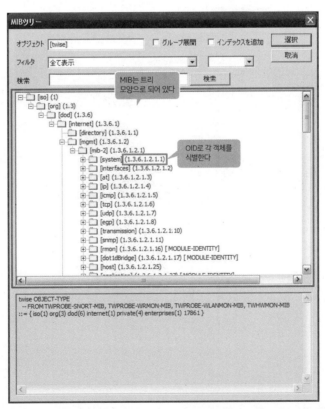

그림 5.1.12 **MIB는 트리 모양으로 되어 있다**(그림은 TWSNMP 관리자에서 본 MIB 정보)

🔌 세 종류의 동작 패턴 모두 사용하기

SNMP는 UDP를 사용하고 동작은 단순하며 직관적이다. 'GetRequest', 'GetNextRequest', 'SetRequest', 'GetResponse', 'Trap'이라는 다섯 가지 메시지를 조합해 **'SNMP Get'**, **'SNMP Set'**, **'SNMP Trap'**이라는 세 가지 동작 패턴을 실현한다. 모두 **'커뮤니티명'**이라는 서로에게 정해진 단어가 일치했을 때 처음으로 통신이 이루어진다. 각 동작 패턴을 살펴보자.

SNMP Get

SNMP Get은 기기의 정보를 취득하는 동작 패턴이다. 쉽게 말해서 "○○의 정보를 주십시오"라는 질문에 대해 "○○예요!"와 같은 식으로 응답한다. 단순 명료하다.

SNMP 관리자는 SNMP 에이전트에 OID를 포함한 형태로 GetRequest를 송신한다. Get Request는 UDP의 유니캐스트로 실시되며 해당 목적지 포트 번호는 '161'이다. SNMP 에이전트는 지정된 OID 값을 GetResponse로 반환한다. 다음 정보를 원하는 경우에는 관리자가 원하는 OID를 포함하여 GetNextRequest을 보내고 또한 에이전트가 GetResponse를 반환한다. 오로지 이것만 반복한다.

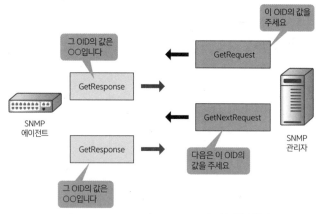

그림 5.1.13 **SNMP Get으로 OID 정보를 취득한다**

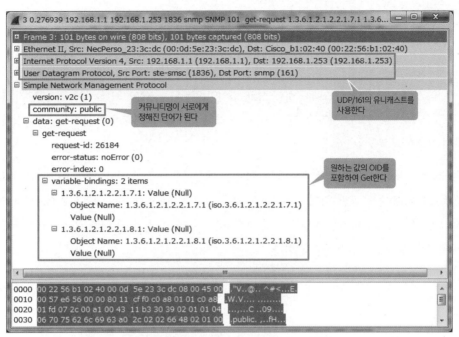

그림 5.1.14 **OID를 포함하여 GetRequest한다**

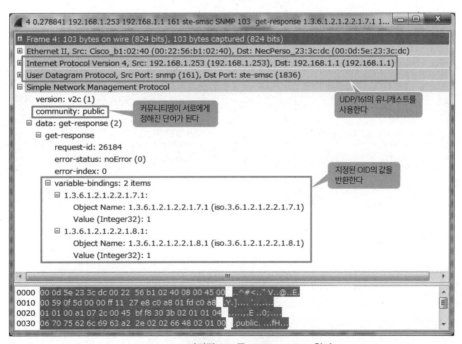

그림 5.1.15 **지정된 OID를 GetResponse한다**

SNMP Set는 기기의 정보를 업데이트하는 동작 패턴이다. "○○의 정보를 업데이트해 주세요"라는 요청에 대해 "됐습니다!"와 같은 식으로 응답한다. 이전 시스템 관리자가 "값을 업데이트하면 어떡해? 가짜 아니야?"라고 한 적이 있는데 그러한 사용 방식이 아니다. SNMP Set을 사용한 예제로 가장 알기 쉬운 것은 포트의 종료일 것이다. 에이전트는 포트의 상태를 OID 값으로 보관한다. 이 값을 업데이트하여 포트를 종료할 수 있다.

동작은 SNMP Get과 그다지 다르지 않다. 사용하는 메시지가 다를 뿐이다. SNMP 관리자는 SNMP 에이전트에게 OID를 포함한 형태로 SetRequest를 보낸다. SetRequest는 SNMP Get과 동일하게 UDP의 유니캐스트로 실시되며 해당 목적지 포트 번호는 '161'이다. 그에 비해 SNMP 에이전트는 업데이트된 값을 GetResponse로서 반환한다.

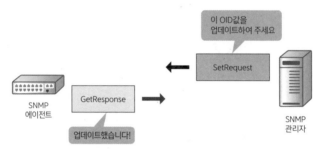

그림 5.1.16 **SNMP Set로 OID 값을 업데이트한다**

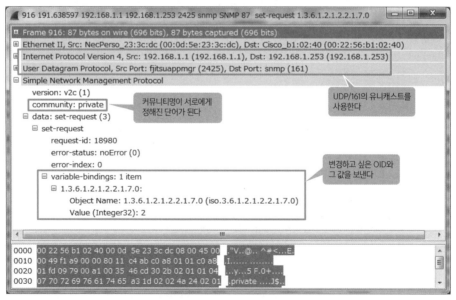

그림 5.1.17 **변경하고 싶은 OID와 그 값을 SetRequest한다**

SNMP Trap은 장애를 통지하는 동작 패턴이다. "○○에 장애가 발생했습니다!"와 같은 식으로 에이전트에서 송신된다. SNMP Get도 SNMP Set도 관리자로부터 송신하는 통신이었다. **Trap은 에이전트에서 송신하는 통신이므로 주의가 필요하다.**

SNMP 에이전트는 OID 값에 특정한 변화가 있을 때 장애로 판단하여 'Trap'을 관리자에게 전송한다. Trap은 UDP의 유니캐스트로 실시되며 해당 목적지 포트 번호는 '162'이다.

그림 5.1.18 **SNMP Trap으로 장애를 감지한다**

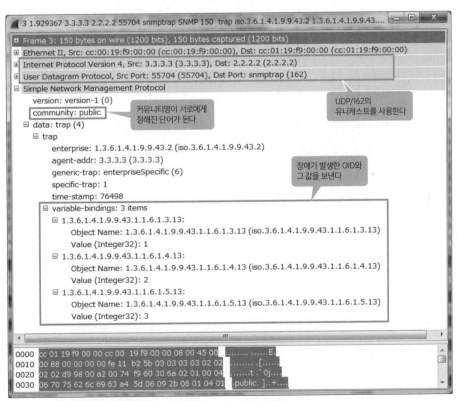

그림 5.1.19 **장애가 발생한 OID를 SNMP Trap한다**

⫷ 발신지를 제한한다

현재 가장 많이 사용되는 SNMP 버전은 'v2c'이다. v2c는 암호화 기능을 갖추지 않아 중요한 관리 정보를 일반 텍스트로 전송한다. v2c에서 유일하게 보안을 담보한다고 할 수 있는 것이 커뮤니티명이다. 역시 일반 텍스트로 흘려보내 보안에서는 강하다고 말할 수 없다.

그래서 SNMP를 사용하려면 **SNMP 에이전트 측에서 허가하는 발신지 IP 주소나 SNMP 관리자의 IP 주소를 제한하여 보안을 담보하도록 해야 한다.**

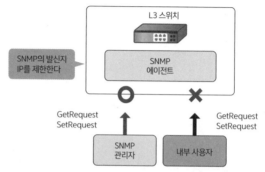

그림 5.1.20 **SNMP 에이전트 측에서 발신지 IP 주소를 제한한다**

5.1.3 Syslog로 장애 감지하기

Syslog는 로그 메시지를 전달하는 데 사용되는 업계 표준의 관리 프로토콜이다. 네트워크 장비 및 서버는 다양한 이벤트를 로그로 기기 내부(버퍼, 하드 디스크)에 보관한다. Syslog는 해당 로그를 Syslog 서버로 전송하여 로그의 일원화를 도모한다. 서버 시스템에서는 SNMP와 병행해서 자주 사용된다.

⫷ Syslog의 동작은 단순

Syslog는 UDP를 사용하며 동작은 단순하고 직관적이다. **어떠한 이벤트가 발생하면 그것을 자신의 버퍼와 디스크에 저장하는 동시에 Syslog 서버로 전송할 뿐이다.** 전송은 UDP 유니캐스트로 실시되며 해당 목적지 포트 번호는 '514'다. 메시지 부는 'Facility'와 'Severity', '메시지'로 구성되었다. 메시지는 로그 자체다. 이 책에서는 Facility와 Severity에 대해 설명하겠다.

그림 5.1.21 **Syslog로 로그를 전송한다**

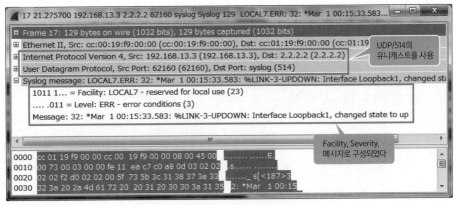

그림 5.1.22 **Syslog로 로그 메시지를 전송한다**

Severity

Severity는 로그 메시지의 중요도를 나타내는 값이다. 0~7의 8단계로 구성되어 값이 작을수록 중요도가 높아진다. 설계할 때는 "어떠한 Severity 이상의 메시지를 Syslog 서버에 보낼지", "어떠한 Severity 이상의 메시지를 어디(크기 또는 기간)까지 유지할지" 정의한다. 예를 들어 "warning 이상을 Syslog 서버로 전송하고 informational 이상을 40960바이트까지 버퍼에 보관한다"라는 식으로 정의한다. 기기에 따라서는 로그를 출력하는 것 자체가 처리 부하가 될 가능성도 부정할 수 없다. **로깅**logging **처리가 부하가 되지 않도록 잘 Severity를 조정해야 한다.**

표 5.1.1 **Serverity가 긴급도를 나타낸다**

명칭	설명	Severity	중요도
emergencies	시스템이 불안정해질 오류	0	높다. ↑
alerts	긴급 대처해야 할 오류	1	
critical	치명적인 오류	2	
errors	오류	3	
warnings	경고	4	
notifications	알림	5	
informational	정보	6	
debugging	디버깅	7	낮다.

Facility

Facility는 로그 메시지 유형을 나타낸다. 24종류의 Facility로 구성되었고 다음과 같이 유형의 지표로 나타낸다.

표 5.1.2 **Facility가 메시지의 종류를 나타낸다**

Facility	코드	설명
kern	0	커널 메시지
user	1	임의의 사용자 메시지
mail	2	메일 시스템(sendmail, qmail 등) 메시지
daemon	3	시스템 데몬 프로세스(ftpd, named 등) 메시지
auth	4	보안/인증(login, su 등) 메시지
syslog	5	Syslog 데몬 메시지
lpr	6	라인 프린터 서브 시스템 메시지
news	7	네트워크 뉴스 서브 시스템 메시지
uucp	8	UUCP 하위 시스템 메시지
cron	9	클록 데몬(cron과 at) 메시지
auth-priv	10	보안/인증 메시지
ftp	11	FTP 데몬의 메시지
ntp	12	NTP 서브 시스템 메시지
–	13	로그 감사 메시지
–	14	로그 경고 메시지
–	15	클록 데몬의 메시지
local 0	16	임의의 용도
local 1	17	임의의 용도
local 2	18	임의의 용도
local 3	19	임의의 용도
local 4	20	임의의 용도
local 5	21	임의의 용도
local 6	22	임의의 용도
local 7	23	임의의 용도

기기에 따라 Facility를 변경할 수 없는 기기도 있다. 설계할 때 사양을 확인하길 바란다.

메시지를 필터링하여 알기 쉽게 하기

Syslog 서버를 운영해 봤다면 트러블이 발생했을 때만 방대한 로그 메시지가 날아오고 결국 중요한 로그를 놓치는 일이 종종 있다는 이야기를 많이 들었을 것이다. 트러블이 발생했으니 많은 로그가 날아오는 것은 당연하다. 하지만 중요한 때 쓸모가 없다면 Syslog 서버의 의미는 없다. **Syslog 서버 측에서 Severity와 Facility를 사용하여 메시지를 필터링하고 중요한 로그를 놓치지 않도록 하자.**

5.1.4 CDP/LLDP로 기기 정보 전달하기

서버 시스템에서 발생하는 대부분 문제점은 물리 계층에서 발생한다. 어떠한 포트에 어떠한 장치가 연결되었는지에 대한 연결 관리는 서버 시스템을 운용 관리하는 데 매우 중요한 요소이다. 네트워크에는 연결 관리를 보조하는 역할을 가진 인접 기기 발견 프로토콜이 몇 가지 있다. 그중에서 대표적인 것이 'CDP'와 'LLDP'Link Layer Discovery Protocol'이다. 모두 L2 레벨이고 IP 주소나 기종, OS 버전 등의 기기 정보를 보내 연결 관리를 용이하게 한다. 각각 설명하겠다.

⎯⛶ CDP

CDP는 시스코 독자적인 L2 프로토콜이다. Ethernet Ⅱ(DIX) 규격이 아닌 IEEE802.3 표준을 확장시킨 IEEE802.3 with LLC/SNAP를 사용하여 장치 정보를 캡슐화한다.

CDP를 사용하는 기기는 기본 60초 간격으로 '01-00-0C-CC-CC-CC'라는 예약된 멀티캐스트 MAC 주소에 대해 CDP 프레임을 보낸다. CDP를 받은 기기는 해당 내용을 캐시에 보관한다. 180초간 받지 못하거나 링크 다운이 되었을 때 관련 링크 정보를 삭제한다.

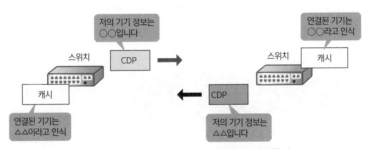

그림 5.1.23 **CDP로 인접 기기의 정보를 인식한다**

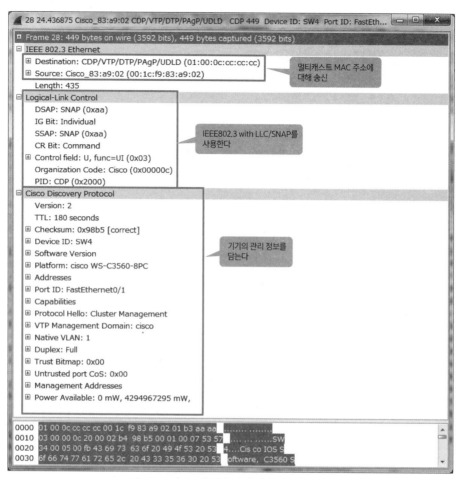

그림 5.1.24 **CDP에 여러 가지 관리 정보를 담는다**

⊶ LLDP

LLDP는 IEEE802.1ab에서 표준화된 프로토콜이다. 다양한 벤더가 혼합된 멀티 벤더 환경에서 사용한다. Ethernet Ⅱ 규격을 사용하여 장비의 정보를 캡슐화한다. CDP와 형식은 다르지만 할 수 있는 것은 별반 차이가 없다.

LLDP를 사용하는 기기는 30초 간격을 권장하며 '01-80-c2-00-00-0e'라는 예약된 멀티캐스트 MAC 주소에 대해 LLDP 프레임을 송신한다. LLDP를 받은 장비는 LLDP MIB라는 데이터베이스에 보관하여 관리한다. 120초간 수신하지 않거나 링크 다운되었을 때 관련 링크 정보를 삭제한다.

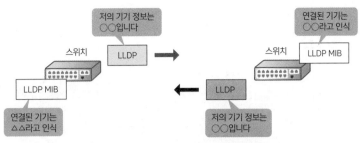

그림 5.1.25 **LLDP로 인접 기기의 정보를 인식한다**

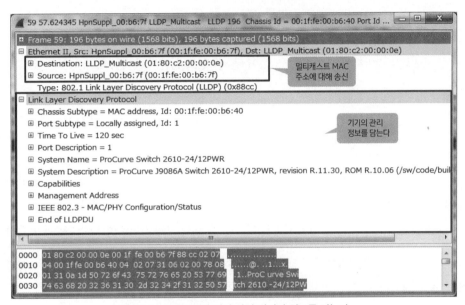

그림 5.1.26 **LLDP에 여러 가지 기기의 정보를 담는다**

⌁ CDP와 LLDP의 보안 고려하기

연결 관리에 발군의 힘을 발휘해 주는 CDP와 LLDP이지만 반드시 좋은 면만 있는 것은 아니다. 두 프로토콜 모두 장비의 관리 정보를 일반 텍스트로 전송하는 것은 보안 측면에서 보면 취약점 덩어리를 통신 선로상에 흘려보내는 것과 같다. 따라서 **Untrust 영역이나 DMZ 영역에서는 무효로 해 두는 편이 좋다.** 필자는 '장비가 연결될 때까지 유효로 했다가 실제 구성대로 연결이 된 것을 확인한 후 무효로 하는' 형태로 활용한다.

설계 시에는 먼저 인접 기기 검색 프로토콜을 유효로 할지와 말지, 유효로 한다면 어떠한 프로토콜을 사용할지, 어디서 유효로 할지의 여부를 잘 정의한다. 전송 간격interval time 및 유지 시간(폐기될 때까지의 시간)을 변경하는 일은 거의 없다.

5.2 관리 설계

여기에서는 운용 관리 기술과는 별도로 설계해 두는 편이 나은 관리적인 항목을 설명하고자 한다. 모두 아주 세부적인 것이지만 이후 많은 도움이 될 수 있으니 설계 단계에서 제대로 정의해 두는 편이 좋다.

5.2.1 호스트명 결정하기

호스트명은 위치나 기기, 역할 등의 식별자를 정의하여 더욱 알기 쉽게 해나가야 한다. 기기에 따라 사용할 수 없는 특수문자가 있거나 FQDN이 필수이거나 하는 여러 가지 제한이 있을 수도 있다. 설계 시에 사양을 확인하길 바란다. 호스트명을 정의할 때 의외로 중요한 포인트는 '**자릿수**'와 '**호칭**'이다.

대규모 네트워크 환경이라면 앤서블Ansible이나 테라 텀Tera Term의 매크로 등을 사용하여 작업을 자동화하는 일이 많아진다. 호스트명의 자릿수를 맞춰 두면 매크로를 만들기 쉬워져 불필요한 작업을 줄일 수 있다. 호칭도 의외로 중요한 포인트다. 호스트명은 다양한 식별자가 있어 정의를 제대로 이해하지 않으면 혼란해지기 쉽다. 호스트명과 함께 호칭을 정의해 두면 이야기를 진행하기 쉬워지거나 문서 작성도 쉬워지는 등 여러 부분에서 유용하다.

5.2.2 객체명 결정하기

방화벽 정책 및 주소 그룹, VLAN에서의 링크 애그리게이션 논리 포트 등 각종 설정 객체의 명명 규칙도 중요한 설계 요소다. 특히 최근 네트워크 기기는 온갖 설정 객체에 이름을 지정해야 해 정의해야 할 명명 규칙이 많다. 객체마다 확실한 명명 규칙을 마련하고 의미 있는 이름을 붙이면 운용 관리의 자동화가 편해지며 향후에 인수인계도 쉬워진다. 반대로 엉망진창인 이름을 붙이면 설계자조차 혼란스러워져 잘 모르게 될 수 있다.

설정 객체의 명명 규칙의 포인트는 '설정 개요'다. 하나의 설정 객체에서 모든 설정 항목을 모두 설정하는 일은 거의 없다. 그러므로 포인트가 되는 설정 항목의 값을 개략적으로 넣어 두면 어느 정도 직관적으로 설정 내용을 인식할 수 있다. 방화벽 정책을 구성하는 규칙을 예로 들어 설명해 보겠다. 방화벽 규칙에는 많은 설정 항목이 있는데 포인트가 되는 설정은 '발신지', '목적지', '프로토콜', '포트 번호', '액션'인 다섯 가지다. 예를 들어 다음의 표와 같이 명명을 하면 쉽게 설정 내용을 이해할 수 있다.

표 5.2.1 설정 객체의 명명에는 포인트가 되는 설정 항목의 값을 사용하는 것을 권고한다

이름 예	발신지	목적지	프로토콜	포트 번호	액션
any-web1-tcp-80-p	any	web1	tcp	80	permit
any-web2-tcp-443-p	any	web2	tcp	443	permit
any-dns1-udp-53-p	any	dns1	udp	53	permit
any-dn2-udp-53-p	any	dns2	udp	53	permit
any-dmz-any-any-d	any	dmz	any	any	deny

5.2.3 레이블로 접속 관리하기

어디에 어떠한 레이블label을 붙일 것인가? 레이블의 정의도 중요한 관리 설계 포인트 중 하나다. "레이블? 실seal? 그냥 붙이라고?"라고 생각할지도 모르지만 가끔 큰일을 하는 경우가 있다. 만일 문제가 발생했을 때 어디에 대상 장비가 있는지 물리적으로 즉시 파악하기 위해서는 레이블이 커다란 도움이 된다.[1]

⚡ 케이블 레이블

여기서 말하는 케이블은 LAN 케이블뿐만 아니라 전원 케이블 또는 SAN에서 사용하는 광파이버 케이블 등 서버 사이트 내 모든 케이블을 나타낸다. 어떠한 종류의 레이블에 어떠한 내용을 기술할지 정의해 두자.

다양한 정의 방법이 있지만 기존에 다른 시스템이 있다면 히어링한 후 거기에 준해서 대응하는 편이 좋다. **래미네이트**laminate **타입의 레이블이나 원형 태그에 접속된 장치의 호스트명과 포트 번호를 기재하는 일이 많을 것이다.**

---

1   보안상의 이유로 "레이블을 부착하지 말라!"라는 정책이 있을 수 있다. 시스템 관리자에게 확인해서 진행하길 바란다.

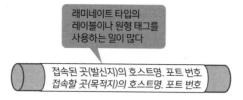

그림 5.2.1 케이블 레이블의 타입과 기술 내용을 정의한다

본체 레이블

본체에 붙이는 레이블도 동일하게 정의해 나간다. 어디에 어떠한 내용의 레이블을 붙일지 정의한다. 여러 가지 정의 방법이 있지만 기존에 다른 시스템이 있다면 히어링한 후 거기에 준해서 대응하고 본체의 레이블은 글꼴 크기를 신경 쓰는 관리자도 있으니 고려해 두는 편이 좋다. **본체의 앞면과 뒷면에 호스트명을 붙이거나 하는 일이 많을 것이다.**

5.2.4 암호 설계 결정하기

장비에 설정한 암호도 관리 설계에서 정의해야 한다. 아무리 삼엄한 데이터 센터에 설치한다고 해도 암호가 'password'라면 의미가 없다. 종이 호랑이와 같다. 정보 보안의 인증 규격인 '정보보호 관리체계Information Security Management System, ISMS'는 양질의 암호 조건을 다음과 같이 규정한다.

> 1. 기억하기 쉬워야 한다.
>
> 2. 당사자의 관련 정보(예: 이름, 전화번호, 생일 등)에서 다른 사람이 쉽게 추측할 수 있거나 추출할 수 있는 사항에 기초하지 않아야 한다.
>
> 3. 사전 공격에 취약하지 않아야 한다(즉 사전에 포함된 단어로 구성되지 않아야 한다).
>
> 4. 동일한 문자를 연이어 쓰거나 숫자만 또는 알파벳만으로 이루어진 문자열이 아니어야 한다.

ISMS의 취득을 목표로 하지 않는 한 반드시 이 조건을 준수할 필요는 없다. 단 사용자가 쉽게 상상할 수 있는 암호를 설정해서는 안 된다. 기기에 따라서는 읽기 레벨과 관리 레벨에 따라 여러 개의 암호를 설정할 수도 있다. 동일한 암호로 하는 것은 당연히 안 된다. 만약 그렇게 한다면 레벨 구분의 의미가 없다. **레벨마다 암호를 정의하길 바란다.** 사용할 수 있는 문자 유형 및 최대 문자 수, 대소문자 구분 등 암호 특유의 제한도 주의를 기울여야 한다. 콜론과 세미콜론, 백슬래시와 같은 특수문자는 기기에 따라 사용하지 못할 수도 있다. 설명서 등으로 미리 확인한 후 설계하도록 하자.

5.2.5 운용 관리 네트워크 정의하기

네트워크 장비의 운용 관리 형태는 네트워크 배치에 따라 크게 '대역 외Out-Of-Band, OOB 관리'와 '대역 내Inband 관리'로 나눌 수 있다.

대역 외 관리는 서비스를 제공하는 네트워크와는 별도로 운용 관리만을 위해 Trusted 네트워크(이하 운용 관리 네트워크)를 제공하는 형태다. 일반적으로 대규모 네트워크에서 채택한다. 최근 네트워크 장비는 서비스를 제공하는 포트와는 별도로 운용 관리를 위한 관리 포트가 있다.[2] 이 포트에 운용 관리 네트워크의 IP 주소를 할당하고 NTP 및 SNMP, Syslog, GUI 액세스, CLI 액세스 등 운용 관리에 관한 트래픽을 전달한다. 대역 외 관리는 서비스 트래픽이 압박해도 관계없이 운용 관리를 계속할 수 있다는 장점이 있다. 또한 신뢰된 네트워크에서 운용 관리를 하기 때문에 운용 관리 트래픽에 대한 보안을 고려하지 않아도 된다. 다만 신뢰할 수 있는 운용 관리 네트워크를 별도로 준비하지 않으면 안 된다는 단점이 있다.

대역 내 관리는 서비스를 제공하는 네트워크를 운용 관리 네트워크로도 사용하는 형태다. 일반적으로 중소 규모 네트워크에서 채택한다. 관리 포트를 사용하지 않고 서비스를 제공하는 포트를 사용하여 운용 관리를 실시한다. 대역 내 관리는 운용 관리 네트워크를 따로 준비할 필요가 없다는 장점이 있다. 반면 서비스 트래픽의 핍박하는 이상 사태에 아무것도 할 수 없게 될 가능성이 있다는 단점이 있다. 또한 운용 관리 트래픽을 위한 보안을 고려해야 한다.

표 5.2.2 **네트워크 장비의 운용 관리 형태**

관리 방법	대역 외 관리	대역 내 관리
채택하는 네트워크 규모	대규모 네트워크	중소 규모 네트워크
운용 관리 네트워크(VLAN) 준비	필요 있다.	필요 없다.
운용 관리를 실시하는 포트	관리 포트	서비스 포트
운용 관리 포트에 대한 보안 고려	필요 없다.	필요 있다.
서비스 트래픽 압박 시 운용 관리 트래픽에 끼치는 영향	없다.	있다.

5.2.6 설정 정보 관리하기

네트워크 기기의 설정 정보를 어떻게 백업하고 복원할까? 관리 설계 중 하나다. 이상하게도 서버의 백업과 복원에는 주의를 다하면서 네트워크 백업과 복원은 그렇게까지 주의하지 않는다. 네트워크 기

---

2 관리 포트가 없는 경우는 관리 VLAN 및 관리 VRF(Virtual Routing Forwarding)을 만들어 포트에 할당한다.

기의 설정 정보는 해당 시스템의 근간을 담당한다. 서버와 마찬가지로 중요하다. 언제 어디서, 어떻게 백업 및 복원해 나가는지 제대로 정의해 두자.

🔌 백업 설계에서는 '타이밍', '기법', '위치'를 정의한다

백업 설계에서의 요점은 '타이밍', '기법', '보관 위치'의 세 가지다. 각각 설명하겠다.

설계 변경하기 전에 백업을 취득한다

네트워크 기기의 백업은 서버 백업과는 달리 정기적으로 취득하는 일이 적다. 물론 전용 관리 도구 등을 사용하여 정기적으로 백업할 수 있다. 최근에는 네트워크 기기 중에서 cron[3]을 동작시켜 정기적으로 백업을 예약할 수 있다. 그러나 대부분 설정 변경을 하기 전의 타이밍에 취득한다.

기기마다 백업 기법을 정의한다

백업의 기법은 사용하는 기기에 따라 다르다. 기기에 따라 백업 파일을 만들 수 있는 메뉴가 준비되어 있기도 하다. 각 기기에서 "어떠한 정보를 취득할 것인지", "어떠한 프로토콜로 백업을 취득해야 하는지"를 정확히 확인해 정의한다.

백업 파일의 보관 위치를 정의한다

백업 파일의 보관 위치도 제대로 정의해 두자. 기기마다 제각각의 장소에 보관하면 통일감이 없어져 관리가 혼란해질 뿐이다. 가져온 백업 파일 이름의 형식에도 주의를 기울여야 한다. 마찬가지로 제각각의 포맷을 사용하면 언제 설정했는지조차 알 수 없다. 모든 것이 통일감을 갖도록 하자.

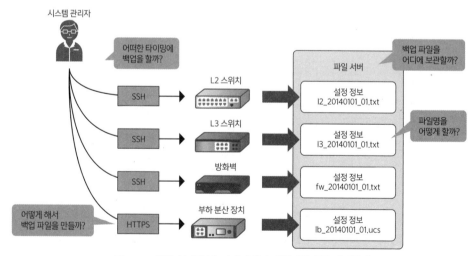

그림 5.2.2 **백업 설계에서는 '타이밍', '기법', '위치'를 정의한다**

---

3   유닉스 계열에서 정기적으로 작업(job)을 수행할 수 있는 기능이다.

⟜⟜ 장애가 발생하면 복원한다

네트워크 기기의 복원은 서버의 복원과 마찬가지로 장애가 발생했을 때 실시한다. 백업과 동일하게 복구의 기법 또한 기기에 따라 다르다. 각 기기에서 어떠한 방법으로 복원해야 하는지 확실히 확인하여 정의하자. 기기에 따라서는 복원하는 것보다 처음부터 다시 설정하는 것이 빠른 경우도 있다. 그런 기기는 예외로 정의해 놓는 것이 좋다. 복원 설계에서는 제대로 된 정의가 재해 복구 속도의 열쇠가 된다는 사실을 꼭 명심하길 바란다.

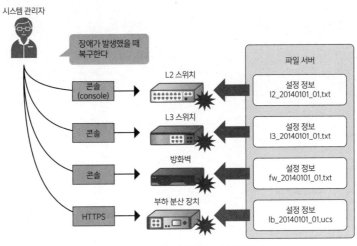

그림 5.2.3 **장애가 발생했을 때 복구한다**